KB190725

선교사를 위한

선교 핸드북

양한갑 지음

선교 핸드북

● 추천사 ①

세상에는 꼭 읽어야 할 책도 있고 읽지 말아야 할 책도 있다. 그 말은 '책'의 힘이 정말 대단하다는 것을 전제한 말이다. '한 책'이 독자를 만나면 그 독자에게 모종의 세력을 부리기 시작한다. 물론 독자는 그런 진실을 알지 못한 채 책을 읽기가 십상이다. 그러나 '정말 읽어야 좋은 책'은 독자에게 그 책의 저자가 먼저 맛본 선하고 영감 있는 진리의 세계의 문을 열어준다. 사람이 바르게 서는 방도로 '좋은 책 읽기'는 절대 필수다. 책을 읽지 않은 사람 중에 '선하고 의롭게 자신을 세운 자'가 누구인가?

우리가 너무나 잘 알듯이, '책 중의 책인 성경'은 "능히… 그리스도 예수 안에 있는 믿음으로 말미암아 구원에 이르는 지혜가 있게 하며… 하나님의 사람으로 온전케 하며 모든 선한 일을 행하기에 온전케 하는" 책이다. 성경은 '하나님의 감동으로' 탄생하였으니 성경은 곧 하나님의 말씀이다.(딤후 3:14-17)

반면에 '나쁜 책'은 그 저자가 진리로 확신하나 거짓인 줄 모르는 속임수를 그 책의 숱한 독자들에게 퍼뜨려 그 독자들을 결국 파국에 이르게 하는 세력을 부린다. 찰스다윈의 「종의 기원Origin of Species」은 창조주 하나님을 거스른 도발적인 속임수의 극치다. 그 책의 악한 감화는 근대사에서 가히 무소불위의 세력으로 발전하였다. 그 책을 수용하는 학자들이 그 '속임수의 극치'를 받아 '진화론'을 확립하여 학계와 인생 전반에 왕적인 권력을 부리게 하였다. 이런 관점에서 볼 때, 양 선교사님의 이 책은 '꼭 읽을 만한 가치가 있는 좋은 책'이라고 감히 추천하는 바이다. '책의 권위와 충실성' 여부는 '저자의 관점'과 '저자가 그 분야에 대하여 가진 전문성,' 그리고 '그 책 내용의 논리적 전개의 견실성' 여부에 달려 있다. 이 책은 그런 점에서 매우 좋은 책임에 분명하다.

'복음 선교 사역'은 말만 들어도 '가슴을 뭉클하게 하는 대업'임에 분명하다. 진정 하나님께 '선교자'로서 소명(召命)을 받은 자들은 '자기들의 영혼을 휘저어 선교지에 대한 갈망으로 어찌할 줄 모르게 하시는 불가항력적인 성령님의 떠미심'에 손을 든 자들이다. 그런 것이 없이 선교지도 떠난 이들은 아마 세상에서 가장 불쌍하고 처량한 사람들 이리라! 물론 그 점은 일선 목회자로 국내 교회를 섬기는 이들에게도 한 가지로 통용된다. 들은 바로는 서양에서 가장 큰 악담 중 하나는 '너 그럴테면 은혜 없이 목회나 하라'는 말이란다. 선교사든, 목회자든 하나님의 소명의 진실에 사로잡히지 않고는 열매 있는 복음 사역은 불가하다.

그리고 선교나 목회에 있어서 가장 중요한 것이 무엇인가? 대해를 항해하는 배에게 가장 중요한 것은 정확한 해도(海圖)와 나침반이다. 선교사나 목회자에게 나침반과 같은 것은 무엇인가? 성경이 말하는 바에 대한 바른 이해, 곧 신학이다. 신학이 바르지 못하면 마치 부실한 해도와 고장 난 나침반을 가지고 대해를 항해하려 덤비는 선장과 같다. 그런 선장의 배는 표류할 절대 운명을 가지고 항구를 떠나는 배와 같다. 저자는 그런 인식을 아주 깊게 하고 있는 보기 드문 선교사다. '신학이 바르지 못하면 선교사역이 토착화와 상황과의 타협의 수렁에 빠지게 된다'는 저자의 논리는 크게 선양할 논점이다. 실로 열심은 있는데 '신학'이 부실하여 낭패를 보는 선교사들이 적지 않을 것이다. '교회 성장'에 대한 열망에 삼킨바 되어 있으면서 '신학적 정돈'이 없는 목회자들도 참 많아 보인다.

본 추천인도 목회 일선에서 은퇴한 후 되돌아보면서, 선교나 목회나 '불이 있는 신학의 발현'이라는 생각이 더 든다. 로이드 존스 목사님이 설교를 가리켜 '불이 붙은 논리Logic on fire'라고 한 말이 새삼 더 다가온다. 맹숭맹숭 '차가운 신학적 논리'만 가져서도 안되고 반드시 '불'이 있어야 한다. 그런데 어떤 경우는 '불은 있어 보이는데 신학이 부실하거나 그릇되어 선교지나 목양지의 영혼들을 살리기는커녕 산 영혼들도 죽이고 해롭게 하는 경우'가 적지 않다.

저자는 '불과 바른 신학'을 함께 견지한 선교사다. 저자는 친히 책 머리에서 밝히듯이 웨슬리 신학, 복음주의 신학을 거쳐 개혁주의 신학을 다 맛보았다. 그리고 그의 신학적 관점의 대 결말을 개혁주의 안에서 찾았다. '개혁주의는 장로교의 특이 신학이 아니라 성경이 말하는 대로의 바른 체계'라는 확신에 이른 분이다. 그에 대한 증인이 본 추천인이다. 몇 년 전에 본 추천인이 Global Reformed Seminary의 D. Min 프로그램 집중

교육에서 '개혁주의 설교학'을 강의할 때 저자는 '학생' 신분으로 학습하셨다. 그 주간 중의 집중학습 속에서 성령께서는 저자에게 '신학적 다메섹'을 선물하셨다고 본 추천인은 확신한다. 그 '다메섹'의 일은 한 번의 충격으로 끝나지 않았다. 저자의 그 후 학습과 학위 논문 작성 과정과 그 뒤의 행보를 통하여 하나님께서 저자의 속에 '깊은 샘'을 만들어 주셨다는 것을 본 추천인은 확인하였다.

저자가 큰 신학적 통찰력으로 선교 이론, 선교사역을 통하여 겪은 임상의 체험, 특수 선교 조건에서 단련 받을 때 얻은 검증된 교훈과 실제를 정돈하여 이 책을 내었으니 참 큰 가치가 있다. 그리고 흔히 선교사들의 책이 '자기 선교 보고서' 정도의 수준을 띠기 쉬운데 이 책은 그렇지 않다. 독자로 하여금 선교와 관련된 교회사적인 연구를 통하여 선교에 대한 포괄적인 신학적 안목을 가지게 하고, 여전히 성경대로 일하시는 하나님의 자취를 추적하게 한 것이 이 책의 가치를 높게 하였다.

목회자든 선교사든, 자기의 사역을 자기 개인의 일로 여기지 말고 주님께서 부르시어 자기를 통하여 일하신 하나님의 일로 이해하여야 한다. 그런데 주님께서 선교사와 목회자들을 어떻게 쓰시어 자기의 일을 이루시는가? 그것을 아는 데 있어서 이 책을 큰 기여를 할 것이라고 여겨진다.

주님, 저자를 통하여 당신의 큰일을 하심을 인하여 감사하며 앞으로 저자로 하여금 더 좋은 책들을 써서 선교 동역자들을 더 섬세하게 돕게 하옵소서. 아멘.

서문강 목사
서울 중심교회 원로 목사

먼저 사랑하고 존경하는 양한갑 선교사님을 통하여 "선교 전략"이라는 귀한 책이 세상에 나오게 됨을 진심으로 감사하게 생각하며 하나님께 영광을 돌립니다.

양한갑 선교사님은 일생을 오직 하나님의 부르심을 따라 선교지에서 한센인들을 섬기며 특수 목양 사역을 감당해 온 신실한 목회자요, 겸손하면서도 탁월한 선교사요, 올바른 신학과 뛰어난 학문성을 가진 학자이기도 합니다. 저는 저의 섬김의 길에서 이러한 선교사님을 주의 나라와 복음을 위한 친구로, 동역자로 가까이 지내며, 함께 주께서 맡기신 귀한 선교사역을 감당해 오게 됨을 큰 축복이자 영광으로 생각하고 있습니다.

제가 본 양 선교사님은 오직 주님을 향한 한결같은 헌신으로 선교사의 길을 걸어온 정말 신실하고 능력 있는 선교사이자 동시에 탁월한 선교 행정가요 선교 전략가요 선교 지도자이기도 합니다. 사실 양 선교사님에게 한국 교회와 한국 목회 자들 및 선교사들을 위하여 특별히 "선교 전략"을 더 깊이 있게 연구하여 가르쳐 달라고 권유한 사람은 저였습니다. 양 선교사님이야말로 이 분야의 전문가요 적임자라고 생각하였기 때문입니다.

사실 선교전략에 관한 많은 저서들이 단순히 여러 선교학자들 혹은 신학자들의 선교 이론들을 잘 정리하여 소개하고 있습니다. 그것도 귀한 일이기도 합니다. 그러나 양 선교사님의 선교 전략은 단순한 이론이 아닌 본인의 평생의 선교 현장에서의 외롭게 달려온 깊이 있는 선교 사역과 한국의 많은 교회들과 성도들에게 올바른 성경적 선교를 일깨우고 지도해 온 경험에 근거하고 있습니다. 오늘날 지구상에 많은 선교사들이 활동하고 있으나 양 선교사님처럼 양적으로 질적으로, 주님께서 허락하신 많은 열매를 거두며 타의 모범이 되는 선교사역을 하는 선교사들은 그리 많지 않습니다.

이번에 출판된 양 선교사님의 "선교 전략"은 한국 교회와 한국 목회자들 특별히 한국의 많은 선교사님들과 선교를 연구하는 많은 분들에게 큰 도움이 되리라 확신합니다. 특별히 바른 성경적 토대 위에서 보다 전략적 선교 사역을 감당해 나가야 할 21세기 한국 교회에 큰 유익이 되리라 확신하며 주의 깊게 일독을 하시길 마음으로부터 추천을 드립니다.

선교사 김은수 교수
글로벌 리폼드 신학대학원 원장

● 추천사 ③

선교에 관하여, 대한민국은 불가사의합니다. 수백 년 선교사(宣敎史)에서 볼 수 없었던 부흥이 선교역사 20여 년 만에 한국에서 일어났습니다. 1903년 원산에서 타오른 부흥의 불꽃은 1907년 평양에서 대폭발을 일으켜, 한반도 전역이 성령의 불길에 휩싸였습니다.

부흥한국은 선교한국이 되어, 1913년 해외 선교사를 파송했습니다. 개신교 전래 30년의 짧은 역사를 가진, 세계에서 가장 가난했던 나라, 정확하게 말하면 나라라고 할 수 없었던 식민지에서 선교사를 보낸 유일무이(唯一無二)한 기록입니다. 부흥과 선교의 주역, 영계(靈溪) 길선주(吉善宙)는 "독립국은 못되어도 선교국은 되어야 한다"는, 사무치는 고백을 남겼습니다. 불가사의한 선교사(宣敎史)는 불가사의한 현대사(現代史)로 이어졌습니다. 대한민국은 20세기 기독교 성장률 1위, 기네스북에 오른 인류 역사상 최고의 경제성장률을 달성하며, 식민지 출신으로는 유일하게 산업화와 민주화에 성공했습니다.

선교사로서, 양한갑 목사님은 불가사의합니다. 떨어지는 나뭇잎이 다시 올라가는 기이한 현상을 바라보며, "갑자기 선교사"로 부름받았습니다. 필리핀의 고산(高山) 지대, 산신령을 섬기는 마을에 초막을 치고 수십 일 금식으로 부르짖어, 부족 전체가 회심하는 대역사를 이루었습니다. 캐나다의 안정적인 목회와 성도들이 붙잡는 간절한 손길을 뿌리치고, 빈손으로 필리핀의 나환자들에게 떠났습니다. 동남아시아를 옮겨 다니며 살이 썩고 몸이 떨어져가는 사람들, 무덤에 사는 주민들, 독재 정권 아래 탄압받으며 격리된 소수민(少數民)들의 친구가 되었습니다.

가장 낮은 곳에서 가장 낮은 곳으로, 갈 수 없는 곳에 가고, 만날 수 없는 사람들을 만났습니다. 아슬아슬한 벼랑 같은 길, 위태로운 한 걸음 한 걸음을 인도하시는 경이로움을 먼 발치에서 지켜볼 수 있었음은, 제 인생의 경탄이요 깨우침이었습니다.

불가사의한 선교국의 불가사의한 선교사가 한 권의 책을 낳았습니다. 아름답고 치열한, 숭고하면서 처절한, 생애(生涯)와 사유(思惟)가 담겨있는 역작(力作)입니다. 이 나라를 선교의 보국(寶國)으로 부르시고, 양한갑 목사님을 선교의 보배로 부르신 하나님께 응답하는 길을 더듬어 가셨던 궤적이, "갑자기 선교사"로 부르심 받은 모든 이들에게 절실한 길잡이가 됨을 확신합니다. 세계인의 영혼에 예수 그리스도를 심는 동방의 성민(聖民) 코리아를 꿈꾸며, 독자(讀者)들을 축복합니다.

이호 목사
거룩한 대한민국 네트워크 대표 금란교회 사역훈련원장

● 여는 말

　　1986년 인천 송도에서 목회를 시작하였다. 아내와 어린 아이들과 함께 시작했던 개척이었다. 교회 뒤편에는 인천 바다까지 이어지는 논들이 넓게 겹겹이 누워 있었다. 교회에서 조금만 걸어가면 송도유원지가 있었고, 조금만 더 가면 버스 종점이 있었다. 당시 송도는 인천의 끝이었다. 개척한 지 3년 후에 성전 건축을 위해 수원 칠보산 기도원에서 20일 금식기도를 하게 되었다. 10일째 되는 날, 예상치 않았던 일이 일어났다. 기도 중에 하나님의 음성을 듣게 되었다. 신비한 경험이었다. "이 기도를 마치면 내가 너를 이방의 나라로 보내리라."라고 말씀하셨다. 성전 건축에만 집중하고 있었던 필자에게는 해석되지 않는 외국말처럼 들렸다. 그때부터 그 음성으로부터 빠져나오기 위해서 혼신을 다하였다. 오직 성전 건축에만 집중하고 싶었기 때문이었다. '선교'는 꿈에서도 꿔본 적이 없었다.

　며칠 뒤에 큰 나무 위에서 나뭇잎 하나가 바람을 타고 떨어졌다. 그 순간 하나님께 "정말 저를 선교사로 보내시겠다고 하시면 확실한 증거를 보여주십시오. 방금 전에 떨어진 저 나뭇잎이 스스로 올라가 다시 자기 자리로 돌아간다면 성전 건축을 내려놓고 순종하겠습니다."라고 하였다. 그 순간 땅바닥에 붙어있던 나뭇잎이 움직이면서 공중으로 올라갔다. 믿을 수 없는 일이었다.

달려가 나뭇잎을 자세히 관찰하였다. 큰 왕거미 한 마리가 뒷발로 나뭇잎을 잡고, 앞발로 자신의 거미줄을 타고 올라가고 있었다. 결국 그 나뭇잎은 처음 자리로 돌아갔다. 다리가 떨려오기 시작하였다. 전능하신 하나님을 시험했다는 두려움 때문이었다. 그 자리에 무릎을 꿇고 오랫동안 통곡했었다.

필자는 그렇게 '갑자기' 선교사가 되었다. 하나님의 부르심은 피할 수 없는, 저항할 수 없는, 거절할 수 없는 힘이었다. 아는 이 한 사람 없는 낯선 송도로 아내와 아이들을 데리고 갔던 것처럼 선교도 그렇게 시작되었다. 파송교회도 없이, 파송 단체도 없이, 아는 사람 하나 없이 아내와 아이들을 데리고 필리핀으로 건너갔다. 선교사 훈련도 없었고, 선교 정보도 없었다. 그래서 한국에서 목회하듯이 선교를 시작했다. 어설픔은 실수가 되었고, 그 실수는 고스란히 실패로 이어졌다. 그러나 어디서부터 잘못 되었는지, 무엇이 잘못 되었는지 알 수가 없었고, 설령 안다 해도 어떻게 고쳐야 할지도 알지 못했다. 30년 전 숨길 수 없는 필자의 민낯이었다. 그런데 사위와 딸이 '갑자기' 선교사가 되어 아이들을 데리고 카자흐스탄으로 간다는 말을 듣게 되었다. 그래서 이 책을 쓰게 되었다. 두 사람 모두 신학을 전공하지 않았다. 선교사 훈련도 충분히 받지 못한 평신도 새내기 선교사들이었다. 필자처럼 서툰 선교사가 되지 않도록, 그들이 적어도 이것만은 알고 가야한다는 마음으로 이 일을 시작하게 되었다.

지금도 하나님의 부르심을 받고 '갑자기' 선교사가 되어 낯선 땅으로 나아가는 그리스도의 대사들이 있다. 두렵고 떨리는 가슴을 끌어안고 나아가는 그 후배 선교사들에게 이 한 권의 책이 작은 디딤돌이 되어주기를 소망해 본다.

● 들어가는 말

필자는 서울신학대학에서 웨슬리 신학을 공부했고, 캐나다 틴데일Tyndale 신학대학원에서 복음주의 신학을 공부했고, 미국 Global Reformed Seminary에서 개혁주의 신학을 공부하였다. 세 학교에서 다양한 조직신학, 성서신학, 역사신학, 실천신학들을 공부했다. 그런데 그 다양한 신학들은 풀지 않은 이삿짐 박스처럼 한쪽 구석에 오랫동안 묶인 채로 있었다. 필자가 그 박스들을 풀지 않았던 것은 "내가 신학대학 교수가 될 것도 아닌데…"하는 생각 때문이었다. 그런데 신학은 나침판과 같다는 것을 깨닫게 된 것은 오랜 시간이 흐른 뒤였다. 그러므로 신학을 챙기지 않고 선교지로 간다는 것은 나침반 없이 사막으로 들어가는 것과 같다. 신학이 없는 선교사는 자신뿐만 아니라 많은 사람을 잘못되고 그릇된 길로 인도할 수 있다. '갑자기' 부르심을 받은 평신도 선교사들이 "나는 목회자가 아닌데, 나는 목회할 것도 아닌데 신학 공부를 꼭해야 하는가?"라고 할지 모른다. 그 생각을 바꾸라고 조언하고 싶다. 신학은 목회자의 전유물이 아니다. 목회자이든, 평신도이든 모든 선교사에게 신학은 선교의 출발이고, 선교의 기초이고, 선교의 필수이고, 선교의 본질이다. 신학이 없는 선교는 모래 위에 짓는 집과 같다.

1990년 필자의 첫 번째 선교지는 해발 2,000미터가 넘는 필리핀 북쪽 산지였다. 그곳에서 4년 선교하고, 마닐라로 내려와 한센 선교를 감당하였다. 지금은 그 한센 선교가 미얀마까지 확장되었다. 필리핀에서는 거주 선교사로, 미얀마에서는 비거주 선교사로 섬기고 있다. 필리핀은 가톨릭 문화권이고, 미얀마는 불교 문화권이다. 필리핀은 복음을 자유롭게 전할 수 있는 국가이고, 미얀마는 복음 전파가 자유롭지 못한 국가이다. 필리핀 한센 마을은 수도권 안에 있는 개방형 도시공동체이고, 미얀마 한센 마을은 정글이 가까운 폐쇄형 오지공동체이다. 필리핀 선교지 딸라Tala는 80% 이상이 가톨릭 신자인 마을이고, 미얀마 선교지 메얀청Mayanchaung은 90% 이상이 불교 신자인 마을이다. 필리핀 산족선교를 할 때에는 정령숭배자들을 만났고, 필리핀 한센선교를 할 때에는 가톨릭 신자들을 만났고, 미얀마 한센선교를 할 때에는 불교신자들을 만났다. 그처럼 필자는 30년 동안 선교지에서 다양한 사람들, 다양한 언어들, 다양한 문화들, 다양한 종교들과 만났다. 선교지에 따라서, 선교대상에 따라서, 선교지의 정치적 변화에 따라서 선교사는 '상황화'와 '토착화'라는 옷으로 갈아입어야만 했다. 필리핀에서 미얀마 식으로 할 수 없었고, 미얀마에서 필리핀 식으로 할 수 없었다. 그때 선교사에게 필요한 것이 신학이다. 신학이 없거나, 가진 신학이 확실하지 않으면, 상황화는 타협으로 가게 되고, 토착화는 종교다원주의와 손을 잡게 된다. 그러므로 신학은 성경적 기준과 성경의 원칙과 선교의 방향을 확실하게 잡아 주는 나침반과 같은 것이다.

비행기를 타고 가다보면 난기류에 대한 기장의 안내 방송을 들을 때가 있다. "승객여러분, 캡틴입니다. 우리 비행기는 잠시 후에 난기류 지역을 통과하게 됩니다. 기체의 흔들림이 예상되오니 승객 여러분들께서는 자리로 돌아가 착석해 주시고, 안전벨트를 반드시 착용해 주시기 바랍니다." 그처럼 선교 현장에는 예상치 않은 난기류가 거칠게 일어날 때가 있다. 선교신학, 선교정책, 선교전략, 선교전술을 준비한다는 것은 난기류를 속에서 안전벨트를 단단히 맨다는 것과 같다. 그것은 평신도 선교사들에게도 예외가 될 수 없다. 한국세계선교협의회KWMA가 '타켓taget2030운동'에 대한 설문지를 26개 교단과 163개 선교단체들에게 보냈다. 그 설문조사 결과, 2030년까지 주요 선교단체들이 파송할 선교사는 127,385명 (91.3%)이라고 답하였고, 교단들이 파송할 선교사는 12,810명 (8.7%)이라고 답하였다. 평신도 선교사와 목회자 선교사의 비율이 9대1로 나왔다. 그 대답대로 된다면 목회자 중심의 선교에서 평신도 중심의 선교로 선교 패러다임의 대전환이 있게 된다는 뜻이다. 90%까지 육박하게 되는 평신도 선교사들에게 필수적으로 필요한 것은 선교신학이다. 선교지 사람들에게 자신의 전문 지식을 가르치고, 전문 기술을 전수해 주는 것만이 선교의 목적이 될 수는 없다. 전문 사역을 통해서 복음을 전하는 것이 선교의 목적이 되어야 한다. 그러므로 '갑자기' 선교사로 부르심을 받은 선교사들 역시 선교신학, 선교정책, 선교전략, 선교전술에 관한 기본적인 이해와 지식을 가지고 가야 한다.

이 한 권의 책에 선교사들에게 필요한 모든 신학 정보를 다 담을 수는 없다. 그러나 '갑자기' 부르심을 받고 선교지로 가는 비행기 안에서 한 숨에 읽을 수 있는 내용으로 요약해보았다. 이 책은 조직신학, 성서신학, 역사신학, 실천신학에 관한 신학 전문 서적이 아니다. 선교신학에만 그 초점을 맞췄다. 그러므로 이 책을 통해서 '막연했던 선교'가 '선명하게 보이는 선교'로 선교사의 가슴에 잘 갈무리되어지기를 소망해 본다. 1부에서는 선교를 세우는 기둥으로써 선교역사, 선교신학, 선교정책, 선교전략, 선교전술에 대한 기본적인 이해를 다루었다. 2부에서는 성경에서 보는 선교들을 다루었다. 3부에서는 선교의 모델이 될 수 있는 세계 초기선교사들과 내한 초기선교사들의 생애와 그들의 선교전략들을 다루었다. 4부에서는 타종교들을 향한 기독교 선교전략들을 다루었다. 5부에서는 한국 선교사들이 감당하는 선교 프로그램들을 다루었다. 6부에서는 성령의 사역과 선교사의 영성에 대해서 다루었다. 마지막 7부에서는 미래 선교를 위한 필자의 제언을 실었다.

하나님의 부르심에 순종하고 땅 끝으로 나아가는 모든 선교사들에게 응원을 보낸다. 특별히 '갑자기' 부르심을 받고 선교지로 떠나는 평신도 전문인 선교사들과 자비량 선교사들에게 이 책이 작은 도움이 될 수 있다면 그것은 하나님께서 필자에게 이 일을 명하신 소중한 가치가 될 것이다.

끝으로 부족한 종을 택하여 사용해 주시는 하나님께 모든 감사를 드린다. 그리고 지금까지 선교의 동역자로 함께 동행해주고 있는 아내 최영인 선교사와 자녀들에게도 감사하고 싶다. 한센인 복음화를 위해서 함께 동행해 주고 있는 동남아한센봉사회 모든 동역자 여러분들에게도 감사하고 싶다. 특별히 이 책이 출판될 수 있도록 도와주신 이호목사님과 출판사 자유인의 숲에게 또한 감사하고 싶다.

목 차

PART 1
선교를 세우는 기둥

PART 2
성경에서 보는 선교

선교를 세우는 기둥

땅 끝까지 이르러 내 증인이 되리라 (행 1:9)

하나님께서 독생자를 세상으로 보내셨다. 그것은 선교의 원형이었다. 하나님께서 예수님을 세상으로 보내신 이유는 죄로 인해 죽어가는 인간을 구원하시기 위함이었다. (요3:16) 그것은 지금도 우리가 선교를 해야만 하는 근본적인 이유가 된다. 예수님은 부활하신 후에 제자들에게 "아버지께서 나를 보내신 것 같이 나도 너희를 보내노라."라고 하셨다. (요 20;21) 하나님으로부터 부여받으신 그 선교를 제자들에게 위임하셨던 것이다. 그처럼 선교는 하나님께서 시작하셨고, 예수님께서 행하셨고, 제자들에게 위임하신 일이었다. 그러므로 선교는 사람에 의해 시작되는 일이 아니다. 성령에 의해 시작되는 일이다. 또한 선교는 예수님의 지상명령이었다. 하고 싶으면 하고, 하고 싶지 않으면 안 해도 되는 일이 아니었다. 하나님께서 "가라!"하시면 가야하고, "하라!"하시면 해야만 하는 일이다. 그러므로 선교사는 하나님으로부터 위임받은 그 선교를 대충 감당할 수 없다.

노아는 산꼭대기에 방주를 건조하라는 하나님의 명령을 받았다. 일반 상식으로는 이해할 수 없는 명령이었다. 그러나 노아는 그 명령에 철저히 복종하였다. 산꼭대기에서 100년 동안 일했던 것이 그 증거였다. 철저한 복종이 없이는 완성할 수 없었던 일이었다. 40일 동안 비 내림이 끝나고, 1년 동안 항해를 했다. 그 항해가 가능할 수 있었던 것은 노아가 그만큼 방주를 튼튼하게 건조했었다는 증거이다. 노아의 방주에서 주목하고 싶은 것은 방주의 구조이다. 하나님은 상중하 삼층으로 건조하라고 하셨다. 강한 폭풍우 속에서도 그 삼층 구조물이 깨지지 않고, 1년 동안 긴 항해를 안전하게 할 수 있었던 것은 삼층 구조물을 바치고 있었던 기둥들이 그 만큼 튼튼했기 때문이었을 것이다. 선교는 그 방주와 같다. 선교라는 방주를 통해서 수많은 영혼이 구원을 얻을 수 있도록 그 어떤 환란 속에서도 깨지지 않는 선교가 될 수 있도록 선교사는 노아처럼 튼튼한 기둥들 즉 선교신학, 선교정책, 선교전략, 선교전술을 세워야 한다.

Chapter 1

선교 역사

누구든지 주의 이름을 부르는 자는 구원을 받으리라
그런즉 그들이 믿지 아니하는 이를 어찌 부르리요 듣지도 못한 이를 어찌 믿으리요
전파하는 자가 없이 어찌 들으리요 보내심을 받지 아니하였으면 어찌 전파하리요
기록된 바 아름답도다 좋은 소식을 전하는 자들의 발이여 함과 같으니라

(롬 10:13-15)

선교는 창세기 1장에서 시작되었다. 하나님은 천지를 창조하셨고, 모든 만물을 창조하셨고, 인간을 창조하셨다. 창조된 인간은 유대인이 아니었다. 모든 민족의 시조(始祖)가 되는 인간을 창조하셨다. 그러므로 선교의 대상은 처음부터 모든 민족이었다. 그래서 예수님은 제자들에게 땅 끝까지 가서 모든 민족에게 복음을 전하라고 하셨다. 창세기에서부터 시작된 그 긴 선교의 역사를 이 책에 다 기록할 수 없다. 본 장에서는 초대교회 이후부터 시작된 가톨릭과 기독교의 선교역사를 간략하게 정리해 보려고 한다.

가톨릭 세계 선교

콘스탄티누스Constantinus 황제가 313년에 밀라노Milano 칙령을 선포함으로써 교회와 크리스천들에게 가해졌던 모진 박해가 끝이 났다. 혹한의 겨울이 지나고 생명의 새싹들이 언 땅을 뚫고 솟아오르듯이 지하에 숨어 있던 예수의 꽃들이 세상 밖으로 힘차게 나오게 되었다. 가톨릭교회는 황금기를 누리게 되었다. 그러나 레슬리 리올Leslie T. Lyall는 그 황금기를 마냥 기뻐할 수는 없었다고 평가하였다. 공교회가 국교가 되면서 선교가 하나님의 통치 아래 있지 아니하고, 황제와 국가의 통치 아래로 들어갔기 때문이었다고 하였다.[1] 그의 말처럼 가톨릭교회 선교는 식민지 영토 확장을 위한 국가의 정책과 함께 황제의 명령으로 시작되었다.

중세시대에 들어서면서 가톨릭교회 세계 선교는 극대화되었다. 두 가지 큰 요인이 있었다. 첫째는 가톨릭교회가 아니라, 독립된 여러 선교회들이 자치적으로 세계 선교를 시작했기 때문이었다. 당시 4대 선교회는 아씨시 프란시스Francis, 1182~1226가 설립했던 프란시스칸 선교회Franciscan Order, 스페인 수도승 도미니크Dominic, 1170~1221가 설립했던 도미니칸 선교회Dominican Order, 교황 알렉산더 4세Alexander IV, 1254~1261가 설립했던 어거스틴 선교회 Augustine Order, 스페인 귀족 이그나티우스 로욜라Ignatius Loyola, 1491~1556가 설립했던 예수회Jesuit, Society of Jesus였다.[2] 각 선교회는 선의의 경쟁을 벌이면서 땅 끝을 향하여 나아갔다.

1245년에 프란시스칸 수도사 카르피니Carpini는 육로를 통해서 몽골로 가서 선교했고, 1294년에 프란시스칸 수도사 몬테 코르비노Monte Corvino는 중국 베이징으로 가서 선교했다. 각 선교회들이 독자적으로 선교사를 파송했지만 모든 선교회와 선교사들은 로마 교황청에게는 절대 복종하였다.[iii] 둘째는 포르투갈과 스페인의 해양 정복 정책 때문이었다. 포르투갈은 1139년에 해군을 창설할 만큼 거대한 해양 국가였다. 세계 정복을 목표로 출항했던 그 정복선에 프란시스칸 선교사들이 승선하였다. 1420년에 제일 먼저 마데라(Madeira: 현재 아프리카 모로코 영해) 섬에 하선해서 선교를 시작하였다. 1492년에는 스페인의 후원을 받은 콜럼버스Christopher Columbu가 아메리카 신대륙을 발견하였다.[iv] 그때부터 교황 알렉산더 6세는 세계를 두 영역으로 나눴다. 포르투갈에게는 아프리카와 동인도제도를 맡게 했고, 스페인에게는 아메리카 신대륙을 맡게 하였다. 아메리카America 신대륙 선교는 1500년에 브라질에서부터 시작되었다. 1502년에는 아이티, 1512년에는 쿠바, 1523년에는 멕시코, 1531년에는 콜롬비아, 1532년에는 페루에서 가톨릭 선교가 시작되었다. 아프리카(Africa)는 1483년에 콩고에서부터 시작되었다. 1488년에 남아프리카 희망봉이 발견된 이후에 서부해안은 콩고와 앙골 교가 시작되었고, 동부해안은 모잠비크, 로데시아, 마다가스카르에서 선교가 시작되었다.[v] 1498년에는 인도India 선교가 시작되었고, 1521년에는 마젤란Ferdinand Magellan에 의해 필리핀Philippine 선교가 시작되었고, 1549년에는 프란치스코 하비에르Francis Xavier에 의해 일본Japan 선교가 시작되었다.[vi] 그처럼 가톨릭교회 세계 선교는 여러 선교회 소속 선교사들에 의해 육로를 통해서 혹은 해상을 통해서 땅 끝으로 나아갔다.

기독교 세계 선교

  가톨릭교회가 아메리카, 아프리카, 인도, 몽골, 중국, 필리핀, 일본까지 세계 선교를 개척해 가고 있을 때, 1517년에 루터의 종교개혁이 일어났다. 종교개혁을 통해서 기독교가 탄생하게 되었다. 그러나 기독교 안에는 세계 선교를 향한 움직임은 없었다. 허버트 케인Herbert Kane은 당시 기독교가 세계 선교에 소극적일 수밖에 없었던 이유를 네 가지로 정리하였다. 첫째는 선교에 관한 종교개혁자들의 잘못된 신학 때문이었다. 루터는 예수님의 지상명령은 오직 열 두 사도들에게만 국한된 사명이었기 때문에 그 사도들이 죽었을 때 지상명령도 함께 끝났다고 보았다. 칼빈은 하나님이 예정하셨다면 선교사가 가서 복음을 전하지 않아도 하나님의 주권으로 이방인도 구원을 받게 될 것이라고 믿었다. 둘째는 루터파와 개혁파 사이에 일어난 신학적 이견 때문이었다. 가톨릭의 위협에 대해서는 함께 공동대응했지만, 성찬과 같은 특정 주제에 관해서는 첨예한 대립을 보였다. 그러한 신학적 논쟁은 세계 선교 쪽으로 눈을 돌리지 못하게 하였다. 셋째는 가톨릭교회가 세계 선교지를 하나하나 선점해가면서 기독교는 지리적으로 유럽 안에만 고립되어 있을 수밖에 없었다. 넷째는 기독교 안에는 가톨릭교회와 같은 선교회가 없었기 때문이었다.[vii] 그러나 17세기부터 기독교 안에 경건주의 운동과 성령 운동과 교회 갱신 운동이 일어나면서 세계 선교를 향한 열정이 일어나게 되었다.

  랄프 윈터Ralph Winter는 19세기부터 기독교 선교 200년의 역사를 네 시대로 구분하였다. (1)해안선 선교 시대(Beachhead Missions:1792-1910)

이다. 유럽 국가들이 배를 해변에 접안하면서 그 땅을 식민지화 시켰다. 그때 붙여진 이름이다. 기독교 선교사들도 가톨릭교회처럼 정복자들과 함께 배를 타고 가서 선교를 시작하였다. 윌리엄 캐리의 인도 선교가 그 예이다. (2)전방 선교 시대 (Frontier Missions:1865-1974)이다. 그 시기는 해상이 아니라 육로를 통해서 선교를 시작하였다. 허드슨 테일러의 중국내지선교회가 그 예이다. (3)미전도 종족 선교 시대 (Unreached Peoples Missions:1934-2004)이다. 미전도 종족 지역으로 들어가 거주하면서 그들의 언어로 성경을 번역해서 선교하였다. 위클리프 성경 번역 선교회가 그 예이다. (4)토착화 선교 시대 (Indigenous-Initiated Missions:1989-현재)이다. 1989년 마닐라 로잔대회에서부터 현재까지 이르는 선교이다.[viii] 그처럼 기독교 선교는 해안지역에서 내륙지역으로, 내륙지역에서 미전도 종족 지역으로 더 깊이 들어가면서 복음을 전파하였다.

유럽교회의 초기 선교단체

17세기부터 유럽교회에 세계 선교를 향한 뜨거운 열정이 일어나면서 많은 선교단체들이 조직되었다. 간략히 정리하면 다음과 같다.

> 1649년에 영국에서 뉴잉글랜드복음전도회 (Society for the Propagation of the Gospel in New England)가 조직되었다.

> 1698년에 영국에서 기독교지식증진협회(Society for Promoting Christian Knowledge)가 조직되었다.

1701년에 영국에서 해외복음전도협회(Society for the Progagation of the Gospel in Foreign Parts)가 조직되었다.

1705년에 덴마크에서 할레선교회(The Danish—Halle Mission)가 조직되었다.

1727년에 독일에서 모라비안 교도들의 헤른후트(Herrnhut)가 조직되었다.

1792년에 영국에서 침례회선교회(Baptist Society)가 조직되었다.

1795년에 영국에서 런던선교회(London Missionary Society)가 조직되었다.

1796년에 스코틀랜드에서 스코틀랜드선교회(Scottish Missionary Society)가 조직되었다.

1797년에 네덜란드에서 네덜란드선교회(Netherlands Missionary Society)가 조직되었다.

1799년에 영국에서 성공회교회선교회(Church Missionary Society)가 조직되었다.

1815년에 스위스에서 바젤복음주의선교회(Basel Evangelical Missionary Society)가 조직되었다.

1817년에는 영국에서 웨슬리안감리교선교회(Wesleyan Methodist Missionary Society가 조직되었다.

1821년에 덴마크에서 화란선교회(Danish Missionary Society)가 조직되었다.

1835년에 스웨덴에서 스웨덴선교회(Swedish Missionary Society)가 조직되었다.

1822년에 프랑스에서 파리복음선교회(Paris Evangelical Society)가 조직되었다.

1837년에 영국 YMCA가 조직되었다.

1842년에 노르웨이에서 노르웨이선교회(Norwegian Missionary Society)가 조직되었다.

1865년에 허드슨 테일러에 의해 중국내지선교회(China Inland Missions)가 조직되었다.

유럽교회의 초기 선교사

유럽에서는 영국, 독일, 프랑스, 스위스에 있는 교회들이 중심이 되어 선교사들을 아메리카, 아프리카, 인도, 중국, 인도네시아, 뉴질랜드로 파송하였다.

1622년에 네덜란드 동인도회사가 인도네시아와 스리랑카로 파송하였다.

1637년에 뉴잉글랜드복음전도회가 엘리엇(John Eliot)과 메이휴(Thomas Mayhew)를 신대륙 뉴잉글랜드(지금의 미국 동부)로 파송하였다.

1661년에 퀘이커교가 중국으로 파송하였다.

1732년에 모라비안교회가 서인도제도(지금의 카리브 해)로 파송하였다.

1737년에 모라비안교회가 아프리카로 파송하였다.

1786년에 영국 감리교가 서인도제도로 파송하였다.

1793년에 침례교선교회가 윌리엄 캐리(William Carey)를 인도로 파송하였다.

1807년에 런던선교회가 로버트 모리슨(Robert Morrison)을 중국으로 파송하였다.

1814년에 영국 성공회에서 사무엘 마스덴(Samuel Marsden)을 뉴질랜드로 파송하였다.

1816년에 런던선교회가 로버트 모팻(Robert Moffat)을 남아프리카로 파송하였다.

1828년에 바젤선교회가 아프리카 가나로 파송하였다.

1840년에 런던선교회가 데이빗 리빙스턴(David Livingstone)을 아프리카로 파송하였다.

1853년에 영국 중국선교회가 허드슨 테일러(Hudson Taylor)를 중국으로 파송하였다.

1913년에 파리복음선교회에서 알베르트 슈바이처(Albert Schweitzer)를 아프리카로 파송하였다.

북미교회의 초기 선교단체

신대륙 발견으로 많은 유럽인들이 신대륙으로 이주하였다. 예수의 복음도 자연스럽게 그들을 따라서 신대륙으로 갔다. 북미교회들은 짧은 역사를 가졌지만 빠르게 세계 선교에 동참하게 되었다. 세계 선교를 위해서 조직된 북미 선교단체들은 다음과 같다.

1806년에 형제회(The Society of Brethren)가 조직되었다. 해외 선교를 위해서 대학생 중심으로 결성된 학생 선교단체였다.

1812년에 장로교와 네덜란드 개혁교회와 회중교회 연합으로 미국해외선교위원회(The American Board of Commissioners for Foreign Missions: ABCFM)가 조직되었다.

1813년에 미국 침례교 해외선교회(The American Baptist Foreign Mission Society)가 조직되었다.

1820년에 뉴욕에서 감리교(The Methodist church)와 감리교 성공회(the Methodist Episcopal church) 연합으로 The Missionary Society of the Methodist Episcopal Church가 조직되었다.

1837년에 장로교 세계 선교회(Presbyterian World Mission)가 조직되었다.

1851년에 미국 YMCA가 조직되었다.

1870년에 캐나다 장로회 해외선교부가 조직되었다.

북미교회의 초기 선교사

북미교회들은 아시아권 특별히 일본, 한국, 중국, 인도 선교를 위해서 많은 선교사들을 파송하였다.

1812년에 미국해외선교위원회(American Board of Commissioners for Foreign Missions)가 아도니람 저드슨(Adoniram Judson)을 미얀마로 파송하였다. 사무엘 뉴웰(Samuel Newwell), 사무엘 노트(Samuel Nott), 골든 홀(Golden Hall), 루터 라이스(Luther Rice)를 인도로 파송하였다.

1820년에 미국해외선교위원회가 하와이로 파송하였다.

1829년에 미북장로교회가 존 네비우스(John Nevius)를 중국으로 파송하였다.

1859년에 미국 성공회, 장로회, 개혁교회, 침례교회가 일본으로 파송하였다.

1870년에 캐나다 장로회해외선교부가 인도, 타이완, 중국으로 파송하였다.

1884년에 미북장로교회가 알렌(Horace Allen)을 한국으로 파송하였다.

1885년에 미북장로교회가 언더우드(Horace Underwood)를 한국으로 파송하였다.

1885년에 미북감리교회가 아펜젤러(Henry Appenzeller)를 한국으로 파송하였다.

유럽교회 선교와 북미교회 선교를 통해서 볼 수 있듯이 초기 기독교 선교는 식민지 정책을 업고 세계로 나아갔다. 그러나 그런 정치적 배경과는 별도로 모라비안 선교사들처럼 평신도 중심의 자비량 선교들도 있었고, 허드슨 테일러처럼 초교파 선교회를 통한 선교도 있었다. 특별히 북미 기독교 선교는 대학생 중심의 초교파 선교단체들이 중심이 되었다. 미국해외선교위원회(1810), 미국성서공회(1816), 미국교육협회(1816), 미국주일

학교협회(1824) 등이 그 대표적인 선교단체들이다.[ix] 북미교회는 1812년
에 미얀마로 아도니람 저드슨을 첫 번째 선교사로 파송한 이후에 1870년
까지 약 2,000명의 선교사를 파송하였다. 중간에 남북전쟁 (1861-1865)
으로 인해 잠시 주춤했었지만, 1880년대부터 다시 활기를 되찾았다. 1880
년에 934명이었던 선교사가 1890년에는 약 5,000명이 되었고, 1920년에
는 약 12,000명이 되었다.[x] 1925년에는 14,000명이 되었고, 1980년에는
39,000명이 되었다.[xi] 그래서 20세기 세계 선교는 유럽교회 보다는 북미
교회들이 주도하였다. 영적대각성운동과 전천년설이 미국교회와 선교 단
체와 선교사들에게 뜨거운 선교 열정을 불어넣었던 것이다.[xii] 북미 기독교
선교의 또 다른 특징 중에 하나는 독신 여성 선교사들이 많았다. 1815년
22,000명 선교사 중에서 25%가 독신 여성이었고, 1870년에는 독신 여성
선교사가 남성 선교사보다 더 많았다.[xiii] 기독교 세계선교 역사는 길지 않았
지만 존 엘리엇, 윌리엄 캐리, 로버트 모팻, 데이빗 리빙스턴, 허드슨 테일
러, 아도니람 저드신과 같은 빛나는 선교사들을 배출하였다.

세계 선교대회 역사

유럽교회와 북미교회들이 많은 선교사를 파송하면서 선교사 연합 운동
이 일어났다. 1825년 11월에 인도 봄베이Bombay에서 런던선교회London
Missionary Society, 교회선교회Church Missionary Society, 스코틀랜드선교회Scottish
Missionary Society, 미국해외선교위원회American Board of Commissioners for Foreign
Missions가 한 자리에 모였다. 그 후에는 북인도에서도, 남인도에서도 선교

사들이 모였다. 일본(1872년), 중국(1877년), 멕시코(1888년)에서도 선교사대회가 간헐적으로 개최되었다.^{xiv} 그처럼 대륙별로 모였던 소규모 선교사 대회들이 하나로 되어 1888년에 런던에서 제1차 세계선교사대회가 개최되었다. 139개 선교단체에서 1,579명 선교사가 참석하였다. 제2차 세계선교사대회는 1900년에 뉴욕에서 개최되었다. 162개 선교회에서 2,500명 선교사가 참석하였다.^{xv} 세계 선교사 대회 규모가 점점 커져갔다. 20세기 초부터 개최되었던 주요 세계선교사대회를 간추리면 다음과 같다.

1) 에딘버러(Edinburgh) 선교대회 (1910년)

1910년 6월 스코틀랜드 에딘버러에서 159개국으로부터 1,355명 대표들이 모였다. 교단 대표보다는 선교단체 대표들이 중심이 되었던 대회였다. 한국에서도 사무엘 마펫Samuel A. Maffett선교사와 윤치호선생이 참석하였다. 에딘버러 선교대회는 19세기 선교를 총결산하고, 20세기 선교를 준비하는 일에 초점이 맞춰졌다. 하나님 나라의 임박한 도래에 대한 일치된 정서가 선교사들에게 팽배하게 있었기 때문에 세계복음화를 하루 속히 앞당기자는 결의를 만들어냈다.^{xvi} 또한 동일한 선교 목표를 위해서 선교단체와 선교사들이 과다한 경쟁과 사역의 중복을 피하자는 제안도 수용되었다. 여러 곳으로 분산된 선교대회를 하나로 묶자는 선교연합과 교회일치의 필요성에도 공감하였다. 그래서 세계선교사대회The World Missionary Conference: WMC가 조직되었다. 에딘버러 선교대회는 교회의 선교적 책임과 의무를 일깨워준 대회였고, 교회일치에 대한 공감은 현대 에큐메니칼 운동의 시발점이 되었다.^{xvii} 당시 유럽과 북미 사회는 "세계는 하나다."라는 의식이 확산되고 있어서 교회 일치 운동은 자연스럽게 나온 결과물이었다.

2) 모홍크(Mohonk) 선교대회 (1921년)

1921년 10월 미국 뉴욕 주 모홍크에서 14개국으로부터 61명 대표가 모였다. 에딘버러 선교대회를 주관했던 존 모트John Mott와 독일 선교신학자 구스타프 바르넥Gustave Warneck을 중심으로 국제선교협의회International Missionary Council: IMC가 창설되었다. 국제선교협의회IMC는 에딘버러 선교대회에서 결의된 세계복음화를 위한 선교연합과 교회일치의 구체적인 실현을 위해서 모든 교회와 선교단체들이 더 유기적인 협력 관계를 맺기 위해서 조직되었다.[xviii] 교회일치를 위해서 각 교단의 교리와 교회론에서의 차이에 관한 언급은 어떠한 성명서나 결의문에 넣지 않기로 하였다.[xix]

3) 예루살렘(Jerusalem) 선교대회 (1928년)

세계 제1차 대전1914-1918이 발발하면서 유럽에서 약 900만 명이 죽었다. 신앙에 대한 회의론과 무신론이 대두되었다.[xx] 그래서 유럽과 북미를 피해 예루살렘에서 선교대회가 개최되었다. 주요 논제는 세상에서 어떤 일이 일어나고 있는지 교회는 깊은 관심을 가지고 보아야 한다는 것이었다. 선교학적 관점에서는 하나님의 나라 즉 '새 하늘과 새 땅'이 '그리스도를 닮은 세상'으로 이미 이 땅에 내려와 있다고 믿고, 세상을 그런 관점으로 보자고 하였다.[xxi] 포스트모더니즘postmodernism의 출발점이 된 선교대회였다.

4) 암스테르담(Amsterdam) 선교대회 (1948년)

세계 제2차 대전1939-1945이 끝나고, 1948년 8월에 네덜란드 암스테르담에서 147개국으로부터 351명 대표가 모였다. 암스테르담 선교대회에서 세계교회협의회World Council of Churches: WCC가 결성되었다.

5) 빌링겐(Willingen) 선교대회 (1952년)

1952년 7월 독일 빌링겐에서 181명 대표가 모였다. 빌링겐 선교대회는 선교 신학에 매우 중대한 전환점을 준 대회였다. 종래의 선교 개념은 교회 중심적이었다. 선교는 교회에 속한 일이었다. 그러나 빌링겐 선교대회를 통해서 그 선교 패러다임의 대 전환이 있었다. 선교는 교회에 속한 활동이 아니라 하나님께 속한 활동이며, 선교의 주체는 교회가 아니고 하나님이며, 교회는 단지 도구에 불과하다고 주장하였다. 칼 하르텐슈타인Karl Hartenstein은 '하나님의 선교Missio Dei'라는 용어를 사용하여 그의 논문을 발표하였다. 그는 "선교는 모든 인류를 구원하기 위해 하나님이 아들을 보내심" 즉 '하나님의 선교der Mission Dei'에 참여하는 것이라고 정의하였다.[xxii] 그는 그 논문을 발표하고 죽었다. 하르텐슈타인의 '하나님의 선교' 신학을 현재적(not yet) 종말론으로 발전시킨 사람은 후켄다이크J. C. Hoekendijk였다.[xxiii] 그때부터 하나님의 선교는 선교의 주도권이 교회에 있지 않고, 하나님께 있다는 선교신학을 확고히 정립했다. 즉 '교회 안'에 있는 목회와 전도뿐만 아니라, '교회 밖'에 있는 사회사업, 사회 참여, 인권 운동, 해방 운동까지가 선교라는 신개념의 선교신학이 정립되었다.[xxiv]

6) 뉴델리(New Delhi) 선교대회 (1961년)

1961년 11월에 인도 뉴델리에서 197개국으로부터 577명 대표가 모였다. 뉴델리 선교대회에서 1921년에 조직된 국제선교협의회IMC와 1948년에 조직된 세계교회협의회WCC가 통합되었다. 뉴델리 선교대회의 중요성은 '타 종교와의 대화'를 본격적으로 거론한 점이다. 선교대회의 주제는 "예수 그리스도는 세상의 빛"이었다. 그런데 그 '빛'이 세상 모든 사람들 속에도 있다고 보았다. 즉 타 종교에도 하나님의 계시가 나타났고, 하나님께서 그들에게도 말씀을 주셨기 때문에 교회는 그 말씀까지 들을 수 있어야 한다고 주장하였다.[xxv]

7) 휘튼(Wheaton) 선교대회 (1966년)

1966년에 미국 휘튼에서 71개국으로부터 복음주의 진영의 대표 938명이 모였다. 1961년 뉴델리 선교대회에서 내놓은 에큐메니칼 선교신학을 강력히 비판하면서 휘튼선언The Wheaton Declaration을 내놓았다. 복음주의 선교 개념은 전통적으로 복음 전도와 영혼 구원에 그 최우선 과제를 둔다는 것이었다. 그러나 복음주의 진영도 사회적 책임과 사회 참여에 대해서 처음으로 논의하기 시작하였다. 존 스토트John Stott는 선교를 복음 전도와 그리스도인의 사회적 책임을 포함하는 넓은 의미로 해석하였다.

8) 베를린(Berlin) 선교대회 (1966년)

1966년에 독일 베를린에서 100여 개국으로부터 복음주의 진영의 대표 1,200명이 다시 모였다. 빌리 그래함Billy Graham을 중심으로 복음주의 교회들은 WCC가 내놓은 인간화 선교와 사회 참여와 정치적 투쟁을 선교에 포함시켜야 한다는 에큐메니칼 신학을 거부하였다. 또한 WCC에서 내놓은 만인구원론 혹은 보편구원론Universalism도 거부하였다.[xxvi] 베를린 선교대회에서 사회적 책임에 대한 논의는 있었지만 실제적이며 구체적인 결론까지는 이끌어내지 못하였다. [xxvii]

9) 로잔(Lausanne) 1차 선교대회 (1974년)

1974년에 스위스 로잔에서 150개국으로부터 복음주의 대표 2,473명이 모였다. WCC는 1973년 방콕대회에서 네 가지 사회적 투쟁 즉 ①경제 정의, ②정치적 억압, ③인간의 소외, ④인격적인 삶의 좌절에 대항하는 투쟁을 구원의 과정에 포함시켜야 한다고 주장하였다.[xxviii] 또한 WCC는 종교 다원주의를 수용하며 폭넓은 구원의 개념을 제시하였다. WCC는 개종을 강요하지 말라는 반개종주의 정책도 제시하였다. 로잔대회는 그러한 WCC의 주장들에 대해서 강력히 반대하며 '로잔언약'을 채택하였다. 로잔언약은 사회 참여가 곧 전도일 수 없으며, 정치적 해방이 곧 구원이 될 수 없다고 명백히 선언하였다. 그러나 전도가 사회봉사보다 우선하지만, 복음증거와 사회 참여를 균형 있게 다루려고 하였다. 사회 참여와 정치적 참여는 그리스도인의 의무가 될 수 있음을 인정하였다.[xxix] 그래서 선교적 상황context에 대해서 진지하게 숙고하게 되었다. 종교 갈등과 박해 등의 이슈들을 사회적, 이념적, 영적 갈등으로 인식할 필요가 있다는데 동의하게 되었다.[xxx]

10) 나이로비 선교대회 (1975년)

WCC 측에서 1975년 11월에 케냐 나이로비에서 285개국으로부터 676명 대표가 모였다. 나이로비 선교대회에서는 해방신학과 사회 구조악에 대한 토의가 있었다. 특별히 '교회 밖의 구원의 가능성'이 제기 되었다.[xxxi] 나이로비 총회는 하나님의 역사를 교회에만 국한시키지 않고, 타종교와의 대화를 적극적으로 강조하며, 타 종교인들을 기독교인의 형제로 받아들이도록 촉구하였다. WCC가 종교다원주의를 선명하게 표방했던 대회였다.

11) 로잔 2차 선교대회 (마닐라, 필리핀) (1989년)

170개국으로부터 3,000명 대표가 모였다. 복음주의 선교 신학을 체계적으로 정리하고, 12개 항의 마닐라 선언문을 채택하였다.

12) 로잔 3차 선교대회 (케이프타운, 남아프리카) (2010년)

198개국으로부터 4,000명 대표가 모였다. 로마가톨릭과 정교회가 방청석에 참가하였다.

● 맺는 말

가톨릭의 선교 역사와 기독교의 선교 역사에는 한 공통점이 있었다. 유럽의 팽창주의와 식민지 정책과 국가의 패권주의와 함께 시작되었다는 점이다. 특별히 해양 정복과 신대륙의 발견으로 선교는 빠른 속도로 확장되었다. 그러나 유수푸 투라키Yusufu Turaki는 비록 선교사들이 정복자들과 함께 같은 배를 타고 신개척지로 갔지만, 선교사들은 정복자들과는 다른 동기와 목적을 가지고 있었다고 말했다.[xxxii] 정복자들은 자신들의 정치적 목적과 목표를 이루기 위해서 반항하는 원주민들은 무자비하게 살해했다. 그러나 선교사들은 오직 복음을 전하는 일에만 집중했다. 그러한 선교사들의 헌신을 통해서 세계 선교는 육지와 해상을 통해서 땅 끝으로 퍼져나갔다.

세계선교사대회를 통해서 선교 역사를 보면, 1900년 뉴욕 대회 이후부터 에큐메니칼진영과 복음주의 진영으로 양분되어 내려오고 있음을 볼 수 있다.

리버풀 1860 | 런던 1888 | 뉴욕 1900	
에큐메니컬	**복음주의**
1910년 에딘버러	
1948년 암스테르담 제1차 WCC (네덜란드)	
1954년 에반스톤 제2차 WCC (미국)	
1961년 뉴델리 제3차 WCC (인도)	1966년 휘튼(미국) / 베를린 (독일)
1968년 웁살라 제4차 WCC (스웨덴)	
1975년 나이로비 제5차 WCC (케냐)	1974년 로잔 1차 (스위스)
1983년 벤쿠버 제6차 WCC (캐나다)	1983년 벤쿠버 제6차 WCC (캐나다)
1991년 캔버라 제7차 WCC (호주)	
1998년 하라레 제8차 WCC (잠바브웨)	1989년 로잔 2차 (마닐라, 필리핀)
2006년 포르토알레그레 제9차 WCC (브라질)	1995년 서울 (대한민국)
2013년 부산 제10차 WCC (대한민국)	2010년 로잔 3차 (케이프타운, 남아프리카)

에큐메니칼 선교신학은 교회의 자성과 교회의 사회적 책임을 강조하면서 탄생하였다. WCC는 기독교 선교가 정복자들과 함께 시작함으로써 제국주의적인 자세가 있었고, 세계 제1차, 제2차 대전 역시 서구 기독교 국가들이 주도했음을 인정해야 한다고 주장했다. 복음주의 진영도 그 점에

대해서는 인정하였다. 그러나 하르텐슈타인Karl Hartenstein과 후켄다이크J. C. Hoekendijk가 '사회구원'의 개념으로 내놓은 '하나님 선교Missio Dei' 신학에는 동의하지 않았다. 많은 선교신학자들이 두 진영의 양극화 대립을 해결하기 위해서 두 진영이 가지고 있는 긍정적인 면만을 추려서 '성경적 통전주의Biblical Holism 신학'을 내놓기도 하였다.[xxxiii] 그러나 아직까지 두 진영의 대립은 그 간격을 좁히지 못하고 있다. 강근환 박사는 에큐메니컬주의 진영과 복음주의 진영의 분열은 한국 기독교 역사에도 큰 영향을 미쳤다고 보았다. 그는 "한국 장로교회의 3대 분열은 첫째, 신사참배로 인한 고려파 분열이었고(1951), 둘째는 성서관으로 인한 기장과 예장의 분열이었고(1953), 셋째는 에큐메니칼 운동으로 인한 통합과 합동의 분열이었다(1960)."라고 말하였다.[xxxiv] 대한예수교장로회(합동) 총회는 대한예수교장로회(통합) 측과 강단 교류를 금하는 결의까지 하였다.[xxxv] 그처럼 복음주의 선교신학과 에큐메니칼주의 선교신학의 입장 차이는 크다.

그러나 종교개혁 이후 500년 동안의 기독교 선교 역사는 세계사에 놀라운 업적을 남겼다. 복음을 들고 땅 끝으로 나아갔던 많은 선교사들의 헌신과 순교는 결코 퇴색될 수 없다. 모진 핍박과 환란과 죽음도 만민에게 복음을 전하겠다는 그들의 선교적 열정을 꺾지 못했다. 그들이 유명인이었든 혹은 무명인이었든 예수의 복음 전파를 위해서 그들은 그들의 고귀한 생애를 바쳤다. 그들의 헌신적인 삶과 순교의 피가 없었다면 예수의 복음은 우리에게까지 올 수 없었다. 류대영 박사는 미국이 전 세계로 파송했던 자신들의 선교사들의 가치를 오랫동안 알아보지 못했지만, 1970년대부터 '미국 역사에 보이지 않았던 인물the invisible man of American history'로 선교사들을 꼽았고, 그들의 삶을 다시 재조명하기 시작하였다고 말했다.[xxxvi] 오늘도 예수의 복음 전파를 위해서 땅 끝으로 나아가 선교하는 모든 선교사들의 헌신된 삶과 선교 사역을 통해서 신사도행전의 역사는 계속 되고 있다.

1989년에 필리핀 마닐라에서 개최되었던 로잔 제2차 세계 선교사 대회

Chapter 2

선교 신학

"God isn't looking for people of great faith but for individuals ready to follow Him"
하나님은 위대한 믿음을 가진 사람들을 찾는 것이 아니라
그를 따를 준비가 된 사람들을 찾으신다.

– 허드슨 테일러 (Hudson Taylor) –

선교사로 부름을 받게 되면 제일 먼저 머리에 떠오르는 생각은 선교지이
다. 어디로 가라 하시는가? 공산권, 이슬람권, 힌두교권, 불교권, 가톨릭권,
미전도 종족권 등을 놓고 응답을 기다린다. 그 다음은 선교 프로그램이다.
무엇을 하라 하시는가? 교회개척선교, 신학교선교, 교육선교, 의료선교, 제
자양육선교, 기술학교선교, 성경번역선교, MK선교, 특수 선교 등등을 놓
고 다시 응답을 기다린다. 그러나 선교사가 반드시 생각해야 하는 것이 하
나 더 있다. 바로 선교신학이다. 선교신학은 선교의 근본이고, 뿌리이다. 선
교신학은 '어떻게' 선교할 것인가를 묻는 선교의 방법론이 아니다. 선교신학

은 '무엇을' 전할 것인가에 대한 선교의 본질이다. 안승오 박사는 어떤 선교 신학을 가졌느냐에 따라서 선교의 방향이 결정된다고 말한다.'

　루터는 예수님의 지상명령은 사도 시대에 끝난 일이라고 하였다. 그처럼 어떤 신학을 가졌느냐에 따라서 선교 현장은 닫힐 수도 있고, 열릴 수도 있고, 차갑게 될 수도 있고, 뜨겁게 될 수도 있다. 그러므로 선교사는 선교신학을 바르게 정립하고 가야 한다. 평신도 선교사이기 때문에 신학은 안 해도 된다는 생각은 접어야 한다. 선교신학은 목회자들에게만 필요한 것이 아니다. 선교신학은 설교를 위한 학문이 아니다. 선교지의 사람들은 선교사가 목사인가 혹은 평신도인가를 알아본 후에 그의 메시지를 들을 지 여부를 결정하지 않는다. 그들에게 선교사는 '하나님이 보내신 목자'일 뿐이다. 특별히 선교지는 영적 전투가 벌어지는 최전선이다. 타종교와의 갈등과 대립이 치열하게 일어나는 격전지이다. 이단들의 활동까지 공격적이다. 거기에 정치적 혼돈은 사회의 흐름을 바꾸고, 사탄적 문화는 사람과 사회를 병들게 하고, 젊은이들의 이탈은 심각한 가정 문제, 사회 문제가 되고 있다. 그 혼돈의 한복판에 선교사가 서있게 된다. 그런 상황 속에서 선교사가 복음을 전하고, 주신 양들을 지키고, 악한 영들까지 물리치는 일은 결코 녹록한 일이 아니다. 선교신학이 없거나, 선교신학이 바르게 정립되어 있지 않는 선교사는 자신의 생각으로 선교를 이끌고 가게 되고, 자의적 성경 해석으로 틀린 답까지 주게 되고, 그 틀린 답은 결국 틀린 길로 가게 한다. 참으로 위험한 일이 된다. 평신도 선교사에게도 선교신학이 꼭 필요한 이유이다.

선교신학의 장에는 크게 두 진영이 있다. 보수로 일컫는 복음주의 선교신학이고, 진보로 일컫는 에큐메니칼주의 선교신학이다. 복음주의 신학은 사도 신조, 니케아 신조, 칼케돈 신조, 웨스트민스터 신앙고백, 로잔 언약을 지지하는 신학을 일컫는다. 복음주의 선교신학은 교회를 중심으로 오직 예수를 통해서 구원을 받을 수 있다는 십자가 복음을 중시하며, 거듭남의 체험과 성경의 권위와 전도와 교회 개척 선교를 최우선 사명으로 여긴다. 에큐메니칼주의 선교신학은 일반적으로 세계교회협의회WCC가 가진 자유주의 신학과 진보주의 신학을 일컫는다. 타종교와의 대화를 열어놓았다. 그래서 동방정교회는 1961년부터 WCC의 정식 회원이 되었고, 루터교회, 성공회도 정식 회원이 되었다. 가톨릭교회는 정회원은 아니지만, 1980년대부터 신앙과 직제위원회에 참여하는 위원으로 WCC 안에서 활동하고 있다.[ii] 그처럼 에큐메니칼주의 선교신학은 WCC와 함께 '교회의 일치'에서 '종교의 일치'로 발전해 가고 있다. 박영호 박사는 종교의 일치를 위해서 WCC는 마리아 숭배와 교황의 무오성까지 묵인하고, 가톨릭교회와의 연합을 계속 추진하고 있다고 지적하였다.[iii] 에큐메니칼주의 선교신학은 '영혼 구원'보다는 세상을 변화시키는 '사회 구원'을 더 강조한다. 그래서 교회 중심이 아니라 세상 중심이다. 정의, 평화, 화해, 공존, 대화를 지향한다.[iv] 이동주 박사는 최근의 WCC 신학은 종교다원주의와 반개종주의와 혼합주의로 그 신학이 집약되고 있다고 말한다.[v] 복음주의 선교신학과 에큐메니칼주의 선교신학의 차이를 간략히 정리하면 다음과 같다.

선교의 주체

복음주의 입장 : 선교의 주체는 하나님이시다. 하나님은 모든 사람이 구원받을 수 있도록 독생자를 이 땅에 보내셨고, 예수 그리스도는 십자가에서 모든 사람의 죄를 대속하셨다. 그리고 제자들을 세상으로 보내어 구원의 복음을 전파하게 하시고, 성령의 역사로 구원받을 자들을 더하신다.[vi]

에큐메니칼주의 입장 : 선교의 주체는 하나님이시다. 그러나 선교의 중심축이 교회에서 세상으로 옮겨졌다. 하나님의 관심은 교회에 있지 않고, 세상에 두신다.[vii]

선교의 목표

복음주의 입장 : 첫 번째 선교 목표는 영혼 구원이다. 죄인은 오직 믿음으로만 의롭게 될 수 있다. 죄를 회개하고, 예수 그리스도를 구주로 영접하고, 성령으로 거듭남으로써 구원 받을 수 있다.[viii] 두 번째 선교 목표는 교회 설립이다.[ix] 요하네스 버카일J. Verkuyl은 복음주의의 선교 목표는 개인의 영혼 구원과 교회의 설립과 교회 성장과 기독교 사회 건설이라고 하였다.[x]

에큐메니칼주의 입장 : 첫 번째 선교 목표는 '인간화'이다. 인간화란 파괴적인 힘으로 인간의 생명을 위협하는 환경으로부터 구해주고, 인권이 짓밟힌 폭력으로부터 해방시켜주고, 인간다운 삶, 인권이 보장된 삶을 살 수 있도록 해주는 것을 말한다.[xi] 즉 죄로부터의 구원뿐만 아니라 인간답게 살 수 있는 '인간화'를 이룰 때 하나님의 구속 사역이 비로소 완성된다고 믿는다.[xii] 두 번째 선교 목표는 '샬롬'이다. 샬롬은 교회가 세상 속으로 들어가 죄악 된 사회 구조를 개혁시키고, 모든 인간이 하나님과 샬롬하도록 하는 것을 말한다.[xiii] 따라서 에큐메니칼주의 선교신학은 한 개인의 영혼 구원, 교회 개척, 교회 성장에 그치지 않고, 사회 안에 있는 불평등과 차별을 제거하고, 사회적, 정치적 정의를 세우고, 이 땅 위에 하나님의 나라가 임하도록 하는 것이 선교의 목표라고 말한다.[xiv]

구원

복음주의 입장 : 모든 인간은 원죄로 인해 죄인이 되었다. 그 죄를 용서받고 구원을 얻으려면 십자가에서 인간의 죄를 대속하신 예수 그리스도를 구주로 영접해야만 한다. 예수 그리스도 외에 구원을 얻을 수 있는 다른 이름을 하나님께서 주신 적이 없다. (행 4:12)

에큐메니칼주의 입장 : 예수 그리스도의 구속은 영혼 구원뿐만 아니라 가난과 억압으로부터의 해방까지를 포함한다. 요셉 씨틀러Joseph Sittler는 '포괄적 그리스도론Umfassende Christologie'을 말하면서 결국에는 다른 종교를 통해서도 모든 인간이 구원을 받게 된다는 만인구원설Universalism까지 주장하였다.[xv] 이동주 박사는 에큐메니칼주의 선교신학은 구원을 교회 밖으로go-structure 끌고 나갔다고 결론 내렸다.[xvi]

성경

복음주의 입장 : 성경의 무오inerrancy와 무오류성infallibility을 믿는다. 성경은 모든 것에 기준과 표준이 된다. 성경에 기록된 모든 말씀은 성령의 영감으로 기록된 하나님의 말씀이며, 불변한다.

에큐메니칼주의 입장 : 성경은 사람들이 기록한 것이므로 오류가 있다. 성경 전체가 하나님의 말씀이 아니라, 성경 안에 하나님의 말씀이 있다.[xvii]

교회

복음주의 입장 : 예루살렘 초대교회는 교회를 하나님께서 불러내신 사람들의 공적인 모임으로 보았다.[xviii] 그러므로 교회는 구원받은 그리스도인들이 모이는 신앙 공동체이고, '하나님-교회-세상' 구도 속에서 교회는 세상보다 우위에 있다.[xix]

에큐메니칼주의 입장 : 에큐메니칼주의가 주장하는 구도는 '하나님-세상-교회'이다. 세상이 교회보다 우위에 있다. 교회를 세상 뒤에 놓는다. 하나님의 선교는 교회를 통해서 하지 않고, 세상 속에서 하나님께서 친히 행하시는 일로 본다.[xx] 호켄다이크는 교회가 세상의 한 부분이고, 세상에 부과된 하나의 첨가물이라고 말하였다.[xxi] WCC는 교회를 세상 우위에 올려놓은 교회 중심적 선교는 하나님의 선교가 아니라고 말한다.[xxii]

하나님의 선교

복음주의 입장 : 삼위일체 선교로 이해한다. 성부께서 성자를 보내셨고, 성부와 성자께서 성령을 보내셨다.[xxiii] 칼 바르트, 데이비드 보쉬, 레슬리 뉴비긴은 삼위일체론적 선교신학을 정립하였다.[xxiv] 존 스타트John Stott는 로잔 Lausanne 1차 대회(1974)에서 선교를 하나님의 본성으로부터 나오는 하나님의 활동으로 규정하고, 하나님을 '선교하시는 하나님'으로 정의하였다. 복음주의 입장에서도 '하나님의 선교Missio Dei'란 용어를 긍정적으로 이해한다.

에큐메니칼주의 입장 : '하나님 선교Mission Dei'란 용어는 칼 하르텐슈타인 Karl Hartenstein이 1952년 빌링겐 선교대회에서 처음 사용하였다. 2년 후에 호켄다이크J. C. Hoekendijk는 '하나님의 선교'를 더욱 발전시켰다.[xxv] 에큐메니칼주의 선교신학은 교회에게 주어졌던 선교의 주도권을 회수해서 하나님께로 이동시켰다. 그때부터 선교는 교회에 속한 사역이 아니라, 세상 가운데 행하시는 하나님의 활동으로 전환되었다. 교회는 단지 그 하나님의 사역에 참여하는 것이라고 주장하였다. 호켄다이크는 세상이 선교의 중심이 되어야 하며, 교회가 선교의 중심이 되어서는 안 된다고 하였다.[xxvi] 선교는 세상을 교회 안으로 끌어드리는 활동이 아니라, 하나님이 세상으로 나아가 일하시는 샬롬의 사역이라고 하였다.[xxvii]

사회 참여

복음주의 입장 : 전통적으로 영혼 구원이 선교의 우선적 목표이기 때문에

사회 참여에 대해서는 침묵하였다. 그러나 로잔대회(1974년) 이후에 사회 참여에 대한 인식이 조금씩 달라졌다. 로잔언약은 전도와 사회 참여가 그리스도인의 의무임을 명시하였다.[xxviii] 복음주의 입장에서도 구제 활동과 박애 사업과 사회봉사 활동과 지역 개발 사업에 참여하는 일에는 문제가 되지 않지만, 사회 구조 변경, 정의 구현, 해방을 위한 정치 참여에는 주의가 필요하다고 말한다.

에큐메니칼주의 입장 : 영혼 구원보다 사회 구원이 먼저이다. 가난과 질병, 소외된 이들의 문제를 해결해 주고, 사회의 구조악인 정치적, 경제적 억압으로부터 자유하도록 사회 문제에 적극적으로 참여하는 것이 선교라고 보았다.[xxix]

타종교와의 대화

복음주의 입장 : 타종교와의 대화에 대해서는 배타적이다. 종교다원주의 Religious Pluralism와 종교적 혼합주의Syncretism를 수용할 때만 타종교와의 대화가 가능하기 때문이다.[xxx]

에큐메니칼주의 입장 : '대화Dialogue'라는 용어를 처음 사용했던 사람은 요셉 씨틀러Joseph Sittler였다.[xxxi] 그는 1961년 제3차 WCC 뉴델리 총회에서 골로새서 3장 11-14절에 근거하여 '우주적 그리스도론kosmische Christologie'을 소개하면서 '일치'를 위해서 부르심을 받았기 때문에 다른 종교들과의 대화가 반드시 필요하다고 주장하였다.[xxxii] 1971년 사마르타S. Samartha는 '확대 그리스도론die Christologie ausweitet'을 내놓으며 타종교와의 대화만이 다원주의 사회에서 유일한 희망이 된다고 주장하였다.[xxxiii] 감리교 신학대학 총장이었던 변선환 박사는 예수만이 유일한 구속자가 아니고, 모든 종교에도 구원의 길이 있고, 모든 종교 안에도 그리스도가 있다고 주장하였다. 그는 힌두교 안에도 그리스도가 있기 때문에 자신의 종교를 열심히 믿으면 누구든지 그리스도에게 귀의할 수 있다고 주장하였다.[xxxiv]

맺는 말 ●

선교신학을 복음주의 선교신학과 에큐메니칼주의 선교신학이란 두 진영으로 제한해서 보았다. 조금 더 연장해서 일반 주류 신학들을 보면 다음과 같다.

1) 개혁주의 신학

개혁주의 신학은 종교개혁을 통해서 정립된 다섯 가지 솔라(Five Solas)로 요약될 수 있다. ①오직 성경(Sola Scriptura) ②오직 그리스도(Solus Christus) ③오직 은혜 (Sola Gratia) ④오직 믿음 (Sola Fide) ⑤오직 하나님께 영광 (Soli Deo Gloria)이다. 개혁주의 신학의 핵심 교리는 ⑥전적인 타락: 인간은 전적으로 타락하였다. ⑦무조건적인 선택: 하나님께서 창세 전에 그리스도 안에서 영생에 얻을 사람들을 선택하셨다.

⑧제한된 속죄: 오직 택함을 받은 자들만 구원을 받는다. ⑨불가항력적인 은혜: 성령께서 택함을 받은 자들을 향해 구원에 이르도록 모든 사역을 하신다. ⑩성도의 견인: 구원은 결코 취소되지 않으며, 이 세상에서 믿음을 지키고 최후의 영광을 얻기까지 성령께서 붙들어 주신다.[xxxv]

2) 복음주의 신학

18세기 중엽, 대각성 운동과 함께 정립된 신학이다. 핵심 신학은 하나님은 세상에 있는 모든 사람을 구원하기를 원하신다는 것이다. 하나님이 부르시고, 인간의 자유의지를 통해서 그 부르심에 응답할 때 구원이 이루어진다고 믿는 신인협력설이다.[xxxvi]

3) 자유주의 신학

18세기 계몽주의의 영향을 받아 정립되었다. 인간의 이성, 감정, 경험, 도덕적 능력, 역사적 낙관론이 기초가 되었다. 기독교 외에 다른 종교나 철학을 통해서도 구원을 얻을 수 있다고 믿는다. 자유주의 신학은 제1차, 2차 세계대전을 겪으면서 인간의 잔인한 죄성이 낱낱이 드러나면서 모순에 빠지면서 약화되었다.[xxxvii]

4) 신정통주의 신학

칼 바르트Karl Barth를 중심으로 자유주의 신학에 대항하기 위해서 정립된 신학이다. 이성을 통해 하나님에 대한 지식을 얻을 수 있다고 주장하는 자유주의 신학을 거부하고, 하나님의 말씀의 권위를 강조하였다. 그러나 성경은 인간이 기록했기 때문에 오류가 있다고 전제하고 그 오류에 대해서 성서비평을 시작하였다. 또한 사회문제를 해결하기 위해서 인간의 책임 하에 정의로운 사회를 형성하여 세상 가운데 하나님의 나라를 건설해야 한다고 주장하였다.[xxxviii]

5) 에큐메니칼주의 신학

에큐메니칼주의 신학은 '하나님 선교Mission Dei' 사상을 전면에 내세우며, 교회를 통한 선교가 아니라, 세상 속에서 선교하시는 하나님께 초점을 두었다. 에큐메니칼 신학은 인본주의 기초 위에 세웠던 자유주의 신학의 산물이다. 에큐메니칼주의 선교신학은 가톨릭교회, 동방정교회를 비롯하여 세상에 있는 모든 교회들을 통합하여 '하나의 교회'를 세우자는 교회일치 운동이다. 이제는 교회를 넘어 불교, 이슬람교, 유대교, 시크교까지 수용하는 종교다원주의로 변환하였다.[xxxix] 에큐메니칼주의 선교신학은 남미의 해방신학, 유럽의 정치신학, 아프리카의 흑인신학, 한국의 민중신학을 탄생시키는데 큰 영향을 끼쳤다.[xl] 에큐메니칼주의 선교신학이 정치적 이데올로기에 편중되어 정치적, 사회적 프로그램으로 더욱 기울어진다면 예수 그리스도를 통한 구원의 복음은 더 이상 존재하지 않게 된다.

후스토 곤잘레스Justo L. Gonzalez는 위에 있는 여러 신학들을 세 분류로 정리했다. 첫째는 정통·보수주의 신학, 둘째는 자유주의 신학, 셋째는 진보·해방신학이었다.[xli] 그 방대한 신학들을 단 몇 줄로 정리한다는 것은 불가능하다. 그러나 짧은 요약만 보아도 왜 선교신학이 선교사들에게 필요한지 알 수 있게 한다. 선교사가 보수 신학을 가졌느냐 혹은 진보 신학을 가졌느냐에 따라서 그의 선교가 '복음화'로 가느냐, '인간화'로 가느냐, '영혼 구원'에 집중하느냐, '사회 구원'에 집중하느냐를 결정해 준다. 그처럼 복음주의 선교신학과 에큐메니칼주의 선교신학이 첨예한 갈등을 보일 때, 두 진영의 장점들만을 모아서 내놓은 신학이 있었다. '통전적 선교신학 Holistic Mission Theology'이다. 김영동 박사는 통전적 신학을 다음과 같이 정의하였다. "통전적 선교신학은 회심과 영혼 구원과 교회 개척과 성장을 도모하는 동시에, 가난한 자, 소외된 자, 갇힌 자, 억눌린 자를 위한 구제와 봉사와 복지와 인권 신장과 자유와 해방을 도모하는 선교를 말한다."라고 하였다.[xlii] 복음주의 진영은 케이프타운 로잔 3차 대회에서 그 통전적 선교신학을 수용하였다.[xliii] 그러나 안승오 박사는 통전적 선교신학에도 한계가 있다고 말한다. 복음주의 신학과 에큐메니칼주의 신학 안에는 분명히 조합될 수 없는 차이가 있다고 말한다. 즉 복음주의 선교신학과 개혁주의 선교신학은 에큐ㅍ메니칼주의 선교신학이 주장하는 종교다원주의 신학과 반개종주의 신학과는 결코 하나가 될 수 없다고 말한다. 첨예한 신학적 이슈들은 뒤로 숨겨놓고, 같거나 비슷한 것들만을 꺼내서 양 진영이 만족할 수 있는 '통전적 선교신학'을 만들었다면 그 선교신학은 오래 버틸 수 없는 '모호한' 신학이라고 단정했다.[xliv] 그 '모호함'은 또 다른 혼합주의 신학을 생산하는 '누룩'이 될 수 있기 때문이다.

예루살렘 초대교회는 타협할 수 없는 선교신학을 가지고 있었다. "이 예수는 너희 건축자들의 버린 돌로서 집 모퉁이의 머릿돌이 되었느니라. 다른 이로써는 구원을 받을 수 없나니 천하 사람 중에 구원을 받을 만한 다른 이름을 우리에게 주신 일이 없음이라."라고 하였다. (행 4:11-12) 기독교 선교는 거기에서 출발해야 한다. 「오직 예수」이다. 「오직 예수」는 비성경적인 교리와 결코 혼합될 수 없다. 예수님은 양과 염소를 구별하셨고, 좋은 생선과 나쁜 생선을 구별하셨다. 예수님은 양과 염소를 섞지 않으셨다. 교회는 세상으로부터 구별된 거룩한 성소이다. 데이빗 보쉬David J. Bosch는 "교회와 세계가 더 이상 구별될 수 없다면 하나님의 나라는 그 형상과 모습을 잃게 된다. 세상은 그리스도의 몸이 아니다. 오직 교회만이 그리스도의 몸이다."라고 하였다.[xlv] 선교의 영역을 확장한다는 전제하에 타 종교에도 구원이 있다고 말한다면 예수의 복음은 그 설 자리를 잃게 된다. 선교사의 역할도 거기에서 멈추게 된다. WCC가 주장하는 반개종주의 신학을 따른다면 이 땅에서 예수의 이름 때문에 핍박받고, 순교당하는 일은 결코 다시 일어나지 않는다. 선교의 목표가 인간화와 샬롬에 있다면 선교의 주체는 하나님이 아니라 인간이 될 수밖에 없다. 하나님은 선교의 주체이시며, 선교는 성령께서 행하시는 거룩한 사역이다. 데이빗 보쉬David Bosch는 교회의 특수성을 포기하면서까지 교회를 세상과 섞으려고 한다면 그것은 자멸할 뿐이라고 말하였다.[xlvi] 크레이그 겔더Craig Van Gelder는 "교회는 선택되었고, 부르심을 받았다. 선택되고 부르심을 받은 이유는 특권을 주기 위해서가 아니라 하나님의 목적을 증언하라고 모든 인간에게 책임을 주기 위해서이다."라고 하였다.[xlvii] 선교는 처음부터 끝까지 "나는 길이요, 진리요, 생명이니 나로 말미암지 않고는 아버지께로 올 자가 없느니라."라는 요한복음 14장 6절 말씀 위에 세워져야 한다. 성경적 선교신학은 바로 그 진리로 돌아가는[xlviii] 신학이다.[xlix]

인도 한센인과 함께

Chapter 3

선교 정책

내가 또 주의 목소리를 들으니 주께서 이르시되 내가 누구를 보내며 누가 우리를 위하여 갈꼬 하시니
그 때에 내가 이르되 내가 여기 있나이다 나를 보내소서
(사 6:8)

선교정책은 선교의 원칙을 정하고, 선교의 방향을 정하는 일이다. 선교정책은 선교지에서 선교사가 할 수 있고, 선교사가 할 수 없는 일을 정하는 일이다. 다시 말하면 선교사가 하고 싶지 않아도 해야만 하는 원칙을 말하고, 선교사가 하고 싶어도 할 수 없는 통제를 말한다. 선교정책이 없는 선교사는 그런 통제 시스템이 없기 때문에 자신이 느끼는 대로, 자신이 하고 싶은 대로 할 수 있는 자유는 있다. 그러나 그 자유로운 선교가 시간이 지나면서 선교사 스스로 수습할 수 없을 만큼 교통정리가 되지 않아 고비용저효과의 상황을 초래할 수 있다. 그래서 선교정책은

선교사로 하여금 선교의 원칙과 방향을 잃지 않도록, 선교의 목표를 잃고 표류하지 않도록, 선교사의 초심을 잃고 흔들리지 않도록 선교사에게 선교의 원점을 찾아 주는 등대와 같다.

선교정책 수립자

선교의 주체가 하나님이시고, 성령께서 선교를 친히 이끌고 가신다면 선교정책을 수립한다는 것이 성령을 거스르는 일은 아닐까 라고 생각할지 모른다. 선교정책을 수립한다는 것은 파송 단체들이 선교의 주도권을 갖겠다는 뜻이 아니다. 선교정책이 하나님의 주권을 침해할 수는 없다. 오히려 선교정책은 성령께서 하시려는 일들을 더 잘 감당할 수 있도록 선교사를 복종시키고, 절제시키고, 통제시키는 일을 돕는다. 그러므로 선교정책을 수립하는 선교 단체들과 선교사들은 성령의 인도하심을 받으며 그들이 하나님께로부터 받은 선교의 비전을 선교정책에 담아야 한다.

선교정책의 권한 범위

선교정책에는 원칙과 통제가 주어지기 때문에 권한이 부여된다. 그 권한의 범위가 명확하게 주어지게 되면 더 효율적인 선교 운영을 할 수 있다. 그 권한은 선교정책을 수립한 교단, 선교단체, 교회에게 우선적으로 주어진다. 그러나 선교지의 상황에 따라서 선교사에게도 선교정책을 수

정할 수 있는 권한이 주어질 수 있어야 한다.

교단의 선교정책

각 교단마다 선교정책을 가지고 있다. 교단은 전 세계로 파송한 선교사들을 총괄적으로 지휘하고 관리할 수 있는 선교정책을 수립한다. 교단 신학에 근거한 선교정책을 세우고, 장단기 선교정책을 세운다. 선교사 발굴 정책, 선교사 훈련 정책, 선교사 파송 정책, 선교사 복지 정책 등을 수립한다. 선교지에 설립되는 신학교, 교육기관, 교회들, 기타 선교 시설들의 운영 정책을 수립한다. 교단은 세계의 변화에 부응하는 새로운 선교 정책을 수립한다. 교단이 가지고 있는 권한에 따라서 선교사 배치 정책을 수립한다. 그처럼 교단은 다양한 선교정책을 통해서 세계 선교를 지휘하는 권한을 갖는다.

선교회의 선교정책

선교회Para church는 교단과 달리 전문인 선교사 중심으로 되어 있다. 그래서 선교회가 가지고 있는 정체성, 특수성, 전문성을 향상시킬 수 있는 선교정책을 수립한다. 전문인 선교사 발굴 및 동원 정책들을 수립하고, 수행 중인 선교 프로그램들을 향상시키고, 새로운 신기술과 새로운 프로그램들을 발굴하는 정책을 수립한다. 전문인 혹은 자비량 선교사들을 위한 교육 및 훈련 정책을 수립하고, 각종 선교 정보를 수집하고, 타 선교회와의 동역을 위한 글로벌 네트워킹 시스템을 구축하고, 평신도 선교사들이 지속적인 후원을 받을 수 있는 후원 정책을 수립한다. 선교회 역시 파송한 선교사들에 대한 관리와 통제의 권한을 갖는다.

교회의 선교정책

많은 교회가 선교적교회missional church로 선교에 동참하고 있다. 선교적
교회란 선교를 교회가 감당하는 여러 사역들 중 하나로 여기지 않고, 선
교를 교회의 본질로 삼는 교회를 말한다. 선교적교회는 단순히 특정 선교
나 특정 선교사를 후원하는 일뿐만 아니라, 모든 신자들을 선교사로 양육
하여 단기선교사로 파송한다는 목표를 가지고 나아가는 교회를 말한다.
교회의 선교정책에 따라 어떤 교회는 공산권 선교에 집중하고, 어떤 교회
는 아프리카 불어권 선교에 집중하고, 어떤 교회는 이슬람권 선교 현장
에 집중하고, 어떤 교회는 미전도 종족 선교에 집중한다. 어떤 교회는 해
외 선교가 아니라 국내 선교에 집중한다. 교회가 단독으로 해외로 선교사
를 파송하거나, 국내 개척 선교를 하려고 할 때, 교회는 먼저 선교정책을
수립하고, 그 선교정책에 따라서 국내외 파송 선교사와 목회자들을 지휘,
감독, 관리할 수 있는 권한을 갖는다.

선교사의 선교 정책

교단, 선교단체, 교회의 지원이나 파송 없이 선교사 단독으로 선교지로
간 자비량 선교사들이 있다. 그 선교사들도 반드시 선교정책을 가지고
있어야 한다. 어떤 선교사는 하나님이 허락하시면 20개 혹은 100개 이
상의 교회도 짓겠다는 선교사가 있고, 어떤 선교사는 한 교회를 설립하
고 그 교회가 자립할 때까지 다음 교회는 개척하지 않겠다는 선교사가
있다. 어떤 선교사는 주요 핵심 도시에서부터 선교를 시작하겠다는 선
교사가 있고, 어떤 선교사는 교회가 없는 오지로 들어가서 선교를 시작
하겠다는 선교사가 있다. 어떤 선교사는 팀 사역으로 하겠다는 선교사

가 있고, 어떤 선교사는 단독으로 하겠다는 선교사가 있다. 독립 선교사라도 선교정책을 정하고 그 정책에 따라 나아가야 한다. 선교정책이 없으면 통제가 없고, 통제가 없으면 원칙 없는 선교를 하게 된다. 그러므로 독립선교사라도 각 분야의 정책을 구체적으로 확정하고 나아가야 한다.

선교지의 선교 정책

파송 교단, 선교회, 교회로부터 선교정책을 받았지만, 선교지에 도착하게 되면 선교지의 상황 변화로 인해 교단이나 선교단체의 선교정책을 그대로 적용하지 못하고 조정해야만 하는 경우가 발생한다. 10/40 윈도우 창 안에 있는 나라들의 대부분이 정치적으로, 종교적으로 혼돈스럽다. 내일을 예측하기가 어렵다. 강대국들로부터 독립한 신생국가들은 민족주의, 국수주의, 패권주의를 내세우고, 민속종교까지 부활시키면서 기독교를 침략자의 종교로 규탄한다. 전쟁과 쿠데타와 내전이 일어나 기독교 선교가 갑자기 중단되는 사태도 벌어지고, 선교사의 신변이 위협을 당하는 상황까지 간다. 이슬람교의 팽창과 함께 탈레반, 이슬람국가ISIS, 보코하람, 하마스와 같은 극단주의 무슬림 테러 집단들의 위협으로 인해 교단과 선교회가 준 선교정책대로 선교를 진행할 수 없는 상황이 있을 수 있다. 선교지로부터 철수해서 다른 지역으로 이주를 해야만 하는 상황도 있다. 중산층을 위한 교육선교로 부름을 받아서 갔지만, 교육의 기회를 얻지 못한 빈민가 자녀들이 노동의 현장에서 일하는 현실을 보고 빈민층 교육 선교로 전환한 선교사들도 있다. 선교지의 상황에 따라 선교정책을 수정하고 전환 할 수 있는 권한이 선교사에게 주어져야 한다.

선교지 상황에 맞춘 선교 정책

기독교 선교가 자유로운 국가에서는 선교사가 준비해 간 프로그램들을 무리 없이 수행할 수 있다. 그러나 기독교 선교가 자유롭지 못한 이슬람권, 힌두교권, 불교권, 공산권에서는 그 상황이 다르다. 그런 선교지를 '창의적 접근 지역'이라고 말한다. '창의적 접근 지역'이란 선교사 입장에서 만든 명칭이다. '기독교인의 입국이 제한된 국가'를 가리킨다. 즉 기독교인의 입국을 막는 국가로 들어가기 위해서는 '창의적인 접근 방법'이 필요한 국가라는 뜻이다. 그런 국가에서 선교하는 선교사들은 각별히 선교정책을 잘 세워야 한다. 선교사의 선교정책에 따라 선교를 더 견고하게 다질 수 있고, 반대로 선교정책 없이 섣불리 치고 나가다가 선교사의 생명까지 위험에 처하게 할 수도 있다. 그러므로 선교사는 선교지 현장에서 한시적인 정탐 기간을 정하고, 다각적인 정탐을 통해서 최선의 선교정책을 수립해야 한다.

한국 초기 기독교 선교 역사를 보면 구한말 한국 정부가 공식적으로 허락해준 선교 프로그램은 병원과 학교 사역이었다. 내한 선교사들은 그 주어진 상황에 순응했다. 그래서 교회 개척 선교를 잠시 뒤로 하고 병원선교와 학교선교를 전면에 내세우고 선교의 문을 열었다. 그것은 조선의 정치 상황에 맞춘 서양 선교사들의 지혜였다. 그 선교정책은 큰 결실을 맺게 했다. 서양 의술을 경험했던 왕족과 양반들 그리고 신학문을 배운 양반들이 먼저 크리스천들이 되었다. 그 결과 병원선교와 교육선교는 성공적인 선교가 되었다. 그 뒤에 교회 개척 선교가 따라 붙었다. 성공적인 병원선교와 교육선교 때문에 교회 개척 선교는 무리 없이 전국의 강산으로 성령의 불꽃이 되어 퍼져 나아갔다. 천주교가 박해를 받으며 많은 순교자를 냈던 이유는 곧바로 교회 개척 사역으로 들어갔기 때문이었다. 그처럼 선교정책은 선교의 승패를 좌우한다. 그러므로 선교사는 선교지의 상황을 상세히 정탐한 후에 가장 적합한 선교정책을 수립하고 정해지는 선교들을 순차적으로 열어 가면 풍성한 열매를 수확할 수 있다.

선교정책 발표 시점 정하기

선교지 신자들은 단순히 선교사를 따라가는 사람들이 아니다. 그들은 후에 선교의 동역자들이 될 일꾼들이다. 선교는 목회와 달리 선교사가 한 교회에 평생 있을 수 없다. 선교사의 퇴장이 필요한 시기가 온다는 뜻이다. 그 아름다운 퇴장을 위해서 선교사가 반드시 해야 하는 일이 있다. 그것은 선교사가 가지고 있는 선교신학, 선교정책, 선교전략, 선교전술들을 현지 목회자와 신자들이 분명하게 알 수 있도록 하는 일이다. 특별히 선교정책은 중요하다. 예를 들어 선교사의 정책 중에 교회 자립에 대한 정책을 현지인들이 일찍부터 알게 되면 현지인 신자들이 스스로 자립을 위한 준비를 일찍부터 시작하게 된다. 그런 선교정책을 현지인 신자들이 알지 못하면 선교사의 후원을 무제한적으로 의지하게 된다.

그러한 선교정책을 언제 발표하는 것이 좋은지 그 시기를 정해야 한다. 첫째는 선교사의 선교정책을 이해하고 소화할 수 있을 만큼 영적 성장이 되어 있어야 한다. 믿음이 약하면 선교사가 발표하는 선교정책이 현지인들에게는 '비전'이 아니라 '짐'이 될 수 있다. 선교정책 발표를 서두르지 않아야 한다는 뜻이다. 선교를 시작하고 1년 후 혹은 2년 후에 발표를 해도 괜찮다. 서둘러 발표한 선교정책 때문에 신자들이 시험에 빠지게 되면 아니한 만 못한 선교정책이 된다. 그래서 발표한 선교정책을 변경하거나 취소시키게 되면 선교사의 리더십에 치명타가 될 수 있다. 그러므로 선교지의 신자들로 하여금 선교사의 선교정책을 반드시 알게 하되, 그 발표 시점을 신중히 정해야 한다. 가장 안전한 방법은 매년 신년에 선교정책을 발표하는 방법이다. 현지인이 감당할 수 있는 분량만큼만 제시하는 선교정책이다. 처음부터 완벽한 하나의 선교정책을 제시할 필요는 없다. 그 목표를 향해서 차근차근 올라가면 된다.

선교정책은 사람으로 비유한다면 척추와 같다. 척추는 신체의 기둥이다. 척추는 뇌와 골반을 이어준다. 엑스레이X-ray상으로 보면 척추는 단순한 등뼈이다. 그러나 그 척추는 신체의 모든 기능을 통제하고 조정한다. 척추는 몸을 똑바로 세워주고, 힘 있게 걷게 해주고, 뇌로부터 내려오는 모든 명령을 각 신체들이 받아 움직이도록 해준다. 그러나 척추에 이상이 생기고, 장애가 발생하면 그 사람은 움직일 수 없게 된다. 스스로 아무 것도 할 수 없게 된다. 선교사에게 선교정책이 없다는 것은 척추 장애인이 된다는 의미와 같다. 선교정책은 단순한 선교 행정이 아니다. 선교정책은 선교사로 하여금 좌로나 우로나 치우치지 않고, 정해진 정도로 똑바로 가게 한다. 그래서 선교정책이 없거나, 선교정책이 분명하지 못한 선교사는 쉽게 정상 궤도에서 벗어나 탈선을 하게 된다. 그러므로 선교정책이 책상 속에 깊이 묻혀 있지 않도록 해야 한다. 활력이 넘치는 선교정책은 선교사에게 끊임없이 질문을 던진다. 지금 무엇을 하고 있는지? 지금 제대로 가고 있는가? 지금 똑바로 하고 있는지? 계속해서 묻는다. 그처럼 선교정책은 선교사로 하여금 늘 깨어있게 하고, 선교사의 사역을 늘 통제하고, 선교를 앞으로 나아가게 하는 원동력이 된다. 선교정책이 튼튼하면 그 선교는 건강한 척추처럼 많은 일들을 감당하게 한다.

아프리카 선교

Chapter 4

선교 전략

좋은 소식을 전하며 평화를 공포하며 복된 좋은 소식을 가져오며 구원을 공포하며
시온을 향하여 이르기를 네 하나님이 통치하신다 하는 자의 산을 넘는 발이 어찌 그리 아름다운가

(사 52:7)

'전략'이란 용어는 여러 분야에서 사용되고 있다. 군사 작전에서 등장하고, 비즈니스 마케팅에서 등장하고, 스포츠 세계에서 등장한다. 선교에도 전략이 등장한다. '선교전략'이란 용어를 반대하는 사람도 있다. 하나님의 주권을 인간의 의도된 계획으로 대체할 수 있는 위험성이 있고, 성령의 인도하심을 방해할 수도 있기 때문이라고 말한다.¹ 그러나 마크 테리는 '선교전략'은 일반적인 전략과 차원이 다른 '초자연적인 과정'이라고 말한다. '초자연적 과정'이란 선교전략은 리더의 머리에서 나오는 것이 아니라, 기도를 통해서, 성령의 통치를 통해서 산출된다는 의미

이다." 그러므로 성령의 영감으로 수립되는 선교전략이라면 성령의 개입과 역사를 제한하지 않는다. 즉, 선교전략이 세속적인 전략 패턴으로부터 가져온 것이 아니고, 철저히 성경의 원리로부터, 성령의 영감으로부터 나온 것이라면 그 선교전략은 성령의 능력을 덧입을 수 있다. 전략은 조직을 세우고, 체계를 세우는 일과 같다. 무슨 일이든지 체계가 세워지지 않은 일들은 어수선해질 수밖에 없고, 일은 비효율적으로 진행될 수밖에 없다. 반대로 전략을 잘 세우면 최소한의 자원과 최소한의 경비를 가지고 최대의 효과와 결과를 만들어낼 수 있다.

급변하는 트렌드

선교신학과 선교정책은 선교의 기초가 된다. 그래서 선교의 주춧돌이 되는 선교신학과 선교정책에는 큰 변동이 없다. 그러나 선교전략과 선교전술은 다르다. 수시로 요동하는 선교지의 상황과 다양해지는 선교 대상들에 따라 선교전략과 전술은 융통성 있게 수정될 필요가 있다. 글로벌 컨설팅업체인 맥킨지McKinsey는 일반 기업체가 변화를 추구하지 않는다면 15년을 견디지 못하고 그 기업은 도태할 수밖에 없다고 분석하였다." 한 기업의 존속 연수가 1935년에는 90년이었고, 1955년에는 45년이었고, 1995년에는 22년이었고, 2005년에는 15년으로 대폭 짧아졌다." 트렌드가 그처럼 빨라졌다는 증거이다. 그 원인은 성숙해지는 소비자들의 취향 때문이라고 하였다." 즉 소비자의 빠른 성숙은 10년 안에 새로운 아이템을 소비자들 앞에 내놓지 못하면 그 기업은 사망 선고를 받을 수밖에 없다는 것이다. 비록 기업에 관한 이야기이지만, 선교지도 그처럼 빠르게 변하고 요동치는 세상의 한복판에 서있다. 선교지는 그런 세상의 트렌드가 절대로 침범할 수 없는 철옹성이 아니다. 그런 영향권에서 벗어나 있는 무풍지대에 있지도 않다. 오히려 악한 영들이 가장 먼저 무너트리고 싶은 대상인 진리를 선포하는 교회이고, 복음을 선포하는 최전방 선교지이다. 오픈도어Open Doors는 현재 기독교를 박해하는 국가는 모두 75개국이고, 기독교를 적대시하는 국가는 151개국이고, 그들로부터 박해를 경험한 기독교인은 약 8억 명이고, 생명의 위협을 받을 만큼 심한 박해를 받고 있는 기독교인도 약 2억 1천 6백만 명에 이른다고 발표했다.[vi] 그러므로 선교사는 급변하고 있는 선교지의 상황에 지혜롭게 대처하고, 선교적 사명을 잘 감당할 수 있도록 철저한 선교전략을 수립해야 한다.

선교전략의 필요성

세계를 종교권으로 분류하면, 기독교권, 가톨릭권, 정교회권, 무슬림권, 힌두교권, 불교권이 있다. 그 외에 공산권과 미전도 종족권도 있다. 그것은 단순한 분류이다. 선교지 안으로 들어가면 그 안에는 더 복잡한 세계로 갈라진다. 가톨릭교회 안으로 들어가면 로마 가톨릭이 있고, 멕시코 가톨릭이 있고, 남미 가톨릭이 있고, 필리핀 가톨릭이 있다. 겉은 비슷하지만 속은 다르다. 불교도 들어가면 소승불교와 대승불교로 나눠진다. 같은 대승불교라도 중국불교, 한국불교, 일본불교가 각각 다르다. 무슬림도 들어가면 수니파Sunni와 시아파Shia가 있고, 토착 샤머니즘과 정령숭배와 결합한 수피파Sufism도 있다. 수억 개의 신들이 있다는 힌두교는 더 말할 필요가 없다. 그러므로 가톨릭 권으로 간다고 했을 때 가톨릭에 대한 일반적인 지식만 가지고 가면 안 된다. 선교지에 있는 가톨릭이 어떤 가톨릭이냐에 따라서 다양한 선교전략이 필요하다. 동방정교회, 불교, 힌두교, 이슬람도 마찬가지이다. 선교사가 선교지에서 대면하는 것은 단순히 한 특정 종교가 아니다. 그 특정 종교를 신봉하는 사람들이다. 그런데 그 사람들은 자신들의 전통 종교와 혼합된 신앙을 가지고 있기 때문에 선교사는 더 복잡한 선교 대상을 만나게 된다.

효과적인 선교전략을 수립하기 위해서는 큰 그림에서 작은 그림으로 좁혀서 들어가야 한다. 큰 이슬람교에서 더 작은 이슬람으로 들어가야 한다. 큰 힌두교에서 더 작은 힌두교로 파고 들어가야 한다. 종교적인 시각에서 보면 가톨릭교회는 그들의 성지 로마로부터 멀어질수록, 이슬람교는 그들의 성지 메카로부터 멀어질수록, 유대교는 그들의 성지 예루살렘으로부터 멀어질수록, 힌두교는 그들의 성지 갠지스 강으로부터 멀어질수록 그들의 성지 종교들은 각 나라에 있는 비정통 종교들과 미신과 샤머니즘과 혼합되면서 변이 가톨릭, 변이 불교, 변이 이슬람, 변이 힌두교를 만들어 낸다. 폴 히버트는 영적 세계를 세 부분으로 나눴다. 첫째, 천국은 절대적이며 초문화적인 '고등 영역'이 있다. 둘째, 사탄과 더러운 영들이 있는 곳으로 비절대적이며 초문화적인 '중간 영역'이 있다. 셋째, 사람들이 사는 곳으로 '자연적이며 문화적인 영역'이 있다.[vii] 피터 와그너는 폴 히버트가 말한 두 번째 '중간 영역(더러운 영)'에 속한 사람들은 초자연적 존재인 귀신의 실존을 믿기 때문에 초문화와 문화를 구분하지 못하고, 현실 세계와 귀신 세계를 오가며 산다고 말하였[viii]다. 그러한 '변이' 종교들을 신봉하며, 더러운 영들과 섞여 사는 '중간 영역'에 있는 사람들은 대부분 10/40 창 안에 거주하는 저개발국 사람들이라고 했다. 그들을 그 더러운 영역에서 구출하여 하나님의 거룩한 백성이 되게 하기 위해서는 그들이 신봉하는 '변이' 종교들을 공략하기 위한 별도의 선교전략이 필요하게 된다.

선교전략의 성경적 원리

선교는 선(善)을 베푸는 자선 사업이 아니다. 선교는 불우한 사람들을 돕는 구제 사업도 아니다. 선교는 현지인들이 요청하면 교회를 뚝딱 지어주는 건축 사업도 아니다. 선교는 사탄에게 묶여 있는 이들을 풀어내는 일이다. 선교는 이미 구원받은 성도들을 사탄에게 다시 내어주지 않는 일이다. 그래서 선교는 영적 전투이다. 김성태 박사는 티모시 워너Timothy Warner가 말한 대로 '중간 영역'에서는 영적 전쟁인 "힘의 충돌"이 일어난다고 말한다. 그 영적 격전지에 있는 선교사는 그 더러운 영들과의 충돌을 피할 수가 없다. 선교사가 그 '힘의 충돌'을 실제로 인식하지 못하게 되면, 폴 히버트가 지적한 '분별 신학Theology of the Discernment'의 결여로 인해 선교를 통째로 사탄에게 내어주게 된다. 선교사가 영의 세계를 분별하지 못하게 되면 왜곡된 힘의 개념을 갖게 되고, 신비주의로 기울어져 비성경적인 교회를 세우게 되고, 결국 사이비 집단으로 전락하게 된다.[ix] 그러나 사탄과의 '힘의 충돌'에서 하나님의 놀라운 능력이 나타나고, 선교지 사람들이 그 하나님의 능력을 체험하게 되면 '집단 개종'으로 이어지는 결실을 얻을 수 있다.* 그렇다면, 선교사는 어떤 선교전략을 구축해야 할까? 답은 하나다. 성경적 선교전략을 구축해야 한다. 성경적 선교전략이란 성령이 이끄시는 전략을 말한다. 선교사는 '전략'이란 단어에 속지 않아야 한다. 외적 자료들로부터 선교전략에 대한 도움을 얻을 수는 있다. 그러나 그것이 선교전략을 세우는 핵심 자원이 되어서는 안 된다. 성령이 선교전략의 중심이 되어야 한다. 성령의 인도하심과 역사하심이 선교의 핵심 자원이 되어야 한다. 성경적 선교전략은 선교의 처음과 끝을 성령께 온전히 맡기고, 성령의 인도하심을 따라 앞으로 나아가는 전략을 가리킨다.

성경에서 찾는 선교전략 모델

성경에는 130여회의 크고 작은 전쟁 기록이 있다. 대부분 지상 전쟁이었지만, 성경은 그 안에 영적 전투가 있었음을 언급한다. 사람의 눈에 보이는 전투와 보이지 않는 전투가 함께 내재되어 있었다. 보이지 않는 전투에 대해서 에베소서 6:12절은 이렇게 말씀한다. "우리의 씨름은 혈과 육에 대한 것이 아니요, 정사와 권세와 이 어두움의 세상 주관자들과 하늘에 있는 악의 영들에게 대함이라." 선교지에서 일어나는 전쟁은 보이는 전쟁과 보이지 않는 전쟁이 복합되어 있다. 그 전투에서 승리했던 요인들을 종합해 보면 선교전략의 모델들을 찾을 수 있다.

모세의 아멜렉 전투 (출 17장)

이스라엘 군과 아멜렉 군이 르비딤에서 맞닥뜨렸다. 계곡에서 여호수아가 지상 전투를 지휘할 때, 모세는 산꼭대기에서 하나님의 지팡이를 잡고 두 손을 들고 있었다. 모세의 손이 내려가면 이스라엘 군이 밀렸고, 모세의 손이 올라가면 이스라엘 군이 이겼다. 르비딤 전투는 출애굽을 한 이후에 신 광야에서 실제로 벌어진 전투였다. 그 전투의 특징은 보이는 전투를 지휘했던 여호수아와 보이지 않는 전투를 지휘했던 모세가 함께 연합하여 이룬 승리였다. 그런 전투는 선교의 현장에서도 일어난다.

여호수아의 가나안 전투 (수 6장)

여호수아는 자신이 거느린 군인들에게 여리고성을 6일 동안 하루에 한 바퀴 돌게 하였고, 마지막 날 날에는 일곱 바퀴 돌게 하였다. 선봉에는 법궤를 멘 제사장들이 앞장섰고, 그 다음은 나팔을 든 일곱 명의 제사장들이 따랐고, 그 뒤를 군대가 따랐다. 그것은 여호수아가 세운 전략이 아니었다. 하나님께서 여호수아에 지시하신 전략이었다. 하나님께서 주신 전략대로 일곱 바퀴를 돌고, 제사장들이 나팔을 힘차게 불 때, 군인들이 크게 소리쳤고, 그 함성 소리에 견고했던 여리고 성이 무너졌다. 어떤 무기로 성을 격파했던 것이 아니었다. 여리고에서도 보이는 전투와 보이지 않는 전투가 함께 했었다.

기드온의 미디안 전투 (삿 7장)

이스라엘이 우상숭배에 빠지자 하나님은 미디안 족속으로 하여금 이스라엘을 치게 하셨다. 미디안 족속은 연합군 135,000명을 조직해서 이스라엘을 공격하였다. 하나님께서 기드온을 부르시고, 그에게 300명의 군사만을 허락해 주셨다. 그들은 전투 경험이 없는 사람들이었다. 그들이 가진 무기는 나팔과 항아리와 횃불이 전부였다. 깊은 밤중에 그 항아리를 깨트리고, 횃불을 들고, 나팔을 불 때 미디안 군대는 자멸하고 말았다. 13만 명 규모의 대군과 전투 경험이 없었던 300명이 맞붙은 전투였지만 승리는 기드온과 300명의 용사에게 돌아갔다. 그 전투에서도 기드온이 지상 전투를 맡았고, 눈에 보이지 않은 전투는 하나님께서 맡아주셨다. 하나님은 기드온과 그의 군인들을 전략적으로 인도하셨다.

다윗의 블레셋 전투 (삼상 17장)

목동 다윗이 블레셋 장수 골리앗을 향해 외쳤다. "여호와의 구원하심이 칼과 창에 있지 아니함을 이 무리에게 알게 하리라. 전쟁은 여호와께 속한 것인즉 그가 너희를 우리 손에 넘기시리라." 다윗이 돌 다섯 개와 물매를 손에 들고 적장 앞에 섰던 것이 사실이지만, 실제는 다윗은 사람들의 눈에는 보이지 않았던 무기를 들고 섰었다. 그것은 여호와의 권능을 믿는 믿음이었다. 결국 골리앗은 돌멩이가 아니라 믿음을 맞고 무너졌다. 다윗이 사울의 갑옷을 입지 않고 나아갔던 것도 숨겨진 전략이었다. 다윗과 골리앗의 전투에서도 하나님의 전략을 볼 수 있다.

여호사밧의 아람 전투 (대하 20장)

아람 족속이 모압 자손과 마온 자손과 동맹을 맺고 이스라엘을 공격하였다. 여호사밧은 그가 가진 군사력으로는 결코 이길 수 없다는 판단을 내렸다. 그래서 온 유다 백성들에게 금식을 공포하였다. 싸워야 할 군인들을 굶긴 것이다. 그리고 그 군인들을 제2선으로 내려보내고, 제1선 최전방에는 예복을 입은 찬양대를 세웠다. 그 누구도 상상하지 못했던 전략이었다. 찬양대가 노래하며 나아갈 때 하나님은 복병을 일으켜 아람의 연합군에게 대패를 안겨주었다. 여호사밧의 전략과 하나님의 능력이 합하여 이룬 대승이었다.

성경에는 이 외에도 많은 전투 이야기가 있다. 공통점은 그 모든 전투에는 전략이 있었다는 것이다. 선교는 영적 전투이다. 선교에도 반드시 전략이 있어야 한다는 말이다. 선교전략은 선교사의 경험이나 지력에서 나오지 않는다. 다윗의 고백처럼 모든 전투는 하나님께 속한 전투이다. 그러므로 하나님은 선교에 대해서 전략을 가지고 계신다. 선교사는 하나님께서 지시하시는 그 전략대로 움직이면 된다.

선교전략 수립에 영향을 미치는 요소들

성령의 지시하심을 따라 갈 때, 선교전략 수립을 위해서 성령께서 선교사에게 보여주시는 부수적인 것들이 있다.

상황화 (contextualization)

선교지의 상황은 각각 다르다. 정치적 상황에서 선교가 열린 지역이 있고, 닫힌 지역이 있고, 제한된 지역이 있다. 문화적인 상황에서 민족주의 팽창으로 인해 서구 세계와 외세의 문화에 대해서 철저히 저항하는 국가도 있다. 종교적인 상황에서 선교사를 추방하는 국가도 있다. 선교사가 그러한 상황에 봉착하게 되면 결정을 해야 한다. 뒤로 물러설 것인가? 옆으로 피할 것인가? 정면으로 돌파 할 것인가? 물러선다면 선교를 철수해야 하고, 정면 돌파를 하려면 상황화 선교전략이 필요하다. 헤셀 그레이브와 롬멘은 "상황화는 하나님의 계시에 충실하며, 선교지의 문화 상황과 실제 상황 안에서 이해 가능한 방법으로 하나님의 인격과 말씀과 뜻과 관련된 메시지를 전달하려는 시도를 말한다."라고 정의하였다.[xi] 성령의 계시에 충실해야 한다는 것은 상황화가 필요하지만 그 상황화가 비성경적인 것들과 타협하거나 혼합되지 않도록 해야 한다는 뜻이다.

토착화 (Indigenization)

토착화는 선교지의 문화를 저속하게 평가하지 않고, 선교지의 문화를 지혜롭게 수용하여 현지인에게 기독교의 복음이 거부감 없이 스며들어갈 수 있도록 하는 선교전략이다. 토착화 전략에서 가장 대표적인 것은 현지 언어로 성경을 번역하는 일이다. 토착화 전략에는 서양식 예배음악 대신에 선교지의 전통 리듬을 사용하는 일도 있다. 선교사가 현지인처럼 옷을 입고, 현지인의 음식을 먹고, 건축 양식도 선교지의 전통 양식을 도입하는 일도 토착화의 한 부분이다. 선교사가 문화 우월주의와 식민주의적 리더십을 가지고 선교하게 되면 많은 걸림돌을 만들어낸다. 토착화는 선교의 현장에서 무엇을What 전할 것인가에 대한 작업이 아니라, 어떻게How 전할 것인가에 대한 선교 방법론을 고민하는 작업이다.

시나리오 플래닝 (Scenario Planning)

시나리오 플래닝은 일반 회사의 경영 전략에서 사용하는 방법이다. 시나리오 플래닝은 불확실한 미래 상황을 전제로 다양한 시나리오를 미리 마련해 놓는 전략이다. 시나리오 플래닝은 1950년 군사 전략에서 시작되었지만, 1970년대 후반부터 기업 경영에 접목되었다.[xii] 시나리오 플래닝을 선교전략에도 적용해 볼 필요가 있다. 세계적인 미래 학자 피터 슈워츠Peter Schwartz는 20세기가 공산주의와 민주주의가 대결했던 시대였다만, 21세기는 그런 이념적인 대결은 사라지고, 종교 간의 대결로 심화될 것이라고 예측하였다.[xiii] 그는 미래 미국 사회는 인종 갈등이나 정치 갈등보다는 종교 갈등이 더 심화될 것이라고 예측하였다. 실제로 미국 대통령 선거에서 후보의 정치 철학보다는 후보의 종교가 선거의 승패를 좌우하게 될 것이라고 예측하였다. 종교가 많은 부분에 있어서 승패를 가르는 중심축이 될 것이라는 말이다. 그런 예측이 현실이 될 수 있다는 전제하에 시나리오를 준비하는 것이 시나리오 플래닝이다. 네이피어 콜린스Napier Collyns는 시나리오 플래닝을 "미래를 향한 창의적인 도약'이라고 표현하였다.[xiv]

이슬람, 힌두교, 불교, 가톨릭, 정교회, 기독교 간의 종교 갈등이 어떻게 비화될지 모른다. 또한 포스모더니즘과 종교다원주의로 인해 서로 다른 종교들이 어떻게 통합될지도 모른다. 그처럼 미래는 불확실하고, 가변성이 많다. 그래서 선교 현장에서 일어날 수 있는 돌연변이와 돌발변수들을 미리 예측하면서 최악에 상황에 대비하는 선교전략 시나리오를 세울 필요가 있다. 예수님께서 제자들에게 다가오는 환난과 핍박에 대해서 자주 언급하셨다. 그것은 다가오는 시대를 위한 영적 준비를 미리 하라는 독려였다고 이해할 수 있다. 시나리오 플래닝은 네 가지 요소를 가지고 있다.[xv] ①논리성이 있어야 한다. 준비한 시나리오들이 논리적으로 일치해야 한다. ②발생 가능성이 있어야 한다. 불확실하지만 실제 발생할 수 있는 가능성을 지녀야 한다. ③독립성이 있어야 한다. 각 시나리오는 다른 시나리오들과 차별화가 있어야 한다. ④유용성이 있어야 한다. 각 시나리오는 전략 도출에 도움이 되는 가치를 지녀야 한다. 미래 선교전략을 수립할 때 도움이 될 수 있는 정보이다.

경영 지식 (Knowledge Management)

효율적인 선교전략 수립을 위해서 선교사는 경영에 대한 기본적인 지식을 가지고 있을 필요가 있다. 막대한 선교비가 선교지로 투입되기 때문이다. 경영에 대한 전략이 없으면 선교 재무 관리에서 균형을 잃게 된다. 현지의 상황을 고려하지 않은 초대형 교회 건축이나, 무원칙 구제 사업이나, 무개념 토지 매입이나, 과도한 물량 지원은 선교지를 병들게 할 수 있다. 결국 선교를 물욕주의 맘모니즘mammonism에 수장시킬 수 있다. 또한 본국 상황이 급변하게 되어 선교비가 충분히 지원되지 않거나 중단되는 경우도 발생할 수 있다. 그런 위기를 대비해서 선교비를 어떻게 비축하고, 어떻게 사용할 것인가에 대한 경영 전략을 세워야 한다. 교회 건축을 지원할 때도 현지인 목회자와 신도들과 후원 원칙을 세우고 전략적인 재정 지원과 관리를 해야 한다. 원칙이 없이 후원을 계속한다면 그 교회는 자립할 생각을 갖지 않는다. 자립할 준비가 되어 있지 않은데 갑자기 후원을 중단해도 문제가 발생한다. 그러므로 현지 교회들이 선교사를 의지했던 의타성을 줄이고, 점진적으로 재정 자립과 독립이 완료되도록 매년 후원비를 줄여가는 전략적인 경영이 필요하다. 또한 선교비 지출 내역을 전년도와 비교 분석하면서 선교비 절감 정책을 시행하고, 불필요한 지출은 과감히 삭제하고, 새로운 프로그램 개발과 지원을 넓혀가야 한다. 비상 상황을 대비해서 예비비 계정을 두어 특별비를 따로 비축해 두는 선교정책도 필요하다.

맺는말 ●

선교지의 변화들이 심상치 않다. 기독교 선교의 모판이라 믿었던 지역들도 흔들리고 있다. 과거에 했던 대로 하면 되는 선교지가 있는가 하면, 하던 대로 하면 이제는 안 되는 선교지도 있다. 선교전략을 수정해야만 하는 불가피한 상황들이 일어나고 있다. 과학 분야와 의학 분야가 점점 세분화 되듯이, 선교지도 점점 세분화되고 있다. 그래서 한정국 박사는 21세기 선교는 '국가'를 복음화 한다는 개념에서 '종족'을 복음화 한다는 개념으로 바뀌어가야 한다고 말한다. 앞으로의 전쟁도 국가 간의 전쟁보다는 한 국가 안에 있는 종족들 간의 분쟁과 내전으로 심화될 것이라고 말한다. 그는 인도에 약 2,000개가 넘는 카스트가 존재하고 카스트마다 서로 다른 문화와 언어를 가지고 있기 때문에, 인도 선교는 '인도'라는 한 국가를 보고 선교전략을 세울 것이 아니라, 인도 안에 어느 종족을 선교할 것인가에 따라서, 어느 카스트 계층을 선교할 것인가에 따라서 세분화된 선교전략을 수립해야 한다고 조언한다.[xvi] 그런 의미에서 선교사는 뛰어난 선교전략가가 되어야 한다. 강단에서 설교만 잘하는 선교사가 아니라, 선교의 최전선에서 벌어지는 영적 전투를 진두지휘하는 지휘관으로서 어떤 싸움에서도 승전할 수 있는 다양한 선교전략을 갖추고 있어야 한다.

한국교회는 짧은 선교 역사를 가지고 있지만 눈부신 성장을 하였다. 그러나 한국교회의 성장 원리가 모든 선교지에서도 잘 맞는 옷처럼 적용되지 않는다. 선교사가 한국교회 성장 원리를 삽으로 떠서 선교지로 가지고 가서 그대로 이식하려고 한다면 예상치 못한 문화 충돌을 경험할 수 있다. 혹은 현지인들에게 '너희가 모르면 나만 믿고 따라오라'는 식으로 밀고 나가는 것도 위험천만한 리더십이 아닐 수 없다. 반대로 현지의 상황과 문화를 지나치게 수용한 상황화와 토착화 전략으로 기울어지게 되면 건강한 선교가 되지 못한다. 선교전략은 과정이 중요하다. 선교전략이 무엇을 근거로 삼아 세워졌는지, 선교전략이 어디에서 출발했는지, 선교전략이 어떤 과정으로 전개되고 있는지가 중요하다. 성경적 선교전략은 말씀에 근거해서, 성령의 인도하심으로 이끌림을 받아야 한다는 뜻이다. 사도들에게 세계 선교라는 중대한 과업이 주어졌다. 그들이 어떻게 그 과업을 성취했는지 눈여겨 볼 필요가 있다. 그들에게 일어났던 일들 속에는 '우연'은 하나도 없었다. 마가의 다락방에 모여 함께 기도했던 일, 성령이 그들의 머리 위로 임하셨던 일, 예루살렘 거리로 나아가 담대히 복음을 선포했던 일, 예수의 이름이 선포되는 곳에 놀라운 기적들이 일어났던 일, 초대교회에 환난이 시작되었던 일, 순교자가 나오게 되었던 일, 그로 인해 땅 끝으로 흩어졌던 일. 그 모든 과정을 들여다보면 사도들이 스스로 세웠던 전략은 보이지 않는다. 그들을 힘 있게 하고, 그들을 담대한 증인이 되게 하고, 그들을 세상이 감당할 수 없는 사람들이 되게 하고, 그들을 땅 끝으로 흩으셨던 분이 성령이셨음을 성경은 말씀하고 있다. 베드로의 사역에서 '선교전략'이란 용어는 찾을 수 없다. 사도 바울의 사역에서도 '선교전략'이란 용어는 찾을 수 없다. 그렇다고 그들이 선교전략도 없이 선교했다고 말할 수는 없다. 성령의 선교전략은 우리 눈에 보이지 않는다. 그러나 있다. 분명히 있다. 선교사는 그것을 믿고, 그것을 보고 가야 한다. 홍해가 갈라지고, 여리고성이 무너지고, 300명 기드온 용사들 앞에서 13만의 대군이 쓰러지는 뒷배경에는 하나님께서 친히 지휘하였던 전략이 있었다. 그처럼 선교사가 가지고 있는 선교전략은 성령의 전략이 되어야 한다. 피터 와그너Peter Wagner는 "올바른 선교 전략은 성령의 영감과 통치를 받는 전략이다. 성령과 경쟁하기 보다는 성령에 의해 사용되는 전략이어야 한다."라고 하였다.[xvii]

필리핀 딸라 한센인 마을의 아이들

Chapter 5

선교 전술

눈물을 흘리며 씨를 뿌리는 자는 기쁨으로 거두리로다
울며 씨를 뿌리러 나가는 자는 반드시 기쁨으로 그 곡식 단을 가지고 돌아오리로다
시 126:5-6

선교에 관한 글에서 자주 등장하는 단어들은 '최전선,' '전략,' '훈련,' '동원,' '전술' 등이다. 대부분 군사 용어다. 선교가 영적 전투이기 때문이다. 앞에서 보았듯이, 선교신학은 선교의 기초석이 되어 주고, 선교정책은 선교의 방향을 정해주고, 선교전략은 선교의 원칙을 제공해 준다. 선교전술은 무엇인가? 선교전술은 고지 위에 승리의 깃발을 꼽기 위한 최후의 작전을 의미한다. 선교신학과 선교정책과 선교전략은 테이블 위에서 만들어질 수 있으나, 선교전술은 전쟁터 한복판에서 실행되는 실전이다. 스포츠에도 많은 이론이 있다. 그러나 스포츠의 꽃은 경기

장 안에서 싸우는 실전 경기이다. 실전 경기 중에 감독의 결정에 따라서 전술은 수시로 바뀔 수 있다. 어떤 전술로 시작했고, 어떤 전술로 전환했느냐에 따라서 경기의 승패가 좌우된다. 그래서 다양한 전술이 없는 감독이나 선수는 경기에서 이길 수가 없다. 스페인 사람들은 "축구는 전술 게임이다."라고 말한다. 축구 경기에서 이기려면 기술도 좋아야 하고, 체력도 좋아야 하고, 훌륭한 감독도 필요하고, 훌륭한 선수도 필요하고, 빈틈없는 조직력도 필요하지만, 전술이 없으면 그 모든 것이 무용지물이 된다. 그래서 감독의 전술 노트에는 수비 전술, 공격 전술, 시스템 전술, 세트피스 전술 등 다양한 전술이 기록되어 있다. 감독은 각 선수의 장점을 정확히 파악해서 그 선수가 가장 잘 할 수 있는 포지션에 배치한다. 그리고 팀이 가지고 있는 능력과 한계를 충분히 파악하고 그 팀이 소화할 수 있는 작전을 지시하여 게임을 승리로 이끈다. 선교지에서 선교사의 역할은 바로 그 스포츠 감독의 역할과 같다. 선교사에게 다양한 전술이 없다면 선교를 죽음으로 이끌 수 있다. 선교지에서 문제를 일으키는 선교사가 아니라, 선교지에서 발생하는 수많은 문제들을 풀어가는 선교전술이 뛰어난 명장이 되어야 한다.

선교전술을 위한 준비

1) 첫 동역자

선교지에서의 첫걸음은 현지인 동역자를 찾는 일이다. 초년생 선교사들은 완벽한 현지어를 구사하기까지 상당한 기간이 필요하기 때문에 현지인 동역자의 도움이 더 더욱 필요하게 된다. 여러 경로를 통해서 현지인 동역자를 소개받는다. 이때 신중해야 한다. 충분한 시간을 갖고 관찰해야 한다. 가장 먼저 점검해야할 것은 동역자의 신학이다. 선교지에는 많은 신학교들이 있다. 대부분의 학교들이 무인가 신학교들이다. 그것은 현지 목회자들의 신학 기초가 매우 약하다는 뜻이다. 선교사의 신학과 대치되는 신학을 가진 목회자를 만날 수도 있다. 그러므로 면접 인터뷰를 할 때 제일 먼저 그들이 가지고 있는 신학에 대해서 질문해야 한다. 두 번째 점검은 영성 부분이다. 하나님을 경외하는 신앙이 있는지, 기도와 말씀 생활이 충만한지, 어떤 리더십을 가지고 있는지 인내를 가지고 꼼꼼히 지켜봐야 한다. 세 번째 점검은 인격이다. 동역자의 정직성, 성실성, 창의성, 겸손함까지 점검해야 한다. 완전한 사람은 없다. 99점짜리 동역자를 찾지 못해도, 70점 이하 동역자와는 사역을 시작하면 안 된다. 그들이 엉뚱한 복음을 전하고, 자신의 능력만을 믿고 나아가고, 성실하지 않고, 정직하지 않는 사람이라면 함께 갈 수 있는 동역자는 될 수 없다. 그들과 결별하게 되면 그들과 함께 했던 기간만큼 선교는 뒤로 후퇴해야 한다. 그러므로 동역자를 찾게 되면 빠른 시간 안에 선교사의 마음을 다 내어주지 않아야 한다. 마음을 내어준다는 것은 그들을 의지한다는 뜻이 된다. 선교사가 현지인 목회자를 전폭적으로 지지하고 있다는 것을 그들이 인지하기 시작하면, 그들도 사람이기 때문에 마음속으로 "내가 아니면 당신은 우리나라에서 아무 것도 할 수 없다."는 잘못된 자만심을 갖게 할 수 있다. 그런 마음을 가진 동역자가 나오게 되면 선교사는 지뢰를 밟은 채로 선교를 하게 된다. 그러므로 처음부터 동역자를 만나게 되면 그들에게 동의를 구하고, 서로를 알아가기 위한 임시 관찰 기간interim period을 6개월 이상 두고, 사역의 현장에서 평가를 하고 최종 결정을 하는 지혜가 필요하다. 정식 선교 스텝으로 영입될 때까지 그들에게 주어지는 직위도 임시직interim staff으로 해두는 것이 좋다.

2) 첫 이미지

한국 선교사들이 섬기는 선교대상은 대부분 그 나라에 있는 서민층과 빈민층인 경우가 많다. 그런 곳에서 선교를 시작할 때 선교사의 첫 이미지는 그곳에 있는 사람들에게 매우 중요한 영향을 미친다. 필자가 1991년에 2,500미터 필리핀 고산족에게 선교할 때 일이다. 그들을 향해 한 발자국 다가가면 그들은 한 발자국 뒤로 물러섰다. 산 사람들과 똑같은 집에서 살았고, 김치도 없이 그들처럼 똑같은 음식을 먹으면서 살았다. 그런데 현지인과의 거리는 좀처럼 좁혀지지 않았다. 그때 필자를 안타깝게 지켜보았던 사람이 와서 그 이유를 말해주었다. 충격이었다. 그 이유는 필자가 입고 있던 티셔츠 때문이었다. 날씨가 더워 매일 티셔츠를 갈아입었다. 매일 옷을 갈아입은 일이 문제가 된 것이 아니었다. 매일 색깔이 다르고, 디자인이 다른 티셔츠를 갈아입는 모습이 현지인의 눈에는 근접할 수 없는 '상류층 부자'로 보였던 것이다. 그래서 마닐라로 내려와 서민들이 입는 디자인도 없고, 글씨도 없는 가장 싸구려 티셔츠 열 장을 구입하였다. 티셔츠 색깔도 동일한 것으로 구입하였다. 산으로 올라가 그 티셔츠만을 입기 시작하였다. 매일 티셔츠를 갈아입었지만 똑같은 디자인, 똑같은 색깔이었기 때문에 그들의 눈에는 선교사도 자기들처럼 티셔츠 한 장으로 산다는 생각을 하기 시작하였다. 단순한 바꿈이었지만, 그때부터 사람들이 필자에게 하나 둘 다가오기 시작하였다. 티셔츠 문제가 아니라,

이미지 문제였던 것이다.

　필자가 4년 후에 마닐라로 내려와 한센 마을에서 한센선교를 시작할 때, 산족선교에서 배운 교훈을 그대로 적용하였다. 필리핀 한센인들도 어렵게 사는 사람들이었다. 한센마을은 수도 마닐라 변두리에 있었다. 그래서 날마다 부동산 가격이 상승하고 있었다. 그런 상황에서 교회 부지를 미리 매입해 놓고 싶었다. 그러나 그 유혹을 억제하면서 '가난한' 선교사의 모습으로 한센 마을에 있었다. 선교사가 한센 마을로 들어오자마자 땅부터 샀다는 소문이 나면 '부자 외국인'이 왔다고 말할 것이 분명했다. 그래서 산족선교에서 배운 대로 교회 부지도 마련하지 않고, 교회 건축도 서두르지 않고, 1년 동안 교회 없이 각 바리오(Barrio: 필리핀에서 가장 작은 동네)에서 가정교회로 모이는 선교전술로 나아갔다. 1년 후에 가정교회 신자들의 입에서 "우리도 교회를 짓자"는 말이 나오게 되었다. 선교지에 보여주는 선교사의 첫 이미지는 그처럼 중요한 의미를 갖는다. 그러므로 선교대상이 서민층과 빈민층으로 내려가면 내려갈수록 선교사는 더 성육신적인 선교 전술로 들어가야 한다. 물질이 아니라 헌신된 몸으로, 말이 아니라 삶으로 복음을 심는 선교 전술로 나아가야 한다.

3) 다양한 전술 시스템

　교회는 생물학적으로 살아있는 유기체이다. 그래서 예수님은 교회의 머리가 되시고, 신자들은 예수님의 지체들이 된다. 교회는 숫자적으로 작은 교회가 있고, 큰 교회가 있고, 대형교회가 있다. 교회 신자들도 영적인 단계에 따라 젖먹이 신자, 유아신자, 청년신자, 장년신자가 있다.

사도 바울은 고린도전서 3장 2절에서 "내가 너희를 젖으로 먹이고 밥으로 아니하였노니 이는 너희가 감당하지 못하였음이거니와 지금도 못하리라."라고 했다. 젖먹이 신자에게는 젖을, 성숙한 신자에게는 밥을 주었다는 말이다. 현지 신자들의 영적 수준에 따라서, 교회가 감당할 수 있는 역량에 따라서 선교사는 다양한 선교전술을 제시해야 한다는 뜻이다. 선교사의 전술 노트에는 30명 신자를 가진 교회를 위한 선교전술이 있어야 하고, 50명 신자를 가진 교회를 위한 선교전술이 있어야 하고, 100명, 300명, 500명 신자를 가진 교회를 위한 선교전술을 따로따로 준비하고 있어야 한다. 100명 신자를 가진 교회에게 500명 신자를 가진 교회 시스템을 적용하면 교인들은 감당하지 못한다. 신자들에게 희망을 주되, 실현 가능성이 없는 희망은 신자들에게 고통만 줄 수 있다.

4) 사명선언문(Mission Statement), 비전선언문(Vision Statement)

사명선언문과 비전선언문은 선교의 전술을 신자들이 볼 수 있도록 가시화 시키는 작업이다. 사명선언문과 비전선언문만 보아도 그 교회가 어떤 선교신학과 선교정책과 선교전략과 선교전술을 가지고 있는지 보여준다. 중요한 것은 그 사명선언문과 비전선언문이 한 교회에 하나만 필요한 것이 아니라, 각 부서마다 별도의 사명선언문과 비전선언문을 갖도록 해야 한다는 것이다. 각 부서마다 선교대상과 선교 프로그램이 다르기 때문이다. 교회는 교회대로, 선교사는 선교사대로, 현지 목회자는 목회자대로, 주일학교는 주일학교대로, 찬양대는 찬양대대로, 선교부는 선교부대로 사명선언문과 비전선언문을 갖도록 해야 한다. 자신이 속해있는 부서가 가지고 있는 사명선언문과 비전선언문을 보게 되면, 맴버들은 자신의 사명이 무엇인지 선명하게 이해할 수 있게 된다. 매년 새로운 선교 목표가 정해지고, 새로운 선교 프로그램이 시작될 때마다 현지인들로 하여금 새로운 사명선언문과 비전선언문을 스스로 작성하도록 독려할 필요가 있다. 푯대를 세우고 가는 선교와 푯대 없이 가는 선교는 결코 같을 수가 없다.

5) 다양한 전술 노트

선교사는 다양한 전술 노트를 가지고 있어야 한다. 예를 들면 '전도 전술' 항목에서 개인전도 전술, 가족 전도 전술, 노방전도 전술, 대중 집회 전도 전술, 캠퍼스 전도 전술, 직장인 전도 전술, 어린이 전도 전술, 청소년 전도 전술, 독거노인 전도 전술, 병원 전도 전술, 감옥 전도 전술, 장애인 전도 전술, 알코올 중독자 전도 전술 등등 전도 대상에 따라서 다양한 전도 전술을 개발해서 전도대원들을 그 전술에 따라서 훈련시켜야 한다. 그 외에도 새 신자 교회 정착 전술, 가정교회 설립과 확장 전술, 교회 성장 전술, 리더 양성 전술 등등을 개발해야 한다. 그처럼 선교사의 선교전술 노트에는 다양하고 차별화된 선교전술들이 빼곡하게 들어 있어야 한다.

6) 교회 내규규정(Church Manuel)

교회의 역사가 깊어지고, 교인이 많아지고, 다양한 사람들이 모이기 시작하면 교회 안에 그룹이 생긴다. 집사와 장로를 세우게 되면 교회 정치가 교회 수면 위로 떠오르게 된다. 일이 많으면 문제도 많아진다. 작은 문제도 큰 문제로 커진다. 현지 교회들도 분쟁과 분열이란 아픔을 겪게 된다. 그 아픔을 최소화 시키고, 문제들을 조기에 해결하고, 건강한 교회로 성장해 갈 수 있는 선교전술이 필요하다. 그 전술 중에 하나가 교회 내규규정을 만드는 일이다. 사람이 모이는 곳에는 이견이 생긴다. 그 이견들이 조기에 수습될 때도 있지만, 그 싸움이 오래 지속되면 중간에 분쟁 조정자가 있어야 한다. 현지인이 선교사에게 분쟁 조정자가 되어달라고 요청할 때가 있다. 선교사는 그 요청을 주저함 없이 받아들여서는 안 된다. 선교사가 그 교회 개척자라도 쉽게 재판관이 되어서는 안 된다. 선교사가 한 쪽의 손을 들어주게 되면 선교사는 다른 한 쪽을 잃게 된다. 의로운 판결이 아니라 원자탄을 터뜨리는 일이 될 수 있다. 그때 필요한 것이 교회의 내규규정이다. 내규규정은 약속이며, 질서이며, 법이다. 선교사는 교회의 분쟁 사건을 내규규정에 따라 슬기롭게 문제를 해결할 수 있도록 안내만 해주면 된다. 내규규정에는 권징과 징계만 있는 것이 아니다. 각 직분자의 역할과 각 부서의 책임과 한계가 명시되어 있다. 그 안에는 명령계통이 명시되어 있다. 교회 안에 문제가 발생하면 상처를 최소화시키면서 내규규정에 따라서 원점에서 다시 시작하도록 조정할 수 있다.

선교 전술의 실행

거꾸로 가는 전술

선교사는 거꾸로 가는 시계를 차고 선교전술을 지휘해야 한다. 처음부터 떠날 시점을 정해놓고 선교를 시작해야 한다는 의미이다. 은퇴를 하고 선교지를 떠나는 경우도 있지만, 갑자기 선교지를 떠나야만 하는 변수가 생길 수도 있다. 만약 선교사가 일찍 떠나게 되었다면, 현지 신자들이 그 떠난 선교사를 어떻게 기억해 줄까를 미리 생각해 볼 필요가 있다. 가장 슬픈 기억은 선교사를 단지 자신들의 교회건축을 위해서 후원해 줬던 고마운 사람으로 기억해주는 일이다. 경제적으로 어려웠을 때 많은 도움을 주었던 좋은 사람으로 기억해주는 것도 슬픈 기억이다. 아플 때 수술비를 지원해주었던 은인으로 기억해주는 것도 슬픈 기억이다. 최첨단의 기술을 전수해주었던 고마운 선생으로 기억해주는 것도 슬픈 기억이다. 선교사는 그런 기억을 위해서 땅 끝까지 갔던 것이 아니다. 자신들에게 구원의 복음을 전해주기 위해서 하나님께서 보내셨던 목자로 선교사를 기억해줄 수 있다면 그것이 큰 기쁨이고, 큰 영광이 아닐 수 없다. 선교 현장에서 보는 가장 슬픈 모습은 선교사가 떠난 이후, 선교사가 세운 교회가 거미줄로만 무성한 건물로 남아있을 때이다. 그러므로 선교사는 거꾸로 가는 시계를 차고 선교해야 한다. 오늘이 마지막 날이라는 생각으로 매일매일 최선을 다하는 선교전술로 선교를 해야 한다.

시각화 시키는 전술

예수님께서 제자들과 군중들에게 천국에 관하여 말씀하실 때마다 많은 비유를 통해서 전하셨다. 그 비유들 속에 등장했던 소재와 소품들은 사람들이 쉽게 볼 수 있고, 주변에 흔하게 널려있던 것들이었다. 예수님께서 그 흔한 소품들을 사용하셨던 것은 예수님이 떠난 이후에 그 소품들을 볼 때마다 예수님이 하셨던 말씀들을 쉽게 기억할 수 있도록 하기 위함이었다. 즉 그들의 머릿속에 천국을 '이미지'로 깊이 각인시켜 주셨던 것이다. 동방정교회 성소 안에는 성모 마리아 상은 없다. 십자가도 없다. 그러나 수천 년, 수백 년 된 성화들로 채워져 있다. 그 이유는 고대 사람들 중에는 글을 읽지 못하는 신자들이 많았기 때문에 성화를 통해서 성경의 인물들과 성경의 이야기들을 이미지로 머릿속에 저장할 수 있도록 했기 때문이었다. 그런 의미에서 신자들이 늘 기억할 수 있도록 선교전술을 이미지화 시킬 필요가 있다. 설교는 돌아서면 잊고, 문서는 접어버리면 끝이다. 선교신학, 선교정책, 선교전략, 선교전술은 용어부터 어렵다. 그러므로 그것들을 시각화하여 교회 구석구석에 전시해 놓으면 볼 때마다 쉽게 기억하게 된다. 교회 실내와 교회 외벽에 수시로 업데이트된 내용들을 여러 재료를 가지고 제작하여 전시하려면, 신자들은 지금 교회가 무엇을 하고 있고, 어디를 향해서 가고 있고, 왜 그 일을 해야만 하는지 시각적으로 보면서 목회와 선교에 더 적극적으로 동참하게 된다.

프로그램의 우선순위 전술

선교사 자신을 위험에 빠트리게 하는 것 중에 하나는 조급함이다. 후원교회나 후원자들의 기대가 선교사에게 압박으로 작용될 때가 있다. 그 압력을 견디지 못하고 선교사가 충분한 준비 없이 선교를 서두르게 되면 그선교가 모래 위에서 시작하게 된다. 언어가 준비되지 않은 상태에서 선교프로그램을 출발시키게 되면 '돈'으로 시작하는 프로그램이 될 위험성이 높다. 선교를 출발시킨 선교사는 그때부터 선교 보고용 결과물을 내도록 현지인 동역자에게 큰 부담을 떠맡길 때가 있다. 현지인 동역자는 선교사가 '원하는' 것을 만들어 주기 위해서 일하기 시작하면 얼마 가지 않아 더큰 문제를 만나게 된다. 현지인 목회자 자신이 하나님을 위해서 뛰지 않고, 선교사를 위해 뛰고 있다는 생각을 갖기 시작하면 선교사에 대한 신뢰와 존경이 사라지게 된다. 월급을 주는 사장에게 복종하듯이 월급을 주는 선교사를 위해서 뛰게 만든다. 선교사는 다시 선교의 원점을 점검해야 한다. 선교의 주체는 선교사가 아니다. 하나님이시다. 그러므로 선교의 우선순위를 정하는 일은 선교전술에서는 매우 중요한 일이 된다. 현지인의 영적 수준과 그들이 감당할 수 있는 능력에 맞춰서 쉬운 것부터 하나하나 시작해야 한다. 시간이 지체되더라도 그들이 성장할 때까지 기다려주며 천천히 가는 선교전술을 실행해야 한다. 파송 교단, 선교단체, 교회, 일반 후원자들도 선교사가 충분한 준비를 마치고 선교를 정상 궤도에 올려놓고 출발할 때까지 묵묵히 기다려줘야 한다.

자발적으로 양육되는 전술

자발적으로 양육되는 전술이 필요하다. 한 목자를 따라가는 양이 아니라, 새끼를 낳는 어미 양이 되도록 훈련시켜야 한다. 성경공부반도 필요하지만, 제자훈련반은 반드시 개설되어야 한다. 제자훈련을 받은 그 제자가 자신의 제자를 낳고 양육하는 피라미드 구조 재생산 시스템을 가지고 있어야 한다. 제자 양육은 교회 안에서 할 수 있고, 교회 밖에서 개최되는 다양한 세미나에 팀장들을 보내서 좋은 훈련을 받고 돌아와서 자신들의 제자들을 양육하도록 해야 한다. 교회 출석 신자가 100명을 넘게 되면, 각 부서는 A팀Major team과 B팀Minor team으로 조직해서 자발적인 양육을 함으로 교인이 많은 교회가 아니라 사역자가 성한 교회가 되도록 해야 한다.

재난지역 원정대 파송 전술

필리핀은 매년 지진과 태풍과 홍수로 많은 지역이 특별재난지역으로 선포된다. 필리핀의 인구는 1억 1000만 명이다. 그 중 극빈자 빈민층은 3,000만 명이다. 매년 거듭되는 자연 재해를 필리핀 정부가 다 커버하지 못한다. 외부의 도움이 필요한 지역이 많아질 수밖에 없다. 그런 상황을 제자들을 훈련시키는 기회로 삼을 수 있다. 재난 지역이 멀리 있는 곳은 갈 수 없지만, 가까운 곳에서 발생하게 되면 재난지역 원정대를 파송한다. 한센마을 사람들도 외부의 도움이 필요한 사람들이지만, 원정대가 떠날 때에는 많은 사람들이 구호품들을 기증한다. 명분만 분명하면 가난한 사람들이 더 많이 구제 활동에 참여하게 된다. 원정대가 재난지역에서 훌륭한 임무를 완수하고 돌아오면 원정대원들의 기쁨뿐만 아니라, 교회는 더 뜨거워진다. 선교의 지경을 넓혀가는 선교전술이기도 하다.

현지 문화로 소통하는 전술

K-pop, K-drama, K-food가 선교지까지 강타하고 있다. 선교지 사람들이 필자가 한국인이라는 것 때문에 수시로 K-pop, K-drama, K-food에 대해서 흥분된 목소리로 많은 질문을 한다. 필자는 개인적으로 그들의 흥분에 공감하는 반응을 표시한 적이 없다. 세계인들이 K-pop, K-drama, K-food에 열광하고 있지만, 그것들을 복음을 전하는 통로로 이용하는 전술은 깊은 생각이 필요하다. 한국의 유명 가수와 배우들은 이미 그들의 우상이 되어 있다. 그래서 그들에게 충격적인 스캔들이 발생하게 되면 팬들은 하루아침에 등을 돌린다. 한국의 대중문화를 선교에 접목시키는 일은 그래서 위험하다. 선교사는 한국 문화를 이용하는 것보다 현지의 문화에 더 잘 적응하고, 잘 선별해서 선교에 활용하는 선교전술이 필요하다.

선교전술 평가회

선교사는 완벽한 선교 전문가가 아니다. 설령 그렇다 할지라도 그렇지 않은 사람처럼 행동해야 한다. 사도 바울은 아무 것도 없지만 모든 것을 가진 사람처럼 살았다. (고후 6:10) 그 말을 거꾸로 말하면 모든 것을 가졌지만 아무 것도 갖지 않은 사람처럼 살았다는 말이다. 선교사는 그렇게 낮은 자세로 현지인들과 함께 살아가야 한다. 현지인만큼 현지의 상황을 잘 아는 사람은 없다. 현지인만큼 현지 사람을 잘 아는 사람도 없다. 선교사가 한 선교지에 40년 이상 있어도 선교사는 여전히 이방인이다. 그러므로 선교전술을 위한 평가 회의를 가질 때 선교사가 아니라 현지인 목회자가 주관을 하도록 해야 한다. 진행했던 선교 전략과 선교 전술에 대한 현지인의 내부 반응을 점검하고, 수집한 자료들을 분석하고 평가해야 한다. 교회 내부의 반응뿐만 아니라, 지역 사회의 반응도 수집해서 분석하고 평가해야 한다. 평가회의 목적은 단순히 행한 선교 프로그램들을 평가하는 것이 아니라, 더 나은 선교전략과 전술교회를 개발하고 수립하기 위함에 있다.

● 맺는 말

선교 신학자들은 기독교 선교의 중심이 북반구에서 남반구로 이동하고 있다고 말한다. 선교의 중심이 유럽에서 아시아로 이동하고 있다고 말한다. 한 스위스 선교학자는 세계 선교역사를 세 교회시대로 분류하였다. 첫 번째 교회시대는 천 년 동안 동방교회가 유럽 선교의 중심이 되었던 시대이고, 두 번째 교회시대는 그 다음 천 년 동안 서방교회가 유럽 선교의 중심이 되었던 시대이고, 세 번째 교회시대는 현재로서 남반구에 위치한 교회들이 세계 선교의 중심이 될 것이라고 말했다.[※] 남반구는 동남아시아를 가리키며, 이슬람교, 힌두교, 불교가 탄생했던 곳들이다. 그런데 그 남반구가 심상치 않다. 민족주의, 탈제국주의, 탈식민지화, 탈서방세계, 탈서양종교 등을 내세우며 자신들의 종교 세력을 확장시키기 위해서 총력전을 펼치며 나아오고 있다. 남반구가 세계 선교의 중심이 되지 못하고, 오히려 기독교 선교가 타종교들에게 밀려 퇴출되는 일이 발생할 수 있다. 그러므로 더 강하고, 더 철저한 선교전술이 개발되어야 한다. 선교전술이 없거나, 전술이 약하거나, 전술이 허술하거나, 전술이 비성경적이라면 영적 전투에서 이길 수 없다. 한 선교사가 필자에게 한 말이다. "선교를 복잡하게 생각하면 복잡하게 됩니다. 선교는 간단합니다. 거저 '주님, 믿습니다.'하고 나가면 다 '믿습니다.'가 됩니다."라고 하였다. 그 '믿습니다.' 전술이 큰 역사를 일으킬 때도 있다. 그러나 모든 선교를 "믿습니다."로 밀어붙일 수는 없다. "믿습니다." 하나로만 나아간다면 선교사가 공부할 필요도 없고, 선교사가 현지인들을 훈련시킬 필요도 없다. "믿습니다." 신앙만 심어주면 끝난다. 그러나 선교사의 그 '믿습니다' 신앙은 현지 신자들을 맹신자로 만들 수 있다. 선교 전략과 전술을 수립한다는 것은 세속적인 방법이 아니다. 믿음이 없는 불신앙도 아니다. 선교지의 상황이 날마다 돌변하고 있다. 정치적 불안정으로 비상사태까지 공포된다. 미얀마에서는 군부 쿠데타가 일어났고, 인도나 네팔에서는 개종방지법이 통과되어 기독교 선교가 태풍의 눈 안에 들어가 있다. 모든 선교지의 문화는 더욱 세속화 되고 있고, 더욱 사탄화 되고 있다. 그 강력한 도전들 앞에 더 강력한 선교전술을 가지고 담대히 설 수 있는 명장 선교사들이 되어야 한다.

2 PART

성경에서 보는 선교

성경은 구약과 신약으로 되어 있지만, 한 권의 책이다. 생명의 강은 구약에서 발원하여 신약까지 흘러간다. 속죄의 피도 구약에서 발원하여 신약에서 예수님의 보혈로 이어진다. 구약의 아브라함의 언약은 신약의 예수님의 새 언약으로 이어진다. 선교도 마찬가지다. 구약에서 태동해서 신약에서 꽃을 피운다. 선교는 구약과 신약에서 쉽게 찾을 수 있는 하나의 주제이다. 그래서 신약에서만이 아니라 구약에서도 선교는 큰 모습으로 드러난다. 다른 것이 있다면 구약의 선교는 유대인을 통해서 하나님께서 죄인 된 인류를 어떻게 구속하셨는가를 보여주었고, 신약의 선교는 예수 그리스도를 통해서 열방의 모든 민족까지 구속하시는 하나님의 선교를 보여주었다. 구약과 신약에 보이는 선교들에게 대해서 정리해 보려고 한다.

미얀마 한센인 마을의 아이들

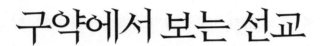

Chapter 6

구약에서 보는 선교

The mark of a great church is not its seating capacity
but its sending capacity (Mike Stachura)
위대한 교회의 특징은 교회 수용 인원이 아니라 파송 인원이다
– 마이클 스타츄라 –

한글 개역개정 성경에서 '선교'라는 단어를 검색해 보면, 검색 결과는 '0'으로 나온다. 우리가 생각하는 일반적인 '세계 선교'는 지리적으로 초대교회로부터 시작되었지만, 신약에도 나오지 않는 단어가 '선교'이다. 그렇다고 성경에서 '선교'를 찾아내는 일이 억지가 될 수는 없다. 하나님은 선교의 주체로서 창세기에서부터 선교하셨기 때문이다. 그래서 허버트 캐인Herbert Kane은 구약성경은 선교적인 책이라고 말하였다.' 리차드 리더 Rechard. R. De Ridder는 구약의 선교를 생각하지 않고는 신약의 선교는 불가능하다고 말하였다." 구약에서 찾아지는 선교들을 찾아보면 다음과 같다.

노아의 방주를 통한 하나님의 선교

하나님께서 천지만물과 인간을 창조하셨다. 하나님은 이스라엘의 하나님이 아니라, 모든 열방의 하나님이시다. 아담의 타락으로 모든 인류가 원죄로 인해 죄인이 되었고, 하나님의 형상을 잃어버렸다. 하나님은 그 죄인들에게 가죽옷을 지어 입혀주셨다. (창3:21) 죄를 범한 아담과 하와를 위해서 희생된 짐승이 있었다는 뜻이다. 그때부터 인간은 짐승을 바치는 '희생 제사'를 통해서 구원을 얻게 되었다. 짐승의 희생을 통해서 인간을 구속하셨던 그 일이 곧 하나님의 선교였다. 타락한 인류를 홍수로 심판하실 때 방주를 통해서 노아와 그의 가족을 구원하셨는데, 그 모습 역시 택한 백성을 구원하시는 하나님의 선교였다.

아브라함의 언약을 통한 하나님의 선교

하나님은 아브라함을 선택하여 불러내시고, 그와 언약을 맺으셨다. "여호와께서 아브람에게 이르시되 너는 너의 고향과 친척과 아버지의 집을 떠나 내가 네게 보여 줄 땅으로 가라. 내가 너로 큰 민족을 이루고, 네게 복을 주어 네 이름을 창대하게 하리니 너는 복이 될지라. 너를 축복하는 자에게는 내가 복을 내리고, 너를 저주하는 자에게는 내가 저주하리니 땅의 모든 족속이 너로 말미암아 복을 얻을 것이라." (창 12:1-3) 그 말씀 속에 "땅의 모든 족속이 너로 말미암아 복을 얻을 것이다."라고 하셨다. 아브라함이 유대인들만의 조상이 아니라, 모든 민족에게도 믿음의 조상이 될 것이라는 언약이었다. 그처럼 아브라함의 언약에는 그를 통해서 모든 열방을 구속하시겠다는 하나님의 선교 계획이 들어 있었다. 아브라함의 언약 속에 명시되었던 모든 족속은 예수님의 지상 명령에서 다시 한번 확인 되었다. "그러므로 너희는 가서 모든 민족을 제자로 삼아 아버지와 아들과 성령의 이름으로 세례를 베풀고, 내가 너희에게 분부한 모든 것을 가르쳐 지키게 하라." (마 28:19) 하나님의 선교는 아브라함을 넘어, 유대 족속을 넘어, 모든 열방을 향해 있다. 김은수 박사는 언약신학은 곧 선교신학이라고 말하였다. 즉 새 언약이 옛 언약으로부터 분리될 수 없듯이, 선교의 시작은 신약에 있지 않고, 구약에 있고, 구약은 선교의 뿌리라고 하였다.[iii]

모세의 언약을 통한 하나님의 선교

하나님은 모세를 부르시고, 그를 애굽으로 파송하셨다. 이스라엘 백성을 약속의 땅으로 인도하라는 사명이 모세에게 주어졌다. 열 가지 재앙을 통해서 우상숭배자들을 심판하시고, 친히 택한 백성을 구원하셨다. 특별히 어린양의 피를 바른 집에 거하는 사람들의 생명은 죽음으로부터 보존되었다. 택한 자들을 구원하시는 하나님의 선교였다. 출애굽 과정에 나타났던 수많은 기적들은 모세의 능력이 아니라 그를 통해 나타난 하나님의 능력이었다. 하나님은 모세에게 "세계가 다 내게 속하였도다."라고 선포하셨다. (출 19:5-6) 베드로는 그 말씀을 그대로 인용하여, 예수 그리스도를 믿으면 그는 '택한 족속'이 되고, '왕 같은 제사장'이 되고, '거룩한 나라'가 되고, '하나님이 소유'가 된다고 선포하였다. (벧전 2:5, 9) 그처럼 구약과 신약의 선교 메시지는 하나였다.

여호와의 총회를 통한 하나님의 선교

여호수아가 여리고 성을 치기 전에 그의 군사들에게 기생 라합과 그의 집에 동거하는 자들은 모두 살리라고 명령했다. (수 6:17) 모압 여인 룻은 시어머니를 떠나지 않고 하나님을 신실하게 믿음으로 다윗의 증조할머니가 되었다. (룻 4:22) 이방 민족 니느웨 사람들은 요나가 전한 하나님의 메시지를 듣고 회개함으로써 12만 명이 구원을 받았다. (욘 4:11) 그처럼 하나님은 유대인만의 하나님이 아니라, 이방인도 하나님을 경외하고 돌아오면 그들의 하나님이 되어주셨다. 신명기 23장 7-8절에는 '여호와의 총회'에 대한 말씀이 언급되어 있다. "너는 에돔 사람을 미워하지 말라. 그는 네 형제임이니라. 애굽 사람을 미워하지 말라. 네가 그의 땅에서 객이 되었음이니라. 그들의 삼 대 후 자손은 여호와의 총회에 들어올 수 있느니라."라고 하였다. 모세와 유대인들에게 애굽과 에돔은 분명히 적이었다. 그들은 분명히 이방인이었다. 그러나 3대가 지나면 그들도 여호와의 총회에 들어올 수 있는 자격을 얻게 될 것이라고 말씀하셨다. 카펜터(Carpenter)는 "여호와의 총회란 이스라엘에서 시행되는 크고 작은 모든 공적인 집회를 가리킨다."라고 하였다.[iv] 이방인이 '여호와의 총회'에 참여할 수 있다는 것은 이스라엘 민족이 드리는 종교의식에도 참여할 수 있게 된다는 의미였다. 그처럼 구약에 보이는 선교는 이미 이방인을 향해서도 선교의 문이 열려있었다. 그러한 선교사상은 초대교회 '예루살렘 총회'에서 다시 이어졌다. 사도행전 15장은 이방인 출신 그리스도인들이 유대인의 규례를 지켜야 하는지에 대한 주제를 놓고 모였던 초대교회 최초의 총회였다. 그 총회에서 이방인은 유대인의 규례를 지킬 필요가 없다는 결론을 내렸다. 기독교 선교가 땅 끝까지 가는데 큰 걸림돌이 될 수 있었던 유대인의 규례를 제거해 버렸던 역사적인 총회였다. 구약과 신약에 나타난 두 총회를 선교 신학적 관점에서 보면 구약에서부터 구원은 혈통을 통해서 얻는 것이 아니라, 믿음을 통해서 얻게 된다는 진리를 명백하게 확인할 수 있다.

사사들을 통한 하나님의 선교

사사시대는 '불순종-우상숭배-회개-구원'으로 회전되는 약 450년간의 역사였다. (행 13:19) 그 기간에서 주목해야 할 한 사건이 있다. 이스라엘이 하나님의 언약궤를 블레셋에게 빼앗긴 사건이었다. (삼상 5:1) 블레셋은 탈취한 하나님의 언약궤를 아스돗(Ashdot)에 있는 다곤(Dagon) 신전 곁에 두었다. 다음 날 가보니 다곤 신상이 쓰러진 채 언약궤 앞으로 엎어져 있었다. 사람들이 신상을 바로 세웠다. 다음 날 가보니 다곤 신상이 다시 엎어졌는데 머리와 두 손목이 끊어져 문지방까지 굴러가 있었다. 블레셋 땅에는 독한 종기가 퍼졌다. 공포에 질린 아스돗 사람들이 언약궤를 가드(Gath)로 옮겼다. 가드에도 독종이 퍼졌다. 그래서 에그론(Ekron)으로 옮겼다. 에그론에서도 독종이 퍼졌다. 결국 블레셋 사람들은 자진해서

언약궤를 이스라엘에 반납하기로 결정하였다. 블레셋 사람들은 언약궤를
이스라엘 진영인 벧세메스(Beth Shemesh)로 옮겨놓고 돌아갔다. (삼상
6:13) 그런데 이스라엘 진영에서 다른 사건이 일어났다. 그곳 사람들이
언약궤를 열고 들여다 본 사건이었다. 하나님께서 치시니 언약궤를 열고
보았던 자들 칠십 명이 죽임을 당했다. (삼상 6:19) 그 두 사건을 통해서
알게 되는 사실은 전쟁의 승리자라도 함부로 하나님의 언약궤를 가질 수
없다는 것과 이스라엘 사람이라도 허락된 사람 외에는 함부로 언약궤를
열 수 없었다는 것이었다. 그 두 사건을 통해서 배울 수 있는 교훈은 하나
님은 친히 거룩한 성물을 지키시고, 하나님께서 택하신 백성을 친히 지켜
주신다는 것이었다. 그래서 배반을 밥 먹듯이 했던 이스라엘 사람들이었
지만 하나님은 계속해서 사사들을 그들에게 보내주셨다. 그 사사들은 선
교사들과 같았다. 이스라엘 백성들은 하나님께서 보내신 사사들의 활동
을 통해서 생명을 보존 받을 수 있었다.

시편을 통한 하나님의 선교

시편 기자들은 인간은 무능한 존재이며, 죄인이라는 사실을 선포하였
다. 그 죄인들이 하나님의 은혜로 구원받을 수 있음을 선포하였다. 하나
님은 전능하시며, 온 땅과 온 인류가 하나님의 통치 아래에 있음을 선포
하였다. 하나님의 심판은 온 땅(시 33:8; 66:21; 96:1, 98:1, 100:1),
세상에 있는 모든 거민, 세상에 있는 모든 나라(시 33:8)에 미친다고 선
포하였다. (시67:102) 오직 하나님만이 예배를 받으시기에 합당한 분이

심을 선포하였다. 김은수 박사는 시편에 나타난 이스라엘의 세계관은 하나님은 모든 만물, 모든 나라, 모든 백성, 온 우주를 창조하신 창조주이시며, 구원자이심을 고백하는 것이었다고 말한다.[v]

선지자들을 통한 하나님의 선교

하나님은 선지자들을 부르시고, 당신의 메시지를 그들에게 주시고, 가서 전하라고 하셨다. 하나님은 예레미야에게 "너희 조상들이 애굽 땅에서 나온 날부터 오늘까지 내가 내 종 선지자들을 너희에게 보내되 끊임없이 보내었다."라고 하셨다. (렘 7:25) 선지자들의 사역에서도 하나님의 선교가 보인다. 특별히 이사야에게 주셨던 메시지들은 세계 선교를 향하신 하나님의 선교를 확실하게 보여주었다. "내가 또 주의 목소리를 들으니 주께서 이르시되 내가 누구를 보내며 누가 우리를 위하여 갈꼬 하시니 그때에 내가 이르되 내가 여기 있나이다 나를 보내소서." (사 6:8) "여호와가 의로 너를 불렀은즉 내가 네 손을 잡아 너를 보호하며, 너를 세워 백성의 언약과 이방의 빛이 되게 하리니 네가 눈먼 자들의 눈을 밝히며, 갇힌 자를 감옥에서 이끌어 내며, 흑암에 앉은 자를 감방에서 나오게 하리라." (사 42:6-7) "그가 이르시되 네가 나의 종이 되어 야곱의 지파들을 일으키며, 이스라엘 중에 보전된 자를 돌아오게 할 것은 매우 쉬운 일이라. 내가 또 너를 이방의 빛으로 삼아 나의 구원을 베풀어서 땅 끝까지 이르게 하리라." (사 49:6) "내가 그들의 행위와 사상을 아노라. 때가 이르면 뭇 나라와 언어가 다른 민족들을 모으리니 그들이 와서 나의 영광을 볼 것이며, 내가 그들 가운데에서 징조를 세워서 그들 가운데에서 도피한 자를 여러 나라 곧 다시스와 뿔과 활을 당기는 룻과 및 두발과 야완과 또 나의 명성을 듣지도 못하고 나의 영광을 보지도 못한 먼 섬들로 보내리니 그들이 나의 영광을 뭇 나라에 전파하리라.” (사 66:18-19) 그처럼 이사야에게 주셨던 말씀들은 모든 열방의 민족을 구원하시기 위해서 선지자들을 먼 섬까지 보내시겠다는 하나님의 선교 비전을 보여주셨다.

포로시대를 통한 하나님의 선교

하나님의 선교는 바벨론에서도 드러났다. 포로가 된 다니엘에게 하나님은 지혜를 부어주심으로 황제의 꿈을 완벽하게 해몽하게 했다. 느브갓네살 황제는 “너희 하나님은 참으로 모든 신들의 신이시요 모든 왕의 주재시로다. 네가 능히 이 은밀한 것을 나타내었으니 네 하나님은 또 은밀한 것을 나타내시는 이시로다. (단 2:47)”라고 하였다. 또한 우상숭배를 거절했던 사드락, 메삭, 아벳느고가 극렬히 불타는 풀무불 속으로 던져졌다. 그런데 머리카락 하나 타지 않고 풀무불로부터 걸어 나오는 세 사람을 본 황제는 “사드락과 메삭과 아벳느고의 하나님을 찬송할지로다. 그가 그의 천사를 보내사 자기를 의뢰하고 그들의 몸을 바쳐 왕의 명령을 거역하고 그 하나님 밖에는 다른 신을 섬기지 아니하며 그에게 절하지 아니한 종들을 구원하셨도다. 그러므로 내가 이제 조서를 내리노니 각 백성과 각 나라와 각 언어를 말하는 자가 모두 사드락과 메삭과 아벳느고의 하나님께 경솔히 말하거든 그 몸을 쪼개고 그 집을 거름터로 삼을지니 이는

이같이 사람을 구원할 다른 신이 없음이니라 하더라. (단 3::28-29)"라
고 하였다. 다시 다니엘이 사자굴에서 몸 하나 상하지 않고 당당하게 걸
어 나오는 모습을 본 다리오 황제도 "내가 이제 조서를 내리노라. 내 나라
관할 아래에 있는 사람들은 다 다니엘의 하나님 앞에 떨며 두려워할지니,
그는 살아 계시는 하나님이시오, 영원히 변하지 않으실 이시며, 그의 나
라는 멸망하지 아니할 것이요, 그의 권세는 무궁할 것이며, 그는 구원도
하시며, 건져내기도 하시며, 하늘에서든지 땅에서든지 이적과 기사를 행
하시는 이로서 다니엘을 구원하여 사자의 입에서 벗어나게 하셨음이라.
(단 6:26-27)"라고 하였다. 그처럼 하나님은 이방의 땅에서 이방의 황제
들로부터 찬양을 받아 내셨다. 김은수 박사는 포로시대를 통해 드러났던
하나님의 선교를 '내부자 선교'의 원형이었다고 말하였다.[*] 다니엘, 사드
락, 메삭, 아벳느고, 에스더, 에스겔, 느헤미야는 하나님께서 이방의 나라
에 숨겨놓았던 '내부자'들이었다고 했다. 하나님은 그들을 지혜롭게 하셨
고, 슬기롭게 하셨고, 담대하게 하셔서 하나님의 목적하심을 이루게 하셨
는데, 그것이 하나님의 선교였다.

귀환을 통한 하나님의 선교

　본토로 돌아온 유대인들은 성전을 건축하고, 나라를 재건했다. 그리고
에스라를 통해서 무너진 신앙과 성전 예배를 복원하였다. 하나님은 다시
선지자들을 보내주셨다. 선지자들은 하나님의 메시지를 전하였다. 그 후
기 선지자들 중에서 선교적 메시지를 선포했던 두 선지자를 꼽는다면 스

가랴와 말라기였다. 스가랴는 "많은 백성과 강대한 나라들이 예루살렘으로 와서 만군의 여호와를 찾고, 여호와께 은혜를 구하리라. 만군의 여호와가 말하노라. 그 날에는 방언이 다른 열국 백성 열 명이 유다 사람 하나의 옷자락을 잡을 것이라. 곧 잡고 말하기를 하나님이 너희와 함께하심을 들었나니 우리가 너희와 함께 가려 하노라 하리라. (슥 8:22-23)"라고 하였다. 말라기는 "만군의 여호와가 이르노라 해 뜨는 곳에서부터 해 지는 곳까지의 이방민족 중에서 내 이름이 크게 될 것이라. 각처에서 내 이름을 위하여 분향하며 깨끗한 제물을 드리리니 이는 내 이름이 이방민족 중에서 크게 될 것임이니라. (말 1:11)"라고 하였다. 그처럼 구약의 선교는 창세기에서부터 말라기까지 이어졌다.

● 맺는 말 ───────────────────────────

　뱅크 순드클러Bengt Sundkler는 구약의 선교는 안으로 끌어 모으는 구심적Centripetal 선교였고, 신약의 선교는 밖으로 내보내는 원심적Centrifugal 선교였다고 하였다. 그러나 구약의 선교는 유대인만을 끌어안으셨던 하나님의 선교가 아니었다.[vii] 하나님은 친히 열방을 향하여 나아가시는 원심적 선교를 구약에서부터 보여주셨다. 아브라함의 언약은 아브라함의 후손만 이어 받았던 유대인들에게만 적용되었던 언약이 아니었다. 열방으로 흩어진 이방인들까지 '여호와의 총회'에 참여할 수 있도록 모든 민족에게 구원에 참여할 수 있도록 길을 열어주셨던 하나님이셨다. 구약 성서에서 보는 하나님의 선교를 정의한다면 하나님은 스스로 하나님 되심을 온 천하 만국 백성들에게 나타내 보이셨다는 것이다. 배희숙 박사는 이스라엘의 초기 족장 시대부터 이미 디아스포라 선교가 시작되었다고 말한다.[viii] 아브라함은 고향을 떠나 타지를 떠돌며 살았던 디아스포라 선교의 전형이었고, 애굽에 400년 동안 살고 있던 이스라엘 백성들에게 모세를 파송하여 그들에게 하나님의 계획을 전하고 그들을 데리고 언약의 땅으로 나아갔던 것도 디아스포라 선교의 전형이었고, 70년 포로 현장으로 다니엘, 에스겔, 에스더, 느헤미야를 보내 여호와의 신앙을 지키며, 하나님의 때를 기다렸다가 거룩한 성으로 돌아가도록 했던 것도 디아스포라 선교의 전형이었다고 말한다. 특별히 하나님께서 유대인을 선민백성으로 먼저 택하셨던 이유는 그들로 하여금 이방의 빛이 되라는 선교적 소명을 주시기 위함이었다. 이사야 42:6절은 선민백성 유대인들에게 주어진 선교대명이었다. "나 여호와가 의로 너를 불렀은즉 내가 네 손을 잡아 너를 보호하며 너를 세워 백성의 언약과 이방의 빛이 되게 하리니 네가 눈먼 자들의 눈을 밝히며 갇힌 자를 감옥에서 이끌어 내며 흑암에 앉은 자를 감방에서 나오게 하리라." 그처럼 구약에서도 하나님의 선교를 선명하게 볼 수 있다.

▲ 인도 바르구르 한센인 마을

Chapter 7

신약에서 보는 선교

그 후에 주께서 따로 칠십 인을 세우사 친히 가시려는 각 동네와
각 지역으로 둘씩 앞서 보내시며 이르시되 추수할 것은 많되 일꾼이 적으니
그러므로 추수하는 주인에게 청하여 추수할 일꾼들을 보내 주소서 하라
눅 10:1-2

신약에서 보는 선교는 한 편의 거대한 파노라마 영화와 같다. 장면 하나하나가 놀랍고 경이롭다. 신약에서 보는 선교는 선교 신학의 근간이 된다. 선교사들의 교과서가 된다. 선교 지도가 된다. 신약에 나타난 선교를 바르게 정립하게 되면 선교신학, 선교정책, 선교전략, 선교전술을 성경 위에 바르게 세울 수 있다. 특별히 예수님의 행적과 사도 바울의 선교를 통해서 신약에서 펼쳐졌던 그 장엄했던 선교를 볼 수 있다.

예수님의 사역에서 보는 선교

예수님의 공생애 사역에서 '선교'라는 용어를 찾을 수는 없지만, 선교와 관련된 선교 용어들은 쉽게 찾을 수 있다. 그 중에 대표적인 단어가 "보내심"이다. 어원적으로 '선교'라는 단어와 동일한 뜻을 가지고 있다. '선교 mission'는 라틴어 "mitto mittere, missio"에서 유래된 것으로 그 뜻은 '보내다, 파견하다'이다. 예수님은 그 '선교'를 암시하는 '보내심'이란 단어를 자주 사용하셨다. 사복음서에 기록된 그 말씀들을 다 기록할 수 없지만, 요한복음에 나타난 구절들은 다음과 같다.

- 요 3:17 "하나님이 그 아들을 세상에 보내신 것은 세상을 심판하려 하심이 아니요 그로 말미암아 세상이 구원을 받게 하려 하심이라."

- 요 3:34 "하나님이 보내신 이는 하나님의 말씀을 하나니 이는 하나님이 성령을 한량 없이 주심이니라."

- 요 4:34 "나의 양식은 나를 보내신 이의 뜻을 행하며 그의 일을 온전히 이루는 이것이니라."

- 요 5:23 "모든 사람으로 아버지를 공경하는 것 같이 아들을 공경하게 하려 하심이라. 아들을 공경하지 아니하는 자는 그를 보내신 아버지도 공경하지 아니하느니라."

- 요 5:24 "내 말을 듣고 또 나 보내신 이를 믿는 자는 영생을 얻었고 심판에 이르지 아니하나니 사망에서 생명으로 옮겼느니라."

- 요 5:30 "내가 아무 것도 스스로 할 수 없노라. 듣는 대로 심판하노니 나는 나의 뜻대로 하려 하지 않고, 나를 보내신 이의 뜻대로 하려 하므로 내 심판은 의로우니라."

- 요 5:37 "나를 보내신 아버지께서 친히 나를 위하여 증언하셨느니라."

- 요 6:29 "하나님께서 보내신 이를 믿는 것이 하나님의 일이니라."

- 요 6:38 "내가 하늘에서 내려온 것은 내 뜻을 행하려 함이 아니요 나를 보내신 이의 뜻을 행하려 함이니라."

- 요 6:44 "나를 보내신 아버지께서 이끌지 아니하시면 아무도 내게 올 수 없으니 오는 그를 내가 마지막 날에 다시 살리리라."

- 요 7:16 "내 교훈은 내 것이 아니요 나를 보내신 이의 것이니라."

- 요 7:33 "내가 너희와 함께 조금 더 있다가 나를 보내신 이에게로 돌아가겠노라."

- 요 8:18 "내가 나를 위하여 증언하는 자가 되고, 나를 보내신 아버지도 나를 위하여 증언하시느니라."

- 요 8:26 "내가 너희에게 대하여 말하고 판단할 것이 많으나 나를 보내신 이가 참되시매 내가 그에게 들은 그것을 세상에 말하노라."

- 요 8:29 "나를 보내신 이가 나와 함께 하시도다."

- 요 8:42 "나는 스스로 온 것이 아니요, 아버지께서 나를 보내신 것이니라."

- 요 10:36 "아버지께서 거룩하게 하사 세상에 보내신 자가 나는 하나님의 아들이라 하는 것으로 너희가 어찌 신성모독이라 하느냐?"

- 요 12:44 "나를 믿는 자는 나를 믿는 것이 아니요 나를 보내신 이를 믿는 것이며"

- 요 12:45 "나를 보는 자는 나를 보내신 이를 보는 것이니라."

- 요 13:20 "내가 보낸 자를 영접하는 자는 나를 영접하는 것이요 나를 영접하는 자는 나를 보내신 이를 영접하는 것이니라."

- 요 16:5 "지금 내가 나를 보내신 이에게로 가는데 너희 중에서 나더러 어디로 가는지 묻는 자가 없고"

- 요 17:3 "영생은 곧 유일하신 참 하나님과 그가 보내신 자 예수 그리스도를 아는 것이니이다."

- 요 17:18 "아버지께서 나를 세상에 보내신 것 같이 나도 그들을 세상에 보내었고"

이상의 구절들에서 '보내신 하나님'과 '보내심을 받은 예수님'의 모습을 선명하게 볼 수 있다. 예수님의 사역에서 '선교'와 관련된 성경적 근거를 더 이상 찾을 수 없을 만큼 분명하다. 예수님께서 선교신학, 선교정책, 선교전략, 선교전술을 가지고 사역하셨다는 증거는 없다. 그러나 예수님의 사역에서 선교신학, 선교정책, 선교전략, 선교전술의 근거가 될 수 있는 내용들은 충분히 찾을 수 있다.

선교신학의 근거

1) 하나님 중심 선교신학

예수님은 모든 사역의 시작을 하나님께로부터 시작하셨다. 예수님은 당신을 이 땅으로 보내신 하나님과 그 보냄을 받은 당신의 관계를 명확하게 하셨다. (요3:17) 예수님은 당신 스스로 할 수 있는 일은 아무 것도 없다고 선포하셨다. "내가 아무 것도 스스로 할 수 없노라. 듣는 대로 심판하노니 나는 나의 뜻대로 하려 하지 않고, 나를 보내신 이의 뜻대로 하려 하므로 내 심판은 의로우니라." (요 5:30) "내가 하늘에서 내려온 것은 내 뜻을 행하려 함이 아니요 나를 보내신 이의 뜻을 행하려 함이니라."라고 하셨다. (요 6:38) "내 교훈은 내 것이 아니요 나를 보내신 이의 것이니라."라고 하셨다. (요 7:16) "내 아버지께서 이제까지 일하시니 나도 일한다."라고 하셨다. (요 5:17) 그처럼 예수님의 선교는 철저히 하나님 중심적이었다.

2) 하나님 나라 중심 선교신학

예수님은 천국 복음으로 선교를 시작하셨다. 마태복음 4:17절이다. "이때부터 예수께서 비로소 전파하여 이르시되 회개하라. 천국이 가까이 왔느니라." 예수님은 이 땅에 오신 이유가 하나님의 나라를 전하기 위해서 오셨음을 분명히 하셨다. "내가 다른 동네에서도 하나님의 나라 복음을 전하여야 하리니, 나는 이 일을 위해 보내심을 받았노라."(눅 4:43) 또한 예수님께서 많은 비유를 주셨는데, 대부분이 하나님의 나라에 관한 비유들이었다. 유대인은 예수님께서 행하시는 놀라운 기적과 표적을 보고 예수님이 이스라엘을 회복시켜 줄 것이라 기대했지만, 예수님은 이스라엘의 회복이 아니라 하나님의 나라를 전파하시기 위해서 오셨음을 분명히 하셨다.

3) 새 언약 중심 선교 신학

예수님께서 회당에서 가르치실 때 혁신적인 말씀을 하셨다. "너희가 율법에서 이렇게 들었으나, 나는 너희에게 이렇게 말하노라." (마 5:38-44) 모세는 눈은 눈으로, 이는 이로 갚으라 하였지만, 예수님은 원수를 사랑하고, 핍박하는 자를 위하여 기도하라고 하셨다. 사람들은 예수님이 모세의 율법을 폐하려 한다고 하였다. 그러나 예수님은 "내가 율법이나 선지자를 폐하러 온 줄로 생각하지 말라. 폐하러 온 것이 아니요 완전하게 하려 함이라. (마5:17)"고 하셨다. 예수님께서 말씀하셨던 율법의 완성이란 '새 언약'을 가리켰다. 새 언약은 이미 예레미야를 통해서 예언된 언약이었다. (렘 31:31) 예수님의 새 언약은 예수님의 피로 세운 언약이었다. "저녁 먹은 후에 잔도 이와 같이 하여 가라사대 이 잔은 내 피로 세우는 새 언약이니 곧 너희를 위하여 붓는 것이라." (눅 22:20) 노아의 언약, 아브라함의 언약, 모세의 언약이 예수님의 피로써 완성되었다. 바울은 "그리스도는 모든 믿는 자에게 의를 이루기 위하여 율법의 마침이 되시니라."라고 선언하였다. (롬10:4) '율법의 마침'이 되었다는 것은 예수님이 친히 구원을 위한 새로운 길, 새로운 기준, 새로운 중심이 되셨다는 뜻이었다. 예수님은 일찍이 "인자의 살을 먹지 아니하고, 인자의 피를 마시지 아니하면 너희 속에 생명이 없느니라. 내 살을 먹고 내 피를 마시는 자는 영생을 가졌느니라. (요 6:53-54)"고 하셨다. 그처럼 예수님의 선교 중심은 새 언약이었다.

선교정책의 근거

1) 무 교회 선교정책

예수님은 세례요한에게 세례를 받으셨다. 제자들에게는 아버지와 아들과 성령의 이름으로 세례를 주라고 명하셨다. 그러나 예수님께서 친히 세례를 주신 적은 없었다. (요4:2) 예수님은 베드로에게 "내가 이 반석 위에 내 교회를 세우리니 음부의 권세가 이기지 못하리라. (마16:18)"하셨다. 그러나 예수님은 친히 "내 교회"를 이 땅에 세우신 적은 없었다. 예수님의 선교는 무 세례, 무 교회 선교정책이었다.

2) 복음 우선 선교정책

예수님의 3대 사역은 말씀을 가르치시고, 천국복음을 전파하시고, 병자들을 고쳐주시는 사역이었다. (마4:23) 그런데 병자들을 고쳐주실 때마다 예수님은 사람들에게 "가서 삼가 아무에게도 말하지 말라."고 함구령을 내리셨다. (마8:4, 막1;34, 막5:43, 막7:36, 막 8:30) 그것은 병 고침이 복음 전파보다 우선될 수 없었기 때문이었다. 예수님께서 기적을 베풀면 대중의 슈퍼스타가 되셨지만, 말씀을 선포하시면 경계 대상 1호가 되셨다. 슈퍼스타에게는 환영과 칭송이 따라왔지만, 경계 대상 1호에게는 비난과 핍박이 따라왔다. 그것을 누구보다 잘 알고 계셨지만, 예수님은 기적보다 말씀 증거 사역을 최우선 선교로 삼으셨다.

3) 제자 양육 선교 정책

예수님께서 제자들을 부르셨을 때 그들로 하여금 그들이 가진 모든 소유를 내려놓고 주님을 따르게 하였다. 한 제자를 부르셨을 때 그는 죽은 아버지의 장례식을 마치고 나서 따르겠다고 하였다. 그때 예수님은 "죽은 자들이 그들의 죽은 자들을 장사하게 하고 너는 나를 따르라."고 하셨다. (마8:22) 예수님께서 제자 양육을 얼마나 중요하게 여기셨고, 엄중하게 실행하고 계셨는지 알 수 있다. 그런 엄격한 제자 양육을 통해서 갈릴리 어부들은 사람을 낚는 어부들로 변모했다. 가장 낮은 사회적 신분을 가졌던 사람들을 불러내어 세상이 감당할 수 없는 글로벌 리더로 성장시키셨다.

4) 새 문화 선교 정책

예수님은 유대사회 속에 깊이 뿌리내리고 있던 잘못된 문화와 전통을 깨트리셨다. 예수님은 유대사회가 가지고 있던 사회적 신분으로 사람을 평가하지 않으셨다. 한센병 환자들과 장애인들과 세리들과 창녀들은 유대사회에서는 '죄인의 그룹'에 속했고, 그 죄인의 그룹에 속한 사람들은 모두 '부정한 사람'들이 되었다. 그런데 예수님은 그 '부정한' 사람들의 손을 잡아주셨고, 그들의 집에서 함께 식사도 해주셨다. 그것은 전통적인 유대 문화를 깨트리셨던 혁신적인 일이었다. 예수님께서 로마의 백부장을 보실 때도 정복자로 보지 않고, 그에게 있는 믿음을 보시고 이스라엘에서 그 만한 믿음을 가진 자를 보지 못하였다고 칭찬해 주셨다. 예수님은 유대인에게는 '입장 금지' 구역이었던 사마리아로 들어가 사마리아 여인을 만나주셨다. 그리고 그녀에게 생명수를 주셨고, 그녀를 전도자로 세워주셨다. 간음하다가 잡혀왔던 여인도 살려주셨고 구원해 주셨다. 유대사회는 차별과 편견이 넘치는 문화를 가지고 있었지만 예수님은 그 차별의 문화를 깨트리시고 새로운 문화를 심어주셨다.

선교전략의 근거

1) 회당 중심 선교전략

바벨론 제국이 유다를 멸망시켰을 때(BC 587), 예루살렘 성전도 파괴되었다. 그때 유대인이 성전 대신에 세웠던 것이 회당(synagogue)이었다. 성전은 제사장에 의해 드려지는 제사 중심의 성소였다면, 회당은 랍비들을 중심으로 말씀을 공부하는 신앙 공동체였다. 유대인들이 70년 포로생활 후에 본토로 돌아와 나라를 재건하고 성전을 다시 건축했지만, 회당은 그대로 유지되어 유대인의 생활 중심지가 되었다. 예수님은 그 회당으로 가셔서 구약성서를 읽고 그 말씀에 담긴 진정한 의미를 가르쳐주셨다. 회당에서 새로운 천국 복음을 전파하심으로 랍비들과 바리새인과 사두개인들로부터 비평과 비난을 받으셨다. 그러나 많은 유대인들이 회당을 통해서 예수님의 말씀을 들었고, 그 말씀의 권세에 놀라며 예수님을 따르는 제자들이 되었다. 예수님은 그처럼 유대인의 심장이었던 회당을 공략하는 전략을 사용하셨다.

2) 대중 집회 선교전략

예수님께서 말씀을 전하실 때 장소에 구애받지 않으셨다. 성전에서, 솔로몬 행각에서, 거리에서, 나무 아래에서, 시장에서, 호수에서, 들판에서, 산에서, 무덤에서 말씀을 선포하셨다. 특별히 예수님은 갈릴리 해변에서, 들판에서, 시장에서 많은 대중을 놓고 말씀을 선포하셨다. '제사는 성전에서, 말씀은 회당에서'라는 기본 개념을 파괴시켰던 획기적인 방법이었다. 그처럼 예수님은 특정 장소로 대중을 초대하지 않고, 대중이 있는 곳으로 가서 말씀을 선포하셨다.

3) 가정 중심 선교전략

예수님은 가정에서 소그룹 집회를 자주 가지셨다. 대표적인 가정들을 보면, 베드로 장모의 집, 가나의 신혼부부 집, 마르다와 마리아의 집, 삭개오의 집, 한센인 시몬의 집이었다. 예수님은 그들의 집에서 식사도 하셨다. 그 가정들에서 회복 사역과 기적 사역과 구원 사역이 이루어졌다.

베드로 장모의 집에서는 열병이 떠나갔고, 가나의 신혼부부의 집에서는 물이 포도주가 되는 기적이 일어났고, 마리아의 집에서는 죽은 나사로가 다시 살아났다. 한센인 시므온의 집에서는 나드향 한 옥합을 깨트려 예수님의 발에 부은 여인의 마음에 상처를 치료해 주셨다. 가정은 예수님의 중요한 선교지였다.

4) 균형 있는 선교전략

예수님은 공생애 기간 동안 예루살렘을 여러 번 방문하셨다. (요 2:12-22; 요 5:1-9; 요 7:1-10; 요 10:22, 요18:1-40) 대도시 예루살렘뿐만 아니라, 베다니, 여리고, 나사렛, 가나, 갈릴리와 같은 중소 도시도 자주 방문해 주셨다. 더 놀라운 사실은 사람들의 발걸음이 닿지 않는 오지까지 방문해 주셨다. 열 명의 한센인들이 거주했던 곳은 일반 사람들이 찾지 않았던 사마리아와 갈릴리 사이에 있었던 오지 마을이었다. (눅 17장) 그처럼 예수님은 도시 선교와 오지 선교를 균형 있게 감당하셨다.

5) 제자 파송 선교전략

예수님은 제자들에게 전도의 필요성을 자주 강조하셨다. 한 부자의 잔치 비유를 통해서 "길과 산울타리 가로 나가서 사람을 강권하여 데려다가 내 집을 채우라."고 하셨다. (눅14:23) 예수님은 70명의 제자들을 불러 두 명씩 짝지어 전도대로 파송하셨다. (눅 10:1) 그들을 보내실 때 전도대원으로서 해야 할 일과 하지 말아야 할 일을 자세히 지시하셨고, 제자들에게 병 고치는 능력까지 주시며 병자들을 고쳐주고 돌아오라고 하셨다. 제자들은 많은 병자들을 고치고, 천국복음을 전파하고, 풍성한 전도 열매를 가지고 예수님께 돌아왔다. 제자 파송 선교전략의 원형이었다.

선교전술의 근거

1) 찾아가시는 선교전술

예수님은 자주 사람들이 있는 곳으로 찾아가셔서 복음을 전파하셨다. 사마리아로 들어가 사마리아 여인에게 복음을 전파하셨다. (요4장) 갈릴리와 사마리아 사이에 있는 한 한센촌으로 들어가 열 명의 한센인들을 고쳐주시고 구원을 선포하셨다. (눅17장) 낙심과 좌절을 가지고 엠마오로 돌아가는 두 제자들에게 다가가 하나님의 말씀을 해석해 주시며, 그들의 가슴을 뜨겁게 해주셨다. (눅24장) 그처럼 예수님은 먼저 찾아가시는 선교 전술을 보여주셨다.

2) 시청각 선교전술

예수님은 제자들이 말씀을 시청각적으로 볼 수 있도록 해주셨다. 하나님이 찾으시는 것을 내놓지 못하게 되면 어떤 결과를 갖게 될 것인지 열매 없는 무화과나무를 그 다음 날 말라 죽게 하심으로 제자들이 그 결과를 그들의 눈으로 직접 보게 하셨다. (마21장) 오병이어를 하늘 높이 들어서 축사하신 후에 수천 명이 배불리 먹도록 기적을 베풀어주셨다. 예수님은 그 기적을 보여주신 후에 하늘로부터 내려오신 생명의 양식이 예수님 자신이심을 직접 보여주시며, 인자의 살을 먹고, 피를 마시라고 하셨다. (요6장) 시청각 교육을 통해 말씀을 전하셨던 선교 전술이었다.

3) 이미지 선교전술

예수님은 글을 모르는 사람들에게는 이미지image-language를 가지고 소통하셨다.[1] "나를 따라 오너라. 내가 너희로 사람을 낚는 어부가 되게 하리라. (마4:19)"라고 하셨다. 제자들은 고기를 낚던 어부들이었다. 그래서 사람을 낚게 될 것이라는 말씀의 의미를 이미지로 쉽게 저장할 수 있게 하셨다. 부자와 거지 나사로의 비유는 한 편의 영화와 같았다. (눅16장) 실제 상황처럼 자세히 묘사해 주심으로 사람들은 천국과 지옥의 모습을 확실한 이미지로 저장할 수 있었다. 예수님께서 산상수훈을 말씀하셨다. (마 5장-8장) 산상수훈에는 주옥같은 말씀들이 담겨 있다. 그 귀한 말씀들을 다 전하시고 마지막 결론에서 모래 위에 지은 집과 반석 위에 지은 집 비유를 주셨다. 즉 산상수훈의 말씀대로 사는 자와 살지 않은 자의 최후가 어떻게 될 것이라는 것을 이미지로 기억하도록 하셨던 것이다.

4) 토론 선교전술

예수님은 바리새인, 사두개인, 율법학자, 서기관들의 신학적 공격을 피하지 않으셨다. 피할 이유도 없었다. 토론의 꽃은 바리새인이었던 니고데모와의 토론이었다. (요 3장) 거듭남에 관하여 깊은 밤까지 그와 토론하셨다. 그 토론을 통해서 니고데모는 예수님의 제자가 되었다. 토론은 또 하나의 선교 전술이었다.

예수님께서 선교신학, 선교정책, 선교전략, 선교전술을 가지고 사역하지는 않으셨다. 그러나 예수님은 제자들에게 지상명령을 주실 때, "가서 모든 족속으로 제자 삼으라."라고 하셨고, 승천하실 때에는 "예루살렘과 유대와 사마리아와 땅 끝까지 이르러 내 증인이 되라."고 하셨다. 선교를 명하셨다. 선교는 예수님께서 제자들을 부르셨던 분명한 목적이었다. 제자들이 그 사명을 온전히 완수할 수 있도록 예수님은 제자들을 3년 동안 철저히 양육하셨다. 그 훈련 기간 동안 제자들은 예수님으로부터 선교에 관하여 많은 것을 보고 배웠다.

사도들의 사역에서 보는 선교

제자들은 예수님으로부터 '선교'라는 지상명령을 받았다. 제자들에게 필요했던 것은 예수님으로부터 3년 동안 훈련받은 대로 살아가는 삶뿐이었다. 사도행전은 크게 두 부분으로 구성되었다. 전반부는 베드로의 선교 활동이, 후반부는 바울의 선교 활동이 기록되었다. 바울은 열 두 사도에 들지 못했지만, 주님으로부터 직접 부르심을 받아 열세 번째 사도가 되었다. 먼저 베드로와 열 한 사도들 그리고 평신도들이 감당했던 선교를 보려고 한다.

성령으로 시작된 선교

예수님은 제자들에게 "내가 내 아버지의 약속하신 것을 너희에게 보내리니, 너희는 위로부터 능력을 입히울 때까지 이 성에 유하라."라고 하셨다. (눅24:49) 그 말씀대로 되었다. 제자들은 공포로 가득 찼던 예루살렘을 떠나지 않고 한 곳에 모여 기도에 전념하였다. 그때 성령께서 그들 위에 임하셨다. 성령의 불로 충만함을 받은 제자들은 예루살렘 거리로 뛰어나아가 예수의 복음, 부활의 복음을 담대히 증언하기 시작했다. 사도들의 선교는 그렇게 성령으로 시작되었다.

성령에 의한 선교

예루살렘 고관들과 종교지도자들은 제자들을 제어할 수 없었다. 그 어떤 권력도, 그 어떤 조직도, 그 어떤 사람도 성령의 능력을 제어할 수는 없었다. 베드로가 복음을 선포할 때 5,000명이 회개하고 예수님을 믿었다. (행4:4) 베드로가 설교를 잘 했기 때문이 아니다. 그들의 마음의 문을 열어 복음을 듣게 하신 성령의 역사였다. 예수님의 말씀대로 갈릴리 어부들은 사람을 낚는 어부들이 되었다. 아나니아와 삽비라가 성령을 속이자, 그들은 그 자리에서 흙이 되었다. (행5:5) 베드로가 쇠사슬에 묶인 채로 감옥에 수감되었지만 그는 곧 자유의 몸으로 교회로 돌아왔다. (행12:7) 사도들의 선교는 그처럼 성령에 의한 능력 선교로 폭발했다.

신유를 통한 선교

베드로가 성전 미문에 앉아서 구걸하던 한 앉은뱅이를 예수의 이름으로 일으켜 세움으로써 예루살렘에 엄청난 파장을 일으켰다. 베드로를 통한 병 고

침의 역사는 계속 되었다. 사람들이 병든 사람들을 메고 거리로 나아와 베드로가 지날 때에 그의 그림자라도 병자들 위로 덮고 가기를 소원하였다. (행5:15) 예루살렘뿐만 아니라 예루살렘에 근접한 지방에서도 허다한 병자들과 더러운 귀신에게 괴로움을 받는 사람들이 베드로 앞으로 나아왔다. 베드로는 신유 능력은 자신으로부터 나온 것이 아니라, 나사렛 예수 그리스도의 이름에서 나오는 능력이라고 선포하며, 예수 그리스도 외에 다른 이름으로는 구원을 얻을 수 없다고 담대히 선포하였다. (행4:12) 예수 그리스도의 이름으로 일어났던 그 신유 역사는 성령의 불길이 되어 온 지경으로 퍼져 나갔다.

공동체를 통한 선교

예루살렘에 새로운 공동체가 탄생하였다. 초대교회 성도들은 자신의 모든 소유를 팔아 공동체 앞으로 가지고 나아와 다 내놓았다. 각 사람은 그들의 필요에 따라 서로 나눴다. 내 것과 네 것이 없었다. 날마다 마음을 같이 하여 모였고, 날마다 함께 떡을 떼었다. 그 공동체는 초대교회가 되었다. (행2:44-46) 새로운 예수의 공동체는 새로운 선교의 모델이 되었다. 복음이 심어지는 곳마다 동일한 섬김의 공동체가 설립되었다. 예수의 공동체는 복음을 전하는 또 하나의 놀라운 통로가 되었다.

팀 사역을 통한 선교

사도들은 성령과 지혜가 충만하고, 사람들에게 칭찬 받는 일곱 명을 집사로 세웠다. (행6:3) 사도들은 하나님의 말씀을 전하는 일에, 집사들은 섬기는 일에 전념하도록 하였다. 사도들과 평신도들은 그렇게 자신들에게 주어진 은사에 따라 동역했다. 팀 사역의 전형이 되었다.

흩어지는 선교

초대교회에서 첫 번째 순교자가 나왔다. 스데반 집사였다. (행7:58-60) 예수님의 열두 제자 중에서도 순교자가 나왔다. 요한의 형제 야고보였다. (행12:1-2) 스데반 집사와 야고보의 순교는 '흩어지는 선교'로 이어지는 기폭제가 되었다. 오순절을 통해서 성령으로 충만함을 입었던 예수의 증인들이 세계 땅 끝으로 흩어지게 되었다. 바대인, 메대인, 엘람인, 그레데인, 아라비아인과 메소보다미아, 갑바도기아, 본도, 아시아, 브루기아, 밤빌리아, 애굽, 구레네, 리비야, 로마로부터 온 유대인들이었다. (행2:9-11) 그들은 평신도 선교사들이 되어 열방으로 흩어져 나아갔다. 장훈태 박사는 그들은 원래 평범한 디아스포라 유대인들이었지만, 예루살렘에서 성령 충만을 받은 이후에는 크리스천 디아스포라가 되어 예수님의 복음을 가지고 온 세계로 흩어지게 되었다고 말하였다.[ii]

● **맺는 말**

사도들과 평신도들을 통해서 예수의 복음은 예루살렘을 넘어 세계 열방을 향하여 퍼져 나갔다. 초대교회 선교는 성령으로 시작되었고, 성령에 의해 진행되었다. 예수의 이름이 선포되는 곳에 놀라운 역사들이 일어남으로써 능력 선교를 통해서 구원받는 자들을 더하셨다. 순교자가 나오게 되면서 예수의 복음은 더 큰 불씨가 되어 땅 끝으로 퍼져 나갔다. 초대교회 선교는 놀라운 감동이었고, 성경적 선교의 모델이 되었다.

바울의 사역에서 보는 선교

바울의 사역에서도 '선교'라는 용어는 찾을 수 없다. '선교신학, 선교정책, 선교전략, 선교전술'이란 용어들도 없다. 그렇다고 바울이 선교정책과 선교전략 없이 주먹구구식으로 선교했다고 말할 수 없다. 하버트 케인 J. Herbert Kane은 '전략'이라는 단어를 성령의 인도하심과 성령의 간섭 아래 이루어진 방식으로 이해한다면, 바울 역시 선교 전략을 가지고 선교했다고 말할 수 있다고 하였다.[iii] 롤랑 알렌Roland Allen이 바울의 선교를 논할 때, '선교 방법들Mission Methods'이란 용어를 처음 사용하였다. 선교 이론가들은 알렌이 명확한 정의 없이 '방법들'이란 모호한 단어를 적용해서 좋지 않은 뉘앙스를 갖게 하였다고 지적하였다.[iv] 그러나 헤셀그레이브는 알렌이 사용했던 단어 "방법들"은 선교의 이론과 실제를 포함하는 단어였다고 알렌을 지지하였다. 알렌이 "바울의 선교 방법들"이란 용어를 사용했던 배경은 현대 선교사들이 바울의 선교 방법을 고려하지 않고, 식민지적 사고방식으로 선교를 하고 있기 때문에 현대 선교사들에게 성경적 모델을 제시하기 위해서 "방법들"이란 용어를 사용하게 된 것이라고 말하였다.[v] 바울의 선교를 다음과 같이 정리할 수 있다.

바울의 선교신학

1) 그리스도 신학

바울은 다메섹 도상에서 부활하신 예수님을 만났다. 바울은 예루살렘에 거주했던 사람이었다. 그는 예수는 분명히 십자가에서 죽었고, 무덤에 장사되었다고 알고 있었다. 그런데 예수의 제자들이 거리로 나아와 예수가 부활했다는 허망한 말을 하면서 사람들을 현혹하고 있다고 생각했다. 그래서 예수를 따르는 자들을 다 제거하는 일에 올인 했다. 그랬던 그가 부활의 주님을 다메섹 도상에서 직접 만나게 되었던 것이다. 그 만남은 바울이 죽을 때까지 지울 수 없는 '예수의 흔적'이 되었다. (갈6:17) 그 '예수의 흔적'은 바울에게 '예수는 그리스도'라는 흔들리지 않는 선교신학을 안겨주었다.

2) 이신칭의 신학

바울은 율법만 알았고, 율법만 믿었고, 율법적 삶만이 가장 고상하고, 가장 완벽한 삶이라고 믿었다. 바울에게 율법은 그의 전부였다. 그런데 그가 부활의 예수님을 만난 이후에 인간이 하나님 앞에서 의롭게 되는 방법은 율법의 행위가 아니라 오직 믿음으로 말미암아 된다는 것을 알게 되었다. (롬1:17; 빌3:9) 바울은 디도에게 보낸 서신에서 "우리도 전에는 어리석은 자요, 순종하지 아니한 자요, 속은 자였다."고 고백하였다. (딛3:3) 율법에 속았다는 의미였다. 바울은 인간을 의롭게 하는 믿음은 하늘로부터 내려오는 '하나님의 선물'이라고 선포하였다. (엡2:8)

3) 십자가 신학

의인은 믿음으로 산다는 것을 알기 전까지 바울은 자기 자신을 대단한 존재로 여겼다. "내가 팔일 만에 할례를 받고, 이스라엘 족속이요, 베냐민 지파요, 히브리인 중의 히브리인이요, 율법으로는 바리새인이요. (빌3:5)"라고 고백하였다. 그런 바울이 십자가 복음을 만났다. 그 이후부터 바울은 '십자가 선교사'가 되었다. 바울에게는 세 개의 십자가가 있었다. 첫 번째 십자가는 자기 자신을 못 박은 십자가였다. 바울은 자신을 십자가에 못 박고, 그가 가졌던 모든 것을 배설물로 버렸다. (빌3:8) 두 번째 십자가는 세상을 못 박은 십자가였다. 바울은 십자가를 통해서 세상이 자기 자신을 향해 죽었고, 자기 자신도 세상에 대해서 죽었다고 선언하였다. (갈6:14) 세상의 모든 유혹을 죽였다는 의미였다. 마지막 세 번째 십자가는 예수님의 십자가였다. 바울은 예수 그리스도의 십자가 외에 그 어떤 것도 자랑하지 않겠다고 말하였다. 그처럼 바울의 선교는 십자가 위에 세워진 선교였다.

4) 인간론 신학

바울은 모든 인간은 죄인이라고 선언하였다. "유대인이나 헬라인이나 다 죄 아래 있다."(롬3:9) "의인은 없나니 하나도 없다."(롬3:10) "모든 사람이 죄를 범하였으매 하나님의 영광에 이르지 못하게 되었다." (롬3:23)라고 하였다. 모든 인류가 죄로 인해 하나님의 진노 아래에 있다는 바울의 인간 이해는 모든 인간이 예수 그리스도의 보혈을 통해서만 죄 사함을 받을 수 있다는 결론을 갖게 하였다. 그것은 바울로 하여금 모든 열방 민족에게 예수의 복음을 전해야 한다는 선교의 정당성을 제공해 주었다.

5) 성령 신학

바울을 [선교사]로 세우셨던 분은 예수님이셨지만, 바울을 통해서 [선교]를 세워주셨던 분은 성령이셨다. 바울을 파송하고, 바울의 발걸음을 인도하고, 바울에게 능력을 주시고, 바울로 하여금 담대히 복음을 전파하게 하셨던 분은 성령이셨다. (행 13:4) 바울의 생애를 보면 결정적인 순간이 있을 때마다 그곳에는 항상 성령이 계셨다. 그것은 바울이 성령의 음성에 민감했었다는 의미이다. 바울은 성령께서 말씀하시는 대로 실행했다. 소아시아 선교를 원했던 그의 의지를 접고, 성령의 지시대로 마게도냐로 건너가 유럽선교를 시작했던 일이 좋은 예이다. (행 16:6-10) 바울의 선교는 성령 신학 위에 있었다. (롬 15:18, 롬 1:16, 고후12:9 롬 15:18 고전2:1-5)

6) 재림 신학

바울은 "주께서 강림하실 때까지 우리 살아남아 있는 자도 자는 자보다 결코 앞서지 못하리라. 주께서 호령과 천사장의 소리와 하나님의 나팔 소리로 친히 하늘로부터 강림하시리니 그리스도 안에서 죽은 자들이 먼저 일어나고, 그 후에 우리 살아남은 자들도 그들과 함께 구름 속으로 끌어 올려 공중에서 주를 영접하게 하시리니 그리하여 우리가 항상 주와 함께 있으리라. (살전 4:15-17)"라고 하였다. 조귀삼 박사는 바울은 예수 그리스도의 재림이 그가 살아있을 동안에 올 수 있다고 믿었고, 그 종말론적 재림 신앙은 이방인의 수를 속히 채워 예수 그리스도의 재림을 한 시간이라도 앞당기고 싶은 뜨거운 선교적 열망을 바울에게 부어주었다고 하였다.[vi]

바울의 선교정책
1) 동족 우선 선교정책

바울은 자신의 동족인 유대인에 대한 깊은 애정을 가지고 있었다. "나의 형제 곧 골육의 친척을 위하여 내 자신이 저주를 받아 그리스도에게서 끊어질지라도 원하는 바로라." (롬 9:3) "내가 복음을 부끄러워하지 아니하노니 이 복음은 모든 믿는 자에게 구원을 주시는 하나님의 능력이 됨이라. 먼저는 유대인에게요 그리고 헬라인에게로다."라고 했다. (롬 1:16) 그래서 바울은 어디를 가든지 동족에게 예수의 복음을 제일 먼저 전하려고 애썼다.

2) 교회 설립 선교정책

바울은 새 선교지로 들어가면 먼저 그곳에 회당이 있는지 탐문하였다. 회당이 있으면 그곳에서 복음을 전하였다. 회당 안에 교회를 세우거나, 회당이 교회가 되도록 하기 위함이 아니었다. 바울은 회당에서 하나님께서 예비해 놓으신 사람들을 만났고, 하나님을 경외했던 사람들을 만났다. 바울의 선교정책은 하나님께서 예비해 놓으셨던 바로 그들을 통해서 교회를 설립하는 선교정책을 가지고 있었다.

3) 한 교회 선교정책

바울은 한 도시에 두 개의 교회를 세우지 않는다는 선교정책을 가지고 있었다. 바울이 한 도시를 방문했을 때 디아스포라 크리스천들에 의해 이미 교회가 세워진 곳에서는 교회 개척을 하지 않았다. 바울은 롬15:20절에서 "내가 그리스도의 이름을 부르는 곳에는 복음을 전하지 않기를 힘썼노니 이는 남의 터 위에 건축하지 아니하려 함이라."라고 하였다.

4) 팀 선교정책

바울은 처음부터 팀 사역으로 시작하는 선교정책을 가지고 있었다. 1차 선교 때는 바나바와 마가와 함께 팀을 이루었고, 2차 선교 때는 실라, 누가, 디모데, 아굴라, 브리스길라와 함께 팀을 이루었고, 3차 선교 때는 2차 선교팀을 그대로 유지했다. 바울의 선교 여행에는 수많은 동역자들이 함께 했었다. 행 20:4에는 소아시아 선교를 위해서 함께 했던 동역자들의 이름이 소개되어 있고, 롬 16장에는 마케도냐 선교를 위해서 함께 했던 동역자들의 이름이 소개되어 있다. 바울이 동역자들의 이름을 그처럼 꼼꼼히 기록했던 것은 그들의 이름을 잊지 않고자 했던 면도 있었지만, 팀 사역을 위해 헌신했던 그들에게 감사하기 위함도 있었다. "그들은 내 목숨을 위하여 자기들이 목까지도 내놓았나니 나뿐 아니라 이방인의 모든 교회도 그들에게 감사하느니라." (롬 16:4)

5) 소달리티 선교정책

선교 조직 형태를 모달리티Modality와 소달리티Sodality로 구분한다. 모달리티는 교회church 조직을 말하고, 소달리티는 교회 밖에 있는 선교회 para-church를 말한다. 모달리티는 밖에 있는 사람을 교회 안으로 끌어 모으는 구심적 구조를 가지고 있다면, 소달리티는 교회 안에 있는 일꾼들을 교회 밖으로 내보내는 원심적 구조를 가지고 있다. 랄프 윈터는 베드로의 선교는 예루살렘 교회를 중심으로 모달리티 선교를 했다면, 바울의 선교는 제자들을 양육해서 다른 개척지로 파송했던 소달리티 선교를 했다고 말한다.[vii]

6) 자비량 선교정책

바울이 설립했던 교회들은 헌금을 드렸다. (고전 16:1-2) 바울은 자신이 교회를 설립했던 개척자였기 때문에 그 교회들에게 자신의 선교를 후원해 달라고 말할 '권리'가 있었으나 그 '권리'를 쓰지 않았다고 말하였다. (고전 9:12) 바울은 극단적인 표현까지 하였다. "내가 차라리 죽을지언정 내게 후원하라고 말하지 않겠다."라고 하였다. (고전 9:15) 바울은 교회들에게 후원이란 짐을 주지 않기 위해서 밤낮 일하며 하나님의 복음을 전하였다. (살전 2:9) 데살로니가후서 3:8절에서는 "누구에게서든지 음식을 값없이 먹지 않았고, 오직 수고하고 애써 주야로 일함으로 아무에게도 폐를 끼치지 아니하였다."라고 말하였다. 사도행전 20:33-34절에서는 "내가 아무의 은이나 금이나 의복을 탐하지 아니하였고, 여러분이 아는 바와 같이 이 손으로 나와 내 동행들이 쓰는 것을 충당하여 범사에 여러분에게 모본을 보였다."라고 하였다. 그처럼 바울은 자비량 선교의 개척자였다.

7) 자립, 자치 선교정책

바울은 처음부터 자립self-supporting, 자치self-governing 선교정책을 실천하였다. 안디옥교회가 바울을 파송한 모교회가 되었지만, 안디옥교회가 바울이 설립했던 교회들을 치리했던 교회는 아니었다. 바울은 신생교회들을 후원해 달라고 예루살렘교회나 안디옥교회에게 요청한 적도 없었다. 바울이 설립했던 교회들은 처음부터 자립하는 것을 기본 선교 정책으로 삼았다.[viii] 바울은 개척한 교회들을 통솔하기 위해서 선교본부를 따로 설치하지 않았다.[ix] 바울은 각 교회 목회자와 장로들에게 자신들의 교회를 치리할 수 있는 자율권을 주었다. 그것은 자립과 자치의 선교정책이었다.

8) 제자 양육 선교정책

바울은 빠른 시간 안에 제자들을 발굴했다. 그리고 그들을 신속하게 양육해서 그들에게 목회를 맡기는 정책을 가지고 있었다. 바울의 제자가 되었던 디모데는 나이가 어렸고, 오네시모는 노예 출신이었다. 바울에게는 그들이 누구였느냐는 중요하지 않았다. 예수 그리스도 안에서 그들이 어떤 목회자가 되어야만 하는 것에만 집중했다. 예수 그리스도 안에서는 누구든지 새로운 피조물이 될 수 있다고 믿었다. (고후 5:17) 바울은 그 믿음으로 제자들을 양육해서 파송하는 정책을 가지고 있었다.

9) 세계 선교정책

바울은 로마를 지나 서바나(스페인)까지 가기를 원했다. (롬 15:23, 28) 바울이 로마에서 풀려난 후에 2년 동안 자유의 몸이 되었다. 그 2년 동안 바울이 그처럼 꿈꾸던 유럽의 끝, 스페인까지 가서 복음을 전했는지는 확실하지 않다. 그러나 중요한 사실은 바울은 로마서를 기록할 때 두 번이나 스페인까지 가서 복음을 증거하고 싶다고 하였다. 그것은 바울이 그의 선교 지경을 로마를 지나 스페인까지 삼고 있었다는 것을 말해준다. 바울의 가슴에 있던 그의 세계 선교정책을 엿볼 수 있는 자료이다.

바울의 선교전략

1) 회당 중심 선교전략

바울은 유대인의 회당에서 복음의 접촉점을 찾았다. (행 13:14; 14:1; 17:1, 18:4; 19:8) 유대인들에게는 구약성경에 대한 이해를 이미 가지고 있었고, 메시야를 기다리는 사람들이었다. 그것은 예수의 복음을 받아드릴 수 있는 영적 토양이 준비된 사람들이었다는 의미였다. 회당에는 세 유형의 유대인들이 있었다. 첫째는 아브라함으로부터 내려온 순 혈통 유대인, 둘째는 유대교로 개종한 이방인, 셋째는 하나님을 경외하는 사람들이었다.[x] 바울은 그 회당을 복음을 전할 수 있는 최고의 무대로 사용하는 선교전략을 수립했던 것이다.

2) 주요 도시 선교전략

"모든 길은 로마로 통한다. All roads lead to Rome"는 말이 있다. 로마제국이 그 길을 따라 세웠던 도시들은 주요 행정 도시가 되었고, 교통의 중심지가 되었고, 국제 무역의 중심지가 되었다. 바울은 그 주요 도시들을 선교 거점 지역으로 삼고 그곳에서 선교를 시작하였다. 세계 교역이 이루어지는 상업 도시에서 상인들이 먼저 그리스도인이 된다면 그들의 이동을 통해서 예수의 복음은 더 멀리 퍼질 수 있다고 확신했다.[xi] 그래서 주요 거점 도시들은 바울의 선교무대가 되었다.

3) 가정교회 선교전략

바울은 회당뿐만 아니라 예수님을 영접했던 새 신자들의 가정에서 교회가 시작되도록 선교전략을 세웠다. 루디아의 집에서 빌립보교회가 시작되었고 (행 16장), 야손의 집에서 데살로니가교회가 시작되었고 (행 17장), 아굴라와 브리스길라의 집에서 고린도교회가 시작되었고 (행 18장), 두란노서원에서 에베소교회가 시작되었다. (행 19장)

4) 집중 선교전략

바울은 이 도시에서 저 도시로 계속 이동하면서 복음을 전파했던 순회 선교사였다. 그러나 한 곳에 오래 머무를 필요가 있는 곳에서는 오랫동안 머물면서 선교했다. 고린도교회에서는 1년 6개월 동안, 에베소교회에서는 1년 이상 머물면서 집중 선교를 했다.

5) 교회 돌봄 선교전략

바울의 1차, 2차, 3차 전도여행에서 나타난 특징 중에 하나는 개척된 교회들을 다시 재방문해서 목회자와 신자들을 격려하고, 그들에게 영적 은사들을 더해 주고, 더 강한 교회들이 되도록 교회 돌봄 사역을 하였다. 바울은 개척된 교회들이 바울파, 베드로파, 아볼로파로 나눠져 분열하려고 할 때, 간음의 문제, 우상의 제물을 먹는 문제, 결혼과 이혼의 문제들로 교회가 어려움에 처하게 될 때, 그들에게 말씀을 통해서 다시 진리 가운데 똑바로 서도록 도왔다. 징계가 필요한 부분은 과감하게 징계함으로써 악한 영들에게 틈을 주지 않았다.[xii]

6) 문서선교 선교전략

바울의 선교에서 빼놓을 수 없는 것은 문서선교였다. 서신을 기록해서 개인과 교회 앞으로 보냈다. 그러나 그것은 단순한 서신이 아니었다. 성령의 감동하심을 받고 기록한 편지들이었다. 그래서 바울 서신들은 신약성경이 되었다. 수감 중에도 성서를 기록했다. 그런 바울의 문서선교가 없었다면 우리는 성경을 가질 수 없었다.[xiii]

바울의 선교전술

1) 상황화 선교전술

바울은 유대 문화권에서는 유대식으로, 헬라 문화권에서는 헬라식으로 선교하였다. "유대인들에게 내가 유대인과 같이 된 것은 유대인들을 얻고자 함이요. 율법 아래에 있는 자들에게는 내가 율법 아래에 있지 아니하나 율법 아래에 있는 자 같이 된 것은 율법 아래에 있는 자들을 얻고자 함이요."(고전 9:20) 바울이 선교 대상에 따라서 혹은 주어지는 상황에 따라서 다른 선교 전술을 가지고 복음을 전파했던 상황화 선교전술을 가지고 있었다.

2) 탈 신분 선교전술

바울은 사회적 신분에 구애받지 않고 다양한 사람들에게 복음을 전했다. 바울이 만났던 사람들 중에는 상류층 고관도 있고, 귀부인들도 있었고, 군인들도 있었고, 족장도 있었고, 간수장도 있었고, 의사도 있고, 사업가도 있었고, 자유자도 있었고, 노예도 있었고, 죄수도 있었다.[xiv] 바울은 그들의 사회적 신분이 높든 혹은 낮든 상관하지 않고 복음을 전했다. 신분이 높은 사람도 바울에게는 죄인이고, 신분이 낮은 사람도 바울에게는 복음을 듣고 구원을 받아야 할 죄인이었다.

3) 능력 선교전술

바울의 선교 현장에 수많은 기적이 일어났다. 대표적인 이적들은 다음과 같다. 마술사 엘루마의 눈을 멀게 하였다. (행13) 앉은뱅이가 일어났다. (행14) 점쟁이 여종에게 있던 귀신을 쫓아냈다. (행16) 기도와 찬송을 할 때 차꼬가 풀어지고, 옥문이 열렸다. (행16장). 바울의 손수건과 앞치마를 가져다가 병든 사람에게 얹으면 병이 나았다. (행19) 죽은 유두고가 살아났다. (행20) 독사에 물려도 죽지 않았다. (행28) 멜리데 섬에서 많은 병자를 고쳐주었다. (행28) 롤랑 알렌은 바울을 통해서 많은 기적이 일어났지만, 바울은 사람들을 끌어 모으기 위해서 그런 이적을 사용하지는 않았다고 하였다.[xv] 기적은 선교의 전술이 될 수 없다. 되어서도 안 된다. 바울은 기적이 일어날 때마다 사람들에게 자신을 주목하지 말고, 오직 하나님만을 바라보라고 하였다. (행 14:15) 폴 히버트는 바울을 통해서 일어났던 기적들에 선교적 초점을 맞추지 말고, 그 기적들을 통해서 하나님의 구속적 사랑과 예수님의 보혈의 능력을 전하려고 했던 바울의 선교적 초점을 잊지 않아야 한다고 강조하였다.[xvi]

4) 삶이 메시지가 된 선교전술

바울은 최고의 명문 가마리엘의 문하생이었다. 그 명문 학교에서 공부할 수 있었던 사람들은 당시 상위 1%에 해당하였다. 일반 사람들의 대부분은 배우지 못한 사람들이었다. 그들은 글을 읽지도, 쓰지도 못했다. 그들에게 복음을 효과적으로 전달할 수 있는 방법 중에 하나는 전도자의 삶으로 전하는 것이었다. 예수님께서 제자들의 발을 씻겨 주시는 본을 보여 주셨던 것처럼, 바울도 "내가 그리스도를 본받는 자 된 것 같이 너희는 나를 본받는 자가 되라. (고전 11;1)"라고 하였다. 바울은 그의 삶을 통해서 진리가 무엇인지, 믿음이 무엇인지, 예수 그리스도를 통한 구원이 무엇인지, 그리스도인으로 산다는 것은 무엇이지 보여주고자 했다. 바울은 자신의 삶을 글을 모르는 문맹인들에게만 사용하지 않았다. 아그립바 왕과 총독과 고관들에게도 사용하였다. "아그립바 왕이여, 선지자를 믿으시나이까? 믿으시는 줄 아나이다. 아그립바가 바울에게 이르되 네가 적은 말로 나를 권하여 그리스도인이 되게 하려 하는도다. 바울이 이르되 말이 적으나 많으나 당신뿐만 아니라 오늘 내 말을 듣는 모든 사람도 다 이렇게 결박된 것 외에는 나와 같이 되기를 하나님께 원하나이다."라고 하였다. (행 26:27-29) "나처럼 되라."고 외쳤던 사람. 그가 바울이었다.

맺는 말 ●

바울은 성령보다 앞서 가지 않았다. 바울은 성령이 허락하시는 일 외에는 그 어떤 일도 시작하지 않았다. 그래서 바울의 선교는 성령 사역이었다. 그가 보여주었던 선교신학, 선교정책, 선교전략, 선교전술은 바울 자신만을 위한 것이 아니었다. 그와 함께 했던 동역자들, 그가 양육했던 제자들. 바울과 팀이 되었던 모든 바울의 사람들을 위한 선교신학, 선교정책, 선교전략, 선교전술이었다.

3
PART

선교 전략의 모델

기독교 선교 역사를 찬란하게 빛내주었던 수많은 선교사들의 생애는 현대 선교사들에게 롤 모델이 되었다. 그들이 남긴 다양한 선교 전략들은 오늘의 현대 선교를 이끌고 가는 원동력이 될 수있다. 이 장에서는 기독교 선교 역사에 모델이 되어주었던 선교사들의 생애와 그들의 선교전략을 살펴보려고 한다.

HERRNHUT.

모라비안 교도들을 위해 진젠도르프 백작이 세워준 헤른후트 공동체
그들은 대부분 평신도 자비량 선교사들이 되었다.

Chapter 8

세계 초기 선교사들과 그들의 선교 전략

내가 달려갈 길과 주 예수께 받은 사명 곧 하나님의 은혜의 복음을
증언하는 일을 마치려 함에는 나의 생명조차 조금도 귀한 것으로 여기지 아니하노라
행 20:24

세계 기독교 선교 역사 속에는 위대한 선교사들이 많았다. 이름이 널리 알려진 선교사들도 있고, 무명의 선교사들도 있었다. 빛이 되어주었던 선교사들의 생애를 다 돌아볼 수는 없다. 이 장에서는 모델이 될 수 있는 선교전략을 가졌던 선교사들을 중심으로 보려고 한다. 기독교 선교 역사로 보면, 1622년에 네덜란드 동인도회사가 인도네시아와 스리랑카에 12명의 선교사를 보냈던 것이 첫 번째 선교사 파송이었다. 1637년에는 뉴잉글랜드 복음전도회가 엘리엇John Eliot과 메이휴Thomas Mayhew를 신대륙 뉴잉글랜드에 선교사를 파송하였다. 그 이후에 우리의

눈길을 끄는 선교사들이 있다. 모라비안 교도들이다.

모라비안(Moravian) 교도

보헤미아(Bohemia:현재 체코공화국)에 살았던 모라비안들이 가톨릭교회의 박해를 피해 독일 진젠도르프Zizendorf 백작의 영지로 피신하였다. 모라비안 교도들은 순교자 존 후스John Hus의 제자들이었다. 그들은 매우 경건한 사람들이었다. 진젠도르프 백작은 그의 신앙과 삶을 보고 큰 감동을 받게 되어, 모라비안 교도들을 위해서 727년에 헤른후트Herrnhut 공동체를 세워주었다. 모라비안 사람들은 그들의 목숨을 보존하기 위해서 그곳에 몸을 숨기고 살지 않았다. 그들에게는 두 가지 삶의 원칙이 있었다. '그리스도의 삶'과 '그리스도의 증인'으로 사는 것이었다. 모라비안 교도들은 모두 평신도들이었지만 세계 선교에 대한 불타는 열정을 가지고 있었다. 진젠도르프는 그들을 선교사로 파송하기 위해서 선교사 훈련이 절실히 필요함을 인식하고 그들을 훈련시켰다. 진젠도르프는 선교사로 파송되는 사람들에게 다음과 같은 지침을 주었다. "선교사는 열매가 없어도 인내심을 갖고 낙심하지 말아야 한다. 선교사는 선교지에서 도덕적으로 흠이 없는 삶을 살아야 한다. 선교사는 외로움과 좌절을 이겨야 한다. 선교사는 그들의 감독자를 비판하지 않아야 한다. 선교사는 부와 권력을 탐하지 않아야 한다. 선교사는 쉬운 편법을 택하지 않아야 한다."라는 것이었다. 그러한 지침을 받고 세계 선교라는 원대한 비전을 품고 1732년에 서인도제도로 첫 번째 선교사들을 파송하였다. 1737년에는 아프리카로 파송하였다. 1930년까지 14개국에 약 3,000명의 선교사들을 파송하였다. 모라비안 교도들은 다음과 같은 선교 정신과 원칙을 세웠다.

- 선교사는 자급자족해야 한다.
- 선교사는 현지 언어와 문화를 배워야 한다.
- 선교사는 현지 언어로 성경을 번역해야 한다.
- 선교사는 학교를 설립하고 성경을 가르쳐야 한다.
- 선교사는 대중 전도보다는 개인 전도에 참여해야 한다.
- 선교사는 예수님을 죽임당한 하나님의 어린양으로 소개해야 한다.
- 선교사는 토착 교회들이 반드시 자치(self-governing)하도록 해야 한다.
- 선교사는 복음을 전하기 어려운 곳으로 가야 한다.[iii]

약 300년 전에 조직된 평신도 중심의 선교회였지만, 지금의 현대 선교 사들에게도 큰 도전을 준다. 모라비안 선교사들은 모두 자비량 선교사들이었다. 그들의 선교전략 중에는 "No Fruit, No More Work(열매가 없으면 선교 중단)"이 있었다. 한 지역에서 일정 기간 동안 선교를 했지만 선교 열매가 없으면 그 지역에 더 이상 머물지 않고 다른 지역으로 이동해 새 선교지에서 복음을 전한다는 전략이었다. 열매가 없는 것은 성령께서 허락하지 않는 지역이라고 믿었기 때문이었다.[iv]

윌리엄 캐리 (William Carey, 1761-1834)

윌리엄 캐리는 영국침례교회 목사였다. 6명의 가족과 함께 날마다 끼니를 걱정해야 할 만큼 가난했었다. 그러나 그의 가슴에는 세계선교를 향한 열정이 불타고 있었다. 침례교 성직자 회의에서 세계선교에 대한 교회의 책임을 강조했지만, 목회자들의 반응은 싸늘했었다. 캐리는 세계 선교를 위한 87페이지 변증서를 써서 침례교연합회에 제출하고 다시 한번 교회의 책임을 역설하였다. 7년 동안 외쳤지만 목회자들로부터 차가운 배척만 받았다. 그러나 그의 메시지에 감동을 받았던 몇몇 목사들이 캐리를 위해서 선교회를 조직하였다. 그래서 윌리엄 캐리는 그들의 후원을 받고 1793년부터 인도 선교를 시작하게 되었다. 윌리엄 캐리가 세웠던 선교 원칙은 다음과 같았다.

- 선교사는 선교지의 언어와 문화를 신중하게 익혀야 한다.
- 선교사는 선교지의 종교적 신념에 대해서 이해해야 한다.
- 선교사는 가능한 한 많이 복음을 전파해야 한다.
- 선교사는 선교지의 언어로 성경을 번역하는데 우선순위를 두어야 한다.
- 선교사는 지역 교회를 개척해야 한다.
- 선교사는 현지인 목회자를 양성하고 가급적이면 빠른 시간 내에 그들에게 교회 사역을 위임해야 한다.[v]

윌리엄 캐리의 선교신학

캐리는 개혁주의 신학을 가지고 있었다. 그러나 개인 구원과 함께 구원받은 성도의 사회적 책임을 분리하지 않았다. 그래서 선교지에서 캐리는 통전적 선교신학을 가지고 사역했다.[vi]

윌리엄 캐리의 선교정책

　캐리의 선교정책은 초교파 선교 정책이었다. 캐리는 영국침례교회 목사였지만, 선교는 초교파적으로 했고, 후원도 초교파적으로 받았다.[vii] 유럽과 영국을 방문할 때마다 세계 선교에 동참해 줄 것을 호소했다. 윌리엄 캐리의 외침에 자극을 받아 많은 선교회들이 창립되었다. 런던선교회, 스코틀랜드 글라스고우 선교회, 네덜란드 선교회, 교회 선교회, 영국 해외 성서공회, 미국 해외 선교위원회, 미국 침례교 선교협회, 미국 성서 공회 등등이었다.[viii]

　캐리는 여러 교단과 선교회를 통해서 많은 선교사들이 인도로 파송되었지만, 일단 인도로 들어오면 '한 선교회' 체재 아래에서 연합하여 선교해야 한다는 선교정책을 갖고 있었다. 그래서 선교단체협의회를 조직해서 공동 사역을 위한 선교 원칙을 정하였다. ①함께 예배하고, 기도와 설교는 선교사들이 돌아가면서 맡는다. ②수입은 공동기금에 넣고, 공동경비는 공동기금에서 지출하고, 각 가정은 약간의 돈을 받는다. 한 선교사가 1개월씩 공동체 경영과 재정을 관리한다. ③개인 사업은 금지한다. ④모든 책은 한 곳에 모아서 도서관 형태로 이용한다. ⑤선교사 가정 간의 다툼을 해소하기 위해서 매주 토요일 저녁에 단합 모임을 갖는다.[ix] 캐리가 초교파 선교 정책을 수립한 것도 놀랍고, 그 선교정책을 수용하고 함께 연합 선교를 감당했던 당시 선교사들의 이해와 참여도 놀라운 것이었다.

윌리엄 캐리의 선교전략

1) 성경번역 선교전략

　인도 현지어로 성경을 번역하는 일을 최우선 과제로 삼았다. 벵골어를 비롯해서 인도 여러 지방 방언으로 성경을 번역했다. 중국어, 미얀마어, 말레이어 성경까지 번역하였다. 벵골어로 된 힌두교 경전을 영어로 번역하기도 하였다.[x]

2) 문서 선교전략

캐리는 성경뿐만 아니라 인도의 문학 작품들을 영어로 번역하였다. 설립한 중고등학교와 대학에서 기독교 복음을 전할 수 있는 다양한 교육 교재가 필요하다고 생각했기 때문이었다. 캐리는 학교에서 다양한 종족 언어로 가르치고 있었기 때문에 광범위한 번역 교재가 필요하다고 생각하였다.[xi]

3) 교육 선교전략

최초의 남녀공학 학교를 설립하였다. 아시아 최초의 세람포르Serampore 대학도 세웠다. 세람포르대학은 신학대학이 아니라 일반대학이었다. 인도 사람들을 교회 안으로 초대하는 것도 중요하지만, 인도 사회 속에 세운 기독교 학교를 통해서 예수의 복음을 전파하고, 차세대 크리스천 리더를 양육하는 것이 캐리의 교육 목표였다.[xii]

4) 토착화 선교전략

캐리는 처음부터 토착교회 설립을 주장하였다. 토착교회란 인도 사람들 스스로 교회를 자립시키고, 교회 안에 문제가 생기면 인도인 스스로 그 문제를 해결하도록 하였다.[xiii] 당시 대부분의 선교사들은 영어가 가장 우수한 언어라고 생각해서 모든 교육을 영어 위주로 실시했다. 그러나 캐리는 초등교육부터 대학교육까지 인도 토착 언어로 교육을 해야 한다고 주장하였다.[xiv] 그러나 캐리는 무조건적으로 인도의 모든 문화를 수용하지는 않았다. 성경적으로 용인될 수 없는 것은 단호히 거절하였다. 희생제물 드리기, 우상 숭배와 같은 것은 결코 용납하지 않았다.[xv]

5) 사회 개혁 선교전략

캐리는 토착 교회들이 인도의 사회 개혁을 주도해 가야 한다는 사회적 책임을 강조하였다.[xvi] 캐리는 인도가 새로운 미래로 가기 위해서는 카스트제도가 반드시 철폐되어야만 한다고 믿었다. 그래서 캐리가 만든 것이 식탁공동체였다. 인도에는 신분이 같지 않으면 결코 한 식탁에서 식사하지 않았다. 캐리는 인도사람들과 평등한 신분을 갖기 위해서 그들과 함께 식사하는 공동체를 만들었다.[xvii] 교회 공동체 안에서는 카스트가 존재하지 않는다는 것을 보여주기 위함이었다.

6) 자비량 선교 전략

캐리는 자비량 선교를 하였다. 자신은 교수직으로, 마쉬만 선교사는 학교 운영으로, 워드 선교사는 출판을 통해서 수입을 만들었다. 출판 사업은 가장 큰 수입원이 되었다.[xviii]

윌리엄 캐리의 선교전술

캐리가 가졌던 선교전술의 꽃은 연합 선교전술이었다. 캐리는 세람포르선교회를 설립했다. 어떤 교회 혹은 어떤 선교회 파송이든 일단 인도로 들어오면, 모든 선교사는 '인도 선교사'라는 공통된 생각을 갖고 함께 선교한다는 선교 연합 정신으로 뭉친 선교회였다.[xix] 모든 선교사들이 초교파로 하나가 되어 인도 복음화를 위해 함께 나아갔던 선교전술은 참으로 훌륭한 선교전술 모델이었다.

아도니람 저드슨 (Adoniram Judson, 1788-1850)

아도니람 저드슨은 미국 회중교회 파송으로 인도에 갔다. 아도니람은 윌리엄 캐리의 세람포르선교회 공동체에서 머물렀다. 그때 아도니람은 캐리에게 큰 감동을 받고, 침례교 교리가 정확하다는 결론을 내렸다. 그래서 다시 침례를 받고, 회중교회에서 침례교회로 이적하였다. 그리고 1813년에 미얀마 양곤으로 들어갔다. 아도니람 이전에 윌리엄 캐리의 아들 펠릭스 캐리가 미얀마로 갔었지만 정착하지 못하고 인도로 철수했기 때문에, 아도니람이 미얀마 제1호 선교사로 등재되었다.[xx] 불교 국가 미얀마에서 기독교 선교는 쉽지 않았다. 아도니람은 선교 6년 만에 첫 신자를 얻었다. 1823년, 미얀마 선교 10년 만에 아도니람은 버마어 신약성경 번역을 마쳤다. 그리고 다시 10년 후에 구약성경까지 완역했다. 1948년에는 영어-미얀마 사전을 출판하였다. 미얀마 선교 37년이 되는 해에 결핵이 악화되어 치료를 위해서 미국으로 가는 배에서 죽게 되어 아도니람은 바다에 수장되었다. 아도니람의 선교전략 중에서 특이했던 것은 짜얏(Zayat) 선교 전략이었다. 짜얏은 마을에 있는 정자와 같은 곳이었다.[xxi] 불교권에서 십자가를 세우고, 교회를 건축하고 선교를 시작할 수 없었다. 그래서 짜얏을 세웠다. 짜얏은 미얀마 사람들에게 편안한 공간을 제공해 주었다. 짜얏은 토착화 선교 전략이었다. 후에 짜얏들은 교회가 되었다.

존 윌리엄스 (John Williams, 1796-1839)

존 윌리엄스는 주물공장에서 일했던 노동자였다. 하나님의 은혜를 받고 선교사로 헌신하였다. 당시 런던선교회(1795년 설립)는 최고의 학력과 실력을 겸비한 선교사만 선발해서 파송하였다. 그런데 신학 공부도 하지 않았던 평신도 출신이 선발되었다. 그 청년의 가슴에는 복음을 듣지 못하고 죽어가는 땅 끝 이방 민족들을 향한 뜨거운 열정이 붉은 쇳물처럼 타오르고 있었기 때문이었다. 윌리엄스는 1817년에 남태평양 폴리네시아 군도에 도착하였다. 하와이와 뉴질랜드 중간에 있는 피지Fiji와 사모아Samoa가 있는 곳이었다. 약 1,000여 개 섬들이 흩어져 있었다. 윌리엄스는 약 20년 동안 그곳에서 섬 선교의 개척자가 되었다. 제자들을 양육할 때 배 만드는 기술과 사탕수수 재배법을 필수적으로 익히도록 하였다. 다른 섬으로 파송되었을 때 선교사의 후원 없이 자급자족하며 교회를 세우도록 하기 위한 선교전략이었다. 윌리엄스의 마지막 선교지는 에로망오Erromango 섬이었다. 에로망오 원주민들은 매우 포악한 부족이었다. 그들의 포악성을 잘 알고 있었던 윌리엄스였지만 그들의 영혼을 포기할 수 없어서 에로망오 섬으로 향하였다. 원주민들은 잠복해 있다가 하선하는 윌리엄스를 해변에서 죽이고 그의 시신을 먹었다. 그들은 식인종이었다. 윌리엄스의 순교는 헛되지 않았다. 현재는 에로망오 섬 주민 83%가 크리스천이 되었다. 비록 200년 전 섬 선교였지만, 윌리엄스의 생애와 그의 선교 전략은 현대 선교사들에게 큰 감동과 도전이 되었다.[xxii]

데이비드 리빙스턴 (David Livingstone, 1817-1873)

리빙스턴은 신학과 의학을 전공하고 런던선교회 파송으로 아프리카로 갔다. 1841년 남아프리카 보츠와나Botswana에 선교 캠프를 두고, 잠베지 Zambezi강 주변을 탐험하며 선교를 시작하였다. 탐험을 통해서 리빙스턴은 흑인 노예무역의 비참한 실상을 목격하게 되었다. 리빙스턴은 노예 제도 폐지를 위해 보다 최선을 다했다. 영국으로 돌아가 '선교 여행과 탐사자 Missionary Travels and Researchers'라는 책을 집필하고 아프리카 노예무역의 실상을 알렸다. 리빙스턴은 아프리카 선교에서 가장 큰 걸림돌은 가난과 무지와 전쟁과 노예사냥에 대한 공포라고 강조하였다. 영국 정부는 노예무역의 종식을 추진하며 리빙스턴을 영국 대사로 임명하였다. 리빙스턴은 영국 정부의 원조를 받아 중앙아프리카 탐험 대장이 되어 팔려가는 수백 명의 노예들을 구출하고 해방시켜주었다.[xxiii] 리빙스턴은 의사로서 말라리아 치료제를 개발하기도 하였다. 그처럼 리빙스턴은 아프리카 선교사의 개척자였다. 그가 제작한 아프리카 선교 지도를 통해서 아프리카 선교의 길이 더 크게 확장되었다. 그는 병으로 아프리카에서 별세하였다.

존 네비우스 (John L. Nevius, 1829-1893)

네비우스는 미국 북장로교 파송으로 1853년에 중국으로 갔다. 네비우스는 '자전, 자립, 자치' 선교정책으로 유명하다. 그 삼자정책은 그의 선교 실패로 인해 나왔다. 당시 중국은 극심한 가난 때문에 선교사들이 쌀 배급을 했다. 그래서 '쌀 신자Rice christian'들이 나오게 되었다. 농사가 잘 되어 먹을 것이 생기면 신자들은 교회에 나오지 않았다. 가뭄으로 먹을 것이 없으면 그들은 다시 교회로 나왔다. 네비우스가 안식년을 맞아 미국으로 갔을 때, 헨리 벤과 루퍼스 앤더슨이 만든 삼자원리를 처음 접하게 되었다. 네비우스가 영감을 받고 중국으로 돌아갔을 때 그 삼자원리를 그의 선교에 적용하였다. 네비우스는 토착화 선교전략과 삼자 선교정책을 통해서 풍성한 결과물을 얻게 되었다. 삼자선교정책 외에 네비우스는 다음과 같은 선교 원칙을 세웠다. ①그리스도인들은 계속해서 이웃과 함께 생활하는 가운데 직업을 통해 재정적으로 자립하고, 그들의 동료와 이웃들에게 복음을 전해야 한다. ②선교 단체는 현지의 교회가 필요로 하고 자발적으로 지원할 수 있는 프로그램과 조직을 개발해야 한다. ③교회는 그들의 목회자를 자체적으로 선정하고 재정적으로 지원해야 한다. ④교회 건물은 회중들의 자발적인 재정적 지원으로 고유한 문화적 양식을 고려하여 지어야 한다. ⑤교회 지도자들에게 매년마다 성경과 교리에 대한 집중적인 연구 프로그램을 제공해야 한다.[xxiv]

허드슨 테일러 (Hudson Taylor, 1832-1905)

허드슨 테일러의 부모는 하나님께 아들을 주시면 중국선교사로 바치겠다고 서원하였다.[xxv] 그래서 테일러가 태어나자 부모들은 그를 중국선교사로 보내기 위해서 어렸을 때부터 중국어를 포함 라틴어, 헬라어, 히브리어, 의학 공부까지 시켰다. 영국에서 조직된 『중국복음화선교회』는 1854

년에 테일러를 중국 상해로 파송하였다. 당시 테일러의 나이는 21살이었다. 테일러가 수립했던 선교 정책의 핵심은 다음과 같았다.

- 선교사는 후원자들에게 선교헌금을 요청하지 않고 하나님께 직접 기도한다.
- 선교사는 글을 읽고 쓸 수 있는 정도면 선교사가 될 자격이 있다.
- 독신 여성 선교사를 환영한다.
- 교단을 묻지 않고 연합한다.
- 선교본부는 반드시 중국 내에 둔다.
- 선교사는 최대한 중국 문화를 자신의 것으로 삼는다.
- 중국 복음화를 신속히 완수한다.
- 주요 거점 도시를 먼저 점령한다.[xxvi]

허드슨 테일러의 선교전략

1) 내지선교 선교전략

중국 안에서 중국내지선교회China Inland Mission를 설립하였다. 서구교회들의 후원 없이 중국 내지선교회를 통해서 중국 선교를 감당했다.

2) 믿음 선교 (Faith Mission) 선교전략

중국 현지인을 선교사로 파송할 때 후원 약속은 주지 않았다. 후원자가 없어도 선교는 중단되지 않는다는 믿음을 가지고 가게 하였다. 하나님께서 필요한 것을 부족함 없이 공급해 주실 것을 믿고 가게 하였다. 처음부터 자립하는 토착화 선교의 원형을 세웠다.

3) 전국 복음화 선교전략

테일러는 확산 전략을 세웠다. 케네쓰 라토렛은 "중국내지선교회의 사역 목표는 회심자를 얻거나 중국교회를 세우는 것이 아니었고, 가능한 빨리 중국 전역에 그리스도의 복음을 전파하는 것이었다."라고 하였다.[xxvii] 테일러 자신도 "모든 사람이 복음을 한 번이라도 들을 수 있을 수 있을 때까지 어떤 사람은 두 번 들을 필요가 없다."라고 말할 정도였다.[xxviii]

4) 평신도 중심 선교전략

테일러는 영국으로부터 많이 배운 지식인들이나 안수 받은 목회자들을 선교사로 지원을 받아 선교하게 되면 중국복음화는 까마득한 시간이 걸린다고 생각했다. 그래서 테일러는 영국의 노동자들에게 관심을 가졌다. 학력이나 성별에도 차별을 두지 않았다.[xxix] 하나님에 대한 확신과 그 분을 신뢰할 수 있는 믿음과 사명에 대한 충성심만 있으면 그들이 평신도라도 선교사로 발탁하였다.[xxx]

5) 영혼 구원 선교전략

사역의 주된 중심은 의료사역이나 교육사역이 아니었다. 하나님의 말씀을 선포하고 영혼을 구원하는 일에 최우선 선교 목표로 정하였다. 의료선교와 교육선교는 그 다음이었다.

6) 토착화 선교전략

토착화 선교전략으로 테일러는 중국옷을 입고, 머리도 변발하고, 중국인 집에서 살고, 중국어로 복음을 전하는 것을 선교 원칙으로 삼았다. 그런 토착화 선교 전략에 반발하고 내지선교회를 떠난 선교사들도 많았다.[xxxi]

1895년까지 중국내지선교회 소속 선교사는 641명이었고, 중국인 현지 조력 사역자는 462명이었다. 그들은 중국 전역 260개 선교 지부에서 복음을 전파하였다. 테일러가 별세했던 1905년에는 800명의 선교사가 있었고, 중국 전역에 약 125,000명의 신자를 가졌고, 1914년에는 세계에서 제일 큰 선교회가 되었다. 1934년에는 1,386명의 선교사가 활동하였다.

허드슨 테일러의 비전 선언문

(1) 믿음

- 하나님을 의지하라. 하나님의 공급하심은 결코 끊이지 않는다.
- 하나님을 향한 믿음이 실패하지 않으면, 하나님의 도우심은
  결코 실패하지 않는다.

(2) 희생

- 가난한 사람들을 돕기 위해서는 자기를 부인해야 한다.
- 하나님을 위해 드린 모든 것은 얻은 것이고,
  하나님께 드리지 못한 모든 것은 잃은 것이다.

(3) 하나님의 주권

- 그리스도인에게는 아무런 권리가 없다. 오직 순종만 필요하다.
- 우주의 주권자이신 하나님은 무엇이든 그가 원하는 대로 행할 수 있는 권리를 가진다.

(4) 선교

- 선교는 하나님과 함께 일하는 일이다.
- 지상 명령은 선택이 아닌 하나님의 명령이다.
- 중국에서는 양복보다 중국옷이 편하다.

(5) 하나님의 인도

- 오직 기도로써 사람의 마음을 움직이라.
- 하나님을 기다리는 것은 시간을 낭비하는 것이 아니다.
- 하나님의 인도하심을 받는 방법은 기도가 먼저이고, 그 다음은 상식이다.
- 성경을 사랑하라.

(6) 고난

- 예수 그리스도의 부활의 능력을 체험하려면 그의 고난에 동참해야만 한다.
- 시련과 역경은 항상 비전의 확장과 축복을 가져온다.
- 하나님의 충만한 축복은 깊은 고난을 통해서 경험한다.

(7) 거룩한 생활

- 성도들은 결코 불순한 생각들을 용납하면 안 된다.
- 마음속에 예수 그리스도를 가장 많이 가진 사람이 가장 거룩한 사람이다.

- 하나님을 신뢰하지 않는 것이 인간이 범하는 모든 죄의 근원이다.

(8) 성도의 삶

- 하나님은 부자가 되게 해 달라는 우리의 기도에 침묵하실 수 있다.
- 하나님은 먼저 우리가 얼마나 보잘 것 없는 존재임을 깨닫게 하신다.
- 열매와 비전은 다르다. 비전은 노력의 결과이고, 열매는 삶의 결과다.

(9) 리더십

- 작은 것은 작은 것이다. 그러나 작은 것에 충성하는 것은 큰 것이다.
- 영적 비전은 양 무리를 돕는 일이지 지배하는 일이 아니다.[xxxii]

에이미 카마이클 (Amy Carmichael, 1867-1951)

영국 북아일랜드 출신 평신도 선교사로 1895년에 인도 남부 벵갈루루 Bengaluru로 갔다. 힌두교 사원에서 봉사하는 소녀들을 '데바다시Devadasis' 라고 하였다.[xxxiii] 그들에게는 사원을 청소하고, 신상에 부채질을 하고, 신도들 앞에서 춤을 추며 노래하는 일이 주어졌다. 그러나 그들은 사원 안에서 매춘을 강요당하였다.[xxxiv] 성 노예가 된 데바다시들은 철통 경비 때문에 탈출할 수가 없었다. 에이미는 목숨을 걸고 그들을 구출해서 그녀가 세운 도나부르Dohnavur 공동체에서 살게 하였다. 비접촉천민들에게 위로와 희망을 주는 선교사였다. 1951년 에이미가 하나님의 부르심을 받을 때, 도나부르 공동체에는 약 1,000명의 소년, 소녀들이 있었다.[xxxv]

스탠리 존스 (E. Stanley Jones, 1884-1973)

스탠리 존스는 미국 감리교 선교사로 1907년에 인도로 파송되었다. 그는 인도 토착화 선교전략에 큰 모델을 남긴 선교사였다.

선교전략

1) 상류층 선교전략

인도는 카스트Caste 제도로 상하 신분 계층이 분명한 나라이다. 그 어떤 정치인도, 혁명가도, 종교인도 그 카스트를 깨트리지 못하였다. 스텐리 존스는 상위층 카스트 사람들에게 복음을 전파하며 그들과 깊은 친분을 쌓았다. 그는 간디, 썬다싱, 타고르와 같은 인도의 지도자들에게 깊은 영향력을 끼쳤다.

2) 토착화 선교전략

영국 정부는 인도를 식민지화하였다. 스탠리는 미국인이었지만, 영국의 식민지 통치로 인해 고통을 받고 있던 인도인에게 깊은 사과를 하였다.[xxxvi] 그는 제국주의적, 서구 중심적 선교를 비판하였다. 그런 형태의 선교 때문에 기독교를 부정하는 사례가 많아졌기 때문이었다.[xxxvii] 그는 인도의 카스트 제도가 혈통에 기초하지만, 백인들의 카스트 제도는 피부색에 기초하고 있다고 비평하였다. 백인들의 우월주의를 저격했던 말이었다.[xxxviii] 그는 선교지에 교단을 세우지 말고, 그리스도를 세우라고 강조하였다. 교리를 심지 말고 기독교의 본질을 심으라고 강조하였다. 서양 문화를 심지 말고, 복음을 심으라고 강조하였다. 그는 서구문명 속에 오히려 비기독교인 요소가 더 많다고 주장하면서, 인도에 토착화 선교를 심어야 한다고 강조하였다. 그는 '기독교Christianity'란 용어를 사용하지 않았고, 그리스도는 반드시 인도의 방식으로 소개되어야 한다고 주장하였다.[xxxix]

선교전술

1) 아슈람(Ashram) 선교전술

아슈람은 인도의 은둔 수도원을 말한다. 인도의 많은 지도자들이 자기 나름대로의 아슈람을 가지고 있었다. 마하트마 간디Mahatma Gandhi는 사바르마티 아슈람Sabarmati Ashram을, 인도의 시성 타고르Thakur는 산티네게칸 아슈람Santineketan Ashram을 가지고 있었다. 스탠리 존스는 1930년에 사트탈Sat Tal에 기독교 아슈람을 세우고 수도원 운동을 시작하였다. 아슈람에서 기독교적 영성을 통해서 복음을 전했고, 아슈람은 종교간의 대화가 이루어지는 자유로운 공간이 되었다. 스탠리 존스는 자신의 아슈람 운동을 간디의 지도력과 결합시켜 크리스타그라하Kristagraha 운동으로 발전시켰다. 기독교적 진리를 인도인에게 전하기 위한 구령 운동이었다. 영국의 식민지 정부는 스탠리가 인도의 독립 운동가들과 친밀하게 교제하는 것을 못마땅하게 여겨 스탠리의 아슈람을 폐쇄시켰다. 그러나 스탠리의 아슈람 운동은 인도를 넘어 미국과 유럽으로 퍼져 나갔다.[xl]

2) 대중집회 선교전술

스탠리는 50년 동안 인도에서 선교하면서 약 6만 번 이상 대중 집회를 인도했다. 그는 거리의 전도자였고, 대중 집회를 인도했던 부흥사였다.

3) 삶으로의 선교전술

　말이 아니라 삶으로 선교하였다. 교회 안에 계시는 예수님이 아니라, "인도의 길을 걷고 있는 예수"를 전하려고 노력하였다. 그러한 그의 선교 정신은 헌신된 삶으로 나타났다. 그는 거리에서 만난 인도인들이 자신의 삶을 통해서 예수 그리스도를 만날 수 있도록 늘 섬기는 자세로 살았다.

● 맺는 말

1732년 모라비안 선교사들이 서인도제도에서 선교를 시작했던 해를 기독교 선교의 원년으로 삼는다면 2021년은 289년이 되는 해이다. '현대 선교의 아버지'라 불리는 윌리엄 캐리의 인도 선교부터 시작해도 228년이 되는 해이다. 200년 전, 혹은 300년 전, 선교사들이 자신들의 본국으로부터 땅 끝 선교지까지 가려면 수개월 동안 배를 타고 가야만 했을 것이다. 그들은 대부분 20대 초반의 젊은 청년들이었다. 사랑도 하고 싶은 나이였고, 야망도 불태우고 싶은 나이였고, 출세도 하고 싶은 나이였다. 그러나 그들은 하나님의 부르심에 순종하였다. 그들의 고귀한 젊음을 땅 끝 선교를 위해서 다 바쳤다. 그들의 희생과 헌신이 없었다면 수많은 영혼들이 구원받지 못했을 것이다. 그들은 선교지에서 외로움과 고독과 질병과 박해와 싸우며 견뎌냈다. 목숨을 걸고 힌두교 사원에서 성노예가 된 소녀들을 구출하기도 하였다. 체포되어 감옥에 갇히기도 하였고, 성경번역을 위해 10년 이상 잠을 설치며 씨름하기도 하였다. 사랑하는 가족을 이국의 땅에 묻어야만 했고, 어떤 선교사는 고향에 도착하기 전에 해상에서 하나님의 부르심을 받고 바다에 수장되기도 하였다. 그들은 왜 그렇게 살았을까? 하나님의 부르심 때문이었다. 예수님의 이름 때문이었다. 복음 때문이었다. 우리 때문이었다.

우리는 그들에게 많은 빚을 진 사람들이다. 그들은 흑백 시대에서 선교했고, 우리는 컬러 시대에서 선교하고 있다. 그러나 흑백시대 선배 선교사들 앞에서 우리는 고개를 들 수 없다. 그들의 삶을 감히 흉내 낼 수도 없고, 따라갈 수도 없다. 우리는 한 가지 일도 힘들어 하는데, 그들은 만능 재능꾼들이었다. 분명 한 사람이었지만 목회자로, 의사로, 건축가로, 교수로, 성경번역가로, 언어학자로, 문필가로, 사회개혁가로, 과학자로, 정치인으로 다방면에서 섬겼다. 다섯 달란트를 받았던 종처럼 열 가지 이상의 일을 해냈던 충성된 종들이었다. 그들이 보여주었던 선교신학, 선교정책, 선교전략, 선교전술은 도서관에 꽂혀 있는 고전이 아니다. 오늘의 현대 선교에도 적용할 수 있는 선교의 모델로, 선교사의 모델로 우리 곁에 있다.

인도의 데바다시(힌두교 성전) 소녀들을 위해서
도나부르 크리스천 공동체를 설립했던 에이미 카마이클

Chapter 9

내한 초기 선교사들과
그들의 선교 전략

너는 말씀을 전파하라 때를 얻든지 못 얻든지 항상 힘쓰라
범사에 오래 참음과 가르침으로 경책하며 경계하며 권하라
딤후 4:2

유럽의 교회들이 아프리카, 인도, 중국으로 선교사들을 보낼 때, 북미교회들은 한국으로 선교사들을 파송했다. 1885년부터 1945년까지 내한 선교사는 약 1,500명이었다.[1] 구한말 즉 1863년부터 1910까지 약 50년 동안 사역했던 초기 내한 선교사들 중에서 현대 선교사들에게 깊은 감동과 도전을 줄 수 있는 선교사들을 소개하려고 한다. 현재 한국 선교사들이 사역하고 있는 선교지의 상황들이 조선의 구한말 시대 상황과 매우 흡사하기 때문이다.

구한말(1863~1910) 조선의 상황

조선의 정치적 상황

 쇄국정책으로 일관했던 홍선 대원군이 1874년에 실각하자, 외세의 침입이 빈번해졌다. 일본은 함선 운요호(雲揚號) 사건을 빌미로 한국을 압박해서 1876년(고종 13년)에 한국으로부터 사과를 받아내고, 한일수호조약(강화도조약)을 맺었다. 1882년(고종 19년)에는 미국과 한미수호통상조약이 체결되었다. 조선의 지배를 놓고 1894년에는 중국과 일본이 전쟁을 일으켰는데 일본의 승리로 끝났다.[ii] 일본은 조선에 친일내각을 조직하여 경복궁을 장악하였다. 고종과 그의 아들 순종은 경복궁을 탈출해서 러시아 공사관으로 피신해 1896년 2월 11일부터 2월 25일까지 있었다. 그리고 1904년에 러일 전쟁이 일어났는데 일본의 승리로 끝나게 되어, 일본은 청나라와 러시아를 밀어내고 조선을 독식하게 되었다.

 조선의 내부에서도 큰 사건들이 일어났다. 첫째는 천주교 박해였다. 대원군은 1866년에 천주교를 탄압하는 칙령을 내려 대학살이 일어났다. 프랑스 선교사 9명이 처형되었고, 천주교 신자 약 8,000명이 처형되었다. 둘째는 1884년에 개화파 김옥균을 중심으로 일어났던 갑신정변이었다. 김옥균의 혁명은 실패로 끝났다. 셋째는 동학(東學) 혁명이었다. 동학은 최제우가 불교, 유교, 도교를 섞어서 만든 종교였다. 동학 사람들은 부패한 양반 관리들의 숙청, 노비제 폐지, 사회 개혁, 친일파 제거 등을 주장하며 1894년 3월에 농민봉기를 일으켰지만 1895년 12월에 실패로 끝나고 말았다.[iii] 기독교 선교사들이 내한하기 시작했던 당시 조선의 상황은 그처럼 외부적으로, 내부적으로 대 혼란이 일어났던 시대였다.

한국의 개화기 역사와 한국 기독교 선교 역사를 비교해 보면 다음과 같다.

	조선의 역사	기독교 선교 역사
1863	흥선대원군 집권	
1866	병인박해(천주교 박해)	토마스 선교사 순교
1871	신미양요(조선과 미국간 전쟁)	
1875	일본 함선 운요호 사건(강화도)	
1876	한국과 일본 간 한일수호조규 체결	
1882	한국과 미국 간 한미수호조규 체결	로스의 누가복음 조선에서 배부
1884	갑신정변	매클레이 방문, 알렌 내한, 광혜원 설립
1885		언더우드, 아펜젤러, 스크랜튼 내한, 서울선교부 설립
1886		벙커 내한
1888		마펫 내한
1889		데이비스 내한
1890		네비우스 한국방문
1891		베어드 내한, 부산선교부 설립
1892		스왈른, 무어 내한, 평양선교부, 원산선교부 설립
1893		에비슨, 맥켄지 내한
1894	동학혁명, 갑오개혁, 청일전쟁 발발	
1895	을미사변	리드 내한, 대구선교부, 전주선교부, 군산선교부 설립
1896	아관파천	
1897	대한제국 수립	개성선교부 설립
1898		해주선교부, 목포선교부 설립

	조선의 역사	기독교 선교 역사
1899		밀러 내한, 인천선교부 설립
1900		성진선교부
1901		공주선교부, 선천선교부 설립
1902		원산부흥회
1904	러일전쟁 발발	함흥선교부, 춘천선교부, 광주선교부 설립
1905	을사늑약 체결(제2차 한일협약)	진부선교부, 청주선교부 설립
1906		재령선교부, 영변선교부 설립
1907	고종 강제 퇴위, 순종 즉위, 조선 군대해산	평양대부흥회, 평양신학교 1회 졸업, 이기풍 제주도 파송, 용정선교부, 원주선교부 설립
1908		세브란스의학교 1회 졸업, 만주선교부 설립
1909	안중근이 이토 히로부미 암살	안동선교부, 강계선교부 설립
1910	한일합병조약 체결	멕켄지 내한
1911	105인 사건(일본의 한국민족운동 탄압사건)	마산선교부 설립
1912		회령선교부 설립
1913		순천선교부, 통영선교부, 거창선교부 설립
1916		스코필드 내한
1917		흥경선교부 설립
1919	3·1운동, 대한민국임시정부 수립	제암리교회 학살 사건
1945	8·15 해방	

조선의 종교적 상황

조선에는 4대 종교가 있었다. 유교, 불교, 도교, 무속이었다. 무속은 미신과 같은 민간신앙이었다. 유교와 불교와 도교는 모두 인도와 중국으로 부터 전래된 외국 종교들이었다. 구한말 조선을 쥐고 있던 종교는 유교였다. 유교를 요약하면 삼강오륜(三綱五倫)이었다. 삼강(三綱)은 자신이 모시는 어른에 대한 충성(忠), 부모에 대한 효도(孝), 남편에 대한 아내의 정절(烈)이었다. 오륜(五倫)은 군주와 신하가 지켜야할 의(義), 아버지와 아들 사이에 있어야 할 친(親), 아내와 남편의 역할 분리인 별(別), 출생 순서에 따른 형제들의 서열이었던 서(序), 상사와 부하 사이에 있어야 할 신(信)이었다.[iv] 이 유교의 삼강오륜이 구한말을 쥐고 있었고, 불교와 도교와 무속신앙은 사교(邪敎)로 정죄하였다. 그래서 도교는 폐지되었고, 무당들은 서울을 떠나 산속으로 들어갔고, 불교의 토지와 재산은 몰수되었고, 많은 사찰들이 해체되었다. 승려들은 서울 입성이 금지되었고, 그들의 사회적 신분은 무당과 동일하게 천민으로 떨어졌다.[v]

선교의 문을 열어준 선교사들

한국 선교의 시작은 인도, 중국, 일본의 선교와는 달랐다. 유럽의 교회들은 선교정책에 따라 선교사를 파송했다. 그러나 한국에 기독교 선교의 문을 열어준 앞선 선교사들은 한국으로 파송을 받았던 선교사들이 아니었다. 중국으로, 일본으로 파송을 받았던 선교사들이었다. 그런데 그들은 중국과 일본에 있으면서 한국에서 온 사람들을 만나면서 한국 사정을 듣게 되었다. 그때부터 한국인들에게도 복음을 전해야겠다는 열정이 일어났다. 그처럼 한국선교는 교단이나 선교단체의 선교정책으로 시작되었던

것이 아니라, 중국과 일본에 파송되었던 선교사들의 개인의 선교 열정으로 시작되었던 것이다.[vi]

칼 귀츨라프 (Karl F, Gützlaff, 1803-1851)

칼 귀츨라프는 독일인 목사이며, 의사였다. 그러나 네덜란드 선교회 파송으로 인도네시아 자바로 갔다. 그곳에서 중국어를 익혔다. 인도네시아 선교보다 중국 선교에 대한 비전이 더 컸기 때문이었다. 결국 귀츨라프는 인도네시아를 떠나 중국 접경 지역인 태국으로 이동하였다. 귀츨라프는 선교회에 중국으로 가고 싶다고 했지만, 네덜란드 선교회는 허락하지 않았다. 그래서 귀츨라프는 사표를 던지고, 영국선교회로 이적해서 중국 마카오로 갔다.[vii] 그곳에서 중국 동해안과 만주로 선교여행을 하면서 한국에 대한 소식을 처음 듣게 되었다. 1832년 2월, 영국 동인도회사가 새 시장 개척을 위해서 조선으로 떠난다는 소식을 듣고 암호스트Amberst 호에 승선하였다. 그 배는 황해도 장산곶과 백령도에 정박하였다. 선교 목적은 아니었지만 외국 선교사로서는 첫 번째 선교사로 한국 땅을 밟게 되었다. 귀츨라프는 1832년 7월 30일에 다시 한국을 방문하였다. 그때는 한문 성경을 가지고 충청남도 태안반도 고대도(古代島)에 내렸다.[viii] 그는 한문 성경, 망원경, 시계, 단추, 유리그릇과 26권의 책자를 순조 임금에게 올리기도 하였다. 그러나 통상은 이루어지지 않았다. 귀츨라프는 1개월 동안 한국에 머물면서 주기도문을 한글로 번역해서 가르쳤다. 고대도를 떠나 제주도까지 돌아보고 중국으로 돌아갔다. 귀츨라프는 중국, 만주, 한국, 일본을 잇는 선교 비전을 갖게 되었다.[ix]

존 로스 (John Ross, 1841-1915)

  존 로스는 스코틀랜드 교회 파송으로 1874년부터 만주지방에서 선교했다. 1890년까지 등록된 신자만 27,000명이었다.[x] 로스는 중국에 있는 소수 민족들의 언어로 성경을 번역하였다.[xi] 그러던 중에 고려문에서 한국 사람들을 만났다. 고려문은 한국과 중국 국경에 있는 관문이었다. 당시에 고려문 주변에는 약 3,000호 규모의 한인 가구가 있었다.[xii] 로스는 고려문에서 만난 이응찬, 백홍준, 이성하, 김진기를 데리고 그의 선교지 심양으로 갔다. 로스는 그 청년들과 함께 한글 성경을 번역하기 시작하였다. 1882년에 누가복음과 요한복음이 한글로 번역되었다. 최초의 한글 성경이었다. 그리고 1883년 봄, 권서(勸書:성경을 배급하는 사람)들이 로스의 한글 성경을 들고 한국으로 들어갔다.[xiii] 1887년에는 동료선교사 메킨타이어John MacIntyre와 함께 신약 전체를 번역해서 ≪예수성교젼셔≫를 출판했다.[xiv] 그래서 호레이스 알렌을 비롯 미국 선교사들이 한국에 들어오기 전에 이미 한국에는 로스의 한글 성경이 배포되어 읽혀지고 있었다.[xv]

로버트 토마스 (Robert J. Thomas)

  로버트 토마스는 런던선교회 파송으로 1863년 7월 중국 상해에 도착하였다. 토마스는 1864년 12월에 무어헤드William Muirhead 선교사와의 다툼으로 런던선교회를 사임하고 중국 산동성 지푸(芝罘)로 가서 스코틀랜드 성서공회에서 일하였다.[xvi] 그곳에서 토마스는 상인으로 왔던 한국 사람들로부터 한국에 관한 소식을 듣게 되었다. 그의 가슴에서 한국을 향한 뜨거운 열정이 일어났다. 그래서 1865년 9월에 황해도 장연 부근으로 상륙해서 2개월 반 동안 사람들에게 한문 성경을 나누어 주고, 그들에게서 한국어를 배웠다. [xvii] 중국 북경으로 돌아갔지만, 토마스는 한국이 자신의 선교지라는 확신을 갖게 되었다. 그래서 미국 상선 제너널 셔면호the General Sheerman가 한국으로 간다는 소식을 듣고 그 배에 승선하였다. 1866년 8월에 제너럴 셔면호the General Sheerman가 대동강 하구에 있는 보산에 도착하였다. 그리고 포리로 이동해서 잠시 그곳에 정박하였다. 그때 토마스는 하선하여 그곳에 있던 주민들에게 성경책 500권을 배포하였다. [xviii] 포리를 떠나 석호정을 거쳐 만경대에 상륙하였다. 그곳에서도 성경을 배포하였다. 다시 만경대를 떠나 대동강 상류 양각도에 도착했을 때, 셔면호는 모래톱에 걸려 좌초되고 말았다. [xix] 그때 조선군은 불법 입국으로 간주하고 셔면호를 향해서 발포하였다. 치열한 전투가 벌어졌다. 셔면호에는 불과 24명만이 승선하고 있었다. 조선군의 화력을 이겨낼 수가 없었다. 결국 셔면호는 불길에 휩싸이고 말았다. 오문환은 그때 토마스가 배에서 내려올 때 한 손에는 백기를, 한 손에는 성경을 들고 내렸고, 토마스는 큰 소리로 "예수, 예수, 예수!"라고 크게 외쳤다고 기록하였다. [xx] 토마스가 강변에 무릎을 꿇고 기도할 때 참수를 당하고 순교하였다. 그의 나이는 27살이었다. 가톨릭 학자 유홍렬은 토마스의 죽음을 '피살'이라고 기록하였다. [xxi] 이만열, 한규무, 옥성득은 한국 정부의 명령에 불복하고 들어와서 죽었기 때문에 순교라고 말할 수 없다고 하였다. [xxii] 그러나 해밀턴F. E. Hamilton의 〈The First Protestant Martyr in Korea, 1927〉와 오문환의 〈토마스 목사전, 1928〉은 토마스 선교사의 죽음을 '순교'라고 기록하였다. [xxiii] 토마스는 한국 기독교 선교 역사에서 최초의 순교자가 되었다.

로버트 매클레이 (Robert S. Maclay)

　미국 감리교 선교사였던 매클레이는 1848년에 중국 푸저우(福州)에서 활동하다가, 1873년부터 일본으로 옮겨 선교하였다. 1882년에 일본에서 김옥균을 만났고, 김옥균과 함께 1884년 6월 26일 서울을 방문하였다. 그는 김옥균을 통해서 고종(高宗: 1852-1919)을 만났다. 그때 매클레이는 고종으로부터 교육과 의료사업에 한하여 기독교 선교를 허락한다는 윤허를 받아냈다. 역사적인 사건이었다. 알렌이 한국에 도착하기 3개월 전에 일어났던 기적이었다. 고종의 그 허락 때문에 내한 초기 선교사들이 도착하자마자 곧바로 의료선교와 교육선교를 시작할 수 있었다. 그 선교의 문을 열어놓아 준 사람이 매클레이 선교사였다. 그는 일본으로 돌아가 미국교회들에게 한국을 알리기 시작했고, 한국으로 선교사를 보내달라고 요청하였다. 그의 간곡한 요청으로 미국 감리교는 아펜젤러와 스크랜튼을 1885년에 한국으로 보냈다.[xxiv]

이수정 (1842-1886)

　이수정은 전주 이씨 가문으로 많은 학식을 갖춘 사람이었다. 그래서 일찍부터 조정에 등용되어 도승지(지금의 민정비서관) 일을 맡았다. 그런데 임오군란으로 명성황후 민비가 위험에 처하게 되자 이수정은 농부로 변장하고 민비를 거름처럼 위장해서 지게에 매고 궁궐을 빠져나가 충주까지 피신시켰다. 그 일로 왕실의 두터운 신임을 얻게 되어 1882년에 신사유람단 일원으로 일본으로 가게 되었다.[xxv] 그때 이수정이 일본에서 복음을 접하게 되었고 기독교로 개종하게 되었다. 1883년에 이수정은 세례를 받고 곧바로 한글 성경 번역에 몰두하였다. 그래서 1885년에 순 한글 성경 《신약 마가젼 복음셔 언해》를 출판하게 되었다.

　김대인 박사는 이수정의 업적을 크게 네 가지로 정리하였다. 첫째는 1883년 12월 13일자 〈the Missionary Review〉에 조선으로 선교사를 보내달라는 기사를 게재한 일이고, 둘째는 재일 유학생을 전도하기 위해서 일본에 한인교회를 설립한 일이고, 셋째는 개화파 김옥균, 박영효, 손봉구에게 복음을 전하여 기독교인이 되게 한 일이고, 넷째는 김옥균을 통해서 로버트 매클레이 선교사가 고종을 만날 수 있도록 주선해 달라는 일을 부탁한 일이었다.[xxvi] 4년 동안의 일본 생활을 정리하고 이수정은 1886년에 귀국하였다. 그러나 먼저 귀국했던 김옥균이 일으킨 갑신정변이 실패하자, 일본에서부터 개화파를 도왔다는 이유로 집권 세력이었던 수구파(민영익, 민승호, 김홍집, 김만식)에 의해 이수정은 체포되어 처형되었다.[xxvii] 이수정은 그처럼 기독교 선교의 문을 여는 일에 큰 일조를 했던 인물이었다. 언더우드와 아펜젤러가 조선으로 오기 전에 일본에서 이수정을 만나 이수정이 번역했던 한글 성경을 선물로 받아 그 성경을 들고 한국으로 입국했던 일은 놀라운 하나님의 섭리였다.

소래교회

　황해도 소래교회는 서상륜, 서경조 형제에 의해서 설립된 한국인 세운 제1호 교회였다.[xxviii] 소래교회 당회록과 서경조의 기록과 소래교회 출신들의 증언을 종합해 보면 소래교회는 외국 선교사의 도움 없이 순수하게 한국인에 의해 1883년 5월 16일에 설립되었다.[xxix] 1884년 9월에 알렌Horace Allen이 1호 선교사로 조선으로 들어오기 전에 이미 한국에는 한국인이 세운 소래교회가 있었던 것이다.

그처럼 알렌이 도착하기 이전에 조선에는 복음을 전할 수 있도록 선교의 문을 열어 주었던 사람들이 있었던 것이다. 칼 귀츨라프Karl F. Gützlaff, 존 로스John Ross 로버트 토마스Robert J. Thomas, 로버트 매클레이Robert S. Maclay, 이수정1842-1886, 서상륜, 서경조 형제 등등이다. 그들 중에는 복음을 전하다가 순교한 선교사도 있었고, 한글 성경을 번역해서 보급했던 사람들도 있었고, 북미교회에 한국의 존재를 알리고, 더 많은 선교사들이 한국으로 올 수 있도록 복음의 가교(假橋)가 되어 준 사람들도 있었다.

내한 초대 선교사들의 주요 사역

호레이스 알렌 (Horace N. Allen, 1858–1932)

알렌은 1883년 10월에 중국 상해로 파송되었다. 그런데 그곳에서 한국에 대한 소식을 접하고 1884년 6월에 미북장로회 선교부 앞으로 한국으로 옮기고 싶다는 편지를 보냈다. 그래서 1884년 9월 20일에 한국으로 파송되었다. 한국에 도착하자마자 1884년 12월 4일에 김옥균이 주도했던 갑신정변이 일어났다. 그때 명성왕후의 조카이며, 수구파 리더였던 민영익이 두개골과 오른쪽 눈과 목까지 칼에 찔려 혼수상태에 빠지자 알렌을 불렀다. 알렌은 살아날 가망이 없던 민영익을 살려냈고, 갑신정변은 3일 만에 실패로 끝났다. 서양 의술에 감탄했던 민영익은 알렌에게 정2품에 해당하는 참판 벼슬을 하사하였다. 그리고 병원을 짓도록 허락해주어 1885년 4월 10일에 서양병원인 제중원이 개원되었다. 개원 후 1년 동안 20,529명이 치료를 받았다. 알렌의 제중원은 병원인 동시에 선교사들에게는 선교거

점이 되었다.^{xxx} 알렌은 공식적으로 제1호 내한 선교사로 기록되었다.

호레이스 언더우드 (Horace G. Underwood, 1859–1916)

언더우드는 목사이며 의사였다. 1885년에 아펜젤러와 함께 한국으로 입국해서 제중원에서 의료선교로 선교를 시작하였다. 언더우드는 1887년에 새문안교회를 설립했고, 1915년에는 조선기독교학교(현 연세대학교)를 설립하였다. 〈한영문법〉, 〈한어자전〉, 〈The Religions of East Asia〉를 출판해서 문서선교에도 큰 공헌을 남겼다. 한글 찬송가를 만들어 보급했고, 한글 성서번역에도 헌신하였다. 미국으로 돌아갔을 때는 순회 집회를 하면서 한국 선교를 알렸고, 선교사 동원에 힘썼다. 언더우드를 통해서 에비슨Oliver R. Avison, 스왈른William I. Swallen, 푸트William R. Foote, 그리어슨Robert G. Grierson, 맥래Duncan M. McRae와 같은 선교사들이 한국으로 파송되었다.^{xxxi}

헨리 아펜젤러 (Henry G. Appenzeller, 1858–1902)

아펜젤러는 1885년에 한국에 도착하였다. 1887년 배재학당을 설립했고, 1887년에 정동감리교회를 설립하였다. 1895년 12월 서재필이 미국으로부터 귀국했는데, 아펜젤러 집에 머물렀다. 서재필은 배재학당에서 역사, 정치, 경제, 교회사를 가르치며, 1896년에 〈독립신문〉을 창간하였다. 윤치호가 합류했고, 1896년 7월 2일 독립협회를 조직했을 때, 이상재, 남궁억이 합류하였다. 그들은 1896년 11월에 독립문 기공식을 했는데, 아펜젤러가 기도를 맡았다.^{xxxii} 그러나 1902년 배를 타고 목포로 가던 도중 군산 앞바다에서 일본 국적 선박과 충돌하게 되어 순직하였다.

윌리엄 스크랜튼 (William B. Scranton, 1856-1922)

스크랜튼은 1885년에 의료선교사로 알렌의 제중원에서 선교를 시작했다. 한 달 후에, 제중원으로부터 독립해 「정동병원」을 세웠다. 가난한 사람들을 위해서 무료 진료를 시작했다. 고종은 1887년에 '시병원(施病院: 널리 베푸는 병원)'이라는 이름을 내려주었다. 스크랜튼은 1887년에 최초의 여성전용병원 보구여관(保求女館: Salvation for All Woman Hospital)을 설립하였다.[xxxiii] 1888년에는 더 많은 서민과 천민이 쉽게 찾아올 수 있도록 당시 한양의 변두리였던 서대문, 애오개, 남대문, 동대문에 시약소를 설립하였다. 당시로는 새로운 의료선교 전략이었다. 1894년에는 정동병원을 남대문 근처 상동으로 옮겼고, 정동병원 내에 상동교회를 설립하였다. 상동교회 지하실은 독립운동의 본산지가 되었다. 3·1 운동 33인 민족대표 가운데 최성모, 오화영, 이필주, 신석구가 상동교회 출신이었다. 스크랜튼이 항일투쟁, 독립운동 쪽으로 나아가자, 같은 선교부 안에 있던 해리스 선교사와 충돌하게 되었다. 헤리스는 일본 편에 있었다. 그 일로 스크랜튼은 사표를 내고 평북 운산으로 가서 금광 광부들을 위해서 의료선교를 했다. 후에 충남 직산으로 내려가 금광 광부들을 위해서 의료선교를 했고, 중국 대련으로 옮겨 그곳에서도 의료선교를 했다. 스크랜튼은 평생 가난한 서민과 천민들이 있는 곳으로 가서 의술을 베푼 선한 사마리아 의료선교사였다.[xxxiv]

메리 스크랜튼 (Mary F. Scranton, 1832-1909)

메리 스크랜튼은 윌리암 스크랜튼의 어머니였다. 아들과 함께 한국으로 와서 1886년에 최초의 여성 교육기관인 이화학당을 설립하였다. 1889년에는 한국 최초의 여성교회를 설립했고, 1900년에는 부인성경학원을 설립하였다. 1902년에는 삼일학교, 공옥여학교, 매일여학교를 설립했고, 1906년에는 진명여학교, 숙명여학교, 중앙여학교의 설립을 도왔다. 서울 외에 시흥, 과천, 고양, 동막, 수원, 이천, 여주, 천안, 홍성에서 여성 교육에 힘썼다. 1909년 10월 8일에 한국에서 별세하였다.[xxxv] 여성들이 업신 여김을 받았던 시대에 여성들에게 배움의 기회를 주고, 여성들에게 꿈과 신세계를 열어주었던 선교사였다.

달지엘 벙커 (Dalziel A. Bunker: 1853-1932)

벙커는 1886년에 교사 선교사로 한국에 왔다. 그러나 공립학교 육영공원이 1894년에 폐교되자, 배재학당에서 가르쳤다. 당시에 벙커와 함께 서재필도 배재학당에서 가르쳤고, 이승만도 배재학당을 졸업하고 영어교사로 근무하고 있었다. 1903년 독립협회와 만민공동회에 연루된 민족지도자들이 한성감옥에 투옥되었을 때, 벙커는 투옥된 독립투사들에게 성경책과 기독교 서적을 전달해 주었다. 죽기를 각오한 믿음 없이는 할 수 없는 일이었다.

제임스 게일 (James S. Gale, 1863-1937)

게일은 1888년에 토론토 대학 YMCA 후원을 받고 평신도 선교사로 한국으로 왔다. 게일은 성경 번역에 깊은 관심이 있어 중국 심양까지 가서 존 로스를 만났다. 그 이후 1890년에 영국성서공회 번역위원이 되었고, 1892년에 사도행전을 한글로 번역했고, 1925년에는 신구약 성경 전체를 한글로 번역하였다. 게일은 벙커와 함께 한성 감옥에 수감되어 있던 이상재, 이승만에게 성경과 기독교서적을 보급하였다. 민족의 지도자들이 하나님의 말씀 위에 서도록 선교사들의 기도와 영적 보살핌이 있었다.

말콤 펜윅 (Malcolm C. Fenwick, 1863-1935)

펜윅은 1889년에 한국으로 왔다. 캐나다 나이아가라 사경회에 참석했는데, 강사로 왔던 허드슨 테일러의 선교 이야기에 감동을 받고 선교사로 헌신하였다. 그는 배운 것이 많지 않은 평신도였기 때문에 어떤 교단이나 선교회도 그를 파송해 주지 않았다. 그래서 믿음 하나만 붙잡고 한국으로 갔다.[xxxvi] 한국에 도착하자마자 황해도 소래교회로 가서 한국어를 익히고, 1891년에 원산으로 들어갔다. 그런데 그는 잠시 선교를 접고, 캐나다로 돌아가 신학을 공부하고 목사가 되어 다시 원산으로 돌아갔다. 그때부터 펜윅은 눈부신 선교 역사를 이루었다.

첫째는 믿음 선교였다. 원산에 1만평 과수원을 조성해서 제자들에게 비료 제조법, 재(災) 사용법, 양계법, 튤립 재배법 등 캐나다에서 배운 새로운 농업과 원예 기술을 가르쳤다. 그것은 제자들이 어디로 가든지 배운 기술을 가지고 선교사의 후원 없이 자립 교회를 개척하라는 선교전략이었다.

둘째는 오지 선교였다. 당시 대부분의 선교사들은 큰 도시를 중심으로 선교하였다. 그러나 펜윅은 두메산골까지 찾아가 복음을 전하는 선교전략을 세웠다. 펜윅은 전천년설을 굳게 믿는 종말론 신앙을 가지고 있었기 때문에, 예수님이 오시기 전에 한 명이라도 더 빨리 구원해야한다는 사명감이 불타고 있었다.[xxxvii]

셋째는 북방 선교였다. 북방 선교를 위해 원산에 한국순회선교회The Korean Itinerant Mission를 조직하였다. 그는 선교 원칙을 세웠다. ① 우리는 초교파적으로 일한다. ②우리는 복음전도를 최우선으로 한다. ③우리는 오지 선교를 한다. ④우리는 사회적 신분을 고려하지 않고 모든 사람에게 복음을 전한다. ⑤우리는 성령에 의지해서 일한다. ⑥우리는 자립을 원칙으로 한다. ⑦거듭난 확신과 영혼 구원에 대한 열정과 성령으로부터 훈련을 받은 사람은 누구나 회원이 될 수 있다. ⑧정식 선교사가 되려면 2년간의 선교지 현장 경험을 해야 한다.[xxxviii] 펜윅의 지도하에 선교사 훈련을 받은 제자들이 1906년에 북간도로 파송되었다. 한국인이 선교사가 되어 해외로 파송되는 역사적인 일이었다. 그 이후에 펜윅은 간도, 만주, 시베리아, 몽골까지 한인 선교사를 파송하였다.[xxxix] 46년 동안 200여 교회를 세웠고, 250명의 사역자를 배출하였다.[xl]

넷째는 문서선교였다. 펜윅은 한문을 읽을 수 없는 사람들을 위해서 순한글로 된 구약과 신약 전체를 독자적으로 번역하였다. 당시 서민들이 사용했던 용어로 번역한 최초의 한국 토착화 성경이었다. 예를 들면, '처녀'는 '새악시'(마1:23)로, '석청'은 '산꿀'(마3:4), '서기관'은 '선비들'(마5:20"로, '주여"는 "샹뎐님이시여"(마8:25)로 번역하였다. 그 성경을 '원산번역'이라고 한다. 원산번역은 펜윅의 제자들만 사용하였다.[xli] 그 외에도 쪽복음(창세기, 출애굽기, 잠언, 요한복음, 사도행전) 수만 권을 인쇄해서 판매하였다. 자서전인 The church of Christ in Corea, Life in the Cup를 집필했고, 전도용 소책자 ≪만민됴혼긔별≫, 성경공부 교재 ≪사경공부≫, ≪한국의 농사법≫등을 집필하였다. 특별한 문서 선교가 있었다. 월간지 ≪달편지≫를 발간하였다. ≪달편지≫는 파송한 제자들에게 보내는 선교사의 편지였다. 그 안에는 펜윅의 설교, 성경공부 자료, 교회 행정 업무에 관한 지시사항, 교회 직분자에 대한 교육 내용 등이 수록되었다.[xlii] 펜윅은 초교파로 교회를 세웠지만, 한국인 목회자들이 독립된 교단을 세워달라고 요청해서 [대한기독교회]를 설립하게 되었는데, 후에 [한국침례교회]가 되었다.[xiii] 펜윅은 46년 동안 한국 사역을 마치고 원산에서 별세하였다.

요셉 데이비스 (Joseph H. Davies, 1856-1890)

데이비스는 호주장로교회 파송으로 1889년 10월 2일에 부산에 도착하였다. 10월 5일 배를 타고, 인천을 거쳐 서울에 도착하였다. 언더우드를 만나서 교제하고, 1890년 3월 14일에 그의 특별한 선교여행이 시작되었다. 서울에서 부산까지 걸어가면서 복음을 전하겠다는 계획이었다. 가는 도중에 사용할 수 있는 성경과 전도지를 가득 준비해서 떠났다. 수원, 천안, 공주, 논산, 전주, 오수, 남원, 하동을 거쳐 부산으로 가는 긴 여정이었다. 그런데 전주로 들어가는 길에서 많은 비를 맞고 폐렴에 걸리게 되었다. 결국 도보 선교 20일째 되는 4월 5일에 하나님의 부르심을 받았다. 한국에 온지 183일째 되는 날이었다. 갑작스런 데이비스의 죽음이 호주교회에 전해지자, 호주교회는 더 많은 선교사들을 한국으로 파송하였다. 데이비스의 죽음이 한 알의 밀알이 되었다. 데이비스가 이루지 못했던 선교를 이어가기 위해서 1945년 이전까지 78명의 호주선교사들이 한국으로 파송되었다.

사무엘 마펫 (Samuel A. Moffett, 1864-1939)

마펫은 1890년에 한국으로 왔다. 한국인에게는 '마포삼열'로 더 많이 알려진 선교사이다. 마펫은 평양을 중심으로 선교했지만, 한국 땅 전역의 복음화를 꿈꾸며 선교하였다. 한국에 도착하자마자 아펜젤러와 헐버트와 평양을 답사하였다. 1891년에는 의주를 거쳐, 중국 봉천까지 올라가 존 로스 선교사를 만나기도 하였다. 로스 선교사로부터 선교에 관한 많은 정보를 받았다. 평양으로 돌아온 마펫은 1893년에 평양 제1호 교회인 장대현교회를 설립했고, 그 이후에 남대현교회, 사창골교회, 산정현교회를 개척하였다. 그리고 1901년 평양신학교를 설립해서 1907년에 일곱 명의 1회 졸업생을 배출하였다. 1903년에는 숭의중학교, 숭의여학교, 숭실대학을 설립하였다. 평양을 한국의 예루살렘이라고 말한다. 평양이 그런 명성을 얻게 된 배경에는 사무엘 마펫의 선교가 있었다.

로버트 하디 (Robert A. Hardie, 1865-1949

하디는 제임스 게일 선교사 소개로 1890년에 한국으로 왔다. 그는 독립선교사였기 때문에 자유롭게 여러 지방을 다니면서 선교하였다. 1892년에 제중원에서 일하다가, 부산에 의료선교사 없다는 소식을 듣고 부산으로 갔다. 부산에 선교사들이 많아지자 원산으로 가서 말콤 펜윅과 함께 선교하였다. 맥켄지, 게일, 펜윅은 모두 캐나다 출신이었기 때문에 친분이 두터운 사이였다. 하디는 1898년에 원산에서 개성으로 옮겨 남성병원을 세웠고, 1901년에는 강원도로 가서 지경터교회, 양양교회, 강릉중앙교회를 설립하였다.

1903년에 원산에서 모인 여선교사들의 기도 모임에 하디가 설교자로 초청되었다. 하디는 기도의 세 가지 본질(그리스도 안에 거함, 그리스도에 대한 믿음, 성령의 경험)에 대한 말씀을 전하기로 하고 그 말씀을 묵상하고 있었다. 그때 성령께서 하디 자신을 돌아보게 하셨다. 하디는 한국에서 선교하고 있었지만, 마음속으로는 동양인을 천하게 여기고 있었다.

성령께서 그것을 회개하도록 하셨다. 하디는 설교 중에 자신 안에는 인종적 우월감과 의사로서의 교만함과 성령의 충만함이 없이 사역하고 있음을 고백하면서 눈물로 회개하였다. 여선교사들도 자신들의 부족을 회개하기 시작하였다. 그 하디의 회개는 원산부흥운동의 도화선이 되었고, 원산의 회개 운동은 1907년 평양대부흥회로 이어졌다.

윌리엄 베어드 (William M. Baird, 1862-1931)

베어드는 1891년에 부산에서 선교를 시작하였다. 베어드는 밀양, 대구, 안동, 경주, 상주, 울산까지 경남 일대를 선교지로 삼았다. 1896년에 대구 선교지부를 설립하였다. 1897년에는 평양으로 옮겨 숭실학당을 설립했고, 1900년에는 평양외국인학교를 설립했고, 1906년 평양 숭실대학을 설립하였다. 베어드는 기독교 교육에 큰 업적을 남겼지만, 안타깝게도 장티푸스에 걸려 1931년에 별세하였다.

사무엘 무어 (Samuel F. Moore, 1860-1906)

무어는 1892년에 한국으로 왔다. 무어는 당시 사회 신분 계층 중에서 최하층민이었던 백정(白丁)을 대상으로 선교하였다. 백정들은 한강 변에 초가집을 짓고 살았다. 당시의 천민 계급은 노비, 광대, 기생, 무당, 상여꾼, 공장, 승려, 백정이었다. 그 여덟 개 천민들 가운데서도 가장 무시를 당했던 사람들은 짐승을 도살하며 살았던 백정들이었다. 백정들은 돈이 있어도 기와집에서 살 수 없었고, 길을 걸을 때는 항상 허리를 구부리고 머리를 들지 못한 채 걸어야만 했고, 짚신도 신을 수 없어 평생 맨발로 다녀야만 하였다. 칼을 쓰는 백정들이었기 때문에 동료 선교사들이 무어에게 백정 선교를 그만 둘 것을 권했지만 무어는 포기하지 않고 백정들이 사는 마을로 들어가 복음을 전하였다. 무어의 전도를 받고 백정 박성춘이 예수를 믿게 되었는데, 후에 그는 승동교회 장로가 되었고, 서재필, 윤치호, 이상재가 세운 '만민공동회'에서 개막 연설을 하게 되었다. 백정이 예수를 믿고 독립 운동가가 되었다. 박성춘의 아들 박서양은 제중원 제1회 졸업생이 되어 한국 최초 외과 의사가 되어 만주 간도 지방으로 가서 의료선교사가 되었다. 박성춘의 딸 박양무는 이화학당을 졸업하고 정신여학교 교사가 되었다. 무어가 뿌린 복음의 열매였다. 무어는 한강에서 배를 타고 어부들에게도 복음을 전하기도 하였다. 1906년 폐결핵으로 제중원에서 별세하였다.

윌리엄 스왈른 (William L. Swallen, 1865-1954)

스왈른은 1892년에 미북장로회 파송으로 한국에 왔다. 스왈른은 사경회 인도를 많이 하였다. 1894년에 원산에서 복음을 전할 때 이기풍을 예수 믿게 하였다. 이기풍은 평양신학교에 입학해서 제1회 졸업생이 되었고, 졸업 후에는 제주도로 파송되는 선교사가 되었다. 1900년에는 황해도 안악에서 사경회를 인도했는데, 그때 안악골 깡패 김익두를 예수 믿게 하였다. 김익두도 목사가 되어 전국 강산을 순회하며 복음을 전하였다. 한국 강산을 성령의 불바다로 만들었던 위대한 부흥강사들 뒤에는 그처럼 스왈른 선교사가 있었다.

올리버 에비슨(Oliver R. Avison, 1860-1956)

에비슨은 1893년에 의료 선교사로 한국으로 와서 11월부터 고종황제 주치의가 되었다. 에비슨은 한국 정부와 미국 선교부가 공동으로 운영했던 제중원을 미국북장로회가 단독으로 운영할 수 있도록 허락해 달라고 한국 정부에 요청했는데 그 요청이 허락되었다. 그래서 제중원 안에서 자유롭게 예배와 기도를 드릴 수 있게 되었고, 환자들에게 성경과 소책자를 나눠줄 수 있게 되었다. 1899년에 뉴욕 선교대회에서 "조선의 의료선교"에 대해서 발표했는데, 그때 실업가 루이스 세브란스Louis H. Severance가 감동을 받고 10,000불을 후원해주어 제중원이 세브란스 병원으로 거듭나게 되었다. 제중원 의학교를 세브란스 의학교로 개명하고 1908년에 제1회 의대 졸업생을 배출하였다.[xliv]

클레멘트 오웬 (Clement C. Owen, 1867-1909)

오웬은 1898년에 한국으로 왔다. 목포에서 유진 벨Eugene Bell과 함께 사역하였다. 진료소에 기독교 서적을 비치해서 판매했고, 약봉지에는 성경구절을 써서 주었다. 1905년부터 1909년까지 오웬은 병원을 떠나 자주 순회 진료를 하였다. 강진, 순천, 여수, 구례, 화순, 능주, 장흥으로 환자가 있는 곳이라면 어디든지 달려갔다. 그런데 1909년에 오웬이 장흥에서 쓰러졌다. 사람들이 그를 가마에 실어서 광주까지 데리고 갔다. 광주기독병원 원장 윌슨이 손을 썼지만 오웬은 끝내 숨을 거두고 말았다. 그 사이에 목포로부터 의료선교사 포사이드William H Forsythe가 도착하였다. 오웬을 살려보기 위해서 윌슨이 그를 급히 불렀기 때문이었다. 그런데 포사이드가 말을 타고 오던 길에 길거리에 쓰러져 신음하던 한 여인을 만나게 되었다. 한센 환자였다. 포사이드는 그녀를 자신의 말에 태우고 자신은 걸어서 광주까지 데리고 왔다. 그녀 때문에 오던 길이 지체되었고, 그 사이에 오웬 선교사가 죽었던 것이다. 포사이드는 그녀를 며칠 동안 치료했지만 그녀마저 죽었다. 그러나 그것이 계기가 되어 한센 선교가 시작되었다. 그때 유진 벨도 33살의 나이로 별세하였다. 선교사들의 희생이 너무도 컸지만, 선교는 중단되지 않았다.

조지 맥큔(George S. McCune, 1872-1941)

맥큔은 1905년에 한국으로 왔다. 선천에 신성학교를 설립하고, 학교 안에 자조부(自助部, Selfhelp Department)를 설치하였다. 자조부는 가난한 학생들이 일하면서 스스로 학비를 내면서 학교를 다닐 수 있도록 한 제도였다. 맥큔의 제자 중에 한국 보수신학의 거장 박윤선박사가 1927년에 졸업했고, 방지일목사가 1929년에 졸업하였다. 맥큔은 재목이 될 만한 학생들은 미국으로 유학을 보냈다. 맥큔이 보낸 백낙준은 미국 파크대학, 프린스턴대학, 예일대학을 나와 후에 연세대학교 초대 총장이 되었다. 일제 강점기 때 맥큔은 독립군들의 든든한 후원자였다. 시위 참가자들을 숨겨주어 1921년에 강제 출국을 당하였다. 그러나 1928년에 다시 돌아왔다. 평양 도지사가 신사참배를 요구했을 때, 맥큔은 단호히 거절하였다. 1936년에 숭실중학교 교장직에서 파면되었고, 다시 미국으로 추방되었다. 학교는 1938년 3월 폐교 당하였다.

제임스 맥켄지 (James N. McKenzie, 1865-1956)

맥켄지는 1910년에 호주장로회 파송으로 부산으로 왔다. 금사교회, 내리교회, 화전교회, 평동교회를 설립하였다. 외국선교사로서는 처음으로 울릉도를 방문해서 복음을 전파하였다. 미국 북장로회 소속 어빈Charles H. Irvin이 부산 감만동에 나병원을 운영하다가 1909년 선교협정으로 부산이 호주선교부에 편입되면서 1912년부터 맥켄지가 나병원 원장이 되었다. 그는 병원 이름을 상애원으로 바꾸고, 27년 동안 한센인들을 섬겼다. 1912년 36명이었던 한센인은 27년 후에는 600명으로 늘어났다.

엘리자베스 쉐핑 (Elisabeth J. Shepping, 1880-1934)

쉐핑은 1912년에 한국으로 왔다. 한국에서는 '서서평'이란 이름으로 알려진 선교사이다. 광주 제중 병원, 군산 구암 병원, 서울 세브란스 병원에서 일하였다. 1919년 3·1운동 때 부상당한 시민들을 치료해주었고, 서대문 형무소를 방문해서 독립투사들의 옥바라지를 하였다. 1923년 조선간호부회를 창립하였다. 여성들에게 배움을 주기 위해서 전주에 단기 성경학교를 세웠다. 여학생들에게 양잠과 직조기술을 가르쳐 스스로 학비를 마련해서 공부하게 하였다. 고아들과 한센인들을 헌신으로 섬기다가 과로와 영양실조로 쓰러져 순직하였다.

윌리엄 스코필드 (William F. Schofield, 1889-1970)

스코필드는 1916년에 한국으로 왔다. 세브란스 의학교에서 세균학과 위생학을 가르쳤다. 3·1운동을 세계에 알리고, 독립운동을 적극적으로 도와 '민족대표 34인'이라 불렸다. 3·1운동 거리 현장 사진과 제암리 교회 학살 현장 사진, 수촌리 학살 현장을 직접 찍어 일본인의 만행을 온 세계에 알렸다. 서대문 감옥에 갇힌 유관순, 노순경, 어윤희, 이애주등을 만나 일본인들에게 당한 야만적인 고문과 매질의 상처를 직접 확인하고 그들에게 미국 약을 전달하고, 하나님의 말씀으로 전하며 위로하였다. 1920년 일본에 의해 강제 출국 당하였다.

내한 선교사들의 선교 사역 대조표

(1) 선교사들이 파송되었던 년대들을 보면 그들이 얼마나 어려운 시대에 한국으로 왔었는지 알 수 있다. 갑신정변(1884), 동학혁명(1894), 청일전

내한년도	이름	한국이름	파송단체	직분	내한나이	사역년도	사역기간	선교지	교회	병원	학교	성경	문서	특수선교
1884	알렌	안련	미북장로회	목사의사	26세	1884-1905	20	서울		●				
1885	언더우드	원두우	미북장로회	목사의사	26세	1885-1916	31	서울	●	●	●	●	●	●
1885	아펜젤러	아편설라	미감리회	목사	27세	1885-1902	17	서울	●		●	●		
1885	스크랜튼	시란돈	미감리회	의사	29세	1885-1916	31	서울,평북,충남	●	●				
1886	메리스크랜튼	시란돈	미감리회	교사	53세	1886-1909	23	서울	●		●			
1886	벙커	방거	미감리회	교사	28세	1888-1926	38	서울			●			●
1888	게일	기일	카YMCA	목사	25세	1888-1927	39	소래,평양원산,서울			●	●	●	●
1889	펜윅	편위익	미북장로회	평신도	26세	1889-1935	46	황해도,원산	●					
1890	마펫	마포삼열	독립선교	목사	26세	1890-1934	44	평양	●		●			
1890	하디	하리영	미북장로회	의사	25세	1890-1935	45	서울, 부산원산, 개성	●	●			●	
1891	베어드	배위량	독립선교	목사	29세	1891-1931	40	부산, 대구서울, 평양	●		●			
1892	무어	모삼열	미북장로회	목사	32세	1892-1906	14	서울	●					●
1892	스왈른	소안론	미북장로회	목사	27세	1892-1939	47	원산, 평양					●	●
1893	에비슨	어비신	미북장로회	의사	33세	1893-1935	42	서울		●	●		●	
1898	오웬	오원	미북장로회	의사	31세	1898-1909	11	목포, 광주		●				
1905	막큔	윤산온	미남장로회	교사	33세	1905-1936	31	평양		●	●			
1908	윌슨	우일선	미북장로회	의사	28세	1907-1948	41	광주		●				●
1910	맥켄지	매견시	미장로회	목사	45세	1910-1938	28	부산,울릉도	●		●			●
1912	쉐핑	서서평	호주장로회	간호사	32세	1912-1934	22	광주, 서울			●		●	●
1916	스코필드	석호필	독일장로회	수의사	27세	1916-1920	4	서울						●

쟁(1894), 을미사변(1895), 아관파천(1896), 러일전쟁(1904), 고종의 강제 퇴위(1907), 한일합방(1910) 등등. 선교사들은 러시아, 중국, 일본에 의해 주권을 잃고 짓밟힌 조선의 아픈 역사의 현장 한복판으로 들어와 함께 고난의 십자가를 지고 갔다. 정변과 혁명과 전쟁에서 부상당한 환자들을 돌봐준 선교사들도 있었고, 초롱불 밑에서 신학문을 가르쳐 준 선교사들도 있었고, 독립운동에 가담하였다가 추방을 당한 선교사들도 있었다. 편안하게 살 수 있었던 자신들의 조국을 뒤로 하고, 풍전등화와 같은 조선으로 와서 복음을 전하다가 풍토병에 걸려 목숨을 잃은 선교사들이 많았다. 한국교회는 그들의 헌신과 사랑과 순교의 피 위에 세워졌다.

(2) 선교사들은 모두 한국이름을 가지고 있었다. 그들의 이름 가운데 마포삼열, 배위량, 서서평은 자신의 본명보다 한국 이름으로 더 많이 알려진 선교사들이었다. 영어 발음을 정확하게 할 수 없었던 한국인들을 위해서 친절을 베풀었던 것이 아니었다. 그들은 한국인이 되고자 했다. 당시에 일본은 한국 이름을 갖지 못하도록 창씨개명을 명했던 시절이었다. 그런 폭정이 실시되었던 환경에서 선교사들은 한 결 같이 일본 이름이 아니라, 한국 이름을 가졌던 것이다. 한국과 한국인을 향했던 그들의 진심과 깊은 사랑을 느낄 수 있다.

(3) 한국에 왔을 때 선교사들의 나이는 평균 20대 후반에서 30대 초반이었다. 대부분 명문 대학들을 졸업한 수재들이었고, 중산층 출신들이었다. 본국에서 자신들이 전공했던 분야에서 의사로, 교사로, 목사로, 전문인으로 살았다면 좋은 직장과 높은 명성과 넘치는 부를 누릴 수 있었을 것이다.

그러나 그들은 그 모든 부귀와 영화를 내려놓고, 알려지지 않았던 미지의 나라 조선으로 와서 그들의 푸른 젊음을 다 내어주었던 것이다. 그들에게도 청춘이 있었다. 그들의 청춘도 소중했었다. 그런데 한번 밖에 오지 않는 그들의 그 빛나는 청춘을 조선의 복음화를 위해서 받쳐주었다.

(4) 내한 선교사들은 잠시 왔다가 몇 년 하고 돌아간 사람들이 아니었다. 한국에서 선교했던 기간들은 평균 30년 이상이었다. 말콤 펜윅은 46년 동안 선교하고 한국 원산에서 잠들었다. 펜윅처럼 한국에서 그들의 생애를 마친 선교사들이 한 둘이 아니었다.

(5) 선교사들의 사역은 다양했다. 교회개척 사역, 병원 사역, 교육 사역, 성경번역 사역, 문서 사역, 기타 특수 사역들을 전 방위적으로 펼쳤다. 특별히 사회적 신분의 벽을 깨고 천민들에게까지 복음을 전해준 선교사들이 많았다.

(6) 선교사들의 발걸음은 한 곳에 머물지 않고 전국 온 강산을 덮었다. 교단을 초월해서 내한 선교사들에 의해서 한국 전국에 세워진 선교부들은 다음과 같다.

내한 선교사들의 선교신학, 정책, 전략 및 전술

내한 초기 선교사들이 보여준 그들의 선교 신학, 선교 정책, 선교 전략, 선교 전술을 종합해서 정리해 보겠다.

지역	선교부
만주	용정(1908), 만주(1908), 흥경(1917)
함경도	원산(1892), 성진(1901), 함흥(1904), 회령(1912)
평안도	평양(1892), 선천(1901), 영변(1906), 강계(1909)
황해도	개성(1897), 해주(1898), 영변(1903), 재령(1906)
서울	서울(1884)
경기도	인천(1899)
강원도	춘천(1904), 원주(1907)
충청도	공주(1901), 청주(1905)
전라도	군산(1896), 전주(1896), 목포(1897), 광주(1904), 순천(1912)
경상도	부산(1891), 대구(1895), 진주(1905), 마산(1911), 거창(1913), 통영(1913),

선교신학

각 교단에서 파송된 내한 초기선교사들은 처음부터 신학교들을 세우고 자신들의 교단 신학을 가르쳐 교회개척 사역에 투입시켰다. 선교사들이 세운 신학교들을 연대별로 정리하면 다음과 같다. 장로교는 1901년 평양에 [조선예수교장로회신학교]를 설립하였다. 침례교는 1903년 공주에 [공주성서학원]을 설립하였다. 감리교는 1907년 서울에 [협성신학교]를 세웠다. 구세군은 1910년 서울에 [구세군성경대학]을 설립하였다. 성결교는 1911년 서울에 [경성성서학원]을 설립하였다.

각 교단이 가진 신학을 이 장에서 다룰 수는 없지만, 교단 신학을 통한 해석의 차이는 큰 이슈가 되었다. 예를 들면, 일본이 강요했던 신사참배를 우상숭배로 봐야 하느냐 하는 문제였다. 선교사들이 한국의 독립운동에 참여를 해야 하느냐 하는 문제였다. 그 이슈들을 놓고 각 교단과 각 선교사들은 각각 다른 해석과 결정을 내놓았다. 신사참배는 우상숭배가 아니라고 한 선교사들도 있었고, 독립운동과 같은 정치 활동에는 참여하지 않아야 한다는 선교사들도 있었다. 백낙준 박사는 내한 초기 선교사들에게는 크게 두 종류의 신학이 있었는데, 하나는 보수주의 신학이었고, 다른 하나는 진보주의 신학이었다고 하였다. 보수주의 신학은 청교도 신앙이었고, 진보주의 신학은 조혼 폐지, 노비제도 폐지와 같은 조선의 사회제도 개선과 조선의 독립을 위한 정치적 이슈에 적극적으로 선교사가 참여해야 한다는 신앙이었다.[xlv] 민경배 박사는 당시 청교도적 신앙은 성경중심, 도덕적 엄격성, 세속에 대한 무관심이었다고 하였다. 내한 초기 선교사들은 대부분 보수신학을 가지고 있었기 때문에 많은 선교사들이 민감한 정치 문제에는 깊이 관여하지 않았고, 문화적으로도 비타협적인 태도를 취하였다.[xlvi] 그러나 시간이 지나면서 신사참배 반대와 독립운동에 참여하는 교단과 선교사가 나오게 되면서 선교사들의 연합이 깨지기 시작하였다.

선교정책

1) 선교 지역 분할 선교정책

한국에 파송된 미국선교사들 대부분이 미국의 주류 교단인 남장로회, 북장로회, 남감리회, 북감리회에 속해 있었다.[xlvii] 각 교단은 대 도시를 먼저 선점하기 위해서 보이지 않는 경쟁을 벌였다. 그때 바람직한 합의가 나오게 되었다. 선교 지역에 대한 분할 선교 정책이었다. 1893년에 북장로교와 남장로교회 사이에 선교 구역 분할 원칙이 합의되었고, 1894년에는 북장로교와 북감리교가 유사한 합의를 이끌어냈다.[xlviii] 부산과 경남을 중심으로 선교했던 윌리엄 베어드는 "부산선교 기지의 개척과 초기 역사The opening and early history of Pusan Station"란 기고문에서 과도한 중앙 집중 정책과 대도시 중심으로 선교사를 투입시키는 정책은 삼가해야 하며, 선교사들을 골고루 분산시켜 많은 사람들과 쉽게 접할 수 있도록 해야 하며, 전국으로 복음이 전파되도록 해야 한다고 강조하였다.[xlix] 그러한 선교정책들이 공유되면서 선교 지역 분할 정책은 교파 연합운동으로 이어졌다.

1905년 9월 15일에는 미북장로회, 미남장로회, 미감리회, 남감리회, 호주장로회, 캐나다장로회 소속 150명 선교사들이 한 자리에 모여 '재한 복음주의 선교 공의회The General Council of Evangelical Mission in Korea'가 조직되었다. 한국복음화를 위해서 모든 교파가 하나 되자는 공통 목표를 확인하였다. 그러나 그 교파연합운동은 오래 가지 못하고 실패로 끝났다. 김진형 박사는 그 원인을 두 가지로 보았다. 첫째는 선교 지역 분할 문제였다. 분할받은 지역에서 더 넓은 지역으로 확장하려는 과정에서 타 교단들과 충돌이 일어나게 되었다. 한 도시를 선점했다는 기득권 때문에 타 교단이 그 지역으로 들어오는 것을 허락하지 않았기 때문이었다. 두 번째는 정치적 이슈 때문이었다. 일제 침략과 탄압에 대해서 각 교파마다 대응하는 강도가 달랐다. 그 차이를 좁히지 못해 교파연합운동은 깨지고 말았다.[l] 말콤 펜윅Malcolm C. Fenwick은 그의 저서 〈Life in the cup〉에서 장로교와 감리교회가 선교 지역 분할 정책을 실시할 때, 교단에 소속되지 않은 독립선교사들에게는 그 어떤 의견도 묻지 않았고, 주류 교단들이 차지한 선교 지역에서 독립선교사들에게 나가라고 명령했고, 장로교와 감리교가 없는 곳에서는 얼마든지 교회를 개척하라고 했다고 증언하였다." 그처럼 미국 장로교회와 미국 감리교회를 중심으로 선교지 분할 정책을 정하고 실행할 때, 당시 군소 교단이었던 대한기독교회(침례교), 동양선교회(성결교), 구세군은 그 정책에서 제외되었던 것이다." 그처럼 선교 지역 분할 정책은 장로교와 감리교가 주도했고, 그 외 교단들은 장로교와 감리교가 정한 구역에서 강제 철수를 강요당하였다. 그러나 선교 지역 분할 정책이 한국 선교에 끼친 장점은 선교 초기부터 한반도 전국에 선교사 배치를 균형 있게 했다는 점이고, 그것은 교회와 학교와 병원 역시 균형 있게 배치되어 한반도 전국에 '선교벨트'가 구축될 수 있었다는 점이다.

2) 선교사 동역 선교정책

교단연합운동은 오래 지속되지 못했지만, 교단과 교파를 초월해서 선교사들끼리의 협력과 동역은 계속 유지되었다. 알렌은 무어의 백정 선교를 강력히 반대했지만, 에비슨은 백정 마을로 들어가서 의료선교를 베풀었다." 사무엘 마펫은 캐나다 YMCA 파송으로 한국에 왔다가 YMCA의 후원이 중단되어 철수 위기에 처한 게일 선교사를 미북장로교 선교부에 추천해서 게일이 계속 선교할 수 있도록 도와줬다." 특별히 1903년 원산대부흥회 이후에 성령의 불길이 전국교회 뿐만 아니라, 모든 선교사들의 가슴까지 충만히 임하셨다. 그들은 교단을 초월해서 자주 모여 함께 기도하면서 한국 복음화를 위해서 연합했다. 장로교와 감리교는 1905년 6월부터 교파를 초월해서 교육 선교 분야에서는 협력한다는 결의를 하였다." 주일학교 공과 책도 공동으로 발간했고, 《미션필드》(Korea Mission Field) 잡지도 공동으로 발간하였다." 교단과 교파를 초월해서 여러 분야에서 연합과 동역이 있었다.

3) 북방 선교정책

일제 탄압으로 만주로 이주했던 동포들을 위한 디아스포라 선교가 시작되었다. 만주에는 1910년도에 약 10만 명의 동포들이 거주하였다. 1945년 해방 때는 200만 명으로 증가하였다. 그곳에 중국선교사 로스가 있었지만, 1908년에 남감리교회가, 1909년에 북감리교회가 북방 선교의 문을 열었다.[lvii] 말콤의 북방선교도 합류했다. 한국 초대교회는 이미 한반도를 넘어 세계 선교의 지평을 열어갔다.

4) 네비우스 선교정책

네비우스의 삼자선교정책이 한국에 소개된 것은 1890년 6월이었다. 한국으로 초청받은 네비우스가 발표한 삼자선교정책은 한국교회에 큰 파장을 일으켰다. 특별히 내한 선교사들은 네비우스의 강의를 한국 선교현장에 맞도록 조정해서 실행에 옮겼다. 내한 선교사들은 네비우스의 강의를 세 부분으로 정리하였다. 첫째는 한국교회와 교인을 위한 선교정책, 둘째는 선교사를 위한 선교정책, 셋째는 공통된 선교정책이었다.

(가) 한국교회와 교인을 위한 선교정책

- 한 사람이 한 사람씩 전도한다.
- 전도 받은 사람이 전도자가 될 때까지 양육한다.
- 체계적인 성경공부를 통해서 성경 중심의 신앙을 갖게 한다.
- 각 교회는 외부의 후원 없이 자체적으로 운영해야 한다.

- 교회 건축은 자력으로 하고, 건물 구조와 양식은 선교지 고유의 양식을 따른다.

(나) 선교사를 위한 선교정책

- 선교사는 반드시 현지 언어를 습득해야 한다.
- 선교사는 전도에 직접 참여해야 한다.
- 선교사들은 여러 부분에서 협력하되 경쟁과 간섭은 하지 않는다.
- 5,000명 이상의 지역에서는 여러 교단이 함께 선교하지만,
  그 이하는 먼저 선교를 시작한 선교사의 기득권을 인정하고 들어가지 않는다.

(다) 공통된 선교정책

- 상류사회보다 서민을 상대로 먼저 전도한다.
- 부녀자들에게 적극적으로 전도하고, 자녀들을 신앙으로 교육하도록 한다.
- 시골에 초등학교를 많이 세운다.
- 젊은 사역자들을 양성한다.
- 신구약 성경이 완역되도록 한다.
- 한글 기독교 서적을 보급한다.
- 교역자는 교회에서 사례비를 받도록 한다.
- 의료선교는 치료와 전도를 병행한다.
- 퇴원한 환자도 재방문해서 전도하여 신자가 되게 한다.[lviii]

리차드 베어드는 네비우스의 강의 이후에 선교사들이 '한국 실험'이란 말을 쓰기 시작하였다고 하였다.[lix] 새로운 선교 방법론을 시험해 보는 실험 무대로 한국을 삼았다는 의미였다. 그 당시에 인도는 90년 전부터, 일본은 50년 전부터, 중국은 30년 전부터 기독교 선교가 시작되었다. 즉 인도, 중국, 일본에서의 똑같은 경험들을 한국 선교지에 그대로 적용했을

때 과연 어떤 결과를 얻게 될까를 시험해본다는 시도였다. 결과는 기대 이상이었다. 네비우스 선교 정책은 인도, 중국, 일본보다 훨씬 더 많은 열매를 맺게 되었다.

5) 교육 선교정책

리차드 베어드가 교육 정책 수립자로 임명되었다.[ix] 당시 미국선교부의 정책은 교회를 먼저 짓고, 그 뒤에 학교를 설립하라는 것이었다.[lxi] 교육 선교는 엄청난 선교비가 투자되는 정책이었기 때문이었다. 인도와 중국에서 교육 선교를 위해서 큰 투자를 했지만 만족할만한 결실을 얻지 못했었다. 거기에 네비우스의 삼자정책이 한국 교육선교 정책에 큰 영향을 미쳤다. 당시에 여러 선교사들이 고아원 학교The Boys School-Orphanage를 운영하고 있었다. 그런데 네비우스 정책이 소개되면서 고아들을 먹여 주고, 필요한 것들을 다 공급해주고, 공부까지 무료로 시켜주는 일은 자립정신을 키워주지 못하는 잘못된 선교라고 결론을 내렸던 것이다. 그래서 교단과 선교회들은 선교사들에게 고아원학교 선교를 중단하라고 통보하였다. 실제로 많은 선교사들이 고아원학교 운영을 포기했다. 로즈 박사는 네비우스의 선교원칙으로 고아원학교를 해체시켰던 정책은 잘못된 것이었다고 지적하였다.[lxii]

일반 기독교학교Mission school도 같은 운명에 놓이게 되었다. 교육 정책에 대한 찬반 논의는 오랫동안 지속되었다. 1896년 4월에 언더우드 여사는 선교본부에 보낸 편지에서 "선교사들 중에는 한국인을 구원하는데 학교는 필요가 없다고 말하는 사람들이 있습니다. 복음 전도를 위해서 병원은 필요하다고 말하면서 말입니다."라고 하였다. 교육을 경시했던 선교사들에 대한 비판이었다.[lxiii] 1897년 8월에 베어드는 "우리의 교육 정책"Our Education Policy이라는 논문을 발표하였다. 베어드가 기술했던 책 속에 〈교육 정책 제C항 제3조 3항〉은 이렇게 쓰여 있었다. "기독교학교 Mission school의 목적은 학생들이 졸업한 후 차세대 리더들이 되어 그들의 민족을 이끌고 나아갈 수 있는 능력을 갖추도록 훈련시키는데 있다."라 고 하였다.[lxiv] 베어드는 교육선교에는 네비우스의 삼자정책이 아니라, 네 비우스의 토착화정책을 적용시켜야 한다고 주장했다. 네비우스의 토착 화정책은 한국인이 한국의 미래를 스스로 이끌고 갈 수 있도록 해야 한 다는 것이고, 그 목표를 달성하기 위해서는 교육 선교가 반드시 필요하 다고 강조하였다. 베어드는 "학생들이 졸업 후에 농부가 되든, 대장장이 가 되든, 의사가 되든, 교사가 되든, 내각의 각료가 되든, 그들이 어디 에 있든지 복음을 전하는 그리스도인으로 그곳에 있게 될 것이다. 교사 선교사들은 그런 복음 전도자들을 배출시키는데 사역에 최선을 다해야 한다. 만약 그 일을 실패한다면, 그는 교사선교사로서는 실패한 사람이 되고, 다만 교육가로서만 성공한 사람이 될 것이다."라고 말하였다.[lxv] 교 육선교를 통해서 복음을 전하고, 차세대 리더들을 양육시킬 수 있다는 베어드의 교육 정책은 분명하였다.

그러나 교육선교에는 많은 한계점과 부담이 있었다. 학교 운영을 위 한 재정문제, 교재문제, 교사문제가 그것이었다. 그런 문제들 때문에 초 등학교에서 고등학교 교육으로, 고등학교에서 대학교 교육으로 쉽게 넘 어갈 수가 없었다. 결국 미국선교부로부터 교육 선교를 위해서는 더 이 상 후원할 재정이 없다는 통보를 받고, 베어드는 교육 정책에서 물러났다.[lxvi] 미국선교부는 교회 부흥이 먼저이고, 교육 선교는 교회 부흥에 공헌한다는 전제하에 할 수 있다는 결정을 내렸다.[lxvii] 베어드는 선교부 결정에 따라 교육에 관계된 모든 직책에서 사임하고, 평양으로 돌아가 자신의 신념과 정책대로 실행에 옮겼다. 언더우드와 그의 부인은 미국선교부의 결정과는 상관없이 베어드의 교육 정책에 대해서 열렬히 지지를 보내주었다. 베어드는 평양으로 돌아가 그 이후부터 15년 동안 평양 지역에만 100여개 초등학교를 세웠고, 3,000명의 학생들이 기독교학교에서 기독교 교육을 받았다. 기독교학교mission school를 운영했던 재정적인 후원은 그 지역에 있는 한국 교회들이 100% 감당했다.[lxviii] 한국교회들이 베어드의 교육 철학을 믿어주고, 밀어주었기 때문이었다.

감리교는 네비우스 선교정책에 따르지 않기로 일찍부터 결정했기 때문에, 진행하고 있었던 교육 정책을 수정하지 않고 계속 이끌고 나아갔다.[lxix] 결론적으로 미국 장로교와 미국 감리교의 교육정책은 연합되긴 했지만, 초기 기독교 선교에서 두 교단이 끼친 교육 선교의 열매는 한국 교회와 한국 사회 발전에 큰 공헌을 하였다.

6) 토착화 선교정책

허드슨 테일러의 토착화 선교 정책은 중국에 파송되었던 많은 선교사들에게 큰 영향을 미쳤다. 테일러에게 큰 영향을 받았던 중국의 로스 선교사와 네비우스 선교사는 내한 선교사들에게 또한 지대한 영향을 미쳤다. 내한 선교사들에게 끼친 영향들 중에 하나는 토착화 선교였다. 그래서 내한 선교사들 중에서도 많은 선교사들이 한복을 입고, 초가집에서 살고,

한국 음식을 먹으면서 한국인으로 살았다. 일상생활뿐만 아니라, 교회 건축 부분에서도 토착화가 이루어졌다. 예배당을 건축할 때, 기역자("ㄱ") 구조로 건축하였다. 중앙 강단으로부터 갈라진 오른쪽에는 남자 성도들이 앉고, 왼쪽은 여자 성도들이 앉았다. 중앙에서 설교를 했던 사람들은 남자 성도와 여자 성도가 다 볼 수 있었지만, 남자와 여자 성도들은 서로 볼 수 없었다. 남녀칠세부동석 문화를 예배당 건축에 적용했던 사례였다.[lxx]

7) 선교사 동원 선교정책

선교사들이 안식년으로 혹은 특별한 목적으로 본국을 방문하게 되면, 선교사들은 한결같이 한국의 존재를 알렸고, 선교사로 헌신해 줄 것을 호소하였다. 1900년 4월에 뉴욕에서 제1회 에큐메니컬 선교대Ecumenical Missionary Conference가 열렸다. 그때 베어드Baird, 에비슨Avison, 밀러Miller, 빈턴Vinton, 언더우드Underwood 등 내한 선교사들이 참석해서 한국 선교를 보고하였다. 보고 후에 많은 후원금을 모금할 수 있었고, 많은 헌신자를 얻게 되었다.[lxxi] 그와 같은 선교사 동원 운동은 1회로 끝나지 않고 계속 되었다. 내한 선교사들의 간증과 호소를 듣고 한국의 복음화를 위해서 헌신한 선교사들이 계속해서 이어졌다.

선교전략

1) 교회 개척 선교전략

구한말 조선은 고종의 통치 하에 있었다. 고종은 공개적으로 예수의 복음을 전파할 수 없도록 제한하였다. 그래서 선교사들은 간접 선교로 병원과 학교를 통해서 복음을 전하게 되었다. 그러나 교회는 하나 둘 설립되었다. 선교사들은 한국에 병원과 학교를 지어주는 사회 봉사자로 오지 않았다. 교회 개척 선교 즉 영혼 구원을 위해서 태평양을 넘어 그 먼 길을 달려왔던 사람들이었다. 교회 개척 선교 전략은 뒤로 갈 수 없는 최우선 선교전략이었다.

2) 병원 선교전략

병원은 아픈 사람들을 위한 곳이다. 한약과 침술과 민간요법으로 병을 치료했던 조선의 의술과 달리 서양 의술은 외과 수술과 양약을 통해서 죽어가는 응급 환자들을 살려냈다. 국가에서 제중원을 세워준 것도 의료선교사들의 의료 처치법이 왕족과 양반들에게 큰 도움이 되었기 때문이었다. 그러나 의료선교사들은 왕족과 양반들과 돈 있는 중산층뿐만 아니라 서민과 천민에게까지 의술을 베풀었다. 무료 병원을 세웠고, 변방 지역에는 시약소를 세워 무료로 약을 처방해 주었다. 약봉지에는 성경 구절이 적혀 있었다. 병원이나, 시약소에는 기독교서적이 비치되어 있었다. 개성은 인삼으로 유명한 곳이었다. 일찍이 청나라와 일본과의 인삼 무역 때문에 바깥세상을 잘 아는 사람들이었다. 그들에게 복음이 들어가면, 개성상인들을 통해서 복음이 더 빨리 전국으로 확산될 것을 믿었다. 그래서 찰스 콜리어Charles Coller는 1898년 11월에 개성에 병원을 세웠다. 그리고 병원 안에 예배당을 넣었다. 그래서 개성 사람들은 콜이어 병원을 "예배당 병원"이라고 하였다. 그처럼 초기 기독교 선교는 병원 안에 교회가 있고, 교회 안에 병원이 있을 정도로 병원 선교는 복음을 전파하는 귀중한 통로였다.[lxxii]

3) 교육 선교전략

조선 말기에 어린이들을 위한 교육 기관은 서당뿐이었다. 선교사들은 그 서당 시스템을 교육 선교에 적용하였다. 선교사들은 '서당' 대신에 '사랑방'을 만들었다. 그 '사랑방'에서 매일 가르쳤다. 선교사들은 그 사랑방을 '매일학교Day School'라고 하였다. 그 매일학교가 서당과 달랐던 점은 서당은 주로 양반 집안 남자 아이들이 다녔지만, 매일학교는 배우고자 하는 열정만 있으면 신분에 상관없이 누구에게든지 와서 공부할 수 있는 기회를 주었다. 특별히 신학문을 배우고자 하는 여학생들이 몰려왔다.[lxxiii] 매일학교에서는 한글, 산수, 지리, 성경, 기독교 과목을 가르쳤다. 한 가지 문제는 폭발적으로 늘어나는 학생들을 가르칠 교사가 부족했었다. 서울 배재학당, 배화학당, 이화학당에서 보내준 교사들이 지방으로 내려와 큰 도움을 주었다.[lxxiv]

기독교교육은 사랑방이나 기독교학교를 통해서만 아니라 다양한 프로그램을 통해서 이루어졌다. 가장 특이했던 것 중에 하나는 사경회를 통한 교육이었다. 당시 사경회는 한 교회에서 보통 1주일 동안 진행되었다. 사경회는 아침부터 저녁까지 어린이로부터 노인에 이르기까지 교회에 모여 성경을 배우는 성경 학교로 진행이 되었다. 사경회가 끝나는 마지막 날에는 시험도 있었다. 지금의 부흥회와는 전혀 다른 기독교 교육 선교였다.[lxxv]

한국 정부가 인정해준 학교를 통해서도 기독교 교육은 실시되었다. 한국정부가 미국정부에 공식적으로 요청해서 벙커Dalziel A. Bunker 길모어George W. Gilmore, 헐버트Homer Hulbert가 1886년 7월에 한국으로 와서 공립학교 [육영공원]을 세웠다. 육영공원에서는 서양 의료, 서양 음악, 영어

교육이 실시되었다. 한국 근대교육의 효시가 되었다.[lxxvi] 한국 정부로서는 가르칠 수 없는 분야였다. 개성에는 특별한 학교가 있었다. 1902년에 호수돈 여학교가 세워졌는데 미혼 여성들을 위한 학교였다. 그리고 미리흠 여학교도 세워졌는데, 미리흠 여학교는 기혼여성과 과부들을 위한 학교였다. 나이와 상관없이 늦은 나이에도 배우고 싶은 여성들에게 배움의 기회를 동등하게 주었던 것이다. 1900년 평양에 세워졌던 평양외국인학교 Pyeng Yang Foreign School도 주목할 필요가 있다. 미국에서 유능한 교사들이 와서 가르쳤다. 학교는 점점 명문 학교로 발전해 갔다. 전국뿐만 아니라, 일본과 중국으로부터도 유학생들이 와서 공부했다. 1940년까지 총 학생 수가 584명이었고, 졸업생은 188명이었다. 대천덕 신부도 중국에서 태어났지만 평양외국어학교로 와서 공부하였다. 빌리 그레엄 목사의 부인인 루스 그레엄도 평양외국인학교에서 공부하고 졸업하였다.[lxxvii]

1890년부터 한국에 세워진 기독교학교는 1910년까지 783개였고, 학생수는 22,967명이었다. 공립학교는 15,774명이었다. 기독교학교의 학생 수가 더 많았다.[lxxviii] 기독교교육의 꽃은 신학교 교육이었다. 각 교단마다 신학교를 세우고, 한국교회가 자력으로 성장할 수 있도록 영적 지도자를 양성하는 일에 최선을 다하였다. 그처럼 한국 초기 기독교교육 선교는 전국에서 활화산처럼 폭발하였다.

4) 성경 번역 선교전략

선교지의 언어로 성경을 번역하는 일은 선교전략에서 빼놓을 수 없는 사역이었다. 주일 설교도, 사경회 말씀도 좋지만 그런 것은 '교회'로 가야만 들을 수 있었다. 선교지 언어로 성경이 번역되고, 그것이 현지인들의 손에 전달되면 언제든지 성경을 읽을 수 있기 때문에 성경을 읽고 예수님을 영접했던 선교적 열매는 상상을 초월했다. 그래서 내한 선교사들은 한글 성경을 신속하게 번역하였다. 한국 밖에서는 존 로스John Ross와 이수정이 성경을 한글로 번역하였고, 내한 선교사들에 의해서 신구약 한글 성경들이 번역되어 전국 방방곡곡으로 퍼져 나갔다. 경이로운 일이었다. [lxxix]

5) 기독교 문서 선교전략

인쇄기가 도입되면서 선교사들이 출판사를 직접 설립하고 각종 신앙잡지, 신문, 기독교 서적을 출판하면서 문서 선교의 장이 활짝 열렸다. 아펜젤러는 1890년에 삼문출판사(三文出版社)를 설립하였다. 삼문은 한국어, 한문, 영어로 된 서적을 출판한다는 뜻이었다. [lxxx] 각 교단들도 한국인 독자를 위해서 앞 다투어 기독교 문서를 출판하였다. 감리교는 1900년에 [신학월보]를 발행했고, 구세군은 1907년에 [구세공보]를 발행했고, 장로교는 1918년에 [신학지남]을 발행했고, 성결교는 1922년에 [활천]을 발행하였다. [lxxxi] 제임스 게일은 1895년에 한글 [천로역정]을 출판하였다. 말콤 펜윅은 전도용 소책자 《만민됴흔긔별 》, 성경공부 교재 《사경공부》, 《한국의 농사법》등을 출판하였다. [lxxxii] 한국 목회자들도 문서선교에 동참하였다. 길선주목사는 1916년에 [천로역정]을 한국인의 입장에서 한복을 입고 갓을 쓴 삽화를 넣어서 [만사성취]라는 이름으로 출판했고, 김익두목사는 1921년에 [조선예수교회 이적명증]을 출판하였다. TV와 라디오가 없었던 시절에 문서 선교는 귀중한 문화 채널이 되었다.

6) 전략요충지 선점 선교 전략

선교사들은 백년대계를 바라보며 전략요충지에 교회와 학교와 병원과 선교 센터를 세웠다. 제일 먼저 제물포, 부산, 원산, 목포와 같은 개항지에 세웠다. 두 번째는 서울, 평양, 신의주, 수원, 공주, 전주, 대구, 순천과 같은 대 도시에 세웠다.[lxxxiii] 그 도시에서는 도시의 중심이 되는 언덕 위에 있는 교회를 세웠다. 사방에서 언덕 위에 세워진 교회를 바라볼 수 있었다. 또한 넓은 안목을 가지고 황무지처럼 버려진 땅을 매입하였다. 그곳은 후대에 새로운 중심지가 되었다. 그렇게 서해 백령도에서 동해 울릉도까지, 북쪽 신의주에서 시작해서 남쪽으로 내려가면서 평양, 개성, 서울, 대구, 부산까지 또 다른 방향은 인천에서 강계, 군산, 목포, 순천까지 잇는 선교벨트를 세워 빠른 시간 안에 한반도 전국을 손에 넣게 되었다.[lxxxiv]

7) 순회전도 선교전략

선교사들의 발걸음이 닿는 곳마다 복음의 씨앗이 심어졌다. 많은 선교사들이 사도 바울처럼 선교 여행을 하였다. 단순한 방문이나 정탐이 아니라, 순회 선교사가 되어 발길이 멈추는 곳에 복음을 전파하였고, 교회가 세워졌다. 요즘처럼 편리한 교통 시설이 없었기 때문에 한 걸음 옮기는 일이 선교사들에게는 쉽지 않은 여정이었다. 그러나 선교사들은 거리를 묻지 않고 오지까지 찾아가 복음을 전파하였다. 언더우드는 결혼 후 신혼여행을 서울에서 압록강까지 가는 선교여행으로 대신하였다. 게일은 서울에서 만주 심양까지 순회 전도를 했고, 레이놀즈는 서울에서 부산까지 선교여행을 했고, 베어드는 부산, 안동, 대구를 수시로 여행하며 복음을 전했다.[lxxxv] 쿠퍼Sallie K Copper는 미혼여성으로 원산에서 간도까지 순회하며 복음을 전파하였다.[lxxxvi] 그들은 어느 한 지역이 아니라, 한국의 모든 강산이 자신을 불렀다고 생각하였다.

8) 상류층 공략 선교 전략

조선은 구한말까지 신분 계층이 견고하게 유지되고 있었다. 왕족과 양반과 중인과 평민과 천민 계급이 분명했다. 선교사들은 각 사회 계층으로 들어가 선교하였다. 의료선교사들은 왕족과 양반들을 상대할 수 있었고, 교육선교사들은 양반과 중인들을 만날 수 있었다. 목회자선교사들은 각 지방으로 내려가 학교를 세우고, 교회를 세우고 더 낮은 자리에 있는 사람들을 만날 수 있었다. 내한 선교사들이 왕족과 양반층을 공략할 수 있었던 것은 큰 축복이었다. 김진형 박사는 아펜젤러가 양복을 입고, 어떨 때는 양반의 옷을 입고 다니므로 천민 계층 사람들이 쉽게 접근할 수 없었던 것은 아쉬운 점이었다고 하였다.[lxxxvii] 그러나 아펜젤러가 상류층 선교를 위해서 양반들처럼 옷을 입어야만 했다면 아펜젤러와 같은 선교사도 필요했다. 상류층의 개종은 한국 기독교선교를 더욱 활기 있게 펼칠 수 있는 대로를 제공해 주었다.

9) 중하층 공략 선교전략

왕족 아래에는 양반이 있었다. 그 양반 사회 안에는 계보가 있었다. 양반이라고 똑같은 양반이 아니었다. 어느 가문의 양반인가를 까다롭게 따졌다. 혼인은 명문 가문끼리만 허락되었다. 양반 아래에는 중인과 평민이 있었다. 중인과 평민은 가문을 형성하지 않았다. 그들은 대부분 농업, 공업, 상업에 종사하는 사람들이었다. 중인과 평민 아래에 천민이 있었다.

천민은 노비, 광대, 백정, 무당들이었다.[lxxxviii] 많은 선교사들이 중인들이 많이 거주하는 관서지방을 전략적으로 공략하였다. 관서지방은 평양, 선천, 정주, 의주가 있던 지역으로서 평양이 그 중심에 있었다. 당시 평양은 정치적으로 소외된 곳이었지만, 중국과의 무역을 통해 일찍이 자립한 중산층이 많이 사는 곳이었다. 그들은 단순히 일하는 계층이 아니라 지적 수준도 높은 근로자들이었다. 그들 중에는 상업, 무역업, 금광업에 종사하는 사람들이 많았고, 교사, 의사, 언론인들도 있었다. 사무엘 마펫은 그 중산층이 한국의 중심이 될 것으로 확신하고 평양에 거주하며 관서지방 선교에 집중하였다.[lxxxix]

10) 여성 공략 선교전략

구한말은 유교의 남존여비 사상 때문에 여성들이 천시를 당하였다. 배움의 기회도 남성 중심으로 주어졌다. 그런데 선교사들에 의해 여성들에게 배움의 기회가 주어졌다. 남세칠세부동석이란 윤리강령은 여자들만 모이는 '여학교'를 출범시키게 하였다. 그래서 1886년에 이화학당이 설립되었다. 여성 전용병원 [보구여관]도 설립되었다. 1888년에는 여성들만을 위한 주일학교가 시작되었고, 1889년에는 한국 최초의 여성교회 Woman's Church가 설립되었다. 1900년에는 부인성경학원(협성여자신학교)가 설립되었다. 미국 감리회 에스티E. L, Estey 선교사는 순회 선교를 할 때, 여성들만을 모아놓고 사경회를 인도하였다. 에스티선교사는 독신 선교사로 평양과 연변 주변에 23년 동안 머물면서 순회 전도 사역을 통해서 수많은 전도부인을 배출하였다.[xc]

11) 지역사회 개발 선교전략

선교사들은 당시 한국인에게는 자립정신이 없다고 보았다. 서재필도 한국인에게는 자립정신이 없다고 말하였다.[xci] 선교사들은 자립정신이 없었던 이유를 관리들의 부패에서 찾았다. 서재필도 〈독립신문〉에서 "관리들의 부패는 전 국민의 기업 정신을 죽이고 있다."고 하였다. 농부들은 탐욕스런 관리들을 증오했기 때문에 하루 세 끼 먹을 만큼만 경작하였다. 양반들은 노동을 천히 여겼다. 담뱃대에 불을 붙이는 일도, 벼루에 먹을 가는 일도 종들에게 시켰다.[xcii] 선교사들은 노동은 신성하며, 가장 가치 있는 일이며, 노동을 통해서 가난을 이길 수 있고, 자립할 수 있다는 희망을 심어주었다.[xciii] 매티 노블Mattie Wilcox Noble은 일본과 중국이 조선에서 큰 장사를 해서 막대한 이익을 챙겨가는 것을 보고, 조선인이 직접 기계를 만들어 상품을 만들어 판다면, 판매자뿐만 아니라 나라 경제까지 살리는 일석이조라고 확신하고, 1400명의 서명을 받아 미국 감리교회에 특별 학교를 설립하고 후원해 달라는 청원서를 제출하였다. 그 청원이 허가되어 '격물학당(格物學堂: Science Hall)'이 설립되었다. 요즘으로 말하면 과학기술학교였다. 격물학당에 베커A. L. Becker가 파송되었다. 베커는 미시간 대학에서 물리학으로 박사 학위를 받았던 과학자였다. 유능한 교수가 오게 되어 격물학당을 통해서 서양의 과학기술이 한국인 학생들에게 전수되었다.[xciv] 선교사들을 통해서 지역 사회 개발 프로그램들이 활발하게 전개되었다.

12) 특수선교 선교전략

어느 나라이든 장애인이 있다. 장애는 전생의 죄 때문에 생긴 것이라는 잘못된 사회적 정죄와 편견 때문에 장애인들은 더 큰 고통 속에서 살아야만 했다. 제임스 홀의 아내 로제타 홀Rosetta S. Hall은 평양에서 맹인들에게 점자를 가르쳤다. 그것은 한국 기독교 역사에 길이 남을 장애인 선교 업적이었다. 점자 교육을 통해서 맹인들도 복음을 들을 수 있는 기회와 새로운 세계를 가질 수 있게 되었다. 무어선교사는 백정 선교를 하였다. 백정의 삶은 짐승처럼 처참했었다. 그들은 거지보다 더 천한 취급을 받았다. 무어는 교단 선교부가 지원해줬던 한국어 선생을 거절하고, 백정 마을로 들어가 백정들에게 한국어를 배웠다. 무어의 백정선교에 감동을 받았던 에비슨은 무어의 백정 마을에서 의료 선교를 했다. 에비슨은 백정들의 처절한 고통을 알게 되었다. 그래서 에비슨이 고종을 치료하게 될 때 백정도 상투를 하고 갓을 쓸 수 있도록 해달라는 탄원서를 올렸다. 그 전에 그 누구도 백정들을 위해서 그런 탄원서를 왕에게 올린 적은 없었다. 고종은 에비슨의 탄원을 받아주었다. 그래서 백정들이 사회적 지위를 얻게 되었다. 그리고 1895년 6월 6일에 백정 신분을 철폐한다는 포고문이 거리에 붙게 되었다. 한센(나환자)인들 또한 소외 계층이었다. 한센병은 전염병이었고, 한센병은 천형(天刑)이라는 인식을 가지고 있었다. 그래서 한센인이 살 곳은 없었다. 깊은 산속으로 들어가 숨어서 살다가 비참한 최후를 맞이할 수밖에 없었다. 그런데 포사이드 선교사를 통해서 한센인들을 위한 병원이 세워졌고, 교회가 세워졌고, 공동체가 세워졌다. 잘못된 사회적 인식과 편견 때문에 버려졌던 사람들에게 찾아가 복음을 전하고, 새 삶을 살 수 있도록 해주었던 사람들이 선교사들이었다.

선교전술

1) 낮은 자 선교전술

1885년에 서울에는 두 종류의 병원이 있었다. 국가에서 세운 공립병원인 제중원과 사립병원이었던 정동병원이었다. 알렌의 제중원은 양반들이 찾는 병원이었고, 스크랜튼의 정동병원은 중인, 평민, 천민들이 찾는 병원이었다. 그런데 스크랜튼은 거기에서 한 걸음 더 내려갔다. 병원으로 오지 못하는 환자들이 있는 더 낮은 자리로 내려갔다. 스크랜튼은 변두리에 시약소를 설치하고, 극빈층 사람들이 쉽게 와서 약을 받아갈 수 있도록 하였다. 당시에 전염병이 기성을 부렸다. 전염병 환자들은 한양 성 안으로 들어오지 못했다. 성 밖으로 쫓겨나 그곳에서 천막을 치고 살았다. 아펜젤러는 성 밖으로 버려지는 시체가 하루에도 150구 정도였다고 기록하였다. 스크랜튼이 갔던 곳은 성 밖에 많은 사람들이 천막을 치고 살았던 그런 곳이었다. 그곳에서 의료선교를 펼쳤다.[xcv] 선교사들의 발걸음은 그처럼 백정들이 있는 곳으로, 한센인들이 있는 곳으로, 환자들이 있는 곳으로 내려가고, 거기에서 다시 더 내려갔다.

2) 문화선교 선교전술

선교사들은 새로운 문화 운동을 전개하였다. 금주, 금연, 축첩, 도박을 금하는 운동이었다. 그것은 한국교회의 전통이 되었다. 금주하려면, 금연하려면, 축첩하지 않으려면, 도박을 끊으려면 교회로 나아가야 한다는 말이 생겼다. 선교사들이 주도했던 새 문화 운동은 개인의 건강을 회복시켰을 뿐만 아니라, 건강한 가정을 세우게 했고, 사회를 새롭게 하였다. 새로운 문화운동의 선교전술이 성공하자 선교사들은 도덕적 기준을 더 높였다.[xcvi] 예를 들면, 세례 받는 기준을 높였다. 세례를 받고자 하는 사람은 먼저 학습인이 되어야만 했다. 학습인은 6개월 동안 거듭난 성도로서의 삶을 보여줘야만 하였다. 6개월 동안 성도의 의무를 잘 지키는 사람에게 세례를 받을 수 있는 자격을 부여했다. 성도의 의무란 주일 성수, 제사 금지, 축첩 금지, 도박 금지, 금주, 금연, 술을 팔지 않는 것들이었다. 세례자가 되어야 교회 정회원으로 인정을 받게 하였다. 그처럼 높고 엄격했던 기준을 적용하는 선교전술은 더 많은 사람들로 하여금 새롭게 변화된 삶을 살도록 하였다.

3) 전도부인 선교전술

구한말에는 남녀칠세부동석이란 유교적인 관습 때문에 선교사라고 해도 남자선교사들이 쉽게 여성들에게 접근할 수 없었다. 그래서 여성 전도를 위해서는 여성 전도자가 필요하게 되었는데, 그들을 전도부인이라고 했다.[xcvii] 전도부인들은 가가호호 방문을 통해서 여인들에 복음을 전하였다.

4) 방물장수 선교 전술

1900년대 도시에는 상점들이 있었지만, 지방은 그렇지 못했다. 특별히 여인들이 자유롭게 외출해서 필요한 물품들을 구입할 수 없었다. 그래서 여인들에게 필요한 연지, 분, 머릿기름, 거울, 비녀, 바느질 도구들을 방물장수들이 머리에 이고 다니면서 팔았다. 선교사들은 전도부인들을 방물장수로 위장해서 여성 전도에 힘쓰는 선교전술을 세웠다. 가장 유명한 방물장수는 박헬렌이었다.[xcviii] 그녀를 통해서 수많은 여인들이 복음을 듣고 예수님을 영접하였다.

5) 성미(聖米) 선교 전술

1905년부터 네비우스 선교 정책의 하나로 한국 목회자의 생활비를 한국 성도들이 책임진다는 의미로 성미를 드리기 시작했다.[xcix] 십일조처럼 성미는 한국교회에 또 하나의 아름다운 전통이 되었다. 성미를 받은 목회자들이 오직 목회에만 전념할 수 있었다. 또한 그 성미는 양식이 필요한 불우 가정들에게 전달되어 함께 어려운 삶을 이겨가는 아름다운 전통으로 자리를 잡게 되었다.

6) 날 연보 선교 전술

1907년 평양 남산현교회 부흥회에서 일어났던 뜨거운 회개 운동은 뜨거운 전도로 이어졌다. 그때 생긴 것이 '하루'를 복음 전도를 위해 주님께 드리는 '날 연보Day-offering'였다. 부흥회가 끝나는 마지막 날 성도들은 '날 연보' 용지에 자신이 드리고 싶은 날짜를 적어서 봉헌하였다. 그 약속대로 하루 혹은 칠일 혹은 한 달 동안 전도에 헌신하였다. 날 연보는 전국 교회로 퍼져 나갔다.[c]

7) 한국인이 한국인을 전도하는 선교 전술

선교사들 옆에는 항상 권서인(勸書人)과 매서인(賣鋪人)이 동행했다. 권서인은 쪽 복음이나 기독교 서적을 사람들에게 권하면서 복음을 전하는 사람이었고, 매서인는 성경책과 기독교 서적을 파는 사람이었다. 그 권서인과 매서인들이 오랜 시간 동안 선교사와 동행하면서 훈련받고, 영적으로 성숙한 지도자가 되면, 선교사들은 그들로 하여금 교회를 개척할 수 있도록 길을 열어주었고, 그들을 파송하였다.[ci]

선교사들이 보여준 삶

깊은 영성을 보여준 삶

  내한 선교사들은 우선 한국을 방문해서 정탐을 해 본 후에 선교를 결정하지 않았다. 그들은 한국에 대해서 아는 것이 없이 왔다. 한국이 어디에 있는지도 모른 채 배를 탔던 사람들이었다. 한 달 이상 거친 태평양을 가로질러 도착한 땅은 예수를 전혀 모르는 땅이었다. 서양인을 적대시하는 땅이었다. 유교의 밧줄에 단단히 묶여 있는 땅이었다. 보수와 진보의 충돌로 내란이 일어났던 땅이었다. 청일 전쟁, 러일전쟁이 터진 국제 전쟁터였다. 일본이 조선의 국권을 찬탈했던 땅이었다. 있다가도 도망치고 싶었던 땅이었다. 그런 어둠의 땅, 미개한 땅, 위험한 땅으로 선교사들이 들어왔던 것이다. 그들은 미국 사회에서 엘리트들이었다. 최고의 명문대학들을 졸업한 수제들이었다. 미래가 찬란한 젊은이들이었다. 무엇이 그들로 하여금 그 소중한 것들을 다 포기하고 한국으로 가게 했던 것일까? 하나님을 향한 사랑 때문이었다. 하나님이 주신 명령 때문이었다. 그리고 복음을 듣지 못하고 죽어가는 영혼들을 구원해야겠다는 열정 때문이었다. 특별히 남편 선교사들을 따라 그 먼 길을 동행 했던 선교사 아내들의 헌신은 더더욱 소중했다. 그들에게 깊은 영성이 없었다면 조선의 복음화를 위해서 그런 헌신을 내어주지 못했을 것이다. 그러므로 그들이 한국에서 와서 무엇을 했느냐 보다 더 중요한 것이 있다. 한국이란 땅에 예수의 복음을 심기 위해서 그들의 고귀한 삶을 내어주었던 선교사들의 헌신된 삶은 그 어떤 것으로도 바꿀 수 없는 소중한 것이었다.

가난한 마음으로 걸어갔던 삶

아펜젤러와 헌트는 서울을 벗어나 지방으로 선교여행을 떠날 때, 한국 정부로부터 호조(護照)를 발급받아서 떠났다. 호조는 그 당시 외국인이 조선에서 여행할 수 있도록 발급해 준 특별 [여행증명서]였다.[예] 자동차를 타고 포장된 길로 갔던 여행이 아니었다. 어떤 선교사는 걸어서, 어떤 선교사는 조랑말을 타고, 어떤 선교사는 자전거를 타고, 어떤 선교사는 가마를 타고 갔다. 많은 선교사들이 가난했던 조선인들 앞에서 부자처럼 행세하지 않았다. 그들은 미국에서 한국까지 내려갔던 헌신도 부족했다고 생각하였다. 그들은 더 낮은 곳으로 내려갔다. 그들은 가난한 마음으로 가난한 사람들과 함께 걸었다. 선교사들이 보여주었던 그 가난한 삶을 통해서 수많은 사람이 구원을 받을 수 있었다.

사랑하는 가족을 가슴에 묻은 삶

선교사에게 가장 견디기 힘든 일은 사랑하는 가족을 선교지에서 잃는 일이다. 그 충격은 상상을 초월한다. 선교지에서 약혼자가 죽었고, 아내가 죽었고, 자녀들이 죽었다. 그래도 선교사들은 그 가족을 가슴에 묻고 선교지를 떠나지 않았다. 선교사 자신까지 선교지에서 죽었다. 아펜젤러는 군산 앞바다에서 별세했다. 백정선교를 했던 무어는 폐결핵으로 제중원에서 별세하였다. 조셉 데이비스는 서울에서 부산을 향해 걸어가다가 별세했다. 제임스 홀은 청일전쟁 중에 열병에 걸려 평양에서 별세하였다. 제임스의 아내 로제타 홀Rosetta S. Hall, 1865-1951은 아들 셜우드를 데리고 미국으로 돌아갔다. 몸속에는 둘째 아이가 있었다. 출산을 하고, 로제타는 1897년에 다시 평양으로 돌아왔지만 딸 에디스 마가렛마저 풍토병으로 죽었다. 로제타는 일기에 이렇게 썼다. "하나님, 저는 비록 이 땅에서 사랑하는 남편과 딸을 잃었지만, 내 아들 셜우드 홀과 한국에서 오랫동안 사역하고 싶습니다. 도와주십시오."[ciii] 의사였던 로제타는 평양기독병원을 크게 발전시켰다. 그녀는 맹인학교를 설립했고, 1898년에는 평양 여성전용병원인 광혜여원(廣惠女院)을 설립했고, 그 옆에 어린이 병동을 따로 건축하고 딸의 이름을 붙여 '에디스 마가렛 기념 병동'이라고 하였다.[civ] 그리고 서울에 여자의학교(고려대학 의과대학의 전신)를 설립하였다.[cv] 홀의 아들 셜우드는 커서 희망의 상징인 [크리스마스 실]을 만들어 최초로 보급하였다.[cvi] 한국에서 사랑하는 가족을 잃었던 선교사들을 다 열거할 수 없다. 그들은 사랑하는 가족을 가슴에 묻고, 그들에게 주어진 '선교'라는 십자가를 끝까지 지고 갔던 성자들이었다.

순교적 신앙을 보여준 삶

1910년에 한일합방이 되었다. 일본은 조선을 잔인하게 찬탈하였다. 기독교 학교는 폐쇄 되었고, 교회는 신사참배에 동참할 것을 강요당하였다. 한국 초대교회 안에 순교의 피가 흐르기 시작하였다. 선교사들 내부에서 신사참배 즉 '신토(神道) 종교론'을 놓고 찬반 논란이 일었다. 평양 삼숭(숭실여학교, 숭실학교, 숭실전문학교)학교 교장 멕큔은 신사참배를 강력히 반대하였다.[cvii] 멕큔은 "신사참배는 사람들의 영령들을 예배한다고 믿기 때문에 나는 기독교인으로서 전능하신 하나님 외에 그 어떤 신에게 경배할 수 없으므로 신사참배를 하지 않겠다."는 자신의 결정문을 평남 도지사 앞으로 보냈다.[cviii] 맥큔은 자신뿐만 아니라 학교 학생들에게도 신사참배를 하지 말라고 하였다. 평남 당국은 맥큔을 숭실학교 교장직에서 해

임시켰고, 이틀 후에는 조선총독부가 숭실전문학교 교장직에서 그를 해임시켰다.[cix]

　언더우드는 목례하는 것은 단순히 국가의례일 뿐 우상숭배가 아니라고 말하면서 신사참배를 묵인하였다.[cx] 언더우드는 일본과 한국 간에 일어나는 정치적 문제에 개입하기를 원치 않았다. 애비슨은 언더우드 편이었다.[cxi] 호주장로교 선교부도 타협하였다.[cxii] 캐나다장로교 선교부는 찬반으로 나뉘었다.[cxiii] 맥큔은 결국 1936년 3월에 조선을 떠났다. 미국에서 맥큔은 미국정부 앞으로 일본의 신사참배를 중지하도록 압력을 넣어달라고 요청하였다.[cxiv] 1941년 미국 정부는 미국과 일본 사이에 일어난 태평양전쟁 전에 모든 선교사들에게 철수 명령을 내려 많은 선교사들이 한국을 떠났다.[cxv] 1942년부터 1945년까지 언더우드는 미국 정보기관에 한국에 관한 모든 정보를 제공하기도 하였다.[cxvi] 일본의 파시즘Fascism으로 인한 가혹한 탄압 때문에 선교사들이 교육 선교를 접어야 했다. 그러나 학교를 폐쇄할지라도 신사참배는 결코 할 수 없다고 끝까지 항쟁했던 맥큔 선교사. 교장으로서 그가 한국 학생들에게 보여줬던 것은 다니엘에게 있었던, 사드락, 메삭, 아벳느고에 있었던 그 순교적 신앙이었다. 평양에 그와 같은 선교사가 있었기에 평양 산정현교회에서 주기철목사와 같은 순교자가 나오게 되었다.[cxvii]

레슬리 뉴비긴은 아시아와 아프리카에서 기독교의 놀라운 확장이 일어난 '위대한 세기The Great Century'가 있었다고 하였다.^{cxviii} 한국도 그 '위대한 세기'에 택함을 받았던 민족이었다. 대부분의 내한 선교사들은 장로교 혹은 감리교 소속으로 종말론적 보수신앙을 가지고 있었다. 그들은 복음을 전하지 않으면 화가 있을 것이라고 믿었다.^{cxix} 그 종말론적 보수신앙의 수혜자가 한국인이었던 것이다. 보수신앙이란 성경적 복음주의, 영적 체험, 영적 각성, 주일성수, 근검 절약, 고난을 통한 성령의 체험을 중시하는 신앙이었다.^{cxx} 1885년부터 1945년까지 내한 선교사는 약 1,500명이었다. 그들 가운데 한국에 적응하지 못하고 미국식으로 생활하다가 돌아간 선교사들도 있었다. 일찍 본국으로 돌아간 그들을 보고 초기 선교사들의 삶을 과소평가해서는 안 된다. 돌아갈 수밖에 없었던 그들의 결정을 존중해 줄 필요가 있다. 앞에서 보았듯이 갑신정변, 동학농민혁명, 청일전쟁, 러일전쟁, 조선 왕조의 몰락, 일본의 찬탈, 신사참배, 태평양 전쟁 등, 조선은 내일을 알 수 없는 풍전등화와 같은 상황으로 치닫고 있었다. 그 역사의 소용돌이 속에서 어떤 선교사들은 철수했고, 어떤 선교사들은 끝까지 선교지를 지켜주었다. 그들이 한국에서 단 1년을 선교하고 철수를 하였다 할지라도 그들에게 감사할 뿐이다. 많은 선교사들이 보여주었던 선교신학, 선교정책, 선교전략, 선교전술은 현대 선교에도 충분히 적용할 수 있는 훌륭한 모델들이었다.

많은 내한 선교사들이 부실한 음식을 먹었고, 영양실조에 걸렸고, 병에 걸려 고통하는 가운데 그들의 생을 한국 땅에서 마쳤다. 그들이 남긴 물품들은 형편없는 것들뿐이었다. 그들이 가난했기 때문이 아니었다. 가난한 자로 살았기 때문이었다. 선교비가 없었기 때문이 아니었다. 선교비를 누군가에게 다 주었기 때문이었다. 내한선교사들은 그 암울했던 조선에 와서 교육을 통해 문맹퇴치, 서양의학 전수, 민족 지도자 세우기, 복음 전파, 교회 설립, 교회 성직자 양성이라는 대업을 이루어주었다. 무엇보다 그들이 우리에게 남겨준 것은 교회 건물도, 병원 건물도, 학교 건물도 아니다. 그들은 아름다운 삶을 남겼다. 그들의 그 삶은 지금도 마르지 않은 향기가 되어 있다. 그들이 있었기에 지금 우리가 그들의 터 위에 서 있다.

4
PART

타종교 선교 전략

종교는 사람의 의지에서 나온다고 할 수 있다. 사람은 강한 것 같지만 약한 존재이다. 그래서 외로울 때 의지할 사람을 찾고, 아플 때 의지할 사람을 찾고, 두려울 때 의지할 사람을 찾는다. 그런데 의지가 되었던 그 사람들이 한 순간에 등을 돌리고 적이 되기도 한다. 그때 사람들은 인간에 대한 실망과 환멸을 느낀다. 그래서 그들은 변질 되지 않는 태양을 신으로 삼고, 별들을 신으로 삼았다. 더 나아가 인간은 절대자를 찾기 시작한다. 인간보다 훨씬 우월한 존재를 찾는다. 죽음에 대한 공포, 사후에 대한 불안까지 해결해 줄 수 있는 절대자를 찾는다. 그 절대자를 찾지 못하면 인간은 신(神)을 만들기도 하고, 본인이 신이 되기도 한다. 그것이 종교이다. 모든 종교에는 창시자가 있다. 창시자는 신을 형상화 시켜서 사람들로 하여금 그 신을 숭배하도록 만든다. 신 앞에서 무릎을 꿇고 두려움 속에서 맹종하는 모습을 보는 권력자들은 그 종교를 이용해서 사람들과 세상을 지배하려고 한다. 종교의 세계, 종교를 이용하려는 세력들 안에는 그처럼 복잡한 복선이 교차한다. 창시자가 있다면 그것은 종교이다. 그러나 기독교는 창시자가 없다. 하나님은 사람이 만든 신이 아니다. 하나님은 스스로 존재하시는 영원부터 영원까지 살아계시는 분이시다.

그래서 기독교는 종교가 아니다. 진리이다. 온 열방의 민족들이 들어야 할 진리이고, 그들이 섬겨야 할 창조주 하나님이시다.

현재 세계 타종교들 안에 부는 강한 바람이 있다. 근본주의이다. 근본주의는 원리주의를 말한다. 원리주의는 옆을 보지 않고 오직 자기 것만 보는 것을 말한다. 다른 말로 표현하면 자신의 종교 외에 타종교들에 대해서 배타적이며, 공격적인 자세를 취한다는 뜻이다. 이슬람 근본주의자들, 힌두교 근본주의자들, 불교 근본주의자들이 수면 위로 올라오고 있다. 그래서 종교 간의 갈등과 충돌이 갈수록 악화되고 있다. 그들은 자신들의 종교를 지키기 위해서 단순히 방어하는 차원을 넘어 이제는 무장한 전사(戰士)들을 최전선에 배치하고 세계를 정복하기 위해서 공격적으로 나오고 있다. 기독교선교는 최전방에서 그들과 맞닥뜨리게 된다. 4부에서는 그 타종교들에 대해서 알아보고, 그 종교들을 향한 기독교 선교전략에 대해서 생각해 보려고 한다.

세계 정복을 목표로 도전해 오고 있는 무슬림들

Chapter 10

이슬람 선교

Go, send, or disobey. (John Piper)
가라, 보내라, 아니면 거역하라
– 존 파이퍼 –

아프리카, 인도, 중국으로 선교사들을 보낼 때, 북미교회들은 한국으로 선교사들을 파송했다. 1885년부터 1945년까지 내한 선교사는 약 1,500명이었다. 구한말 즉 1863년부터 1910까지 약 50년 동안 사역했던 초기 내한 선교사들 중에서 현대 선교사들에게 깊은 감동과 도전을 줄 수 있는 선교사들을 소개하려고 한다. 현재 한국 선교사들이 사역하고 있는 선교지의 상황들이 조선의 구한말 시대 상황과 매우 흡사하기 때문이다.

랄프 윈터는 그의 저서 '비서구 선교운동사'를 1969년에 출간하였다.

	1990년	2000년	2010년	2019년
1위	가톨릭 (9억1000만)	이슬람 (10억1000만)	이슬람 (12억8000만)	이슬람 (15억2000만)
2위	힌두교 (6억4000만)	가톨릭 (9억7000만)	가톨릭 (10억300만)	힌두교 (11억5000만)
3위	이슬람 (4억6000만)	힌두교 (8억3000만)	힌두교 (9억9000만)	가톨릭 (11억2000만)
4위	개신교 (3억7000만)	개신교 (4억3000만)	개신교 (5억4000만)	개신교 (6억7000만)

책의 영문 타이틀은 "The 25 Unbelievable Years 1945–1969"이었다. 1980년 판 서문에서 윈터는 이렇게 말하였다. "기독교 다음으로 이슬람의 규모가 크다고 할 수 있고, 현재 세계적 종교로 변모하고 있지만, 기독교에 비하면 이슬람은 세계적 종교라고 부르기에는 어려운 점이 많다. 이슬람은 메카 중심적이고, 아랍 문화권에 매여 있으며, 모호하고 은폐적인 면이 강하다. 또 이슬람 경전은 고대 아랍어로 되어 있어서, 아랍어를 사용하는 이슬람 인구 가운데 7% 정도만 경전을 겨우 이해한다. 이슬람권에서 기독교에 관해 저술한 책이 1권이라면, 기독교에서 이슬람에 관해 저술한 책은 1,000권에 이른다." 윈터가 말했던 그 격동의 시대 25년(1945–1969)에 있었던 그 이슬람과 지금의 이슬람은 다르다. 그 간격 사이에는 엄청난 변화가 있었다. 현대 이슬람은 랄프가 말한대로 메카에 혹은 아랍 문화권에 매여 있지 않다. 2000년부터 세계종교 순위에서 이슬람교가 1위가 되었다. 1위가 되었다는 것보다 더 충격적인 것은 이슬람교의 전파 속도다. 1990년 이슬람 수니파의 인구는 4억 6000만 명이

었는데, 30년 후(2019년)에는 15억 2000만 명이 되어 300%가 증가하
였다. 기독교는 1990년 3억7000만 명이었는데, 2019년에는 6억7000만
명이 되어 100%가 증가하였다.[ii]

　　사무엘 헌팅턴Samuel P. Huntington은 이슬람교는 2050년까지 전 세계 청년
의 50%를 무슬림으로 만들고, 2080년까지 전 세계인을 무슬림으로 개종
시킨다는 도전적인 목표를 세우고 진행 중이라고 하였다. 그는 현재 매일
7만 명의 이슬람 인구가 증가하고 있다고 하였다.[iii] 무슬림 남자들이 쓰는
모자는 각 나라마다 조금씩 다르지만 크게 세 종류이다. 카피에Keffiyeh, 터
번Turban, 페즈Fez이다. 무슬림 여성들이 쓰는 스카프도 크게 세 종류이다.
부르카Burqa, 차도르Chador, 히잡Hijab이다. 일반적으로 남자들이 간편하게
착용하는 동그란 모양의 모자는 페즈이다. 일반적으로 여자들이 얼굴을
가리지 않고 머리 위에 스카프를 두른 것은 히잡이다. 그런 페즈와 히잡
을 쓴 무슬림들을 보기 위해서 중동까지 갈 필요가 없다. 이제는 세계 어
디서든지 가까운 동네에서 쉽게 볼 수 있다. 이슬람은 이제 아랍인의 종
교가 아니다. 세계인의 종교가 되었고, 많은 나라 사람들이 페즈를 쓰고,
히잡을 두르고 무슬림으로 살아간다. 이슬람 선교는 이제 우리 주변에서
도 해야만 하는 선교가 되었다.

이슬람교 기본 이해

이슬람교에 관한 방대한 정보를 이 장에 다 담을 수 없다. 기초가 되는 자료를 정리하면 다음과 같다.

- 이슬람교는 주후 6세기 초반에 무함마드(Muhammad, 570~632)에 의해 세워졌다.

- '알라(Allah)'는 하나님(God)을 지칭하는 아랍어다. '이슬람'(Islam)은 알라에게 '자신을 완전히 바치다. 항복하다. 복종하다'라는 뜻이다. '무슬림'(Muslim)은 이슬람교 신자를 말하는 아랍어다. '모슬렘'(Moslem)은 무슬림의 영어식 발음이다.

- 알라를 믿으면 모두 무슬림이 된다. 그래서 아담도, 아브라함도, 모세도, 예수도 모두 무슬림이었다고 말한다.[iv]

- 이슬람교는 그들의 정체성을 아브라함의 아들 이스마엘에게서 찾는다. 이슬람의 전통에 의하면 쫓겨난 하갈과 이스마엘이 메카 근처로 이주해서 정착했다고 주장한다. 무함마드는 이스마엘의 직계 후손이라고 말한다.[v]

- 이슬람교에는 네 개의 경전이 있다. ①토라(Torah): 모세의 율법, ②자부르(Zabur): 다윗의 시편, ③인질(Injil): 예수의 복음, ④꾸란(Qu'ran): 무함마드가 받은 계시이다.

- 이슬람교에는 만수크(Mansukh) 교리가 있다. 만수크 교리는 새로운 계시가 나오면 이전 계시에게 주었던 최고 권위를 '취소(만수크)'시키고 새 계시에 그 최고의 권위를 부여하는 교리를 말한다.[vi] 그래서 네 개의 경전 중에서 가장 뒤에 받은 꾸란(Qu'ran)을 최고의 경전으로 믿는다.[vii]

- 이슬람교에는 다섯 개의 기둥이 있다. ①샤하다(Shahada): 신앙고백, ②살랏(Salat): 기도, ③자캇(Zakat): 수입의 1/40를 드리는 자선, ④사움(Sawm): 금식, ⑤하즈(Hajj): 성지순례이다.

- 메카(Mekah)에 있는 '카바(Kabah) 모스크'에서 한 번 드리는 기도는 다른 곳에서 10만 번 드린 기도와 같고, 메디나(Madinah)에 있는 '선지자(Prophet) 모스크'에서 드리는 기도는 다른

곳에서 1,000번 드린 기도와 같고, 예루살렘(Jerusalem)에 있는 황금돔 '알 아크사(Al Aqsa) 모스크'에서 드리는 기도는 다른 곳에서 500번 드린 기도와 같다고 말한다.[viii]

- 이슬람교에는 다섯 개의 명령이 있다. ①모이는 것, ②듣는 것, ③복종하는 것, ④이주하는 것, ⑤지하드를 수행하는 것이다. 지하드는 성전(聖戰)을 말하는데, 지하드에 헌신해서 죽는 전사는 순교자가 된다. 순교자는 모든 죄를 속죄 받고, 곧바로 천국으로 직행해서 70명의 아름다운 처녀들로부터 시중을 받게 된다.[ix] 이슬람교는 일부다처를 인정하며, 그 일부다처제는 천국에서도 계속된다.[x]

- '순나(Sunnah)'는 무슬림들에게 경전인 꾸란(Qu'ran)보다 더 큰 영향력을 끼친다. '순나'는 무함마드가 말하고, 행하고, 승인한 것들을 그대로 모방하는 삶을 말한다. '순나'에는 손 씻는 법, 수염 기르는 법, 기도할 때 몇 번 엎드려야 하는지 등등 사소한 것까지 무슬림의 모든 생활 규범과 규칙이 쓰여 있다. '순나'의 내용은 '꾸란'에는 없다.[xi]

- 무슬림이 먹을 수 있는 음식을 '할랄'(Halal)이라고 하고, 먹을 수 없는 음식을 '하람'(Haram)이라고 한다. 식품뿐만 아니라, 의약품, 화장품에서도 '할랄'과 '하람'을 엄격히 구분해서 섭취하고 사용한다.

- 이슬람교는 각 나라마다 그 나라의 전통과 문화와 혼합된 이슬람교를 허용한다. 그 이슬람을 '민속 이슬람'(Folk Muslim)이라고 한다.

- 이슬람 국가에서 종교와 정치는 하나다. 그래서 개종은 신앙의 변절자가 되는 동시에 국가를 반역하는 죄가 된다.[xii] 무슬림이었던 사람이 다른 종교로 개종하였다는 이유로 어떤 사람이 그를 죽였다면 그것은 살인이 아니다.[xiii]

- 무슬림의 의무와 무슬림이 할 수 없는 금지 사항 등이 명시된 것이 샤리아 법이다. 가족 중에서 샤리아 법을 어긴 사람이 나오면, 가문을 더럽혔다는 이유로 가족이 나서서 샤리아 법을 어긴 가족을 죽인다. 그것을 '명예살인'이라고 한다. 예를 들면, 10대 소녀가 강간을 당하고 처녀성을 잃었다면, 강간범을 잡아서 처벌하는 것이 아니라 처녀성을 잃은 아이를 아버지나 오빠가 죽인다. 경찰은 그것을 가정사로 취급하고 살인자 가족들을 구속하지 않는다. 동네에서는 무슬림의 명예를 지킨 최고의 가문으로 박수를 받는다.

이슬람교 용어 의미

    이슬람에 관계된 서적을 읽을 때 자주 볼 수 있고, 무슬림과 대화할 때 자주 들을 수 있는 필수 용어들은 다음과 같다.

1) **꾸란(Qu'ran):** 이슬람의 경전

2) **하디스(Hadith):** 무함마드의 언행록, 무함마드가 동의한 것들을 묶은 책

3) **샤리아(Sharia):** 꾸란과 하디스를 토대로 만든 이슬람 법. 샤리아는 와집(의무), 만둡(장려), 무바흐(허용), 마쿠르흐(기피), 하람(금지) 등 다섯 가지 범주로 구성.

4) **다와(Da'wa):** 이슬람을 전하는 포교 활동

5) **순나(Sunnah):** 무함마드의 말, 행동과 그가 허락한 것들을 묶은 책

6) **딤미(Dhimmi):** 무슬림이 아닌 모든 세계인을 2등 국민으로 취급한다는 뜻

7) **지하드(Jihad):** 성전(聖戰)

8) **모스크(Mosque):** 이슬람교 예배당

9) **아잔(Azan):** 매일 5회 기도 시간을 알리는 소리

10) **하지(Hajji):** 메카 성지순례

11) **하지라(Hijra):** 이주

12) **움마(Ummah):** 이슬람의 신앙 공동체

13) **카피르(Kafir):** 이슬람을 믿는 않는 모든 사람

14) **파타흐(Fatah):** 세계 정복

15) **인샤 알라(Insha Allah):** 알라의 뜻이라면

이슬람교 주요 교리

- 알라(Allah) 외에 신은 없다.

- 삼위일체 하나님을 부인한다. 알라는 오직 한 분이다.

- 예수의 신성과 성육신을 부인한다. 예수는 선지자들 중에 한 사람이다.

- 예수의 십자가의 죽음을 부인한다. 십자가에서 죽은 사람은 예수가 아니라 한 대리자가 예수의 형상을 쓰고 대신 죽은 것이다.[xiv]

- 예수는 알라가 마지막으로 세상을 심판하기 전에 재림한다. 재림한 예수는 반기독교인들을 죽인 후에 결혼해서 자녀들을 낳는다. 그 일을 다 마친 후에 예수는 죽어 무함마드의 묘지 옆에 묻힌다. 알라가 세상을 최후 심판하게 될 때, 예수와 무함마드가 동시에 부활하여 무함마드는 모든 무슬림을 심판하고, 예수는 모든 유대인과 그리스도인을 심판한다.[xv]

- 예수에게 '이싸(Isa)'라는 칭호를 준다. '구세주'란 의미는 없다.[xvi]

- 예수는 무함마드가 마지막 선지자로 올 것이라고 예언하였다.[xvii]

- 성령은 천사 가브리엘이다. 성령은 하나님의 피조물이다. 이슬람교는 후에 성령은 곧 무함마드를 가리킨다고 하였다.[xviii]

- 아담의 원죄를 인정하지 않는다. 알라에게 불순종하는 것, 알라의 뜻과 법에 불복종하는 것이 죄다.[xix]

- 많은 선행을 해야 구원받는다. 심판의 날에 선행과 악행을 합산해서 선행이 더 많으면 천국으로 들어간다.[xx]

- 두 종류의 지옥이 있다. 비무슬림이 들어가는 지옥이 있고, 다른 하나는 선행이 적은 무슬림 죄인들이 가는 지옥이다.[xxi]

세계 정복을 향한 이슬람교의 선교전략

'헤지라(Hijra)로 세계를 정복하라'

'헤지라'는 "이주"란 뜻이다. 무슬림들은 현재 전 세계 약 140개국에 있다.[xxii] 그들 중에는 중동 아랍권을 떠나 다른 나라로 이주한 사람들도 있다. 그것을 '헤지라'라고 한다. 그러나 국경을 넘어 다른 나라로 이주하는 것만이 '헤지라'가 아니다. 한 국가 안에서 다른 지역으로 이사해도 '헤지라'가 된다. 단순히 도시로 돈을 벌기 위해서 혹은 더 나은 삶을 위해서 이사하는 것도 있지만, 하디스Hadith와 샤리아Sharia 교리에 의해서 정책적으로 무슬림들이 대 도시로 이주하여 그 도시를 점령해 간다.

헤지라 전략 안에는 '이으다드I'dad' 교리가 있다. 이으다드는 '배가 전략'이다. 출산율을 최대로 끌어 올려 이슬람의 자연 증가를 유도하는 전략이다. 1988년 무슬림 여성의 1인당 평균 출산율은 6명이었다.[xxiii] 각 나라로 이주한 무슬림들은 그 나라에 정착하게 되면 쉬지 않고 아이를 출산해서 무슬림 인구를 자연 증가시킨다.[xxiv] 유럽의 국가들은 출산율 저하로 필요한 노동력을 이민 정책으로 해결한다. 반면, 무슬림 국가들은 인구 증가로 일자리가 모자라 해외 취업을 모색한다. 양쪽의 필요가 맞아 떨어져 유럽으로 무슬림들이 대거 이주하고 있어서 유럽의 무슬림화가 빠르게 진행되고 있다.[xxv] 현재 프랑스 남부에는 교회보다 모스크가 더 많다. 그곳에 있는 20세 미만의 프랑스인 중 1/3이 무슬림이다. 영국의 무슬림 인구는 250만명이 되었고, 모스크는 1,000개가 넘었다. 러시아의 무슬림 인구는 2,3000만 명이 되었고, 현재 출생하는 신생아들 가운데 50%가 무슬림 가정에서 태어난다. 미국은 1970년에 무슬림 인구가 10

만 명이었지만, 2016년 기준으로 900만 명이 되었다.[xxvi] 그처럼 무슬림들은 헤지라를 통해서 전 세계로 이주하고 있고, 한 국가에 정착하게 되면 다산(多産)을 통해서 무슬림 인구를 폭발적으로 증가시킨다.

'세계 시장 경제를 잡아라'

무슬림들은 할랄Halal 인증 사업을 통해서 세계 시장을 정복하고 있다. 할랄 인증은 유대인의 코셔Kosher 인증 사업과 같다. '할랄' 식품만을 먹고, '할랄' 상품만을 구입해서 사용하는 것은 무슬림에게는 선택이 아니라, '하디스'에 따른 종교적인 의무이다. 무슬림이라면 반드시 '할랄' 식품만 먹고, '할랄' 상품만 사용해야 한다. 현재 세계 무슬림 인구는 약 18억 명이다. 그들이 하루 먹는 '할랄' 식품과 하루 사용하는 '할랄' 상품들의 양을 추산해 보면 기하학적인 숫자가 나온다. 2023년이 되면 할랄 시장은 한 해 3조 달러(3,500조 원)로 예상하고 있다. 그와 같은 할랄 시장에 세계적인 식품 브랜드 네슬리, 코카콜라, 맥도날드, 버거킹 등이 뛰어들었고, 국내식품업체 삼양, 농심, 남양유업 등도 진출해 있다.[xxvii] '할랄' 인증 사업으로 세계 시장을 잡는 것은 단순한 사업 확장이 아니라, 세계 정복으로 나아가는 이슬람의 전략이다.

'세계 금융 시장을 잡아라'

전 세계 많은 나라들이 금융 위기를 겪고 있다. 글로벌 금융위기 극복을 위한 새로운 대안으로 떠오르고 있는 것이 이슬람 금융이다.[xxviii] 이슬람의 금융은 이슬람의 교리 샤리아Shariah에 근거해서 세계 정복을 목표로 개발된 전략이다. 현재 이슬람의 금융은 전 세계로 진출해 있다. 이슬람 금융의 특징은 이자가 없다는 것이다.^{xxix} 샤리아의 법에 따라 무슬림들이 돼지고기를 먹지 않듯이 이자를 받지 않는다. 이슬람 금융 상품은 대기업을 상대할 뿐만 아니라, 일반인이 자동차를 살 때도, 주택을 살 때도 대부 형식으로 지원해 준다. 원금을 갚을 때까지 소유권을 이슬람 금융이 갖는다. 50%를 갚으면 소유권은 50대 50이 되고, 다 갚으면 소유권은 소비자에게 넘어간다. 한국 정부도 민관 합동으로 그런 이슬람 금융 도입을 추진하고 있다.^{xxx} 그러나 무슬림들은 무이자로 돈을 빌려주는 자선사업가가 아니다. 그들은 이자 대신에 투자 수익을 분배하는 방식으로 그 나라에 무슬림이 투자를 할 수 있도록 계약한다.^{xxxi} 금융을 통해서 침투하겠다는 전략이다. 그러므로 이슬람 금융 전략의 마지막 목표는 이슬람의 돈을 쓴 사람이나 기업을 금융 노예로 만드는 것이다. 1877년에 리히트호펜 Wolfram F. Richthofen이 '실크로드Silk Road'라는 말을 처음 사용하였다. 100년이 지난 지금은 그 '실크 로드'가 '이슬람 금융 로드'로 바뀌고 있다.^{xxxii}

'로마를 정복하라'

무함마드는 로마 정복은 신의 약속이므로 무슬림들은 반드시 로마 정복을 위해서 그들이 할 수 있는 모든 일을 하라고 명령하였다.^{xxxiii} 당시 무함마드에게 [로마]는 세계의 끝이었다. 십자군이 아랍을 정복했듯이, 이제는 무슬림이 [로마] 즉 세계를 정복하라는 뜻이다. 유럽의 많은 교회들이 이미 모스크로 개조되었다. 사우디아라비아와 아랍 에미레이트의 재정으로 이미 유럽 곳곳에 거대한 모스크들이 건축되고 있다. 영국에서는 이슬람법으로 개정되는 샤리아Sharia 법정이 공식적으로 승인되었다. 공립학교 안에서 히잡 착용이 허용되었고, 공공장소에서 기도하는 일도 허용되었다.xxxiv 대규모 투자도 허용되었다. 그래서 현재 극심한 재정난을 겪고 있는 영국 BBC 방송국도 곧 이슬람 금융으로 매각될 것이라는 보도가 있다. 아랍 에미리트의 부호 셰이흐 만수르Sheikh Mansour는 세계 명문 축구 클럽 10개를 이미 매입하였다. 그는 영국 맨체스터 시티, 미국 뉴욕 시티클럽, 호주 멜버른 하트 FC, 일본 요코하마 F. 마리너스, 스페인 지로나FC, 우루과이 몬테비데오시티 트로케, 중국 쓰촨 저우녀우(九牛), 인도 뭄바이 시티FC, 아랍에미리트UAE 알 자지라, 프랑스 ESTAC의 소유주가 되었다. 무슬림들이 돈을 벌기 위해서 대규모 투자를 하는 것이 아니다, 이슬람 금융을 가지고 로마(세계)를 정복하기 위해서이다. 그것은 이슬람교의 '탐킨Tamkeen 전략'이다. '탐킨'은 이슬람을 '강화시킨다'는 뜻이다.xxxv 현재 영국, 스웨덴, 핀란드, 네덜란드, 프랑스, 독일, 스페인, 이탈리아, 벨기에, 오스트리아에 있는 수많은 유명 대학으로 무슬림 수제들이 들어가고 있다. 그들은 졸업 후에 그 나라 시민권을 받아, 그 나라의 경제, 과학, 경영, 정치 세계로 들어가 그 국가 안에서의 이슬람화를 가속화 시키는 주역들이 될 것이다.

'비무슬림을 딤미(Dhimmi)로 만들라'

'딤미'는 「2등 국민」이란 뜻이다. 무슬림들에게 경전 꾸란Qu'ran은 최고의 계시이다. '최고, 최상'이라는 개념은 모든 분야에 적용된다. 무슬림들에게 이슬람은 최고의 종교이다. 이슬람보다 위에 있는 종교는 없다고 선포한다. 마찬가지로 무슬림들은 세계 최고 [1등] 시민이다. 그 외 모든 비무슬림들은 「2등」 국민으로 여긴다. 그 '2등'을 이슬람 교리에서 '딤미'라고 한다.xxxvi

한국을 점령하는 무슬림의 선교 전략

　무슬림들이 어떤 전략으로 한 국가를 공략하는지 한국의 경우를 통해서 보려고 한다. 한국에 무슬림을 소개한 사람은 한국 전쟁 당시 유엔군으로 참전했던 터키 군인이었다. 그들을 통해서 들어온 이슬람교인들은 1955년 9월에 서울에서 70명이 모여 첫 무슬림 예배를 드렸다. 그리고 1970년에 서울 한남동 이태원 언덕에 사원을 건축하였다. 1980년에는 부산에, 1981년에는 광주에, 1983년에는 안양에, 1986년에는 전주에 사원을 건축했다.[xxxvii] 2018년 기준으로 한국에 있는 무슬림 사원은 16개이고, 작은 규모의 성원은 80개이다. 한국에 있는 무슬림 인구는 약 26만 명이며, 그들 가운데 한국인 무슬림은 약 6만 명으로 추산한다.[xxxviii]

국제결혼을 통한 전략

　이슬람 선교전략에는 '타끼야Taqiyyah' 전략이 있다. 타끼야는 '거짓말, 감추기, 숨기기, 위장'이란 의미를 가지고 있다. 알라를 위한 거짓말은 죄가 아니다. 그래서 한국으로 이주한 남성 무슬림들이 본국에 처자식을 두고도 자신은 총각이라고 거짓말을 하고 한국인 여성과 위장 결혼을 한 후에 한국인 아내를 무슬림으로 만들고, 무슬림 자녀들을 출산하기 시작한다.[xxxix] 타끼야 전략으로 무슬림 남자들과 결혼한 한국인 여성들이 2013년 12월 기준으로 1,638명이다. 그 남자들 중에서 45.8%인 750명이 파키스탄 무슬림들이었다.[xl]

한국인 이슬람 학자들을 통한 전략

이슬람에 대한 편견과 오류를 바로 잡겠다는 목적으로 한국인 무슬림 학자 12인이 ≪이슬람≫이란 책을 공동 집필하였다. 그들은 이슬람이 왜 최고의 종교가 될 수밖에 없는 이유에 대해서 말한다. 이자가 없는 이슬람 은행, 일단 무슬림과 계약하면 오르지 않는 임대료 등 무슬림이 되면 누릴 수 있는 혜택들을 말한다.[xli] 그들은 무슬림들이 왜 미국을 싫어하는지, 왜 서구 제국주의 국가들에 대해서 강력하게 대항하는지 그 이유를 말한다.[xlii] 특별히 그들은 한반도에 이슬람교 전래를 9세기경까지 끌어올린다. ≪삼국유사≫에 의하면 서기 880년에 처용이 동해 바다에 나타났다는 기록이 있는데, 그 처용이 무슬림이었다고 주장한다. 당시 한반도 동해와 남해는 아랍–페르시아 상인의 활동무대였다고 주장한다.[xliii] 통일 신라 때도 무슬림 사절단이 신라를 방문했고, 신라의 불교 승려들도 아라비아를 다녀갔다는 기록이 있다고 주장한다.[xliv] 더 나아가 세종대왕이 경회루에서 문무백관이 도열한 가운데 이슬람 원로가 읽어주는 꾸란을 듣고 깊이 명상에 빠져 계셨다는 기록이 있다고 주장한다.[xlv] 일제 강점기 때는 러시아에 거주하던 무슬림들이 한반도로 이주해서 정착하였다고 주장한다.[xlvi] 한국인 무슬림 학자들이 그런 주장을 내놓는 목적은 한국 기독교계에서 이슬람의 전래를 한국 전쟁 당시 터키 군인들에 의해 시작되었다는 주장이 틀렸다는 것을 증명해 주기 위한 것이라고 말한다. 이슬람 국가로부터 장학금을 받고 이슬람 국가에서 공부하고 박사 학위를 받아서 귀국하여 한국인 무슬림 학자들이 되어 대학 강단에서 한국의 이슬람화에 앞장서고 있다.[xlvii] 그들은 이미 한국에서 신임법관연수회, 초임판사연수회, 연수원교수세미나, 헌법재판소에서 '이슬람법과 문화'에 대한 강연을 하였다.[xlviii] 인권연대, 전국 사회교사 모임, 서울시 교육연수원에서도 이슬람에 관한 강연을 하였다. 파키스탄 출신 무슬림은 한국 국적을 취득하고 한국 이름을 갖고, 보수 정당에 들어가 한국 정치 무대에서 활동하였다.[xlix]

교육을 통한 전략

한국은 2002년부터 중·고등학교에서 아랍어를 선택과목으로 채택하였다. 그리고 2009년도 대학 수능 시험에서 아랍어 선택이 1위(29.3%)를 차지하였다. 2위는 일본어(27.5%), 그 뒤를 이어 한문(16.9%), 중국어(13.4%), 불어(4.3%), 독일어(3.9%) 순이었다.[l] 학생들이 아랍어를 선택한 이유는 문제가 쉬워서 고득점을 받을 수 있기 때문이었다. 아랍어가 대학 수능 과목으로 들어가 있다는 사실이 놀랍다. 이미 서울 외국어대학, 명지대학, 부산 외국어대학에 아랍어과, 이란어과, 터키어과가 개설되었다. 서울외국어대학의 경우 1979년에 아랍어과가 개설되었는데, 2021년부터 그 아랍어과가 '융합인재대학'이 되었다. 한 과가 아니라, 무슬림 교수진으로 구성된 단과대학으로 독립한 것이다.[li] 한국 안에 무슬림 대학이 세워진 것과 같다. 그처럼 무슬림들이 한국 교단까지 깊숙이 침범해 들어와 있다.

미디어를 통한 전략

다양한 이슬람 홍보 영상들이 한국 공영 방송에서 방영되고 있다. MBC, KBS, SBS, EBS, 아리랑 TV들은 무슬림 문화를 아름다운 영상으로 편집해서 방송함으로 이슬람 세계에 대해서 호감을 갖도록 유도하고 있다. EBS 방송은 아랍어 강좌를 개설하였다. 공중파 방송에서 자주 밸리 댄스(Belly dance: 배꼽춤) 선생들이 어린 학생들을 데리고 나아와 밸리 댄스를 추고, 부모들과 방청객들은 그들에게 박수를 친다. 호기심을 자극하며 이슬람 문화는 그렇게 한국 사회 전반으로 스며들고 있다.

무슬림 전도를 위한 기독교 선교전략

이슬람에 대한 기독교선교는 헨리 마틴Henry Martyn :1781-1812에 의해 시작되었다. 원래 마틴은 영국 동인도회사British East India Company 사목(社牧)으로 인도에 파송되었다. 그런데 인도에서 무슬림들을 만났고, 그때부터 무슬림 선교에 대한 소명을 받고 페르시아어로 성경을 번역해서 인도를 떠나 페르시아(지금 이란)로 들어가서 무슬림 선교를 시작했다. 그러나 결핵에 걸려 31살의 나이로 별세했다. 마틴 이후에 많은 선교사들이 무슬림 선교를 이어받았다. 그러나 당시 선교사들은 제국주의 사고를 가지고 선교를 시작하였다.[iii] 그들은 기독교를 최정상에 올려놓았고, 이슬람은 바닥에 내려놓았다. 무슬림들을 열등한 민족으로 간주했다.[iii] 반대로 비벤 존스Bevan Jones는 '완성Fulfillment' 모델을 제시하였다. 그는 제국주의 모델을 전적으로 부정하고, 이슬람의 꾸란을 성령의 한 사역으로 인정했다. 그런데 꾸란에는 불완전한 부분이 있으므로 그 부분들을 완전하게 수정해주면 무슬림들도 진리 앞으로 나아와 구원을 받을 수 있다고 하였다. 그것은 혼합주의Syncretism 모델이었다.[liv] 에큐메니칼 진영에서는 '대화Dialogue' 모델을 제안하였다. 종교 간의 대화를 처음 주장했던 사람은 영국 성공회 케네스 크래그Kenneth Cragg 주교였다.[lv] 세계교회협의회WCC는 그 '대화' 모델을 적극적으로 수용하였다.[lvi] 그러나 종교 간의 대화는 '종교다원주의'로 흘러갔다. 종교다원주의의 끝은 개종이 필요 없었다. 여기에서 점검해야 할 일이 있다. 기독교 측에서 대화를 위해서 이슬람을 그렇게 인정해주고 존경해 주듯이, 이슬람도 기독교를 그렇게 존경해 주느냐 하는 것이다. 결론은 아니다. 이슬람은 전 세계를 이슬람화하기 위해서 무서운 선교 전략을 세우고 세계를 공략하고 있다. 이슬람에 대한 철저한 선교전략과 전술이 필요한 이유이다.

한국 교회 방어 선교전략

'이슬람' '무슬림'하면 자살 폭탄 테러를 먼저 연상한다. 그러나 이슬람의 위협은 테러와 전쟁을 통한 지하드(Jihad:聖戰) 전략보다 이주를 통한 헤지라(Hijra:이주) 전략이 더 강력하다. 샘 솔로몬이 말한 대로 무슬림의 헤지라 전략은 '트로이 목마Trojan horse'를 타고 '조용히' 침투하는 이슬람 전략이다.[lvii] 무함마드는 "헤지라는 태양이 서쪽에서 뜰 때까지 계속 될 것이며, 회개가 끝날 때까지 멈춰서는 안 된다."라고 하였다. 해가 서쪽에서 뜰 수는 없다. 그 말은 세상의 종말을 의미했다. 그러므로 헤지라 전략은 세상 종말이 올 때까지 중단되지 않는다는 뜻이다.[lviii] 헤지라 전략을 통해서 이미 많은 무슬림들이 한국으로 이주해 와 있다. 학교, 회사, 공장, 농촌, 지역사회로 구석구석까지 들어와 있다. 무슬림들이 있는 아랍 국가로 나아가 선교하는 것도 중요하지만, 이미 한국으로 들어와 교회와 크리스천들을 위협하는 이슬람 세력으로부터 교회를 지키고, 신자들을 지키는 방어전략을 위해서 이슬람교에 대한 철저한 교육이 교회 안에서 정기적으로 실시되어야 한다.

말씀 선포 선교전략

종교 간의 대화와 신학적 교리 논쟁을 통해서 이슬람 선교를 한다는 것은 한계와 부작용이 있을 수 있다. 양측의 주장이 한쪽으로 밀리는 일은 결코 생기지 않을 것이다. 설득과 논쟁과 대화가 아니라 "오직 성경"으로 하나님의 말씀을 담대히 선포하는 전략으로 나아가야 한다. 하나님의 말씀은 살아있기에 말씀이 선포되면 성령의 역사가 일어난다. 무슬림 선교도 성경에서 출발해야 한다. 그런데 문제가 있다. 신구약 성경을 아랍어로 번역한 성경 중에서 어떤 번역이 가장 좋은가 하는 것이다. 헨리 마틴이 1816년에 처음으로 페르시아어 신약성경을 출판했지만 크게 주목받지 못하였다. 1857년에는 기독교지식증진회SPCK 후원으로 시리아 기독교인 파리스 알 쉬드야크Faris al-Shidyaq가 아랍어 성경을 번역했지만 역시 크게 주목받지 못하였다. 1865년에 스미스-반다이크 Simith-Van Dyck 아랍어 성경이 출판되었다. 미국 선교사 엘리 스미스Eli Smith가 시작했는데 완성하지 못하고 중간에 죽자, 같은 미국 선교사 코넬리우스 반다이크 Cornelius Van Dyck가 완성했다.[lix] 1967년에는 현대 아랍어Good News Arabic Version 성경이 출판되었고, 1973년에는 Living Arabic Version 아랍어 성경이 출판되었고, 1987년에는 Siirat-ul-Masiih 아랍어 성경이 출판되었고, 1991년에는 Al-Kitaab al-Shariif 아랍어 성경이 출판되었다. 그러나 아랍 기독교인들이 직접 뽑은 가장 권위 있는 아랍어 성경은 1865년에 번역된 스미스-반다이크 아랍어 성경이었다.[lx] 그러므로 말씀을 선포하고 연구할 때 스미스-반다이크 아랍어 성경을 사용하는 것이 가장 효과적이다. 그러나 샘 쉴로르프는 젊은이들을 상대할 때에는 1865년 번역보다는 1970년대 이후에 번역된 현대어 아랍어 성경을 사용하는 것이 좋다고 조언한다. 정확성도 중요하지만, 충분히 이해할 수 있는 선명성도 그 만큼 중요하기 때문이다.[lxi]

기존 교회의 신앙 강화 선교전략

중동에 살았던 그리스도인들은 이슬람교가 있기 전부터 중동에서 살았다.[lxii] 19세기 후반에 대학살이 일어나 많은 중동의 그리스도인들이 살해되고, 수도원들도 파괴되었다. 그러나 지금은 베들레헴에 성경대학이 있을 정도로 기독교 신앙을 지키는 그리스도인이 많다.[lxiii] 1990년대까지 중앙아시아 선교도 활발했었다. 그러나 2001년 9.11 테러 이후부터 상황은 악화되었다. 중앙아시아에 있는 6개 국가 즉 타지키스탄, 카자흐스탄, 키르기스스탄, 투르크메니스탄, 아제르바이잔이 구소련으로부터 독립했다. 그 이후에 그들은 대외적으로 종교의 자유가 있다고 말했지만, 이슬람교 외에 다른 종교를 갖지 못하도록 반종교개종법을 공포하였다. 정부 부처인 종교부에 오래 전부터 등록된 기존 교회들도 재등록을 하라고 통보하였다. 사실상 과거의 역사를 무효화 시킨 것이었다. 재등록 시에 심사 기준을 까다롭게 상향 조정하는 바람에 의도했던 대로 교회 등록이 취소되는 사례들이 속출했고, 선교사들은 강제 추방을 당했다. 그래서 2010년 이후부터는 교회 개척과 같은 직접 선교 보다는 NGO를 통한 사회 개발 사업, 구제 사업, 의료 선교, 학교 선교를 통해서 간접적으로 복음을 전파하고 있다.[lxiv] 현재 중앙아시아에 있는 국가들이 독재 정치를 장기화하기 위해서 이슬람으로의 회귀 정책을 펼치고 있어서 기독교 선교의 전망이 밝지는 못하다.[lxv] 이슬람 국가들의 노골적인 기독교 탄압이 더욱 강화되고 있다. 그러므로 기존 교회들과 크리스천들이 더욱 강

한 믿음으로 무장할 수 있도록 소그룹 중심의 사역으로 전환하여 그리스도의 군사를 양성해야 한다.[lxvi]

상황화 선교전략

무슬림 국가 안에서는 상황화 전략이 필요하다. 실제로 무슬림 국가 안에서 외국인 신분을 가지고 선교한다는 일은 쉽지 않다. 서방 세계, 특별히 기독교에 대한 반감과 저항이 거세지고 있다. 과거에 무슬림 국가인 인도네시아에서 선교했던 한 유럽선교사가 만든 「선교의 십계명」이 있었다. ①머리를 짧게 깎아라. ②교회에서는 머리에 수건을 벗지 말라. ③가믈란(인도네시아 타악기) 음악은 듣지 말라. ④와양(wayang: 인도네시아 전통 인형극) 공연에는 가지 말라. ⑤할례는 받지 말라. ⑥슬라미탄에는 참석하지 말라. ⑦자어 동사는 읽지 말라. ⑧조상의 무덤에 신경 쓰지 말라. ⑨무덤을 꽃이나 나무로 장식하지 말라. ⑩자녀들이 우상 놀이를 하지 못하게 하라.[lxvii] 필 파샬은 그와 같은 선교 전략으로는 무슬림을 결코 개종시킬 수 없다고 단언한다. 무슬림 국가 안에서 선교사 자국의 문화를 심으려 하는 것은 자멸을 초래한다. 상황화 전략이 필요한 이유이다. 상황화는 '혼합주의'가 아니다. 아랍인처럼 옷을 입고, 그들이 먹는 음식을 먹고, 그들이 먹지 않는 음식을 안 먹고, 그들처럼 수염을 기를 수 있는 것은 복음의 변질이 아니다. 필 파샬은 예배당 안에서는 무슬림처럼 신을 벗고, 예배자는 바닥에 앉고, 찬양은 무슬림 리듬을 사용하고, 예배도 금요일에 드리고, 라마단 기간에는 성경적인 금식을 하고, 신자들의 무슬림 이름을 바꾸지 않고, '크리스천'이란 용어 대신에 '이사[Isa]를 따르는 자'로 명명하는 것 등등이 상황화 전략이라고 말한다. 필 파샬은 많은 부분에서 무슬림의 모습이 있으나, 진리를 무슬림 교리와 혼합한 것은 아니라고 말한다.[lxviii] 그는 상황화 선교전략을 위해 선교사는 서구식 예배 형식과 서구의 찬양곡 사용하기, 기독교식 이름 사용하기, 서구식 교회 건축 양식들은 자제할 필요가 있다고 말한다.[lxix] 찰스 크래프트 Charles Kraft는 무슬림들을 '무슬림 기독교Muslim Christianity' 공동체로 인도하기 위해서는 기독교인들로 하여금 '기독교인 무슬림들Christian Muslims'이 되도록 격려해야 한다고 말하였다. 상황화 전략의 한 모델이다.[lxx]

클러스터 선교전략

한 종족 안에는 큰 집단과 작은 집단이 있다. 가장 작은 집단을 클러스터Cluster라고 한다. 그 클러스터는 혈연 중심의 씨족 단위인 경우가 많다. 그들이 친인척으로 연결되어 있는 경우도 있다. 한 개인을 상대하지만 동시에 한 씨족과 한 종족 전체를 상대하는 경우가 될 수도 있다. 한 공동체 안에 여러 클러스터 집합체들이 있을 수도 있다. 그 클러스터들은 강한 동질성과 결속력을 갖는다.[lxxi] 그 동질성과 결속력을 역이동하는 것이 클러스터 선교 전략이다. 선교 정탐을 통해서 클러스터의 리더들에게 집중 전도해서 좋은 결과를 가져온다면 집단 회심으로 이어질 수도 있다.[lxxii]

창의적 선교전략

이슬람교는 각 국가에 있는 문화와 관습에 순응하도록 토착화를 허용했다. 그래서 각 민족은 오랜 전통으로 내려오는 애니미즘, 토테미즘, 샤머니즘과 혼재된 독특한 이슬람교를 만들었다. 그들은 무슬림이지만, 환자가 생기면 치유의 능력이 나타난다는 특별한 샘, 무덤, 동굴, 나무가 있는 곳으로 가서 무속신앙으로 기도하고 제사를 드린다. 꾸란 구절을 쓴 부적을 몸에 지니고 다니기도 하고, 치유를 위해서 부적을 물에 담근 후에 그 물을 마시기도 한다. 샤머니즘에서 나온 의식들이다.[lxxiii] 수피Sufi 무슬림은 미신적이며 신비주의적인 사람들이다. 그들은 청빈한 삶을 유지하고, 금욕적인 삶을 추구하며, 알라와의 일치된 삶을 갈망한다. 그들은 알라와 하나가 되면 영생한다고 믿는다.[lxxiv] 그들은 그 일치를 위해서 춤과 노래로 구성된 그들만의 이슬람 의식을 갖고 있다. 정통 무슬림들과는 거리가 먼 의식이다.[lxxv] 수니 무슬림들은 개인의 의견을 중요시하고, 여성에 대한 처벌도 관대한 편이다.[lxxvi] 그처럼 무슬림 공동체들이 가지고 있는 다양성은 전략적인 '틈새'를 제공해 준다. 그 틈새를 통해서 무슬림 선교를 할 수 있도록 창의적인 선교전략과 전술이 개발되어야 한다.

교회 개척 선교전략

국제대학생선교회CCC와 미남침례교 해외선교부가 협력해서 '전도와 교회개척Church Planting'이란 훈련 프로그램을 개발하였다. 미전도 종족이나 무 교회 지역에 전도와 교회 개척을 하는데 적합한 훈련이다. CP훈련은 7단계로 되어 있다. ①비전: 복음화의 비전을 갖는다. ②접근: 미전도 지역에 들어가서 추수할 일꾼들을 보내어 달라고 기도한다. ③전도: 하나님이 준비해 놓은 사람을 만나 그 개인과 가정에 복음을 전한다. ④양육: 믿음이 잘 자라도록 양육한다. ⑤개척: 세례를 주고, 교회를 시작한다. ⑥양성: 영적 리더들이 되도록 훈련한다. ⑦파송: 다른 미전도 지역으로 일꾼을 파송한다.[lxxvii] 무슬림 지역에서도 CP 훈련 전략을 실행할 수 있는 곳이 분명이 있다.

전문인 선교 전략

이슬람 국가들이 서방 세계를 향해서 문을 잠가도 이슬람 국가에도 라디오 전파가 들어간다. 인터넷과 여러 최첨단 IT 기술이 들어간다. 그 전파와 라인을 따라서 기독교 복음을 전할 수 있다. 의료선교, 복지선교, 문화선교, 과학기술 선교, 과학 영농 기술 선교, IT 산업 개발 등 제4차 산업 분야에 종사하는 전문인 선교사들은 이슬람권에서 환영받을 수 있다. 이슬람권 안에서 전문인으로서 인정을 받고 정착을 하게 되면, 문화 선교, 컴퓨터 선교, 장애인 선교, 복지 선교, 언어(영어, 한국어) 교육 선교, 직업훈련 선교들을 통해서 복음을 전파할 수 있다.

긍휼 사역 선교전략

무슬림 사회도 빈부의 격차가 크다. 수도권 밖에 사는 무슬림 중에는 가난한 서민과 빈민들이 많다. 선한 사마리아인으로 그들의 필요를 채워주는 긍휼 사역은 복음을 전할 수 있는 통로가 될 수 있다.

성경 통신 선교전략

터키에서는 국제 OM선교회 주도로 성경통신 과정을 통해서 복음이 전파되고 있다. 신문에 성경통신 과정을 광고하면 관심 있는 사람들이 찾아온다. 성경통신 강좌를 통해서 복음을 전하고, 학생들을 만나 양육할 때도 있다.[lxxviii] 문서와 멀티미디어 선교가 가능한 국가와 지역에서 충분히 이용할 수 있는 선교 전략이다.

중간 공동체 선교전략

하영광선교사는 회심한 무슬림들을 위한 중간 공동체가 필요하다고 제안한다. 회심한 무슬림들이 자신의 무슬림 공동체로부터 쉽게 분리될 수 없기 때문에, 자신의 기독교 신앙을 공개적으로 고백할 때까지 머물 수 있는 기독교 공동체와 무슬림 공동체 사이에 '중간 공동체'를 마련해 줄 필요가 있다고 말한다. 중간 공동체에서 더 깊은 영적 양육을 받을 수도 있다.[lxxix]

기숙사 훈련센터 선교전략

인도네시아의 인구는 2억 6천만 명이다. 인구의 약 90%가 무슬림이다. 아시아에서 가장 큰 무슬림 국가이다. 그런데 현대 인도네시아는 농경사회에서 산업 사회로 변모해 가고 있다. 농촌 청년들이 대도시로 이동하는 현상이 일어나고 있다. 그러나 대부분의 농촌 청년들은 부푼 기대감 하나만 가지고 아무런 준비 없이 무작정 대도시로 이동하는 경우가 많다. 그들을 위해서 기숙사를 제공하고, 그들이 필요한 기술을 익힐 수 있도록 각종 기능 훈련을 제공할 수 있다면 무슬림 청년들을 전도할 수 있는 선교의 장이 될 수 있다.[lxxx]

비성경적 무슬림 선교전략

케빈 그리슨의 낙타 전도법

　케빈 그리슨Kavin Greeson은 무슬림 출신 신자Muslim Background Believer: MBB
들의 도움으로 낙타전도법을 만들었다.[lxxxi] 낙타CAMEL전도법은 성경의 4
가지 사실을 낙타CAMEL란 단어로 요약한 전도법이다. 'C'는 '선택Chosen'으
로 마리아가 예수의 탄생을 위해 선택되었다는 뜻이다. 'A'는 '천사의 소
식Angels Announced'으로 하나님의 천사가 마리아에게 기쁜 소식을 선포하
였다는 뜻이다. 'M'은 '기적Miracles'으로 예수님이 많은 기적을 행하셨다는
뜻이다. 마지막 'E'와 'L'은 '영원한 생명 Eternal Life_으로 예수님께서 영원한
생명으로 인도하는 길을 알고 있다는 뜻이다. 이 낙타전도법의 핵심은 이
슬람 경전 꾸란Qu'ran을 사용한 전도법이다. 그리슨은 쿠란에서 예수의 탄
생, 생애, 죽음, 부활, 재림에 관련된 구절들만을 뽑아서 전도용으로 만
들었다.

　낙타전도법에는 몇 가지 비성서적인 위험성이 있다. 첫째는 지나친 상
황화이다. 그리슨은 전통적 교회 용어를 이슬람식으로 바꿨다. 교회는
'예수 모임'이란 뜻의 '이사 자마아트Isa Jamaats'란 단어로, 목사는 '영적 지
도자' 혹은 '선생'이란 뜻의 '이맘Imam'으로, 모세오경은 '토라트Taurat'로,
복음서는 '인질Injil'로, 노아는 '누Nuh'로, 다윗은 '다우드Dawud'로, 모세는
'무사Musa'로, 하나님은 "알라Allah'로 사용하였다.[lxxxii] 기독교의 하나님과 이
슬람교의 알라 사이에 구분이 없어진 것이다. 둘째는 꾸란의 구절들이 기
독교 전도 메시지의 근거가 된다면 쿠란을 신의 계시로 기록된 경전으로

인정하게 된다. 꾸란은 모순이 많은 책이다.[lxxxiii] 불완전한 꾸란을 가지고 기독교의 진리를 전한다고 하는 것은 지나친 상황화이다. 꾸란은 기독교 전도의 핵심 자료나 근거가 될 수 없다. 셋째는 낙타전도법이 사용한 꾸란의 구절은 오직 알 이므란Aal Imran 3장 42-55절 뿐이다. 꾸란의 몇 구절이 기독교의 진리 전체를 설명해 줄 수는 없다.[lxxxiv] 넷째는 낙타전도법에는 차별성이 약화되어 있다. 낙타전도법은 이슬람의 꾸란과 기독교의 성경에서 비슷한 구절들을 뽑아서 조합하였다. 꾸란과 성경은 결코 조합될 수 없다. 쿠란은 쿠란이고, 성경은 성경이다. 무슬림 전도는 '유사성'이 아니라 '차별성'을 가지고 꾸란에 없는 진리를 무슬림에게 전파해야 한다.[lxxxv] 다섯째는 낙타전도법이 꾸란의 구절을 계속 사용하고 있기 때문에 개종자들로 하여금 꾸란과 단절하지 못하고 계속 꾸란의 내용을 가지고 살도록 하는 단점이 있다.[lxxxvi]

존 트라비스의 내부자운동 전략

내부자운동Insider Movement은 존 트라비스John Travis가 1998년에 발표하였다.[lxxxvii] 내부자운동은 트라비스가 처음 고안한 전력은 아니다.[lxxxviii] 그 이전부터 사용되었던 전략이지만 트라비스가 구체적으로 체계화시켰다. 트라비스는 '내부자'란 무슬림 지역 안에 "하나님께서 심어놓은 사람"을 의미한다고 말한다. '내부자 운동'은 크리스천이 된 사람들이 같은 문화권 안에 머물면서 자국민들에게 복음을 전하는 신앙공동체 운동이다. 트라비스는 그 내부자들을 여섯 가지 유형으로 분류하였다.

	C1	C2	C3	C4	C5	C6
	외국교회 그대로 이식, 외래 문화, 외국어 사용	C1 & 비이슬람적, 현지어 사용	C2 & 비이슬람적 문화 수용	C3 & 성경적으로 용인, 가능한 이슬람 수용	C4 & 무슬림으로 자기 인식	숨은 신자
자기 인식	그리스도인	그리스도인	그리스도인	이사를 따르는 자	이사를 따르는 무슬림	상황에 따라 다양함
무슬림의 인식	그리스도인	그리스도인	그리스도인	별난 그리스도인	별난 무슬림	?

The C1-C6 Spectrum

2007년 태국에서 이슬람 선교를 하고 있는 280명 선교사들이 모였다. 그들의 보고 종합해보면 각 스펙트럼에서 거둔 결과는 다음과 같았다. C1은 1%, C2는 5%, C3은 28%, C4는 37%, C5는 21%, C6은 8%였다.[lxxxix] C4와 C5에서 58% 결신자가 나왔다. C6에서도 8%가 나왔다. 통계 숫자로만 보면 내부자운동이 매우 효과적인 선교전략처럼 보인다. 그러나 내부자운동 전략의 전도 과정을 들여다 보면 많은 문제점이 발견된다. C-1에서 C-4까지의 내부자는 그리스도인으로 인정해 주는 일이 가능하지만, C-5과 C-6 내부자를 거듭난 그리스도인으로 인정하는 일은 신학적으로 많은 논쟁거리가 된다. 트라비스는 C-5와 C-6 내부자들은 특수 훈련된 요원들로서 교회와의 연결을 끊고 무슬림의 정체성을 유지하면서 무슬림 공동체 안에서 전도하는 특수 전도대원이라고 말한다. 무슬림 전도를 위해서 내부자 운동 전략이 필요할 때도 있지만, 혼합주의로 흘러갈 여지가 많다. 내부자 운동 지도자들은 크리스천 무슬림들에게 '샤하다Shahada'를 고백하고 성지순례까지 다녀와도 좋다고 허락한다. '샤하다'는 이슬람의 다섯 기둥 가운데 첫 번째 기둥으로 "알라 외에는 다른 신이 없고, 무함마드는 알라의 사도라는 것을 알고 그의 증인이 되겠다."는 신앙고백이다.[xc] 무슬림 전도를 위해서 자신이 그리스도인 됨을 완벽하게 숨기고, 샤하다 고백을 하고, 메카 성지 순례까지 다녀오도록 허용하는 것은 결코 복음적이지 못하다. 소윤정 박사는 '빠른 성장'보다 '바른 성장'에 이슬람 선교는 그 초점이 맞춰져야 한다고 주장한다.[xci] 이동주박사는 내부자 운동 전략은 반개종주의적인 전략이라고 말한다.[xcii] 샘 쉴로르프는 복음주의자들이 무슬림 선교 전략을 개발할 때 사회과학적 접근방법이 아니라 신학적 접근방법을 먼저 고려해야 한다고 주장한다.[xciii]

빼내기 전도 전략

무슬림들이 기독교 선교에 대해서 가장 분노하는 것 중에 하나가 '빼내기 선교missionary extractionism 전략'이다.[xciv] 선교사들 중에는 무슬림들을 개종시킨 후에, 그들을 무슬림 문화권에서 빼내어 서구 문화권으로 구성된 기독교 공동체로 이동시킨다. 랄프 윈터는 파키스탄 크리스천들이 이웃에게 전도하지 못하는 이유도 빼내기 선교전략에서 기인한다고 설명한다. 파키스탄 인구의 97%가 무슬림들이다. 선교사들을 통해서 복음을 듣고 크리스천이 된 파키스탄 사람들은 대부분 파키스탄 북부 지방에 기독교 공동체(게토)를 형성하고 살아간다. 기독교 공동체 안에서 산다는 것이 안전하고 좋은 면도 있지만, 파키스탄 사회로부터 고립된 지역에 산다는 의미도 된다. 즉 파키스탄 무슬림들에게 전도할 수 있는 기회가 만들어 질 수 없다는 단점이 된다. 크리스천들을 무슬림 지역에서 빼내어 별도의 기독교 공동체 속에 넣는 전략은 고립으로 이어진다고 랄프 윈터는 말한다.[xcv] 특별히 현대 이슬람 사회에서 함부로 '빼내기' 전략을 실행하게 되면 개종자는 '배교자'가 될 수 있고, '국가에 대한 배신자'로 낙인 되어 매우 위험한 결과를 초래할 수 있다. 또한 크리스천 공동체로 인식이 되면 무슬림 근본주의자들로부터 집중 공격을 당하게 되는 표적이 될 수 있다. 도달드 맥가브란Donald McGavran도 선교기지mission station로 빼내는 서구 선교사들의 선교전략을 비판했다. 무슬림 선교는 개인주의가 아닌 종족 중심의 선교전략이 주효하다고 강조했다.[xcvi] 그러므로 이슬람권에서 크리스천 공동체를 세우는 전략은 신중한 접근이 필요하다.

● 맺는 말

이슬람교는 삼위일체를 부인한다. 예수님의 신성도, 십자가도, 부활도, 재림도 부인한다. 성령은 아예 무함마드로 바꿔놓았다. 구원도 이슬람의 교리에 절대 복종하고, 선행을 행함으로 받는다. 그들은 기독교인들에게 같은 '하나님'을 섬기는 종교라고 말하지만, 기독교의 진리와는 거리가 먼 종교이다. 특별히 이슬람교에서 펼치고 있는 이슬람의 세계(로마) 정복선교는 매우 공격적이다. 특별히 시아파 이슬람이나, 극단주의 무슬림 무장단체들인 이라크-시리아의 이슬람국ISIS: The Islamic State of Iraq and Syria, 아프가니스탄의 텔레반Teliban, 나이지리아의 보코하람Boko Haram, 팔레스탄의 하마스Hamas들은 "알라를 섬기지 않는 이교도들은 모두 죽이고, 이 세상을 알라와 샤리아 법 아래 굴복시켜라."라는 슬로건을 가지고 투쟁한다.[xcvii] 그 슬로건은 과연 급진주의 무슬림들만의 것일까? 강도의 차이는 있지만, 급진주의 무슬림이든, 온건주의 무슬림이든 모든 무슬림들이 이 세상을 바라보는 똑같은 사고방식이고, 이 세상에서 살아가는 그들의 삶의 방식이고, 그들에게 주어진 복종의 사명이다. 그래서 모든 이슬람교에서 실행하는 무슬림 선교는 공격적일 수밖에 없다. 샘 설로르프는 이슬람은 단순한 종교가 아니라 정치적 이데올로기라고 단언하였다. 무슬림의 이데올로기는 이상화된 '무슬림 공동체'인 움마Ummah을 중심으로 한다. 움마는 하나님의 나라와 동일시하는 '신적인 사회 공동체Divine social order'로서 그 통치 체제를 전 세계로 확장하려고 한다.[xcviii] 로마(세계) 정복을 위해서 무슬림들은 순교도 마다하지 않는다. 그들의 선교전략은 더욱 치밀해 지고 있고, 더욱 강력해 지고 있고, 더욱 잔인해지고 있다.

그와 같은 이슬람교의 세계 선교 전략에 대항하는 기독교의 이슬람 선교는 얼마만큼 철저히 준비되고 있는지 점검해야 한다. 더 창의적이고, 더 강력한 선교 전략이 있어야 한다. 창의적인 선교 프로그램을 개발하는 것만이 아니다. 믿음과 기도와 말씀과 성령의 능력으로 준비된 그리스도의 강인한 군사들이 최전방으로 파송되어야 한다. '이슬람,' '무슬림'하면 테러와 전쟁을 제일 먼저 연상한다. 그런 연상은 모든 무슬림들을 적으로 만든다. 그들은 우리의 적이 아니다. 그들은 예수의 복음을 들어야만 하는 거대한 미전도 종족이다. 무슬림 중에는 이슬람 국가에서 태어나 다른 종교와는 단 한 번도 접촉해 본 적이 없이 오직 이슬람의 교리와 무슬림의 전통과 문화만 알고 죽는 사람들도 많다. 80%의 무슬림들이 예수의 복음을 들어보지 못하고 죽는다고 한다.[xcix] 그들은 제한된 지역 혹은 통제된 세계에 갇혀 있다. 그들은 왜곡된 비진리를 진리로 알고 신봉하다가 죽는다. 그들은 이슬람교 영적 지도자와 교사들인 '이맘Imam'에 의해 세뇌 교육을 받고 서방 세계와 기독교를 향해 무조건적인 반감과 적개심을 갖고 싸우다가 죽는다. 그러나 이슬람 세계에도 '틈'이 있다. 성령께서 열어주시는 '길'이 있다. 홍해가 열리듯이, 여리고성이 무너지듯이 하나님의 역사는 오늘도 이슬람권에서 일어난다.

이슬람 선교는 개인이 혼자 할 수 있는 선교가 아니다. 이슬람 선교를 위해서 부르심을 받고 사역하는 선교사들과 선교 단체들과 연합하여 선교의 정보를 공유하며 함께 더불어 가야 한다. 이슬람 선교는 초교파적으로 연합하여 공동 선교 전략을 가지고 나아가야 한다. Call of Hope와 같은 선교 단체는 130년 이상 무슬림 선교에 집중 해 오고 있다. 무슬림 선교에 대한 그들의 축적된 경험과 선교 전략을 공유할 필요가 있다. 미국에서 아니스 자카Anees Zaka는 '장벽 없는 교회Church without walls'를 설립하였다. 미국으로 이주하고 있는 무슬림들을 전도하기 위한 교회를 세운 것이다. 기독교와 이슬람교 사이에 있는 벽을 허물고 소통을 통해서 복음을 전한다. CWW은 미국의 열 두 개 도시에 선교 센터를 개설하였다. CWW의 신학적 기초는 복음주의와 개혁주의 신학과 웨스트민스터 신앙고백 위에 세워졌다. CWW는 '이슬람학을 위한 성경연구소Biblical Institute for Islamic Studies:BIIS를 설립하고, 몇몇 신학대학원과 연결되어 박사Ph.D 학위까지 취득할 수 있도록 해서 무슬림 선교 전략을 깊이 있게 연구하고 있

다.' 무슬림 선교를 위해서 CWW와 같은 기관들을 통해서 더 다양한 접
근 방법과 전도와 선교 방법이 계속해서 창출되기를 기대한다.

원산에서 시작해서 북간도, 만주, 시베리아, 몽골까지
한인 선교사를 파송했던 북방선교의 개척자 말콤 펜윅

Chapter 11

가톨릭 선교

내가 다시는 여호와를 선포하지 아니하며 그의 이름으로 말하지 아니하리라 하면
나의 마음이 불붙는 것 같아서 골수에 사무치니 답답하여 견딜 수 없나이다

렘 20:9

기독교는 '하나님'이라고 하고, 가톨릭은 '하느님'이라고 한다. 다른 하나님인가? 기독교의 십자가에는 예수님이 없고, 가톨릭의 십자가에는 예수님이 있다. 다른 십자가 복음인가? 어떤 사람은 결국 같다고 대답하고, 어떤 사람은 전혀 다르다고 대답한다. 한국인도, 일본인도 똑같은 사람이다. 그런데 한국인과 일본인이 같으냐고 말하면, "한국인은 한국인이고, 일본인은 일본인이다."라고 대답한다. "사람은 같지만, 한국인과 일본인은 분명히 다르다."는 말을 어떻게 해석해야 할까? 가톨릭교회와 기독교 이야기이다. 가톨릭교회는 항상 원가지를 강조한다. 가

톨릭교회는 정교회는 그 원가지에서 나간 종파이고, 기독교는 원가지와는 전혀 상관이 없는 이단교회로 규정하였다. 가톨릭교회는 지금도 2000년의 장구한 교회 역사를 말하며 교회의 정통성을 강조한다. 가톨릭교회가 가진 교회의 권위와 정통성에 대해서는 조금의 양보가 없다. 가톨릭교회가 주장하는 그 권한을 대표적으로 보여주는 것 중에 하나가 성경 위에 가톨릭교회의 권위를 올려놓은 일이다. 66권을 정경Cannon으로 결정한 곳이 교회이기 때문이라고 말한다. 그래서 가톨릭교회는 그 권한을 가지고 외경까지 성경으로 인정한다. 그 교회의 절대 권한에 대항했던 사람들은 출교와 죽음을 당하였다. 교황의 교도권은 신의 소리로 절대적이다. 가톨릭교회를 선교대상을 삼는 이유이다.

가톨릭교회의 주요 역사

가톨릭교회는 예수께서 베드로를 교회의 초석(마태 16:13-20)으로 삼으셨기 때문에, 사도 베드로가 초대 교황이 되어 사도의 전승으로부터 가톨릭교회가 시작되었다고 말한다.

사도들이 죽고, 교부시대(100-300년)가 시작되었다.

313년 콘스탄티누스 황제가 그리스도교를 공인하였다.

325년 제1차 니케아 공의회가 있었다. 예수의 신성을 부인했던 아리우스주의를 배격하고, 삼위일체 교리를 채택하고 니케아 신조를 선언하였다.

392년 테오도시우스 황제가 그리스도교를 국교로 선포하였다.

451년 칼케돈 공의회가 있었다. 예수에게는 신성밖에 없다는 단성론을 배격하고, 예수는 참

하나님이시며, 참 인간이라는 칼케돈 신조를 선언하였다.

787년 제2차 니케아 공의회가 있었다. 황제 레오 3세로부터 시작되었던 성상 파괴 논쟁을 정리한 공의회였다. 성화 공경은 우상숭배가 아니라는 결론을 내렸다.

1054년 서방교회(로마 가톨릭)와 동방교회(정교회)가 분열하였다. 동방교회가 동의하지 않았던 세 가지는 교황 수위권, 교황 무류성, 필리오케(Filioque) 교리였다. 서방교회의 필리오케 교리는 '성령은 성부와 성자로부터 나온다.'는 주장이었고, 동방교회의 필리오케 교리는 '성령은 오직 성부로부터만 나온다.'는 주장이었다.

1506년 성 베드로 성당이 착공되었다.

1517년 루터의 종교개혁이 일어났다.

1545년 트렌트 공의회가 있었다. 종교개혁으로 인해 개신교화 되는 유럽을 다시 가톨릭화하기 위해 개신교를 이단으로 규정하였다. 종교개혁자들을 정죄하고, 가톨릭교회의 법령과 교회법을 재정하였다.

1626년 성 베드로 성당이 완공되었다.

1929년 바티칸이 독립국가로 선포되었다.

1962년 제2차 바티칸 공의회(1962년~1965년)가 있었다. 모든 문헌에 교황 바오로 6세가 '가톨릭교회'라는 명칭 위에 서명함으로써 그때부터 앞에 '로마'를 삭제하고 '가톨릭교회'가 공식 명칭이 되었다. 가톨릭교회는 기독교를 '이단교회'에서 '갈라져 나간 형제들'로 지칭하며, 기독교를 공교회로 공식 인정하였다. 이슬람교에 대해서도 '형제'로 선언하였다. 이슬람교가 예수님을 예언자로 공경하고, 동정녀 마리아를 공경한다는 이유에서였다.[i]

1984년 교황청과 이탈리아 정부 사이에 새로운 협약(Concordat)이 체결되었다. 이탈리아 헌법에 "이탈리아는 가톨릭을 국교로 한다. 로마는 성도다."라는 조항이 삭제되었다.

2007년 교황 베네딕토 16세는 제2차 바디칸공의회의 결의를 철회하고 기독교는 교회가 아니라고 다시 천명하였다. 세계교회협의회(WCC)는 가톨릭을 회원교회로 계속 초대하지만, 가톨릭은 '교회가 아닌 집단'에 가입할 의사가 없음을 분명히 하였다.[ii]

가톨릭교회 주요 교리

삼위일체론

하나님, 예수님, 성령님의 세 위격(位格)은 완전히 구별되면서 동시에 완전한 하나의 신성을 가지신다고 믿는다.

원죄론

원죄를 인정한다. 아담과 하와의 죄가 모든 인류에게 전가되었고, 모든 사람이 원죄의 상태에서 태어난다. 자범죄는 대죄와 소죄로 나눈다. 대죄는 하나님의 법을 심각하게 위반한 죄다. 고해성사를 통해서 사죄를 받지 못하면 지옥으로 가게 된다. 소죄는 덜 심각한 죄다. 소죄를 용서를 받지 못하면 연옥에서 형벌을 받게 된다.[iii]

구원론

구원은 하나님이 정하시는 것이 아니라 인간의 선택으로 정해진다. 그 선택의 결과는 선택한 사람의 책임으로 귀속된다.[iv] 가톨릭교회의 구원은 긴 여정 위에 있다. 믿음이 아니라 행함이 첨부되어 있기 때문이다. 구원은 팔짱을 끼고 기다렸다가 받는 것이 아니다. 구원의 실현은 믿음 하나로 얻는 것이 아니라 하나님과 사람의 협력으로 이루어진다. 가톨릭의 구원은 영세(세례)를 시작으로 일곱 성례를 다 지키고 선행을 해야 한다. 구원의 확신이 없는 사람은 연옥에 들어간다. 연옥에서의 고통을 감하거나 면제받기 위해서는 면죄부가 필요하다. 성사와 미사성제Holy Sacrifice는 구원받을 수 있는 길이 된다.[v] 그러므로 구원을 얻기 위해서는 성당에서의 미사와 성례와 선행을 하는 사회봉사를 멈추지 않아야 한다. 구원받을 수 없는 세 부류가 있다. 첫째는 선하게 살고자 하는 않고 몸만 교회에 다니는 자이다. 둘째는 그리스도께서 세운 교회를 부인하는 자로 종교개혁자, 기독교 교의신학자, 역사신학자들이다. 셋째는 사탄에게 미혹을 당하고 사는 악인들이다.

은총론

생명의 은총과 조력의 은총이 있다. 생명의 은총은 성화의 은총 혹은 상존 은총이라고 한다. 생명의 은총은 신자들 위에 항상 머물며 구원받을 수 있는 자격이 생기도록 한다. 그러나 고의적으로 큰 죄를 범하게 되면 그 생명의 은총은 사라진다. 조력의 은총은 신자들이 죽을 때까지 선행을 하며 신앙생활을 충실히 할 수 있도록 돕는 은총을 말한다[vi].

성찬론

가톨릭교회의 성찬은 그리스도의 임재를 말한다. 성만찬의 떡과 포도주를 놓고 축사할 때 성령의 능력과 그리스도의 말씀을 통해서 실제로 떡은 예수님의 몸으로, 포도주는 예수님의 피로 변한다. 화체설Transubstantiation 이다. 화체설은 1215년 라테란 회의와 1551년 트렌트 회의에서 교리로 공식 채택되었다. 성찬을 '그리스도의 희생 제사'로 믿는다. 그래서 성찬을 거행할 때마다 그리스도의 희생이 재현된다.[vii] 성만찬을 신성시하기 때문에 떡과 포도주를 향해 절(성체조배)을 하고, 복(성체강복)을 빈다.[viii] 가톨릭교회의 일곱 성사 가운데 가장 중요하게 여기는 성사가 성찬을 받는 성체성사이다. 성체성사는 미사의 절정이다. 성체성사를 '영성체'라고 말하기도 한다. 가톨릭교회 사제인 헨리 나우웬Henri Nouwen은 성당에서 받는 성찬뿐만 아니라 날마다 갖는 성찬 생활을 통해서 그리스도의 임재 가운데 살아가도록 해야 한다고 강조하였다.[ix] 이것은 영성이 아니라 성체를 우상화 시킨 일이다.

교회론

가톨릭교회만이 하나의 교회라고 말한다. 가톨릭교회 외에 다른 교회들은 그 창립자가 그리스도가 아니라고 말한다.[x] 제2차 바티칸공의회 교회 헌장 제14항에는 가톨릭교회를 구원의 조건으로 제시한다. 즉 가톨릭교회 신자이어야 구원을 받을 수 있다고 말한다.[xi]

성경과 외경

가톨릭교회는 정경 66권을 결정한 최종 결정권자라고 말한다.[xii] 가톨릭교회는 하나님의 계시는 '기록된 성경'과 '구두 전통'Oral Tradition이란 이중의 형태로 전달된다고 주장한다.[xiii] 그래서 신구약 66권 외에 외경 및 구전까지 66권 정경과 똑같은 권위를 갖는다고 말한다. 구전은 사도들의 유전과 로마교회 공의회의 결정과 교회의 선언들을 가리킨다.[xiv] 가톨릭교회는 그처럼 성경의 권위보다 가톨릭교회의 권위를 더 위에 올려놓았다. 루터는 성경 해석의 원리는 성경 그 자체의 권위에 있다고 주장하였다. 칼뱅도 종교의 권위는 '오직 성경'에 있음을 역설하였다. 칼뱅은 '교황권'이나 과거의 그 어떤 교회 공의회에서 도출된 '교리'가 기독교인들의 최종 표준이 될 수 없고, '오직 성경'만이 기독교인의 최종 권위이며, 신앙의 정초가 된다고 단언하였다. 루터와 칼뱅은 오직 성경' 외의 것들은 모두 폐기시켰다.[xv]

성모 마리아

제2차 바티칸 공의회 제8장에 기록된 동정녀 마리아에 대한 기록을 요약하면 다음과 같다. 52항: 우리 주 천주 예수 그리스도의 어머니이시다. 평생 동정녀이시다. 56항: 하와를 통하여 죽음이 왔고, 마리아를 통하여 생명이 왔다. 58장: 성모께서는 당신의 아드님과 함께 극도의 고통을 겪으시며, 당신에게서 나신 희생 제물에 사랑으로 일치하시어, 아드님의 희생 제사에 어머니의 마음으로 당신을 결합시키셨다. 59장: 원죄의 온갖 더러움에서 물들지 않으시어 티 없이 깨끗하신 동정녀께서는 지상생활의 여정을 마치시고, 육신과 영혼이 하늘의 영광으로 올림을 받으셨다. 62항: 복 되신 동정녀께서는 교회 안에서 변호자, 원조자, 협조자, 중개자라는 칭호로 불리신다. 66항: 천주의 성모라는 칭호로 공경을 받으시고, 신자들은 온갖 위험과 곤경 속에서 그분의 보호 아래로 달려 들어가 도움을 간청한다.[xvi] 이 조항들을 종합하면, 마리아는 하나님의 어머니이며, 원죄가 없는 상태로 아들을 잉태했고, 평생 동정녀로 살았고, 죽음을 경험하지 않고 승천했고, 지금은 천국에서 신자들을 위해 중보하고 도와주는 분으로 되어 있다.[xvii]

교황권

모든 가톨릭교회는 성 베드로의 후계자인 로마 교황의 수위권을 인정한다. 교황은 '로마의 주교'이며, '예수 그리스도의 대리자'이며, '베드로의 후계자'이며, '로마 교황'이다. 가톨릭교회는 확고한 서열을 가지고 있다. 사도 계승권에 대해서 말할 때 '사도들'이라는 복수형을 쓰지 않고, 오직 하나의 단수 '사도'를 언급한다. 즉 '천국의 열쇠'를 받은 사도는 베드로 한 사람으로써 베드로로부터 사도직이 계승되었다고 믿는다.[xviii] 교황은 '천국의 열쇠'를 가진 사도 베드로의 계승자로서 면죄부를 줄 수 있는 권한을 갖는다. 교황은 교회의 전통을 보존하고, 성경을 해석하고, 하나님의 계시에 대해서 최종 책임을 진다.[xix] 제2차 바티칸 공의회는 '교황의 무류권Papal infallibility'를 재확인하였다. 교황에게는 오류가 없다는 것은 '교황의 무류권'이 성령으로부터 받은 완전한 선물The Gift of the Holy Spirit이기 때문이라고 말한다.[xx]

사제직

가톨릭교회는 제대와 사제직을 가지고 있다. 기독교는 설교단이 있는 곳을 '강단'이라고 한다. 가톨릭교회는 그곳을 '제대'라고 한다. 구약에서의 제사를 드린다는 개념에서 유래된 말이다. 그 '제대' 위에 있는 성직자들은 구약 시대에 제사를 주관했던 제사장들과 같다 하여 '사제'라고 한다. 가톨릭교회는 기독교에는 그런 제대와 사제가 없는 예배를 드리고 있다고 비판한다.[xxi] 가톨릭교회는 사제들에게 중보권, 축성권, 사죄권, 교도권을 부여해 준다.[xxii] 중보권은 그리스도를 대신하여 중재자로서 미사(제사)를 집례하고, 성찬례를 집례하는 권한을 말한다. 축성권은 복음을 선포하고, 신자들을 사목하고, 사람들을 대표하여 하나님께 희생 제사를 드릴 수 있는 권한을 말한다. 사죄권은 고해성사를 통해서 죄를 사해주는 권한을 말한다. 교도권은 사람들에게 복음을 전하는 책무를 가지며, 가톨릭교회의 교의를 유권적으로 해석할 수 있는 권한을 말한다. 사제직의 핵심은 미사 때마다 사제들이 그리스도를 대신해서 성체(희생) 제사를 올린다는 것이다. 그래서 사제들은 제대에 임하는 '또 하나의 그리스도'가 된다고 말한다.[xxiii] 그러나 예수 그리스도는 십자가에서 단번에 희생의 제물이 되셨다.

연옥설

연옥Purgatory은 속죄를 완전하게 받지 못한 영혼들이 머무는 천국과 지옥 사이에 있는 중간 처소를 말한다. 가톨릭교회는 완전한 구원에서 탈락한 신자들이 천국으로 들어갈 수 있도록 인간의 불완전함을 씻을 수 있는 정화 과정이 있는 곳이라고 말한다. 하나님을 믿으면 원죄가 용서받기 때문에 연옥은 통과할 수 있다. 그러나 죽기 전에 고해성사를 하지 못해 남아 있는 잠벌(暫罰) 즉 소죄가 있으면 심판을 받게 된다.[xxiv] 잠벌 때문에 천국으로 가지 못하고 연옥에 있는 영혼들을 위해서 지상에 살아 있는 가족들이 대리로 기도해주고, 미사와 헌금과 선행을 해주면 연옥에 있는 가족들의 고통의 기간을 단축시켜 줄 수 있고, 결국 그 영혼이 천국으로 들어갈 수 있다고 믿는다.[xxv] 기독교 신자로 연옥에 들어간 영혼은 가톨릭교회를 통해서 기도하면 천국으로 갈 수 있다고 말한다. 가톨릭교회의 우월성을 강조하는 교리이다.[xxvi]

면죄부

가톨릭교회는 죽음에 대한 두려움을 없애주고, 구원에 대한 확신을 주기 위해서 면죄부Indulgence를 만들었다. 면죄부를 가진 사람은 구원받았다는 확신을 가졌다. 죽은 자를 위한 미사도 강화되었다. 죽은 영혼을 위해서 돈을 내고 면죄부를 사면, 그 영혼이 연옥에서 천국으로 옮겨진다고 믿는다.[xxvii] 교황은 그리스도의 [대사]가 아니라 그리스도의 [대리자]로서 죄에 대한 벌을 면제해줄 수 있다고 믿는다. 면죄부는 "죄를 사면해 주었다는 증명서"를 말한다. 한국 천주교회는 '면죄부(免罪符)'란 용어가 오역되었다고 주장하며, '면벌부(免罰符)'로 수정해 달라고 교육부에 요청하였다. 교육부는 그 제안을 받아주었다. 그러나 실제로 한국 천주교회는 면죄부도 아니고, 면벌부도 아니고, '위대한 사면'이란 뜻의 '대사부(大赦符)'란 용어를 사용하고 있다. 그러므로 '면죄부' '면벌부' '대사부'는 같은 의미의 단어들이다.

11세기부터 16세기까지 가톨릭교회는 장엄한 성당 건축을 위해서 면죄부를 팔았다. 면죄부를 받게 되면 모든 죄가 면제되기 때문에 지옥으로 가고 싶어도 갈 수 없다고 믿었다. 당시에 면죄부 한 장의 가격은 송아지 세 마리를 팔아야 살 수 있는 큰 돈이었다. 면죄부는 1인용이기 때문에 가족이 많은 사람에게는 큰 부담이 되었고, 가난한 사람들은 면죄부를 살 수없었다. 그 면죄부가 필리핀에서도 발행되었다. 2021년은 필리핀 가톨릭 선교 500주년이 되는 해였다. 교황 프란치스코는 필리핀에 있는 수만 개 성당 중에서 500개 성당을 선정해서 "희년 교회Jubilee Church"로 선포하였다. 교황은 2021년 안에 선정된 500개 성당 중에서 13개 성당에 가서 미사를 드린 사람들은 교황으로부터 면죄부를 받게 된다고 선포하였다. 면죄부는 성경에 없다. 면죄부는 천국으로 가는 구원증서가 아니다.

일곱 성사

성례는 하나님의 은혜를 덧입는 거룩한 의식으로 믿는다. 예를 들어 영세는 축성한 물을 통해 수세자의 원죄를 씻고, 거듭나게 하며, 가톨릭교회에 가입하게 하는 은혜로 믿는다.^{xxviii} 여기에 중요한 포인트가 있다. 가톨릭은 신자들의 믿음이 먼저가 아니라, 교회의 믿음이 먼저라고 말한다. 그것이 구원에 가장 결정적인 역할을 한다. 교회의 믿음이 우선한다는 교리는 영세 성사에서 잘 나타나 있다. 영세를 받는 유아가 개인적인 믿음을 표명하지 않았음에도 교회가 믿음의 은사를 유아에게 수여함으로써 유아가 일찍 죽게 되어도 구원을 받게 된다고 믿는다. 유아의 믿음 때문이 아니라, 교회의 믿음 때문에 구원이 가능하게 된다는 것이다. 어른의 경우에도 영세를 받을 때 사제가 "당신은 하나님의 교회에게 무엇을 청합니까?"라고 물으면 영세를 받는 사람은 "제게 믿음을 주시기를 청합니다."라고 대답한다.^{xxix} 자신의 믿음이 아니라 교회의 믿음을 달라는 대답을 한다. 그와 같이 가톨릭교회가 가진 일곱 성례는 구원을 받기 위해서 신자들이 반드시 해야만 하는 '필수' 성례이다. 그 일곱 성사는 다음과 같다.

- **영세(Baptism) 성사:** 세례를 받으면 세례명을 갖게 된다.

- **견진(Confirmation) 성사:** 12세가 되면 견진(믿음에 대한 확신)을 받아야 한다.

- **성체(Holy Eucharist) 성사:** 성찬식

- **고해(Penance) 성사:** 죄를 신부에게 고하고 용서를 받는 일이다.

- **종부(Extreme Unction) 성사:** 죽기 전에 성례를 받으면 모든 죄가 사해진다.

- **성품(Holy Orders) 성사:** 그리스도의 사제직을 계승하기 위해서 주교, 신부, 부제, 수녀들을 세우는 성사이다.

- **혼인(Matrimony) 성사:** 결혼은 성례이므로 이혼할 수 없다.^{xxx}

가톨릭교회의 토착화 신학

가톨릭교회는 일찍부터 각국의 토착화를 허용하였다. 그래서 각 나라마다 토착화된 성모상을 갖게 되었다. 그러한 토착화는 혼합주의이다. 그래서 밖에서 보면 똑같은 가톨릭교회이지만, 안으로 들어가면 또 다른 가톨릭교회가 거기에 있다. 대륙별로 가톨릭교회들이 성장해 갈 때 각 나라의 가톨릭교회는 그 나라 전통 종교와 문화와 혼합되면서 색깔이 다른 가톨릭교회를 탄생시켰다. 로마 가톨릭, 스페인 가톨릭, 멕시코 가톨릭, 남미 가톨릭, 필리핀 가톨릭이 같으면서 또 다른 이유이다. 가톨릭교회 안에 혼합주의가 어떻게 혼재되어 있는지 필자가 선교하고 있는 필리핀 가톨릭교회를 보려고 한다.

필리핀이 서방세계에 알려지게 된 것은 1521년에 스페인 탐험선 선장 마젤란이 필리핀을 발견하면서 부터이다. 마젤란은 3월 16일 사마르Samar 섬에 처음 도착했고, 4월 7일에는 세부Cebu 섬으로 이동하였다. 그리고 1주일 후에 해변에서 첫 미사를 드렸다. 그 미사가 끝나고 많은 사람이 개종했고, 왕의 부인과 아들들을 포함 800명이 세례를 받았다.[xxxi] 그러나 다른 부족들은 스페인 사람들을 거부하였다. 결국 전쟁이 일어났고 마젤란은 그 전투에서 전사하고 말았다. 패전한 소수의 군인들만이 스페인으로 돌아갔다. 스페인 국왕은 다섯 차례 필리핀을 공격했지만 모두 실패하였다. 1556년에 필립 2세가 스페인 왕이 되었다. 그는 멕시코 부왕 벨라스코Velasco에게 필리핀을 정복하라고 다시 명령하였다. 그 당시에 멕시코는 스페인의 식민지였다. 멕시코 부왕 벨라스코는 그의 부하 레가스피Miguel

Legaspi에게 필리핀 정복을 명령하였다. 그래서 레가스피가 멕시코 군인들을 이끌고 1565년 3월 16일에 필리핀으로 가서 대승을 거두었다. 그때부터 1821년까지 필리핀은 256년 동안 멕시코 지배 아래에 있게 되었다. 1821년에 멕시코가 스페인으로부터 독립하면서 필리핀은 스페인 사람들의 통치 아래로 들어가게 되었다.[xxxii] 그런데 스페인이 미국과의 전쟁에서 패하면서 1898년 파리 조약을 통해서 미국으로부터 2,000만 달러를 받고 필리핀의 영유권을 넘겨주게 되었다. 필리핀이 외세에 통치를 당했던 역사를 간략하게 정리하면, 멕시코가 256년(1565년-1821년) 동안, 스페인이 77년(1821년-1898년) 동안, 미국이 48년(1898년-1946년) 동안 필리핀을 통치하였다. 그처럼 필리핀은 멕시코와 스페인이 333년 동안 통치할 때 가톨릭의 영향권 아래에 있었다. 필리핀 가톨릭 신자들이 가장 성스럽게 숭배하고 있는 검은 예수 상Black Nazarene Jesus Quiapo과 산토니뇨 Santo Nino 아기 예수상은 모두 멕시코로부터 온 것들이었다.[xxxiii]

그러므로 제1기 256년 동안 필리핀을 통치했던 멕시코의 가톨릭를 볼 필요가 있다. 한동대학교 국제지역연구소에서 "현대 멕시코 가톨릭의 혼합주의 분석과 선교전략"이란 제목으로 보고한 자료가 있다. 스페인이 멕시코를 점령했을 때, 멕시코는 피지배자로서 가톨릭을 받아드렸지만, 멕시코 인디오들은 자신들의 토착종교를 버리지 않고 가톨릭교회와 융합시켰다. 그들은 여전히 다신교 신앙을 가지고 있었다. 여전히 태양을 신으로 섬겼고, 특정 동물들까지 숭상하는 토테미즘과 주술과 초자연적인 존재와 교류하는 샤머니즘까지 혼합시켰다.[xxxiv] 바로 그 점이다. 멕시코 가톨릭교회에서 볼 수 있는 그 혼합주의를 필리핀 가톨릭교회 안에서도 고스란히 볼 수 있다는 점이다. 필리핀 가톨릭교회에서 최고의 성지로 알려진 마닐라 퀴아포Quiapo 성당Basilica of the Black Nazarene은 매일 오전 5시부터 저녁 8시까지 매 시간마다 공식 미사를 드린다. 하루에도 수만 명이 다녀간다. 그런데 그 성당 뜰에는 점을 치는 사람들이 즐비하게 앉아 있다. 점치는 사람들은 성당을 바라보고 앉아 있다. 미사를 드리고 나오는 신자들이 점을 치고 가기 때문이다. 미신과 샤머니즘과 혼합된 필리핀 가톨릭교회의 전형적인 단면을 보여주는 모습이다. 가톨릭 장례식에 가면 관 앞에 촛불과 돈을 놓은 그릇이 있다. 죽은 자를 위한 노자돈이라고 말한다. 그들은 49제까지 드린다. 유교와 불교가 융합된 모습이다. 가톨릭교회 신자인지, 샤머니즘 신자인지, 불교 신지인지 구분이 되지 않는다. 이것은 가톨릭교회가 허용한 토착화이다. 그것은 우상숭배이며, 혼합주의이다.

스페인은 바다를 건너 다른 민족들의 영토를 점령했던 정복자였다. 그들의 정복은 영토 확장이었지 선교 목적이 아니었다. 그래서 멕시코 가톨릭교회가 멕시코의 토착종교와 혼합을 해도, 필리핀 가톨릭교회가 필리핀의 토착종교와 샤머니즘과 불교와 혼합해도 스페인 가톨릭교회는 그들의 혼합을 제재하지 않았다. 스페인 정복자들은 정복한 국가들을 가톨릭 땅으로 만들기 위해서 강제적으로 집단 세례를 받게 했고, 거부하는 자들은 모두 죽였다. 그러나 가톨릭을 받아드리고 영세를 받은 원주민이 그들의 종교적 관습들을 지키는 것에 대해서는 무시하고 금지시키지 않았다. 그래서 종교적 혼합주의가 나오게 되었다.[xxxv] 브라질을 비롯한 남미(라틴아메리카) 가톨릭교회도 마찬가지다. 남미에도 다양한 인종이 살고 있다.

남미 가톨릭교회 역시 각 종족들이 가지고 있는 전통 종교와 정령숭배 Animism와 깊이 혼합되어 있다.[xxxvi] 스페인이 남미를 정복했을 때 아프리카 노예들을 데리고 갔다. 아프리카 노예들은 강신술Spiritism과 혼합한 그들만 의 가톨릭 신앙을 만들어 냈는데, 남미 가톨릭교회 안에 아프리카인의 정령숭배Animism와 강신술과도 혼합된 가톨릭을 만들어 냈다.[xxxvii]

필리핀 정부가 발표하는 필리핀의 종교 분포도에 의하면 가톨릭은 80% 이고, 기독교는 10%이고, 이슬람교는 6%이다. 가톨릭과 기독교를 합하 면 하나님을 믿는 사람들이 필리핀 인구의 90%가 된다는 말이다. 그런 나라에 선교사가 필요하냐고 말할지 모른다. 퍼센트(%)가 구원을 확증해 주지는 않는다. 가톨릭교회로 나가든, 개신교회로 나가든 '교회'라는 곳 만 다니면 구원을 받는 것이 아니다. 구원은 교회를 다니는 것과는 아무 런 상관이 없다. 필리핀 가톨릭교회 주변에는 악한 영들로부터 자신을 지켜준다고 믿는 부적Anting-anting을 파는 곳들이 많다. 정령숭배와 샤머니즘 에 빠진 가톨릭교회 우울한 모습이다. 그들에게 진정한 복음이 필요한 이 유이다.

기독교 선교 전략

직접 전도 선교 전략

대부분 가톨릭 국가들은 복음을 전파하는데 큰 제약이 없다. 복음을 자유롭게 전할 수 있다는 장점을 최대한 이용해야 한다. 필리핀의 경우 글을 읽을 수 있는 문해율(92.6%)이 매우 높다. 기회가 주어지면 공부하기를 좋아하는 사람들이다. 거리에서 복음을 전하면 잘 들어준다. 그들 가운데는 가톨릭교회의 교도권Magisterium에 구애받지 않고 성경을 더 알기 원하는 사람들이 많다. '교도권'이란 교황이 교좌(敎座)에서 선언하거나, 주교단이 공의회에서 선언하거나, 주교나 사제들이 매주일 미사 때 주는 강론을 가리킨다. 그 선언들과 강론의 내용들이 신앙과 도덕에 관한 것이면 그 내용은 잘못된 것이 없다고 가톨릭교회는 선언한다.[xxxviii] 그 교도권 때문에 가톨릭교회의 메시지 외에는 기독교에서 전하는 그 어떤 설교도, 성경공부도 받지 않겠다는 사람도 있지만, 그런 교도권과 상관없이 진리를 알기 원하는 가톨릭교회 신자들을 많이 만나게 된다. 그들에게는 직접 전도가 가능하다.

말씀 선교 전략

가톨릭교회 신자들은 예수님의 기적에 대해서 기본적인 이해를 가지고 있다. 그래서 그들은 기적을 경험하기를 갈망한다. 예수님의 이름이 선포되는 곳에 놀라운 기적이 일어난다. 그러므로 담대히 예수의 이름을 선포하는 일을 주저하지 않아야 한다. 좋은 예가 브라질에서 일어나고 있다. 1970년 브라질의 가톨릭 인구는 92%였다. 2000년도에는 73.6%로 내려갔고, 2010년도에는 64.6%로 더 내려갔다.[xxxix] 그런데 브라질 정부 통계기관이 더 놀라운 관측을 내놓았다. 2022년에 가톨릭 신자는 50% 아래로 떨어지게 되고, 2032년에는 38.6%가 되고, 기독교 신자가 39.8%가 되어 기독교가 가톨릭을 추월하게 될 것이라고 예측하였다.[xl] 브라질에 무슨 일이 일어나고 있는가? 브라질은 오랫동안 해방신학에 붙잡혀 있었다. 오랜 식민지 생활 속에서 탄압, 빈곤, 불평등, 인권이 짓밟힌 체재 속에서 살았기 때문이었다. 그러나 이제는 상황이 바뀌었다. 해방신학보다는 신은사운동과 번영신학으로 기울어졌다. 당장 먹을 것이 없고, 병든 이들이 많고, 경제적으로 잘 살기를 원하는 욕구가 일어났기 때문이다.[xli] 지나친 은사주의와 축복신학과 번영신학으로 흘러가고 있는 것이 우려되지만, 기독교가 급성장하고 있는 것은 사실이다. 1970년에 기독교는 6.6%였다. 2000년에는 15.4%로 성장했고, 2010년에는 22.2%로 성장하였다. 브라질 정부 예측대로 라면 곧 40%선을 돌파할 수 있다. 기독교에 관심을 갖거나, 기독교로 개종을 하고 들어오는 사람들을 위해서 바른 성경 공부를 통해서 바른 기독교 신앙 위에 그들이 설 수 있도록 선교해야 한다.

어린이 선교 전략

대부분 가톨릭 국가들은 산하제한을 금지한다. 그래서 자녀 출산율이 높다. 필리핀의 인구는 1억1천만 명이다. (2020년) 그 중에 14살 미만의 어린이는 32.4%이다. 24살 미만까지는 전체 인구 가운데 51.6%이다.[xlii] 골목마다 어린이들이 넘친다. 엄청난 선교 대상이다. 어린이 선교는 황금어장이다. 그런데 정작 어린이 선교를 위한 교육 자료는 많지 않다. 공과책도 소량이고, 시청각 자료는 거의 없다. 어린이 선교 전략 개발과 어린이 선교를 위한 교육 자료 개발과 투자가 시급하다.

학교 선교 전략

필리핀의 경우, 취학 아동은 매년 급증하고 있다. 그러나 정부의 예산

부족으로 학교를 증설되지 못하고 있고, 교사도 충원되지 못하고 있다. 그래서 필리핀 교육부는 사립학교 인가를 쉽게 허가해 준다. 기독교 학교 설립과 운영을 통해서 캠퍼스 선교가 활발하게 전개될 수 있다. 학생들을 통해서 학부모 전도가 가능하게 된다.

● 맺는 말

인간에게 구원의 문제는 매우 엄중하다. 하나님을 믿는 근본적인 이유가 치유와 축복이 될 수는 없다. 예수 그리스도를 믿고 구원받아 하나님의 자녀가 되는 것이 하나님을 믿는 이유이다. 그런데 가톨릭교회는 그 구원이 하나님의 선택이 아니라 인간의 선택으로 결정된다고 말한다. 하나님을 믿는 믿음만으로는 부족하다는 뜻이다. 교회의 성례를 다 이행해야 하며, 선한 행위(공적)가 쌓여갈 때 구원이 확정된다고 말한다. 특별히 대죄와 소죄 중에서 죽기 전에 소죄에 대한 용서를 받지 못하고 죽으면 연옥으로 가게 된다고 말한다. 이미 죽었는데, 살아있는 가족이 잠벌(暫罰)로 인해 연옥에 있는 죽은 영혼을 위해서 기도하고, 미사와 헌금을 드리면 연옥에서 천국으로 옮겨진다고 믿는다. 천국 가는 길이 복잡하고 힘들다. 기독교는 행위가 아니라 '오직 믿음"으로 구원을 받는다. 요한복음 5:24절은 "내가 진실로 진실로 너희에게 이르노니 내 말을 듣고 또 나를 보내신 일을 믿는 자는 영생을 얻었고, 심판에 이르지 아니하나니 사망에서 생명으로 옮겼느니라."라고 하였다. 그 어떤 공로도 우리를 하나님 앞에 서게 하지 못한다. 삼위일체와 같은 교리에서 가톨릭과 기독교는 일치한다. 그러나 성경에 관한, 구원에 관한, 성례와 성찬에 관한, 마리아와 성인들의 숭배에 관한, 면죄부와 연옥에 관한 견해들은 합의점을 찾을 수가 없다. 거기에 제2차 바티칸공의회(1962-1965년)에서 기독교인, 유대교인, 무슬림, 힌두교인, 불교인, 심지어 불가지론자 및 무신론자도 나름대로 자신의 종교를 성실하게 믿고 선한 삶을 살면 구원을 받을 수 있다는 해석을 내놓았다.[xliii] 그러한 신학적 해석을 내린 교도권 때문에 가톨릭교회를 [비기독교 범주] 안에 넣는 것이다.[xliv] 같은 하나님을 믿으면서 하나가 될 수 있는 것이 있고, 결코 하나가 될 수 없는 것이 있다. 율법을 대표하는 유대교에 구원이 있었다면 예수님은 십자가에 못 박혀 죽을 이유가 없었고, 스데반집사도 순교할 필요가 없었다. 가톨릭교회가 예수를 그리스도로 믿으면서, 율법적인 행위를 통해서 구원을 얻을 수 있다고 말한다면 그것은 분명 비성경적 구원론이다. 그래서 가톨릭교회는 선교대상이 된다.

무어 선교사

1920년대
백정의 수는 **40만** 명

천민계급 백정을 대상으로 선교했던 사무엘 무어

Chapter 12

정교회 선교

예수께서 또 이르시되 너희에게 평강이 있을지어다
아버지께서 나를 보내신 것 같이 나도 너희를 보내노라
이 말씀을 하시고 그들을 향하사 숨을 내쉬며 이르시되 성령을 받으라
요 20:21-22

기독교 역사가 유세비우스Eusebius: 260-339는 에뎃사의 왕 아브가르Abgar가 예수님께 서신을 보내 선교사를 파송해 달라고 요청했는데, 예수님이 그 서신을 받고 제자 다대오를 파송함으로써 정교회가 시작되었다고 기록하였다.[1] 그래서 정교회는 오순절 사건 이후 초대교회로부터 단절됨이 없이 사도들로부터 전승된 유일한 정통Orthodox 교회는 정교회뿐이라고 주장한다. 정교회는 교부시대에 다섯 개 대교구가 있었다. 로마 대교구, 콘스탄티노플 대교구, 안디옥 대교구, 예루살렘 대교구, 알렉산드리아 대교구였다. 다섯 개 교구 중에서 로마 대교구가 여러 면에서

우세하였다. 베드로와 바울이 순교했던 곳이 로마였고, 그들의 무덤이 로마에 있었기 때문이었다. 그런데 콘스탄티누스가 313년에 밀라노 칙령을 공포하고 기독교를 공인한 후에 수도를 콘스탄티노플로 331년에 옮겼다. 동쪽에 있던 교회들의 위상이 올라가게 되었다. 그런데 394년에 로마 제국은 동로마와 서로마로 나눠지게 되었다. 그때부터 정교회는 고난의 길을 걸었다. 7세기에 이슬람에 의해 알렉산드리아 교구, 예루살렘 교구, 안디옥 교구가 점령되었고, 몽골의 침략으로 많은 성직자와 신도들이 처형되었고, 교회들은 잿더미가 되었다. 정교회는 몽골로부터 약 200년 동안 수탈을 당하였다. 정교회의 간략한 역사를 보면 다음과 같다.

정교회의 주요 역사

정교회는 초대교회에 그 뿌리를 두고 있으며, 초대교회 신앙을 지켜오고 있다고 확신하여 정교회Orthodox Church라고 이름 하였다.

1054년에 서방교회의 교황의 수위권과 무류성에 동의할 수 없어 로마 가톨릭교회와 분리되었다.

정교회는 동유럽, 터키, 중동, 중앙아시아, 러시아에 자리를 잡고 있다.

정교회는 각 국가별로 독립해서 러시아 정교회, 그리스 정교회, 루마니아 정교회, 알바니아 정교회로 나뉘었다.

러시아 정교회는 러시아의 국교가 되었다. 1914년 기준 러시아 정교회 안에 수도원은 1,025개였다.

현재는 러시아 정교회가 주류를 이루고 있다. 세계 정교회 신자는 2억 5천만 명 중에서 러시

아 정교회 신자는 1억 6천만 명이다.[ii]

정교회는 WCC가 출범할 때 공식 가입하였고, 1961년 WCC 뉴델리대회 때 러시아정교회를 비롯 동구권 동방정교회들이 모두 가입하였다.[iii]

정교회에 대한 이해

- 예배당에는 마리아 상과 십자가는 허용하지 않고 성화(Icon)만 허용된다. 성화는 글을 모르는 사람들에게 교리를 가르치기 위한 수단으로 사용되었다. 성화는 하나님께서 자신을 계시는 수단이라고 믿는다. 그래서 성화를 그리는 화가들은 엄격한 교회의 규율에 따라 신앙 고백적 자세로 그렸다.[iv]

- 정교회의 신앙의 목표는 신의 성품에 참여하는 것이다.

- 성화(聖化)하려면 성례전에 참석해야 하고, 깨끗한 삶을 살아야 하고, 기도와 금욕적인 삶을 살아야 한다.

- 가톨릭교회의 연옥설은 부인한다.

- 구원의 최종 판결을 하나님만 아신다. 신자들에게 구원의 확신이 없다.

- 수도원 제도와 성인 공경과 성호 긋기를 유지한다.

- 아침 기도와 저녁 기도와 성찬 예배 때 향을 피운다.

- 성가대와 회중이 없이 사제와 한 명의 봉독자만 있어도 예배는 진행된다.

- 정교회 음악은 8개 음조를 가진 고대 비잔틴 단성율 성가이다.

- 교회 중앙에는 의자나 회중석은 없다. 신자들은 서서 예배를 드린다.

- 가톨릭과 개신교는 그레고리력을 사용하지만, 정교회는 율리우스력을 사용한다.

정교회가 인정하는 일곱 개 공의회

일곱 개 공의회는 다음과 같다. ①제1차 니케아공의회 (325년) ②제1차 콘스탄티노플 공의회(381년) ③에베소 공의회(431년) ④칼게돈 공의회 (451년) ⑤제2차 콘스탄티노플 공의회 (553년) ⑥제3차 콘스탄티노플 공의회(680년) ⑦제2차 니케아 공의회 (787년)이다.' 정교회는 그 일곱 개 공의회에서 결의된 내용을 전승하는 교회로 남아 있다고 자부심을 갖는다.

열다섯 개 독립 정교회

열다섯 개 독립된 정교회는 다음과 같다. ①콘스탄티노플 정교회, ②알렉산드리아 정교회, ③예루살렘 정교회 ④안디옥 정교회 ⑤러시아 정교회, ⑥불가리아 정교회, ⑦세르비아 정교회, ⑧루마니아 정교회, ⑨조지아 정교회, ⑩키프로스 정교회, ⑪그리스 정교회 ⑫알바니아 정교회 ⑬폴란드 정교회 ⑭ 체코슬로바키아 정교회 ⑮ 우크라이나 정교회이다.

정교회 예배

정교회의 예전은 콘스탄티노플에서 성 바질St. Basil과 성 요한 크리소스톰St. John Chrysostom의 예배 전통에 의하여 형성되었다. 매우 복잡하고, 매우 정교하게 발전되었다. 하나님은 보이지 않지만 성육신 사건을 통해서 인간의 눈으로 볼 수 있음을 믿고, 그것을 보여주기 위해서 사제들의 예복을 다양한 색상으로 제작하였다. 예배 가운데 무릎 꿇는 동작, 성호를 긋는 제스처, 화려한 언어들, 여러 번 반복되는 행동들이 많다.[vi] 로마교회 미사는 성체성사를 강조하지만, 정교회 예배는 말씀과 기호sign와 예배음악을 통해서 가시적이고 물리적인 세계로 들어오신 하나님의 신비를 강조한다.[vii] 로마교회와 정교회 예배의 공통점은 "말씀 예전"을 그들의 예배에서 약화시켰다.[viii]

정교회 교리

거룩한 전승

정교회는 거룩한 전승에 기초한 신학이라고 말한다. 전승은 일곱 가지가 있다. 성경, 신조, 에큐메니칼 공의회에서 결정된 사항들, 교부들의 저작물, 교회 규범, 예식서, 성화를 가리킨다.[ix] 정교회는 일곱 가지 전승에 절대적인 권위를 부여한다. 그 중에서도 성경, 신조, 에큐메니칼 공의회 결정 사항들은 변개할 수 없는 절대적인 권위를 가진다.[x] 성경은 희랍어로 된 70인역Septuagint을 가장 권위 있는 성경으로 받아드린다.[xi]

부정의 신학

정교회는 하나님은 절대자이시며, 세상으로부터 초월해 계시고, 신비하신 분이시므로 인간의 지혜로는 하나님을 절대 알 수 없고, 하나님은 지식의 대상이 될 수 없는 분이라고 믿는다. 어떤 방법으로도 인간은 하나님을 이해할 수 없다는 것 즉 인간은 하나님을 이해하는데 항상 실패할 수밖에 없다는 것이 부정의 신학Negative Theology이다.[xii] 그러므로 그 절대자 하나님 앞에, 도저히 이해할 수 없고, 지식의 대상이 될 수 없는 그 하나님 앞에 무릎을 꿇고 경배해야 한다는 것이 부정의 신학의 핵심이다.[xiii]

마리아 숭배

정교회는 마리아를 스랍 천사보다 영광스런 분, 모든 피조물 보다 뛰어나신 분으로 숭배한다.[xiv] 성육하신 성자에 의해서 동정녀도 성육하였다고 믿는다. 거룩한 인성이 동정녀 안에 획득되었다고 믿는다. 그러나 로마 가톨릭교회가 주장하는 동정녀 마리아가 태어날 때부터 원죄 없이 태어났다는 교리는 부정하였다. 원죄가 없는 마리아라면 자기 아들에게 인성을 줄 수 없기 때문이라고 말한다.[xv] 마리아는 자연사했으나, 썩지 않고 아들에 의해 일으킴을 받아 영화로운 몸으로 천국으로 올라가 그리스도의 우편에 있다고 믿는다. 마리아는 그곳에서 인류를 위해서 중보하고 있기 때문에 마리아에게 기도하고 도움을 청할 수 있다고 믿는다.[xvi]

성인 숭배

성인들은 신자들을 위해서 천국에서 기도해 주는 중보자라고 믿는다. 그러나 하나님과 인간 사이에 있는 중보자가 아니라, 신자들과 함께 기도하는 중보자이다. 성인들은 성화와 성유물을 통해서 교회 안에 임재 한다고 믿는다. 특별히 성인의 유물 중에서 부패하지 않는 것은 특별한 숭배를 받는다. 성인의 영혼이 완전히 떠나지 않고, 지극히 작은 부분일지라도 그들의 유품 안에 남아서 존재한다고 믿는다.[xvii] 그 성인들은 신자들이 그리스도와 연합하도록 돕고,[xviii] 하나님을 믿는 사람들이 사랑의 행위를 할 수 있도록 능력을 준다고 믿는다.[xix]

성상(icon) 숭배

성상(이콘, icon)은 '형상,' '이미지,' '초상화' 등을 뜻한다. 이콘은 성서의 인물이나 성서의 이야기를 그림, 벽화, 모자이크, 목판화로 만든 것을 말한다. 정교회에서 가장 중요한 이콘은 모자이크이다. 그래서 성당의 벽, 성당의 바닥, 성당의 천장은 화려한 모자이크 벽화로 장식되어 있다. 구약성서에는 그 어떤 이미지도, 형상도 만들지 말라 했지만, 정교회는 많은 형상을 만들어냈다. 박해를 피해 지하로 내려갔던 그리스도인들은 지하 벽에 미술적 상징물을 새겼다. 물고기, 빵, 양, 비둘기, 방주 등등. 지하에서 지상으로 올라오면서 신자들은 그 형상들을 조각으로, 그림으로 표현하기 시작했다. 정교회 신자들은 이콘을 '그림으로 표현된 성서'라고 믿는다. 그래서 그들에게 이콘은 단순한 '그림'이 아니다. 예수님과 성서의 인물들이 이콘 안에 현현한 것으로 믿기 때문에 이콘들을 통해서 하나님을 만나고, 예수님을 만나고, 성자들을 만날 수 있다고 믿는다. 그래서 이콘은 기도의 대상이 되었고 숭배의 대상이 되었다.[xx] 성상 숭배가 도를 넘자 레오3세(717-741)는 성상예배를 금지시켰다. 콘스탄틴 5세(741-775)는 성상숭배자들을 박해했다. 754년에는 성상 파괴를 위한 공의회를 개최하여 성상숭배를 인도했던 사제들을 폐위시켰다. 그러나 787년 제2차 니케아 공의회에서 성상숭배는 정당하다고 공포하였다. 보이지 않는 하나님이 예수님의 성육신을 통해서 볼 수 있는 하나님으로 나타나신 것과 같다는 해석이었다.[xxi] 러시아 가정 중 3/4이 집에 이콘을 가지고 있고, 그 이콘을 '가정 신'으로 숭배한다.[xxii]

천사 숭배

천사 숭배는 성인 숭배와 비슷하다. 천사가 실존한다고 믿는다. 인간처럼 몸이 없어 인간의 눈에 보이지 않을 뿐이다. 정교회는 세례를 받게 되면 각 사람에게 수호천사가 있게 된다고 믿는다. 그 수호천사는 신자들을 악으로부터 보호해준다고 믿는다.[xxiii] 특별히 세례를 받으면 성인들의 이름 중 하나를 갖게 되는데, 그 이름의 성인에게 세례자의 삶이 맡겨진다고 믿는다. 그때부터 성인과 천사가 연합되어 신자들을 돕게 된다고 믿는다.[xxiv]

신화(Theosis)

정교회는 하나님께서 모든 인간에게 신화Theosis를 성취하라는 소명을 주셨다고 믿는다. 신화는 '신의 성품'을 의미한다. (벧후 1:4) 신화에 참여한다는 것은 하나님을 닮은 자, 하나님과 연합하는 자가 되어간다는 의미이다. 즉 인간이 하나님의 영역으로 올라간다는 의미이다.[xxv] 인간이 타락 이후에도 신화의 가능성이 열려있었다고 믿는다. 인간은 죄의 근원이 아니라 죄를 범하는 자라고 믿기 때문이다. 인간은 성령을 통해서 신의 성품에 참여하는 자가 될 수 있다고 믿는다.[xxvi] 신의 성품에 참여하여 그리스도의 완전에 이르게 되면, 영혼의 본성이 변화되어 예수님처럼 신비적인 연합을 이루게 되어 구원을 이루게 된다고 믿는다. 그러므로 정교회는 예수님과 일치가 되는 신화를 위해서 인간은 끊임없이 내적 투쟁을 하고, 수도를 통해서 그 경지에 이르도록 자기와 세상을 부인하고, 정욕으로부터 자유하게 되는 수도자적인 삶을 살아야 한다고 말한다.[xxvii]

하나님의 은혜와 자유의지

정교회는 하나님의 은혜와 인간의 자유의지는 분리될 수 없다고 말한다. 사람이 자유의지에 따라 기독교적 삶과 선을 위한 결정을 내리는 순간 하나님의 은혜가 임한다고 믿는다. 하나님의 신적 의지와 인간의 의지가 협력할 때 하나님의 은혜가 더 증가하게 된다고 믿는다. 구원도 하나님의 은혜와 인간의 협력이 이루어질 때 가능하다고 믿는다.[xxviii]

헤시카즘 기도

정교회를 대표하는 상징은 깊은 영성과 수도원 운동이다. 깊은 영성으로 인도하는 것이 헤시카즘Hesychasm 기도이다. 헤시카즘은 신적인 에너지 Divine Energy와 신적인 빛Divine Light을 기초로 한다. 고요함과 정적과 침묵 속에서 마음 깊은 곳에 있는 기도의 음성을 들을 수 있다고 말한다. 그 기도의 음성은 명백하게 실재하며, 하나님의 자유, 하나님의 의지, 하나님의 활동을 알 수 있는 '사실의 신학theology of facts'라고 말한다.[xxix] 헤시카즘의 기도는 '예수' 이름을 한 기도 속에서 수백 번 혹은 수천 번 반복하는 기도이다. '예수'를 외치는 기도를 통해서 기도자의 생각과 감정을 하나로 모아 하나님과 일치되도록 하는 기도이다.[xxx] 그 일치를 위해서 헤시카즘 기도에는 특별한 호흡법이 있다. "①이른 아침부터 8인치 가량 되는 등 받침 없는 의자에 앉으라. ②정신을 두뇌에서부터 가슴으로 밀어 넣으라. ③그대로 유지하고 있으라. ④있는 힘을 다해 엎드림으로 가슴과 어깨와 목이 아프다는 사실을 예리하게 느끼라. ⑤'주 예수 그리스도시여 나에게 자비를 베푸소서.'라고 마음과 혼을 다하여 끈질기게 부르짖어라. ⑥편하게 숨 쉬지 않도록 호흡을 통제하라. ⑦가슴에서 나온 공기는 정신을 어둡게 하고 지성을 동요시키기 때문에 가슴에서 멀리 떨어져 있게 하라. ⑧가능한 한 내 쉰 숨이 밖에 머물러 있게 하라. ⑨주 예수를 부르는 기도를 계속하라. ⑩지속적으로 실천하면서 가슴으로 정신을 감싸도록 하라."[xxxi]

이 기도의 호흡법은 세 가지 요소로 요약된다. 첫째는 신체적으로 불편한 위치를 받아드리라는 것이다. 둘째는 예수의 이름을 반복해서 외치되 운율에 맞추어 천천히 호흡하라는 것이다. 셋째는 자신의 생각을 심장 한 가운데로 집중하고, 코로 숨을 들이마시고, 폐 속으로 깊숙이 숨이 내려가게 하고, 자신의 생각이 그 숨과 함께 내려가 거할 장소를 찾을 때까지 내적인 탐색을 계속하라는 것이다.[xxxii] 결국 헤시카즘 기도의 최종 목표물은 마음이다. 정교회 신자들에게 마음은 인격의 중심이고, 내면의 거울이고, 개인의 영과 혼이 머무는 거처이다. 헤시카즘 수행자들은 "마음이 깨끗한 사람은 복이 있다. 그들이 하나님을 볼 수 것이다. (마5:8)"라는 말씀을 믿고 깨끗한 마음을 갖기 위해서 수행을 멈추지 않는다.[xxxiii] 그들은 그런 깊은 영성으로 신적 에너지를 얻게 되면 인간이 신화Deification되고, 변화되고, 구원을 얻게 된다고 믿는다.[xxxiv] 헤시카즘 기도를 이해하면 정교회의 내면이 보인다. 헤시카즘 기도는 그들의 신학을 내면화하는 방법이기 때문이다.[xxxv]

정교회 선교신학

정교회 선교신학은 기독교 선교신학과 차이가 많다. 기독교 선교신학은 세상으로 나아가 복음을 전파하고, 예수 그리스도를 통해서 구원 받을 수 있도록 전도한다. 그러나 정교회 선교신학은 교회 밖이 아니라, 인간의 내면에 선교의 초점을 둔다. 정교회는 하나님의 선교 목적은 하나님과 친교하는 삶에 있다고 본다.[xxxvi] 그러므로 이 땅에 오신 예수님의 목적은 하나님과 인간 간의 친교 회복을 위해서 오셨다고 말한다. 즉 사람들이 하나님의 거룩한 삶에 참여할 수 있도록 사람들을 하나님께로 인도하시기 위해서 오셨다는 것이다.[xxxvii] 그래서 정교회 선교의 절정은 성례전에 있다. 성례전(세례, 성찬식)을 통해서 신자들이 완전한 구원을 얻게 된다고 말한다.[xxxviii] 정교회는 개종을 위한 복음주의 선교신학에 동의하지 않는다. 개종을 강요하는 선교는 인간의 자유, 특별히 종교의 자유를 손상시키는 일이라고 말한다.[xxxix] 정교회가 종교다원주의로 흘러가는 WCC와 함께 가는 이유이다.

정교회를 향한 기독교 선교전략

동유럽 국가들을 중심으로 정교회가 널리 퍼져있다. 그 국가들 중에서 러시아 정교회가 가장 많은 신자를 가지고 있다. 그래서 러시아를 모델로 삼아 정교회를 향한 기독교 선교전략을 보려고 한다. 러시아 정교회는 1917년 2월 러시아 혁명 이후, 소련 체재 아래에서 모든 영적 권한을 잃었다. 그런데 1991년 소련이 붕괴되면서 정교회는 다시 그 위상을 회복해 가고 있다. 소련의 붕괴로 개신교 교회와 선교단체들이 러시아로 많은 선교사를 파송했다. 사회적으로, 경제적으로 불안했던 시기였기에 굶주린 사람들이 많았다. 그래서 개신교 선교사들은 무료 급식과 경제적 지원과 신학교 사역을 통해서 많은 선교의 열매를 맺었다. 그 당시 러시아 정교회는 러시아를 영적으로 이끌어갈 수 있는 준비가 되어 있지 않아서, 기독교 선교는 큰 장애 없이 전개되었다. 그런데 러시아 정교회가 차츰 정비되면서 기독교의 부흥을 막기 위해서 민족주의자들과 공산주의자들과 합세해서 1997년에 '종교법'을 제정하였다. 그 종교법은 정교회, 불교, 유대교, 이슬람교를 제외한 외래 선교단체들의 선교 활동을 러시아에서 제한한다는 것이었다.[xi] 종교법 실행을 통해서 정교회는 러시아인들에게 화려한 귀환을 알렸다.

현재의 러시아 정교회는 종교 교육과 가족 문제에 큰 관심을 갖고 있다. 특별히 이혼, 고아, 청소년 범죄, 알코올 중독, 마약, 노숙자, 미혼모, 낙태 방지를 위한 대책을 내놓고 있다. 러시아 정교회의 그런 움직임은 현재 러시아가 어떤 혼란에 빠져 있는지를 단적으로 말해준다. 러시아 정교회가 깊은 영성 운동, 수도원 운동, 헤시카즘 기도를 대표적인 유산으로 가지고 있지만, 범죄와 알코올과 마약으로 죽어가는 젊은이들을 전부 모아서 수도원으로 보낼 수는 없다. 특별히 깨어있는 러시아 지식인들은 정교회가 사회주의 소련 체재 하에서 몰수당한 교회 재산을 찾기 위해서 정교회가 마땅히 해야 할 말도 하지 못한 채 정부의 눈치만 보고 있다고 자성을 촉구하고 있다.[xii] 실제로 러시아 정교회는 러시아 연방 정부로부터 수도원 109개와 교회 부동산 116개를 반환받았다.[xiii] 러시아 정교회는 러시아 정부로부터 더 많은 재산을 반환받기 위해서 지식인들에게 비판을 받을 만큼 종교적인 일보다는 정치적인 일에 더 많은 신경을 쓰고 있다.

현지인 사역자 발굴 선교전략

종교법이 실행되기 이전에 러시아 정부로부터 정식 인가를 받고 설립된 신학교들을 중심으로 러시아인 목회자들을 양성하고 배출해야 일을 계속 지속해야 한다. 한국 선교사들이 직접 러시아인을 만나서 전도하는 일은 정치적인 변화와 러시아 정교회의 압박으로 인해 많은 제약이 있을 수 있다. 그러나 러시아인들 중에는 기독교 복음에 열정을 가진 사람들이 많다. 정기적인 지방 순회 방문과 집회를 통해서 현지인 사역자를 발굴하는 선교전략을 체계적으로 세우고, 전략적으로 접근해서 계속 다음 사역자들을 동원시켜야 한다.

동반자 선교전략

러시아는 러시아 땅 안에서 11시간 시차가 날 정도로 횡으로 넓게 펼쳐진 국가이다. 그러므로 러시아 정교회 선교전략에는 큰 그림 선교전략이 필요하다. 한 나라가 아니라 11시간 시차처럼 러시아 안에 11개 나라가 있다고 전제하고 선교지를 분할하여 각각의 선교전략을 수립해야 한다. 서부 모스크바, 북부 상트페테르부르크, 남부 볼고그라드, 중부 노보시비르스크, 동부 블라디보스토크까지 러시아 선교지는 모스크바에서 시베리아까지 그 끝이 보이지 않는다. 또한 모스크바로부터 멀어질수록 다양한 종족들을 만나게 된다. 러시아 어디를 가도 러시아 정교회가 주된 종교이지만, 정교회 외에도 다양한 종족이 가진 여러 종교들을 만나게 된다. 한국 선교사가 그 광활한 땅을 다 갈 수 없다. 러시아 여러 주요 도시에는 오래 전에 세워진 러시아 현지인 교회들이 있다. 그 교회들과 함께 동반자 선교전략으로 전환할 필요가 있다. 단순히 물질적 후원이 아니라, 현

지인 크리스천들을 위한 제자훈련 프로그램, 현지인 목회자를 위한 목회
자 재교육 및 다양한 세미나를 개최하여 현지 목회에 실제적인 도움을 줄
수 있는 선교 프로그램들을 현지 교회들과 함께 인도할 수 있다.

청소년과 청년을 위한 선교전략

러시아 청소년들에게 필요한 문화 콘텐츠들을 개발해서 디지털 세대 젊
은이들과 소통하고, 그들을 자유롭게 만날 수 있는 공간들을 창출해 가야
한다. SNS를 통해서 세계는 점점 좁혀지고 있다. 인터넷 블러그 선교와
다양한 프로그램을 통해서 젊은 세대와의 소통을 통해서 복음을 전할 수
있다. 특별히 러시아에서 한류 붐이 일어나고 있다. 공공기관과 연계해서
한국학 교육을 실시할 수도 있고, 젊은이들을 위해서 한국어 캠프를 개최
할 수도 있다. 일단 참여하는 사람들이 있다면 일대일 전도전략으로 전환
하여 캠프 기간 동안 복음을 전할 수 있는 기회를 모색할 수 있다.

고아원 선교전략

1997년부터 2007년까지 러시아에서는 매년 평균 127,000명씩 고아들
이 늘어나고 있다. 2007년 기준 전체 고아는 742,000명인데, 170,000명
만 시설에서 보호받고 있다.[xiii] 러시아 정교회는 고아들을 위한 구제 정책
혹은 선교 정책을 내놓지 못하고 있다. 고아원 선교 사역은 재정적인 부
담이 많은 선교 프로젝트이다. 그러나 고아원 선교는 어린이와 청소년들
에게 어려서부터 기독교 교육과 훈련을 시켜 차세대 리더들을 양육할 수
있다는 장점이 있다.

상담 사역 선교전략

러시아에서는 "쉬지 않고 40시간 이상 기차를 타지 않는 여행은 여행이 아니다. 영하 40도가 아닌 추위는 추위가 아니다. 알코올이 40도가 아닌 술은은 술이 아니다."라는 말이 있다. 그래서 보드카 중독자들이 많다. 마약 중독자, 청소년 탈선, 노숙자 속출, 이혼 증가. 빈부의 격차로 동유럽은 공황 상태에 빠져있다. 그들에게는 진솔한 대화가 필요하고, 위로가 필요하고, 친구가 필요하다. 예수께서 사마리아 지경으로 들어가 메마른 삶을 살고 있었던 사마리아 여인에게 생명수를 주시고 새로운 삶을 열어주셨던 그 선교가 정교회가 있는 그 땅에 지금 필요하다.

무료급식 선교전략

러시아 정교회는 무료 급식소를 매년 증가시키고 있다. 2001년에 234개 무료급식소를 운영했지만, 2011년에는 696개로 늘렸다. 무료 의류 지급소도 2001년에 204개소였는데, 2011년에는 510개소로 늘렸다.[xliv] 무료 급식소와 무료 의류소가 점점 증가하고 있는 것은 그 만큼 러시아 서민들의 삶이 어렵다는 뜻이다. 여러 기부 단체들을 통해서 지원 받은 물품들을 무료 급식 사역 센터와 무료 구제 사역 센터를 통해서 보급한다면 복음을 전할 수 있는 또 하나의 통로를 열게 된다.

● 맺는 말

1997년 종교법이 공포하고 기독교선교가 확장되지 못하도록 했다. 그리고 자체적인 정비를 끝낸 러시아 정교회는 2007년에 러시아 정부로부터 인가 받은 정교회 신학대학을 설립했다. 신학교 선교뿐만 아니라 2011년부터는 "종교 문화의 기초"라는 과목을 러시아 21개 주요 도시에 있는 약 10,000개 공립학교에서 가르치도록 허락을 받았다. 과목 이름은 "종교 문화의 기초"이지만 실제는 정교회의 역사와 교리를 가르치는 과목이다. 2012년부터는 러시아 전국에서 정규과목으로 인가되었다. 70년 동안 공산당 체재 하에서는 무신론 체재였기 때문에 공립학교에서 그런 종교교육을 할 수 없었다. 2009년에는 러시아 군대 안에 군종 신부가 허락되었고, 국가가 군종 정교회 신부들에게 월급을 지불하고 있다. 이러한 변화는 러시아 안에 정교회 권위가 무섭게 회복되고 있다는 증거이다.[xlv] 러시아 정부는 2016년 7월 6일 테러방지법을 통과시켰다. 단어는 '테러방지법'인데, 실제는 '반선교법Anti-Missionary Law'이다. 기독교 선교 활동을 금지하고, 정부로부터 공식 허가를 받은 교회 건물 외에서의 종교 모임을 허용하지 않고 있다. 신앙의 자유는 허용되지만, 전도는 금지하고 있다. 기독교 서적이나 전도지를 배포할 때는 책 뒤에 교회의 이름과 주소를 정확히 명시해야 한다. 정부의 허락을 받지 않은 단체가 허가받지 않은 책을 배포하였다가 적발되면 벌금을 물어야 한다. 러시아 정교회는 잃어버렸던 정교회의 위상을 회복하기 위해서 강력하게 나오고 있다. 실제로 미국 여론 조사기관인 푸리서치센터는 1991년에 러시아 정교회 신자는 러시아 인구의 31%였지만, 2008년에는 72%까지 급상승하였다고 발표하였다.[xlvi] 정교회를 향한 선교의 문도 점점 좁아지고 있다.

그러나 희망이 있다. 러시아인의 종교성을 조사한 자료가 있다. "당신은 신을 믿는가?"라는 질문에 "그렇다"라고 대답한 사람은 1990년에 44%였지만, 2000년에는 70%였다. "지옥을 믿는가?"라는 질문에 "그렇다"라고 대답한 사람은 1990년에 16%였지만, 2000년에는 36%였다. "천국을 믿는가?"라는 질문에 "그렇다"라고 대답한 사람은 1990년에 18%였지만, 2000년에는 36%였다. "당신은 얼마나 자주 성당에 가는가?"라는 질문에 "한 달에 한 번 간다."라는 대답에 1990년에는 6%였지만, 2000년에는 9%였다.[xlvii] 소련이 붕괴되고, 정교회가 부활하면서 정교회 신앙이 대폭 상승했던 것을 볼 수 있다. 그러나 성당을 찾는 신자들은 극히 소수라는 점을 발견하게 된다. 정교회 측에서는 성당의 미사와 성례를 구원과 연결시킬 만큼 중요하게 여기고 있지만, 실제로 정교회 신자들은 미사와 성례에 참여하지 않고 있는 것이다. 1년에 한번 성당에 나가서 성례에 참여한다고 대답한 사람은 30%에 이른다. 더 놀라운 사실은 정교회 신자 중 46%가 사후 부활을 믿는 않는다고 대답했다.[xlviii] 정교회라는 껍데기만 가지고 사는 사람들이 많다는 뜻이다. 유구한 정교회의 전통이라는 허울만 쓰고 있는 정교회 신자들이 많다는 뜻이다. 정교회 교리와 영성으로는 알코올과 섹스와 마약과 폭력으로 쓰러지고 있는 젊은 세대를 일으킬 수 없다. 기독교 선교 전략은 정교회가 할 수 없는 그 분야를 전략적으로 파고 들어가야 한다. 정교회 선교지에서 선교하고 있는 선교사들끼리 선교 정보를 공유하면서 지혜롭게 새로운 선교전략을 찾고 공조해 가는 협력 선교가 필요하다.

한국인에 의해 최초로 설립된 황해도 소래교회

Chapter 13

힌두교 선교

"The Gospel is only good news if it gets there in time. (Carl F. H. Henry)"
복음은 제시간에 도착해야만 좋은 소식이다

– 칼 헨리 –

       힌두교Hinduism는 많은 인도인과 네팔인이 신봉하는 종교이다. 힌두교의 발상지는 인도이다. 인도인에게 힌두교는 한 종교에 국한하지 않고, 그들의 삶의 양식과 민족정신까지 포함하는 넓은 의미를 내포하고 있다.[¡] 인도는 힌두교만 아니라 불교, 자이나교, 시크교의 발상지이기도 하다. 그러나 인도인들은 인도에서 발원한 모든 종교는 모두 힌두교에 포함된다고 생각한다.[ΙΙ] 그래서 인도에는 한 개의 힌두교가 아니라, 많은 힌두교가 있다고 믿는다. 힌두교에는 창시자도, 하나로 정립된 교리도 없다. 그러나 현대 인도인들은 힌두교를 통해서 인도의 종교와 민족의 정체성을 재정립하려고 시도 중이다.

인도의 일반적인 개요

- 인도의 인구: 13억 2천만 명 (2016년), 세계 2위이다.

- 인도에는 약 1,600개 종족이 있다.

- 인도차이나에 있는 국가들의 힌두교 분포는 다음과 같다. 인도, 네팔, 발리는 국민의
  80% 이상이 힌두교인이다.

나라	인구	힌두교	기타 종교
인도	13억6천만	80%	이슬람:14%, 기독교:2.3%, 불교:0.4%
네팔	2800만	81%	불교:9%, 이슬람:4.4%, 기독교:1.5%
방글라데시	1억6천만	12%	이슬람:86%, 불교:1%, 기독교:0.4%
스리랑카	2200만	13%	불교:70.2%, 이슬람:9.7%, 기독교:7.4%
부탄	80만	23%	불교:74.7%, 기독교:0.5%, 이슬람:0.2%
말레이지아	3200만	9%	이슬람:60%, 불교:19%, 기독교:9%
발리(인도네시아)	320만	92%	이슬람:5.7%, 기독교:1.4%, 불교:0.6%

■ 세계 10위권에 있는 힌두교 신자를 보유한 나라들은 다음과 같다.

순위	나라	힌두교 신자
1	인도	8억 7000만
2	네팔	2150만
3	방글레데시	1300만
4	파키스탄	450만
5	인도네시아	400만
6	스리랑카	250만
7	미국	230만
8	말레이시아	180만
9	영국	84만
10	미얀마	25만

인도를 받치고 있는 두 기둥

수천 년 동안 인도를 지탱해 주고 있는 두 기둥은 카스트 제도와 카르마 사상이다.

1) 카스트(Caste) 제도

인도에는 네 계급의 신분 카스트가 있다. 가장 높은 카스트는 브라만 Brahman이다. 인도인이 꼽는 최고의 신인 브라마의 사제들이 그 계급에 속한다. 다음은 크샤트리아Kshatrya이다. 브라마의 팔에서 나온 무사들이다. 왕족, 귀족, 군인, 정치인, 행정가들이 속해 있다. 다음은 바이샤Vaisya이다. 브라마의 넓적다리에서 나온 사람들이다. 지주, 농민, 상인, 수공업자들이 속해 있다. 다음은 수드라Sudra이다. 브라마의 발에서 나온 사람들이다. 육체적인 노동을 하는 노동자들이 속해 있다.[iii] 상층 카스트 사람들은 낮은 카스트에 있는 사람들을 경멸한다.[iv] 힌두교인들은 같은 카스트 계급 끼리 결혼해야 하고, 식사도 같은 계급 사람들 하고만 해야 한다. 낮은 계급에 있는 사람과 함께 먹지 않는다. 낮은 계급의 사람들은 브라만 사람들에게 가까이 접근할 수 없다. 자기보다 낮은 계급의 사람을 죽여도 사형을 당하지 않는다.[v]

그 네 계급에도 들 수 없는 사람들이 있다. 달리트Dalit라 불리는 '불가촉천민The Untouchable'이다. '불가촉천민'이란 닿기만 해도 부정을 타게 된다는 뜻이다. 인도에는 약 1억 7천만 명의 불가촉천민들이 있다. 청소, 세탁, 이발, 도살 등에 종사하는 사람들이다.[vi] 달리트들은 힌두교 사원에도 들어가지 못한다. 발각되면 무서운 대가를 지불해야 한다. 달리트들이 상층 카스트에게 먼저 말을 걸면 1,000루피 벌금을 내야 한다. 달리트들은 '지정 카스트Scheduled Castes: SC'에 해당되지도 않는다. 지정 카스트(SC)란 정부의 지원을 받을 수 있는 신분 즉 인도 국민이란 뜻이다. 그래서 지정 카스트에 들어가지 못하면 정부로부터 그 어떤 혜택도 받지 못한다. 그래서 달리트들이 굶주려도 정부로부터 식량 배급을 받지 못한다. 무상 학교 교육도 받을 수 없고, 정부 관공서의 일자리를 가질 수도 없다.[vii] 달리트들은 국민이 아닌 셈이다. 달리트들은 인도의 국민이 아닌 셈이다. 간디Mahatma Gandhi는 그들을 '하리잔(Harijan:신의 자녀)'라고 부르며 그들에 대한 애정을 표시하였다.[viii] 인도의 카스트제도는 인도가 불평등 사회라는 것을 말해준다.

2) 카르마(Karma) 사상

카르마는 업(業:Karma) 사상이다. 카르마는 원래 '행위'를 뜻하는 말이다. 인간이 어떤 행위를 하게 되면 그 행위의 끝에는 어떤 잠재력 혹은 여력이 남게 된다고 믿는다. 그 남은 잠재력(힘)이 사라지지 않고 과거와 현재와 미래를 연결해 준다고 믿는다. 그래서 과거에 어떤 행위를 했느냐에 따라서 현재의 존재가 결정되고, 현재 어떤 행동을 했느냐에 따라서 다음 생애의 존재가 결정된다고 믿는 사상이다. 그것이 업(業:Karma)이다.[ix] 그 업은 윤회로 이어진다. 그래서 힌두교의 윤회는 불교의 윤회와 같다. 힌두교도, 불교도 인도에서 발상했기 때문에 같은 사상이다. 인간이 죽으면 육체는 소멸하지만, 영혼은 소멸하지 않고 과거에 행한 업에 따라 다음 세계에서 사람으로, 동물로, 식물로, 광물로 다시 태어난다고 믿는다.[x] 힌두교도들은 그 업이 소멸 되어 윤회라는 수레에서 벗어나 해탈의 경지에 도달하기 위해서 수도하고, 요가하고, 명상하고, 선한 일을 한다.

힌두교의 기본 사상

- 힌두교는 다신교이다. 힌두인의 신화에는 약 3억 3천 개의 신이 있다. 힌두인에게는 우주 전체가 신의 일부이다. 모든 것이 신이 될 수 있고, 신들은 그 모든 것 안에 존재한다고 믿는다.[xi] 힌두교에서는 코끼리, 소, 원숭이, 새, 소, 강, 산, 해, 달이 신이 된다. 가정에 있는 가정 신, 마을에 있는 마을 신, 자신이 만든 신까지 상관하지 않는다.[xii] 그래서 새로운 신들이 탄생한다.[xiii]

- 수많은 신들 중에 세 신(Trimurti)을 절대 존재로 믿는다. 첫째는 우주를 창조한 '창조의 신' 브라마(Brahma)이다. 둘째는 우주의 안정을 유지시키고, 인간의 안정과 주거를 약속하는 '자애의 신' 비슈누(Visnu)이다. 셋째는 열 개의 팔과 네 개의 얼굴과 세 개의 눈을 가지고

우주를 파괴하고 해체하는 '파괴의 신' 시바(Siva)이다.[xiv]

- 힌두교에는 한 권으로 된 경전은 없다. 그러나 최고의 경전으로 인정하는 것은 베다(Veda; 기도) 경전이다. 그 외에 브라마나(Brahmana; 제의) 경전, 우파니샤드(Upanisad; 지혜) 경전, 바가바드 기따(Bhagavad Gita; 신애) 경전 등이 있다.[xv]

- 힌두교 안에 여러 종파들이 있는데 그것을 '삼쁘라다야(Sampradaya)'라고 한다. 가장 큰 종파는 비슈누(Visnu) 파다. 인도의 힌두교인 중 70%가 속해 있다.[xvi] 그들은 구원(해탈)은 오직 신의 은혜로만 가능하다고 믿으며, 여러 요가를 통해서 신과 연합할 수 있다고 믿는다. 그 외에 시바파가 있다. 시바(Siva)는 인간의 죄 문제를 해결해 주는 신이라고 믿는다. 그 외에 샥띠파, 가나빠띠파, 사우마람파, 스마르따파가 있다.[xvii]

- 모든 힌두인들이 해탈(목샤: Moksha)을 소망한다. 그들은 고통을 되풀이하지 않기를 원한다. 해탈은 야나(Jyana), 박티(Bhakti), 카르마(Karma)를 통해서 얻을 수 있다고 믿는다. '야나'는 지식을 통한 방법이고, '박티'는 헌신을 통한 방법이고, '카르마'는 행위를 통한 방법이다.[xviii] 특별히 '박티' 지지자들은 그들의 경전 바가바따 뿌라나(Bhagavata Purana)가 말한 대로 구원(해탈)은 요가도 아니고, 철학도 아니고, 행위도 아니고, 고행도 아니고, 금욕도 아니고, 오직 신의 은혜를 통해서만 받을 수 있다고 믿는다. 다른 힌두교들은 고행을 통해 [자력] 구원을 믿는 반면, 박티 지지자들은 기독교 신앙처럼 신에 의한 [타력] 구원 교리를 가지고 있다.[xix]

- 힌두교인들에게 갠지스강은 신성한 곳이다. 갠지스강에 몸을 담그면 죄를 용서 받을 수 있다고 믿으며, 죽은 뒤에 뼛가루를 갠지스강에 뿌리면 극락으로 갈 수 있다고 믿는다.[xx]

- 콜레라, 열병, 전염병, 흉작, 불임(不姙) 등 개인 혹은 집단에 생기는 질병과 재난을 마을 수호신 그라마데바타스(Gramadevatas)의 저주로 믿고 마을 입구에 신상을 세우고 돌무더기 위에는 매일 밥, 과일, 설탕, 향료, 꽃, 향신료 등 헌물을 바친다.[xxi]

- 힌두인은 여성의 지위를 낮게 여긴다. 여자로 태어난 자체를 전생의 죄로 여긴다. 딸을 낳으면 비난의 대상이 된다. 과부가 되는 것도 전생의 죄로 여긴다. 남자는 재혼할 수 있지만, 여자는 재혼할 수 없다. 옛날에는 남편이 죽으면 그 남편과 사후까지 동행해야 한다는 전통 때문에 화장하는 불에 자신의 몸을 던져 남편과 함께 죽는 사티(sati) 문화가 있었다.[xxii] 그런데 1829년에 사티 방지법이 공포되어 지금은 남편을 따라서 죽는 일은 없다.[xxiii]

인도 초기 기독교선교 역사

사도 도마가 52년에 인도에 와서 예수의 복음을 전파하고 7개 교회를 세우고, 72년에 순교하였다고 전해진다.

345년에 시리아 크리스천 300~400명이 인도로 이주해서 많은 개종자를 얻었다.[xxiv]

1706년 덴마크 왕 프레데릭 4세의 지원을 받아 독일인 선교사 지겐발크(Ziegenbalg)와 슈바르쯔(Schbartz)와 플릿샤우(Plutsch며)가 인도로 파송되었다. 지겐발크는 1719년에 타밀(Tamir)어로 신약 성서를 번역했고, 타밀어 문법서, 사전을 출판하였다. 13년 동안 선교하고 1719년 인도에서 죽게 되었는데, 그때까지 350명의 개종자를 얻었다.[xxv] 벤자민 슐츠(Benjamin Schulz)는 1724년에 구약 성서를 번역하였다.[xxvi]

1750년에 루터란교회 크리스천 슈바르쯔(Christian Schwartz) 선교사 48년 동안 인도 선교를 하였다.

1763년에 파리조약을 맺고 프랑스가 인도로 들어갔다.

1765년에 영국 동인도회사가 인도로 들어갔다. 영국은 인도에서 차, 아편, 인디고(염료)를 재배해서 유럽 시장에 팔아 많은 수익을 창출하였다.

1793년 11월에 윌리엄 캐리가 캘커타에 도착해서 세람포르(Serampore)에서 선교를 시작하였다. 윌리엄 캐리는 40여 종류의 인도어로 성경을 번역하였다.[xxvii]

1810년에 미국 외지선교협회가 처음으로 저드슨(Adoniram Judson), 홀(Gordon Hall), 낫트(Samuel Nott), 나우엘(Samuel Nowell), 라이스(Luther Lice)를 인도에 파송하였다.[xxviii]

1933년 통계에 의하면 인도에는 143개 선교단체와 38개 기독교 대학과 287개 기독교 고등학교와 417개 기독교 중학교와 487개 병원과 107개 직업학교가 있었다.[xxix]

큰 빛을 남긴 인도 선교사들

크리스천 슈바르쯔 (Christian Schwarz, 1726-1798, 독일)

슈바르쯔는 1750년에 인도로 갔다. 그는 8개 언어를 자유롭게 구사할 수 있는 언어에 탁월한 능력자였다. 그는 48년 동안 독시 선교사로 선교하는 동안 단 한 번도 인도를 떠나지 않고 그의 전 생애를 오직 인도선교만을 위해서 바치고 인도에서 죽었다. 그는 교육 선교에 큰 공을 남겼다. 현지인 개종자들에게 신학 공부를 가르쳐 전도자와 목회자들로 양성한 후에 인도 남부 지역에 파송해서 큰 역사를 남겼다. 그는 월급의 절반을 고아와 과부와 불우한 사람들을 돕는데 사용하였다. 그 당시 모든 인도인으로 부터 큰 존경을 받았다.[xxx]

윌리엄 캐리 (William Carey, 1761-1834, 영국)

캐리가 1793년에 인도로 갔다. 사역 첫 해에는 대나무 집에서 자급자족하며 살았다. 염색 공장에서 일하면서 생활하였다. 일하면서 7년 동안 선교했지만 내놓을만한 결실이 없었다. 세람포르Serampore로 옮기면서 사역에 활기를 찾게 되었다. 캐리의 업적 중에 성경번역 사역은 위대한 결과를 가져왔다. 캐리는 인도의 여러 방언으로 성경을 번역했을 뿐만 아니라, 중국어, 미얀마어, 말레이어까지 44개 언어로 성경을 번역했다.[xxxi] 인도의 불가촉천민들은 힌두교 경전을 소유할 수도 없었고, 베다 경전이 낭독되는 소리도 들을 수 없었다.[xxxii] 그런데 그 불가촉천민들에게 그들의 방언으로 번역된 성경이 전해졌던 것이다. 캐리의 성경 번역 선교를 통해서 수많은 사람이 기독교로 개종하게 되었다. 캐리는 모든 선교사들에게 설교는 영어가 아니라 반드시 인도어로 해야 한다고 강조해서 많은 개종자를 얻었다. 캐리가 인도에 끼친 또 하나의 업적은 수많은 사람의 생명을 구한 일이었다. 당시에는 남편이 죽으면 그의 아내를 산 채로 불태워 죽이는 사띠Sati 문화가 있었다. 갠지스 강에 유아를 던져 제물로 바치는 제사 의식이 있었다. 회생할 가망이 없는 병자들과 죽음이 임박한 노인들은 강으로 데리고 가서 거기서 죽게 하는 가뜨Ghat 풍습이 있었다. 한센병자들은 산 채로 불태워 죽이거나, 강에 던져 죽였다. 윌리엄 캐리는 그런 사회 악습을 고치는 일에 앞장을 서서 수십만 명의 생명을 구한 선교사가 되었다.[xxxiii]

알렉산더 더프 (Alexander Duff, 1806-1878, 스코틀랜드)

더프는 1830년에 인도로 갔다. 고등교육 선교를 통해서 중산층 힌두교도들에게 복음을 전하는 전략으로 나아갔다. 대학을 설립해서 신학뿐만 아니라 영어로 일반과목을 가르쳤는데 그것이 브라만 학생들에게 매력을 주어 브라만 자녀들과 많은 중산층 자녀들이 입학하였다. 그들이 학교에 머무는 동안에 기독교로 개종하는 학생들이 많았다. 특별히 더프는 학생들을 자신의 집으로 초대해서 함께 살면서 제자 훈련을 했다. 그들은 더프의 신실한 선교 동역자가 되었고, 대학의 교수 요원들이 되었고, 인도를 이끄는 훌륭한 리더들이 되었다.[xxxiv]

스탠리 존스 (Stanley Jones, 1884-1973, 미국)

존스는 1907년에 인도로 갔다. 그는 인도 상층 카스트에게 복음을 전하였다. 존스는 크리스천 아쉬람(Ashram: 힌두식 수양관)을 설립하고, 그곳으로 마하트마 간디와 썬다 씽과 타고르와 같은 인도의 지도자와 지성인들을 초대해서 교제하였다. 존스는 상층 카스트만 상대했던 것이 아니었다. 인도의 거리에 쓰러져 있는 가난한 사람들에게도 다가가 복음을 전하였다. 존스는 교회 안에 계시는 예수님이 아니라 '인도의 길을 걷고 있는 예수'를 전하였다.[xxxv] 서양인의 기독교가 아니라 인도인의 기독교로 자리 잡을 수 있도록 인도의 문화와 인도인의 삶에 기독교가 뿌리를 내리는 토착화 선교를 하였다.[xxxvi]

현재 인도의 정치적 상황

인도 종교에 지각변동이 일어나고 있다. 인도 정부가 조사한 2011년 센서스 조사 결과 처음으로 힌두교 인구가 79.8%로 떨어졌다. 반면 기독교와 이슬람교가 증가하였다.[xxxvii] 그래서 극우 힌두교인들의 반격이 시작되었다. 2014년부터 인도의 집권당은 극우 힌두 정당인 인도인민당Bharatiya Janata Party이다. 인도인민당BJP의 당수는 현재 총리로 있는 나렌드라 모디Narendra Modi이다. 극우 힌두교도인 총리의 지원을 받은 힌두교도들이 힌두교 극우단체 RSSRashriya Swayamsevak Sangh를 설립하였다. 단체 설립 3개월 만에 인도 전국에 2,000개 지부를 세웠다.[xxxviii] 인도인민당BJP를 비롯 힌두교 극단주의 세력들RSS, SS, VHP이 기독교를 경멸하고 증오하는 연설을 증가시키고 있다. 기독교 박해가 점점 노골화되고 있고, 강경해지고 있고, 잔인해지고 있다. 그들은 힌두교 외에 모든 종교를 인도에서 추방하기 위해서 2018년 8월부터 개종방지법Freedom of Religion Acts을 시행 중이다. 인도의 29개 주(州) 중에서 8개 주(州)가 개종방지법을 통과시켰다. 8개 주

(州)는 구자랏, 마데야 프라데쉬, 카나타가, 오딧샤, 라자스탄, 우타르 프라데쉬, 차티스가르, 자르칸트 주(州)이다. 그 주(州) 안에서는 개종할 수 없다. 전도도 개종을 강요한 행위로 간주하여 처벌을 받는다.[xxxix] 반개종법 안에는 힌두교도가 아니면 이혼을 당해도 위자료를 받을 수 없다. 다른 종교에서 힌두교로 개종하는 것은 환영하지만, 힌두교인이 다른 종교로 개종하는 것은 범죄가 된다.[xl]

반개종법이 시행되면서 많은 인도 목회자들이 사살되었고, 전도자들이 투옥되었고, 해외 선교단체와 연결된 교회들이 세무조사를 받았다. 그들은 가르밥시Ghar Vaps라는 힌두교 캠페인을 통해 무슬림과 기독교인들에게 다시 힌두교로 속히 복귀하라고 강요하고 있다. 그들의 협박을 견디지 못한 사람들이 다시 힌두교로 돌아가고 있다. 각 마을에 힌두교 극우 민족봉사단RSS 정보원들과 지방 공무원들과 민족주의 힌두교도들이 감시자들이 되어 기독교인을 찾아내고, 그들이 모이는 집회 장소들을 급습해서 성경과 기독교 서적을 발견하면 그것을 증거로 교회를 파괴하고, 모임을 해체시킨다. 기독교인으로 확인되면 인도 사회에서 가장 낮은 불가촉천민으로 취급한다.[xli] 기독교 혹은 서양종교를 받아드린 힌두인들을 전통문화 파괴자, 민족 배반자, 불가촉천민, 외국인과 다를 바 없는 천한 자들로 취급한다.[xlii] 선교사 비자는 허용하지 않는다. 특별히 극우 힌두교들이 장악한 북부 지역에서의 선교 활동은 비공식으로 해야 한다.

힌두교 선교전략

복음 선포 선교전략

힌두교 문화가 전 세계로 소리 없이 조용히 스며들고 있다. 유럽과 북미에서는 동양의 명상법으로 소개되어 많은 사람들이 마인드 컨트롤Mind control 이름으로 힌두교식 명상을 하고 있다. 그 명상을 통해서 자신에게 있는 업karma을 내려놓도록 유도하여 힌두교 교리에 매료되게 만든다. 건강한 삶을 위해서 많은 사람들이 요가를 한다. 힌두교의 요가는 운동이 아니다. 힌두교의 수행 방법이다. 많은 사람들이 뉴에이지New-age 음악을 듣는다. 뉴에이지 음악은 단순히 긴장을 완화시켜주고, 마음을 평안하게 해주고, 기분을 전환시켜주는 치료 음악이 아니다. 힌두교의 뉴에이지 음악은 다른 차원으로 들어가는, 무의식의 영역으로 이끌고 가는 종교적인 의식이 담겨져 있다. 즉 힌두교에 바탕을 둔 뉴에이지 음악은 내면의 자아를 일깨워 초월적인 세계로 들어가 자신이 신의 존재가 될 수 있다는 사상을 기반하고 있다.[xliii] 힌두교에 수많은 신들이 있다. 힌두교 안에는 셀 수 없는 신비주의가 있다. 그 많은 신들과 그 많은 신비주의 사상을 붙들고 있는 힌두교인과 종교적인 대화는 불가능하다. 그들과 종교적인 타협이나 혼합을 통해서 개종자를 얻을 수도 없다. 그들은 우상숭배자들이기 때문이다. 성령의 역사를 믿고, 예수의 복음을 직접 선포하는 선교전략이 필요하다. 선교는 설득이 아니라 선포이다. 예수 그리스도의 이름이 선포되는 그곳에 놀라운 역사가 일어난다.

박띠 선교전략

　힌두교인들 중에 박띠Bhakti 신앙을 가진 사람들이 많다. 6-7세기에 남부지방에서 시작된 신앙인데, 지금은 모든 인도인에게 있는 박띠 신앙이 되었다. 박띠는 '사랑,' '헌신,' '믿음'을 의미하는 힌두어이다. 지식이 아니라 실천을 강조하는 신앙이다. 박띠 신앙은 기독교 신앙과 유사한 부분이 많다. 박띠의 신은 유일하며, 최고의 신이고, 인격적인 신이다. 박띠는 인간이 고통을 받게 된 것이 죄 때문이라고 말한다. 그러므로 신에게 자비와 용서를 구하여야 한다고 말한다. 박띠의 구원관에는 대속의 개념이 있다. 브라만 사제는 어떤 사람의 죄 용서를 위해서 사제 자신에게 전가시키고, 그 죄를 범한 사람을 구제해주는 의식이 있다. 박띠 신앙에는 신이 인간이 되어 세상에 왔다는 성육신을 의미하는 '아바따라' 신앙이 있다. 그처럼 기독교와 비슷한 유사점들을 통해서 박띠 신자들을 전도할 수 있다.[xliv] 특별히 박띠 신앙을 가진 힌두교도들은 지식이 아니라 실천이라는 기본 개념을 가지고 있기 때문에 기독교의 복음을 말만 하지 않고 몸소 실천해 보이게 되면 개종자를 얻을 수 있다. 이미 앞에서 보았듯이 48년 동안 인도를 떠나지 않고 고아와 과부와 불우한 사람들에게 예수의 사랑을 전했던 슈바르쯔의 헌신된 삶을 통해서, 인도의 길을 걸으며 예수님의 모습을 보여주었던 스텐리 존스의 낮아진 삶을 통해서, 도나부르 공동체를 통해서 수백 명의 불우 청소년들을 돌봐주었던 에이미 카마이클의 헌신된 사랑을 통해서, 무료 병원을 통해서 수많은 병자들을 고쳐주었던 아이다 스커더의 의료선교를 통해서 수많은 인도인들이 예수 그리스도를 영접했다. 그와 같은 그리스도의 사랑과 헌신된 삶을 보여준다면 많은 박티 힌두교도뿐만 아니라 많은 인도인들이 개종을 하게 될 것이다.

달리트 선교 전략

불가촉천민Untouchable인 달리트Dalit들은 수천 년 동안 멸시받고, 학대받고, 착취를 당하고, 짓밟히며 살아오고 있다. 예수의 복음은 달리트들에게 위로와 자유와 평안과 구원을 준다. 달리트들 가운데 90% 이상이 크리스천이다. 그들을 위한 선교는 계속 되어야 한다. 모든 인간이 평등해질 수 있는 인도를 꿈꾸며 달리트 크리스천들이 차세대 리더들이 될 수 있도록 제자 양육을 해야 한다. 현재 사회 체제에서는 상위 카스트들에게 짓밟히고, 강성 극우 힌두교도들에게 크리스천이란 이유로 핍박과 순교를 당하게 될지도 모른다. 그러나 그 어떤 고난과 환난 앞에서도 예수의 신앙을 끝까지 지킬 수 있는 더 강인한 그리스도 군사들이 되도록 제자 양육을 해야 한다.

자티 공동체 선교전략

각 카스트 계급마다 자신들의 직업을 혈연 중심으로 세습해 주기 위해서 특별한 공동체를 만든다. 가업을 이어주는 그 직업 공동체를 자티Jati라고 한다. 그래서 브라만 자티, 크샤트리아 자티, 바이샤 자티, 수드라 자티 공동체가 따로따로 있다. 혈연 중심의 경제 시스템이라고 말할 수 있다. 인도에 약 3,500개 자티가 있다.[xlv] 그 자티 공동체에 전문인 선교사를 파송해서 자티 공동체 안에서 복음을 전파할 수 있다. 특별히 선교사 비자를 주지 않는 인도이기 때문에, 전문인 선교사와의 동역 전략이 필요하다.[xlvi]

중산층 젊은이 전도 선교전략

고등학교와 대학에 재학 중인 젊은이들과 대학을 졸업하고 직장을 가진 직장인들은 대부분 중산층 카스트 출신들이다. 그들은 인터넷 사용을 통해서 서구적 사고와 국제적인 감각을 가지고 있다. 그런데 그것이 인도의 젊은이들로 하여금 홍역을 앓게 한다. 성 중독, 마약 중독, 알코올 중독, 자살, 가정 폭력, 이혼 등으로 그들의 젊음이 망가지고 있다. 그들은 지금 도움이 필요한 세대이다.[xlvii] 캠퍼스 선교, 직장인 선교, 상담 센터 선교 등을 통해서 병들어가는 인도의 젊은이들에게 복음을 통해서 치유와 회복과 새 삶을 줄 수 있는 선교전략이 시급하다.

경제 클래스를 통한 상층 카스트 선교전략

달리트 천민계급에 해당하는 사람들은 인도 인구의 30%이다. 그들 가운데 95%가 기독교인이다. 그래서 인도 사람들은 '기독교인은 천민'이라는 생각을 가지고 있다. 반면 중산층과 상류층에 있는 카스트들은 인구의 약 70% (8억 4천만 명)를 차지한다.[xlviii] 달리트들은 자신들보다 높은 상층 카스트들에게 전도하지 못한다. 그들의 접근이 허용되지 않기 때문이다. 그러므로 상층 카스트들에게 복음을 전하는 선교사가 따로 필요한데, 상층 카스트들을 위해서 선교하는 한국 선교사는 거의 없다.[xlix] 진기영 박사는 상층 카스트들에게도 반드시 복음을 전파해야 한다고 강조한다. 그들을 전도하기 위해서는 한 손에는 성경을, 다른 한 손에는 힌두 경전을 가지고 가야 한다고 조언한다. 힌두 경전을 알지 못하고는 상층 카스트들과 대화를 할 수 없기 때문이다.[l] 또 하나 필요한 것은 유창한 영어이다. 상층 카스트들은 영어를 유창하게 한다. 인도에서 영어는 제2국어로써 의회 언어이며, 관공서의 언어이며, 비즈니스 언어이며, 대학 교육 언어이다. 그러므로 주류 사회를 공략하기 위해서는 유창한 영어가 필수적이다.[li] 상층 카스트에게 복음을 전할 수 있는 방법 중에 또 하나는 "경제 클래스Class"를 이용하는 방법이다.[iii] 미국과 영국과 유럽에서 유학을 하고 인도로 돌아와서 그들의 전문 분야에서 일하는 사람들이 많다. 그들은 나름대로 성공한 사람들이다. 전문인 선교사들이 그들과 같은 직장과 직종에서 일하게 되면 그들을 쉽게 만날 수 있다. 그들은 글로벌 리더들이 되었기 때문에 기독교 복음에 대해서도 배타적이지 않고 수용적인 자체를 취할 때가 많아 복음을 전할 수 있는 기회가 된다.

인도 교회와 선교단체와의 협력 선교전략

1947년 인도가 영국으로부터 독립할 때 인도 현지인이 세운 선교단체는 몇 개에 불과했다. 그러나 현재 인도선교협의회India Missions Association에 등록된 선교단체는 125개가 넘는다. 1992년에는 선교단체가 300개까지 있었다.[iii] 중요한 것은 인도 크리스천들 스스로 인도인 선교사를 국내 여러 종족들에게 파송하고 있다. 1997년에는 인도 현지인 선교사가 약 15,000명이었다. 이윤식은 현재 남인도에 있는 인도 교회들이 북인도 선교를 위해서 약 8만 명의 자국민 선교사를 파송하였다고 말한다.[iv] 북인도 선교는 외국 선교사들이 활동하는데 많은 제약이 있다. 그래서 인도 현지 교회들과 함께 공조 전략이 필요하다. 인도의 복음화를 위해서 선교를 포기하지 않고 있는 인도교회와 선교단체들과의 협력 선교가 필요하고, 현지인 목회자 양성과 선교사 훈련 프로그램에 더 많은 선교 후원이 필요하다.

상황화 선교전략

윌리엄 캐리는 개종자에게 카스트를 무시하고, 힌두교 관습을 버리고, 기독교 공동체로 이주하도록 하였다. 진기영 박사는 캐리의 선교 정책에는 문제가 있었다고 지적한다.[iv] 힌두교 문화권에서 카스트 제도를 무시하고, 개종자들을 기독교 공동체로 이주시키는 것은 인도 사회로부터 처절한 단절을 각오해야만 한다고 지적했다. 인도는 현재도 카스트 제도가 유지되고 있다. 힌두교 관습을 버리면 생존하기 힘든 사회 구조와 사회법을 가지고 있다. 파키스탄은 인구의 95%가 무슬림이다. 파키스탄은 역사적으로 인도의 문화권 안에 있었기 때문에 힌두교가 강세였다. 그런데 이제는 이슬람 국가가 되었다. 그에 비해 인도의 이슬람화는 매우 저조한 편이다. 이유는 이슬람교가 인간의 평등을 외쳤기 때문이었다. 인간의 평등을 외친다는 것은 인도의 카스트 제도를 붕괴시키겠다는 공격으로 힌두교도들은 해석하였다. 그래서 이슬람이 뿌리를 내리지 못했던 것이다. 불교도 마찬가지다. 불교가 인도에서 불상했지만, 인도에서 불교는 생존하지 못했다. 석가모니가 인간의 평등을 외쳤기 때문이었다.[vi] 마하트마 간디는 자국민에게 암살당하였다. 간디도 카스트 제도를 비판하면서 신분의 평등을 외쳤기 때문이었다. 그래서 힌두교 극우파에 의해 간디는 암살되었다. 기독교는 어떤가? 기독교도 인간의 평등을 외친다. 그래서 사도 도마 때부터 기독교 선교 역사를 계산한다면, 인도는 약 2,000년 기독교 선교역사를 가지고 있지만 아직까지 기독교의 복음화률은 낮다. 그래서 카스트 제도를 무시했던 윌리엄 캐리식의 선교전략은 인도에서는 위험할 수 있고 미래를 장담할 수 없다. 카스트 제도를 그대로 두고, 그 상황에 맞춘 상황화 선교전략이 필요하다. 폴 수다커Paul Sudhaka는 1970년대 인도 기독교 지성을 대표하는 사람이다. 그는 상층 카스트 출신이었다. 복음을 듣고 예수님을 영접했지만, 기독교인이 되는 일은 두려운 일이었다. 기독교인이 된다는 것은 곧 하층 카스트 즉 천민이 된다는 의미였기 때문이었다. 그러나 그는 예수님께 복종하고 기독교인이 되었다. 그는 공무원을 그만두고, 복음 전도자가 되었다. 그는 인도사람이었기 때문에 인도식으로 복음을 전하였다. 성경 말씀과 힌두교 경전에 일치되는 부분을 가지고 전도하였다. 그를 통해서 많은 상층 카스트들이 개종하였다. 그의 전도에서 풍성한 열매를 맺을 수 있었던 것은 상황화 전도 방법 때문이었다. 인도의 기독교에서 서양식, 외국식 요소들을 배제하고, 인도의 상황과 문화에 맞게 복음을 제시해서 많은 개종자를 얻었던 것이다.[lvii]

기드온의 300명 용사 선교전략

극우 힌두교도들의 민족주의로 인해서 기독교 박해가 일어나고 있다. 2007년 12월 오릿사에서 크리스천 박해가 있었다. 4명의 기독교인이 죽었고, 730채 기독교인들의 집들이 탔고, 95개 교회가 무너졌다.[lviii] 힌두 민족주의자들은 오로지 힌두만이 인도의 국민이며, 힌두 문화만이 인도의 상징이며, 힌두인이 다른 종교로 개종하는 것은 국가를 배신하는 행위라고 단정했다.[lix] 힌두 민족주의자들이 높이 쳐들고 나온 것이 '다르마 유드Dharmayuddh'이다. 이슬람교의 지하드와 똑같은 '성전(聖戰)'을 뜻한다. 힌두교도들이 개종하지 못하도록 막는 일과 개종을 강요하는 타종교 집단을 제거하는 것이 그들에게 부여된 '성스러운 임무'라고 여긴다.[lx] 그러한 상황 속에서 인도 크리스천들에게 오릿사 사태와 같은 고난과 박해가 다시 가해 질 수 있다. 힌두세계협의회는 그런 위협 때문에 1982년 한 해에 기독교인이 다시 힌두교로 돌아간 사람은 59,000명이었고, 무슬림이 다시 힌두교로 돌아간 사람도 4,000명이었다고 보고하였다.[36] 그러므로 환란과 핍박을 이겨내고 예수의 신앙을 끝까지 지킬 수 있는 기드온의 300명 용사와 같은 크리스천들을 길러내기 위한 제자 훈련 선교전략이 필요하다.

● 맺는 말

　인도 선교에는 여전히 몇 가지 방해 요소가 있다. 첫째는 대부분의 개종자들이 하층민이었기 때문에 기독교는 천민의 종교라는 인식이다.　둘째는 기독교에 대한 적대감이다. 인도인에게 기독교는 식민지라는 고통을 안겨준 서양 종교였다. 셋째는 인도에서 타종교는 모두 추방해야 한다는 운동이다.[lxii] 넷째는 언어 장애이다. 인도는 25개주로 구성된 연방 국가이다. 1967년에 힌두어를 공용어로 채택했지만, 지금도 14개 언어가 국가 공식 언어이고, 약 800개 종족의 언어가 사용되고 있다. 토착 언어로 복음을 전달해야 한다는 원칙에서 보면 선교사들에게는 그만큼 종족 언어를 구사해야 한다는 무거운 부담이 주어진다.[lxiii] 무엇보다 가장 큰 장애는 극우 힌두교도들의 민족주의, 국수주의 정책으로 인도가 달라지고 있다는 점이다. 18세기 슈바르쯔가 선교했던, 19세기에 윌리엄 캐리가 선교했던, 20세기에 스탠리 존스가 선교했던 그 인도가 아니다. 극단주의, 민족주의, 국수주의 극우 힌두교도들이 반종교법을 공포하고 합법적으로 기독교 선교를 탄압하고 있다. 가정방문 전도, 길거리 노방전도, 부흥회와 같은 대중 집회를 통한 선교도 이제 인도에서는 불가능해 보인다. 80%의 국민이 힌두교도인 네팔도 반개종법을 시행하고 있다. 2017년과 2018년, 2년 동안 비자 인준 거부와 추방으로 인도를 떠난 한국 선교사가 160명이었다.[lxiv] 힌두교권 선교가 점점 어려워지고 있다. 그러나 놀라운 일이 인도에서 일어나고 있다. 미국 국제선교단체 미션소사이어티Mission Society

는 2013년 기준으로 인도에는 약 7,100만 명의 기독교인이 있다고 보고
하였다. 인도 정부의 공식 통계에 의하면 2001년에 인도의 기독교인 인
구는 2,400만 명이었다. 그런데 12년 사이에 3배로 증가한 것이다. 인도
에는 456개 언어가 있고, 2,611개 미전도 부족이 있다. 인도 안에 있는
인구 가운데 88%가 아직까지 한 번도 예수의 복음을 접해본 적이 없는
것으로 조사되었다.[lxv] 상황은 어렵게 흘러가고 있다. 그러나 인도 선교를
포기할 수는 없다.

미얀마 불교의 상징, 양곤 쉐다곤 황금 사원

Chapter 14

불교 선교

내가 복음을 전할지라도 자랑할 것이 없음은 내가 부득불 할 일임이라
만일 복음을 전하지 아니하면 내게 화가 있을 것이로다
고전 9:16

　　불교는 기원전 6세기 말에 인도에서 발원했다. 그러나 발원지 인도에서 불교의 영향력은 미미하다. 인도에서 불교를 믿으면 불가촉천민이 된다.[1] 그러나 동남아시아 여러 국가들과 중국, 한국, 일본에 끼친 불교의 영향력은 지금도 지대하다. 특별히 중국, 한국, 일본으로 전래된 대승불교는 호국정신으로 국가가 위기에 처했을 때 적극적으로 나서서 큰 공을 세웠다. 그로 인해 불교는 각국에 뿌리를 깊이 내리게 되었다. 한국 불교 역시 372년 삼국시대 때 전래된 이후부터 숱한 역사와 고락을 함께 하면서 한반도에 깊이 정착하게 되었다. 그러나 현대 불교는 출가, 무

소유, 수도, 명상, 깨달음, 성불, 열반에 머물지 않는다. 속세를 떠나 깊은 산 속에 묻혀 있는 불교도 아니다. 지금은 소승불교까지 자신들의 나라를 극락정토(極樂淨土)로 만들기 위해서 정치적 행동도 불사한다. 불교권에서의 기독교 선교도 위기를 맞이하고 있다. 불교권 선교를 위해서 창의적인 선교전략이 더욱 필요하게 되었다.

불교의 역사

불교는 기원전 6세기 말에 고타마 싯다르타Gautama Siddhrtha에 의해 창시된 종교이다. 인도 아소까 왕BC 273-232 때 불교의 전성기를 이루었다. 아소까 왕은 5명의 승려를 한 조로 조직해서 아홉 개 나라로 파송하였다. 그 결과 수만 명의 불자를 얻었다. 그러나 오래 지속 되지 못하고 불교는 사라졌다. 유일하게 살아남은 곳이 스리랑카였다. 스리랑카에서 재정비된 불교는 동남아시아 각지로 다시 전파되었다. 그것이 지금의 소승 불교이다.[*] 불교의 경전인 삼장(三藏) 즉 경장(經藏), 율장(律藏), 논장(論藏)은 1세기경에 문자화 되었다. 불교는 소승불교와 대승불교로 갈라졌다. 소승불교는 남방으로 퍼졌고, 대승불교는 북방으로 퍼졌다. 1950년에 소승불교 측은 자신들을 소승불교(히나야나:Hinayana)라고 부르지 말고, '상좌부' 불교라고 불러달라고 요청하였다. '소승불교'는 대승불교 측에서 붙인 이름이었다. 대승불교는 자기들은 많은 중생을 구제하므로 큰 수레(대승)이고, 남방 불교는 개인만 생각하기 때문에 작은 수레(소승)이라고 하였다. 소승불교 측의 요청이 수용되어 지금은 '상좌부 (테라

와다:Theravada) 불교'라고 부른다. 남방 즉 동남아시아 국가에 있는 불교는 거의 상좌부(소승) 불교이다. 상좌부 불교는 각 나라에서 왕들과 귀족과 부자들의 보호를 받았다. 그래서 국가 권력과 공생공존하게 되었고, 일부 국가에서는 불교가 국교가 되었다.[iii] 상좌부 불교가 귀족적이었다면, 대승불교(중국, 한국, 일본)는 대중적이었다.

[상좌부 불교와 대승불교의 차이]

상좌부 불교	대승 불교
스리랑카, 미얀마, 태국, 캄보디아, 라오스	중국, 한국, 일본
무신론 (부처는 신이 아니다)	유신론 (부처는 신이며, 많은 부처가 있다)
부처는 위대한 성인이다.	부처는 구원자이다.
자기 수행에 집중한다.	모든 사람이 부처가 되도록 집중한다.
아라한이 되면 환생하지 않는다.	깨달은 자는 자유롭게 다시 태어난다.
부처는 한 분이다.	해탈하면 많은 부처가 된다.
핵심적인 덕목은 지혜이다.	핵심적인 덕목은 자비이다

1) 상좌부 불교는 부처는 신이 아니라고 한다. 대승불교는 부처는 신이며, 해탈을 통해서 부처가 될 수 있다고 한다.

2) 상좌부 불교는 개인 수행에 무게를 두고, 대승불교는 대중에게 알리는 것에 무게를 둔다.

3) 상좌부 불교는 계율을 중요하게 여기고 다른 종교와 혼합하지 않는다.

4) 상좌부 불교는 자신들이 정통 불교라고 주장한다.

5) 대승불교는 불타(Buddha: 석가모니)가 행한 길이나 아라한(Arahan: 최고의 수행자)의 길은 너무 힘이 들기 때문에, 자신이 부처가 되려고 하는 대신에 부처를 구원자로 숭배한다.[iv]

불교의 용어

1) **사미:** 예비 승려다. 6개월 이상 행자 생활과 1개월 동안 교육 과정을 마치면 사미가 된다.

2) **비구:** 정식 승려다. 4년 동안 불교대학에서 공부하고, 2년 수도 생활을 마치면 비구가 된다.

3) **보살:** 부처가 되기 전에 수행자로서 불도에 정진하는 자다.

4) **보시:** 승려나 가난한 사람들에게 음식이나 현금으로 기부하는 것을 말한다.

5) **탁발:** 상좌부 불교에 속한 승려들은 스스로 음식을 지어먹는 일을 금지한다. 그래서 날마다 하루에 일곱 집을 돌면서 음식을 공양 받는다. 그것을 탁발(托鉢)이라고 하고, 공양 받는 승려들을 탁발승이라고 한다.

6) **아라한(Arahant):** 팔리어로 '공경 받을 자'란 뜻으로 수행을 통해서 최고의 경지인 해탈을 한 승려를 말한다.

불교의 교리

■ 불교에는 신이 없다.[v]

■ 불교는 우주의 모든 현상과 속성이 실재성이 없고 공(空)이라고 믿는다.[vi] 모든 존재는 여러 원인에 의해서 생기고, 그 원인들이 소멸하면 그 존재도 연기처럼 사라진다고 믿는다.[vii]

■ 인과응보를 믿는다. 인과응보에는 네 가지 법칙이 있다. 첫째는 현재의 즐거움을 위해 남을 괴롭히면 미래의 불행을 만든다. 둘째는 현재는 괴롭더라도 그것을 참고 견디면 미래가 편안해진다. 셋째는 선한 일을 한 결과로 미래에 더 좋은 과보를 받는다. 넷째는 나쁜 짓을 한 결과로 나중에 고약한 과보를 받는다.[viii]

- 윤회설을 믿는다. 사는 동안 짓는 모든 업이 결과를 낳는다. 그 결과에 따라 다음 생에서의 존재가 결정된다. 업이 남아 있으면 윤회는 수레바퀴처럼 계속 돌게 된다.[ix] 불자들은 전생의 업연(業緣)에 따라 천(天), 인(人), 아수라(阿修羅), 지옥(地獄), 아귀(餓鬼), 축생(畜生)의 세계로 윤회한다고 믿는다.[x]

- 열반(Nirvana)의 교리를 믿는다. 죽음의 한계를 극복하기 위해서 불생불사(不生不死: 다시 태어나지도, 다시 죽지도 않는) 교리를 정립하였다.[xi] 즉 열반(涅槃)은 윤회에서 벗어나 고(苦)에서 해탈하여 인간의 원래 존재 상태인 고요함 속으로 들어가는 것을 말한다.[xii]

- 모든 고통의 원인은 번뇌(煩惱)이고, 번뇌의 원인은 갈애(渴愛, 몹시 좋아함)이고, 갈애의 원인은 무명(無明, 잘못된 집착 때문에 진리를 깨닫지 못하는 마음의 상태) 때문이라고 믿는다.[xiii] 그래서 불교는 그 번뇌를 없애기 위해서 수도 생활을 한다.

- 모든 사람이 열반을 통해서 부처가 될 수 있다고 믿는다. 사람마다 불성(佛性)을 가지고 있다고 믿는다. 부단히 수행하면 한 순간 큰 깨달음(정각:正覺)을 갖게 되는데 그 순간 부처가 될 수 있다. 그것을 오도성불(悟道成佛)이라고 한다.[xiv]

- 극락세계 교리를 믿는다. 정토(淨土, 깨끗한 세계) 신앙이다. 서쪽으로 10만 억 국토를 지나면 아미타불의 국토인 서방정토(西方淨土)를 만나게 되는데, 그곳이 극락세계라고 믿는다.[xv]

미얀마 불교

동남아시아 국가들 중에서 스리랑카, 태국, 미얀마, 라오스, 캄보디아에 있는 불교는 상좌부 불교이다. 그곳에서 만나는 불교신자들을 전도하기 위한 선교전략을 수립하기 위해서 필자가 선교하고 있는 미얀마 불교를 중심으로 보려고 한다.

미얀마 불교의 역사

석가모니가 500명 아라한(Arahant:수행을 통해서 최고의 경지에 오른 승려)을 데리고 육로를 통해서 미얀마를 몇 차례 방문해서 설법하였다고 한다. 그때 많은 사람들이 석가모니의 제자가 되었다고 전해진다.[xvi] 어느 날 미얀마 대상(隊商)이었던 따뿟사Tapussa와 발리까Bhallika가 인도에 갔던 길에 석가모니를 만났는데, 그때 석가모니가 여덟 개의 머리카락을 뽑아서 그들에게 주었다. 두 사람은 그것을 미얀마로 가지고 와서 안치하고 탑을 세웠는데, 그것이 지금 양곤에 있는 세계 최대의 황금 불탑 쉐다곤 파고다Shwedagon Pagoda이다.[xvii]

19세기 후반에는 영국 식민지 정책을 놓고 영국과 맞서 싸워야 하느냐하는 논쟁을 놓고 불교 승단 안에서 분쟁이 일어났다. 결국 찬반으로 갈리면서 몇몇 종파로 나뉘게 되었다. 몇몇 고승들이 민족주의 운동과 독립운동 선두에 서서 지휘했는데, 그것을 놓고 반대쪽 승려들이 정치에 참여해서는 안 된다고 한 것이다. 중국, 한국, 일본으로 전파된 대승 불교는 국가에 위기가 오면 당연히 승려들도 무기를 들고 나아가 싸웠다. 그러나 상좌부 불교 승려들은 종교와 정치, 사회와 분리되어야 한다는 쪽이었다. 결국 그 계율을 깨고 고승들이 독립 운동에 참여하게 되면서 '정치 참여 불교'가 생기게 되었다.[xviii] 그때 미얀마에서 생긴 대표적인 종파는 쉐진Shwegyin파, 드와라Dwara파, 겟트윈Hngettwin파였다. 1995년에 미얀마 불교는 9개 종파로 나눠졌다.[xix]

미얀마 불교의 이해

- 미얀마는 불교 국가이다. 국민의 88%가 불교 신자다.

- 미얀마는 파고다(불탑)의 나라이다. 미얀마 전국에 수백만 개 파고다가 있다. 바간(Bagan) 한 도시 안에만 사원(Temple)이 5,000개가 있다.

- 미얀마 남자 불자(佛子)는 일생에 한 번은 출가(신뿌:Shin Pyu)해서 승원에 들어가야 한다. 출가 경력이 있으면 취업과 승진이 쉽다. 반대로 출가 경력이 없으면 사회생활에서 불이익을 받는다.

- 미얀마에는 6만 개의 사찰이 있고, 공인된 승려는 약 50만 명이다.

- 미얀마 불자들은 자신이 태어난 요일에 맞춰서 그 요일에 해당하는 부처에게 기도한다.

- 여자를 천하게 본다. 전생에 공덕이 적으면 여자로 태어난다고 믿는다. 여성은 법당 중앙 불단에 올라가지 못하고, 불상에 손을 대면 안 된다.

- 미얀마 삼대 사원은 양곤 쉐다곤(Shwedagon) 사원, 만달레이 마하무니(Mahamuni) 사원, 몬 주 짜익티요(Kyaikhtiyo) 사원이다. 그 세 사원을 방문하면 모든 소원이 이루어진다고 믿는다.

미얀마 불교의 교학 체계

　승려를 배출하는 미얀마 불교의 교육 시스템은 매우 엄격하다. 미얀마 불교 교육은 미얀마 정부의 지원을 전폭적으로 받는다.

1) 나타라(Na Ta La) 불교 학교

　미얀마 전국에는 불교에서 세운 나타라Na Ta La 학교가 있다. 초등학교에서 고등학교까지 과정을 가르친다. 나타라 학교는 기숙사형 학교이다. 모든 학생은 승려들처럼 삭발을 해야 한다. 수업이 끝나면 승복으로 갈아입어야 한다. 매일 불교 경전 구절을 암송해야 한다. 학비와 식비가 정부

보조로 전액 무료이다. 그처럼 미얀마 불교는 나랏돈으로 나타라 학교를 통해서 불교에 관한 세뇌 교육을 시킨다. 미얀마 전국에 나타라 학교는 1,300개가 있고, 19만 명의 학생이 어렸을 때부터 불교 교육을 받는다.[xx]

2) 팔리 경전(Pali Canon) 시험

인도의 언어 '팔리어'로 기록된 원어(原語) 불경을 [팔리 경전]이라고 한다. 미얀마에서 공식 승려가 되려면 팔리 경전 시험에 합격해야 한다. 매년 3월에 7일 동안 치러진다. 국가에서 관리하는 시험으로써 난이도가 매우 높다. 응시 자격은 나이가 30세 이하이어야 하고, 10년 이상 수련을 쌓은 비구들이 시험을 볼 수 있다. 합격하게 되면 그들에게는 '담바카리야 Dhammācariya'라는 칭호가 주어진다. 불교계에서는 가장 명예로운 칭호이다. 합격률은 6.9%이다.[xxi] 그 만큼 어려운 시험이다. 팔리어로 된 주석서를 암기해서 시험을 보기 때문에 팔리어를 사용하는 태국인, 미얀마인, 스리랑카인 승려들은 팔리어로 소통이 가능하다.[xxii]

3) 미얀마 승가 교육 기관

미얀마의 승려 교육 기관은 사립 전문 강원Mahāgandayong과 미얀마 정부에서 운영하는 국립 불교대학State Pariyatti Sāsana University이 있다. 사립 전문 강원(대학)은 전국 주요 도시에 있고, 국립 불교대학은 양곤과 만달레이 두 곳에 있다. 학비와 생활비는 정부 보조로 지원 받는다. 우수 학생은 교수 요원으로 뽑히게 된다. 사립 전문 강원(대학)에서는 영어로 강의되는 과목이 많다. 그곳에서는 불경만 가르치지 않는다. 탁월한 수행법을 통해서 승려들이 깊은 수행에 들어가도록 돕는다. 탁월한 수행법은 미얀

마 스님 중에 마하시Mahasi라는 고승이 터득한 수행법을 말하는데 세계적
으로 잘 알려진 수행법이다.^{xxiii} 또한 미얀마 전국에는 어린 동자승들이 다
니는 사미승(沙彌僧) 학교가 있다. 2015년 기준으로 총 1,597개가 있고,
6,000명의 교사와 26만 명 학생이 있다.^{xxiv}

4) 국제상좌부불교선교대학(International Theravada Buddhist Missionary University)

국제상좌부불교선교대학은 1998년 미얀마 정부가 양곤에 세웠다.^{xxv} 대
학 이름에서 볼 수 있듯이 불교를 전파할 '불교 선교사'를 양성하는 특별
대학이다. 놀라운 것은 전 과목을 영어로 수업한다는 점이다. 입학할 때
부터 영어 필기와 회화 시험을 보는데, 유창하지 않으면 절대로 입학이
되지 않는다. 외국인 유학생들은 전액 무료이다. 1년 과정을 마치면 학
사 수료증을 주고, 2년 과정을 마치면 학사 학위를 주고, 3년 과정을 마치
면 석사 학위를 주고, 4년 과정을 마치면 박사 학위를 준다. 졸업자들은
모두 영어가 유창하며, 박사 학위를 받은 승려들은 불교 선교사로 임명을
받아 전국 각지로 파송되어 불교를 더 강성하게 세우는 일에 헌신한다.

미얀마 정부의 불교 정책

미얀마 정부는 1950년에 정부기관 부처에 종교부(宗敎省:Ministry
of Religious Affairs)을 설치하였다. 최근에는 종교부와 문화부Ministry of
Religious Affairs and Culture로 개칭하였다. 그곳들은 불교를 보호하고 지원하
기 위해서 국가가 설립한 정부 부처들이다.^{xxvi} 미얀마 헌법에는 종교의 자
유가 보장되어 있지만, 불교가 절대 우위에 있음을 헌법에도 명시하였다.
"불교는 미얀마인 최대 다수가 신봉하는 종교로서 불교의 특별한 지위를

인정한다." (헌법 제21조 1항)[xxvii] 그래서 정부 예산으로 포교원을 건축할 수 있고, 경전을 번역할 수 있고, 불교와 관련된 출판물들을 인쇄해서 보급할 수 있다. 정부 예산으로 국립교학대학교The State Pariyatti Sasana University 의 운영과 재정 지원을 할 수 있고, 1998년에 국제 상좌부 불교 대학교를 설립해서 한국을 비롯 세계 불교 신자들이 미얀마로 와서 상좌부 불교를 배울 수 있도록 지원하고 있다.[xxviii]

불교 선교의 위기

미얀마 불교를 통해서 동남아시아에 있는 불교를 보았다. 불교를 쉽게 생각하면 안 된다. 흔히 속세를 떠나 세상을 등지고 돌아앉아 사찰에서 목탁이나 두드리며, 염불(念佛)만 하는 '고요한' 사람들로 생각해서는 안 된다. 한국 불교도 달라졌다. 템플스테이Temple Stay와 같은 프로그램을 통해서 불교를 적극적으로 전하고 있다. 티벳트 불교의 지도자 '달라이 라마'는 완벽한 미국식 영어를 구사한다. 그의 말 한 마디에 중국과 세계를 흔들린다. 미얀마 승려들의 영어 실력이 그렇고, 그들의 영향력도 지대하다. 신발을 벗고 매일 맨발로 음식 그릇을 들고 집집마다 돌아다니는 탁발승들을 보면서 음식이나 동냥하면서 다니는 천한 사람들로 생각하면 안 된다. 그것은 구걸이 아니라 수행이기 때문이다. 미얀마 불교의 수행 체계와 교학 체계에서 볼 수 있듯이 미얀마 불교의 조직과 교육 시스템은 우리가 생각하는 것보다 훨씬 더 치밀하고 조직적이다. 특별히 전문 강원 Mahāgandayong과 불교대학SPSU과 불교 선교대학원ITBMU에서 영어 강의를 통해서 배출하는 엘리트 승려들을 보면서 불교 선교에 대한 기독교의 선교 전략이 그들보다 훨씬 더 친밀하게 준비하지 않으면 안 된다는 위기감을 느끼게 한다. 동남아시아 불교 국가들 안에 있는 불교 인구와 기독교 인구를 비교하면 다음과 같다.

국가	불교인구(%)	기독교인구(%)	전체인구
부탄	78	1	76만 명
캄보디아	86	1	1600만 명
라오스	43	3	700만 명
몽골	23	1	300만 명
미얀마	73	8	5400만 명
스리랑카	68	9	2100만 명
태국	83	2	7000만 명
베트남	49	9	9500만 명

동남아시아 불교권 국가에서 크리스천 인구가 10%가 넘는 나라가 없다.[xxix] 모든 나라에서 일찍부터 기독교 선교가 시작되었지만 그처럼 낮은 복음화를 나타내고 있는 것은 그만큼 불교권 선교가 쉽지 않다는 뜻이다. 불교권 선교를 더 어렵게 만드는 네 가지 요인은 다음과 같다. 첫째는 미얀마에서 볼 수 있듯이 승려들을 배출하는 교육 체계가 더욱 탄탄해지고 있다. 박사 출신 승려들이 불교를 더욱 더 체계적이고 조직적인 기반 위에 올려놓고 있다. 불교계에서 발행하는 연구 논문집들을 보면 불교학자들이 기독교의 삼위일체 교리, 로고스, 믿음, 종말론에 관한 논문들을 신학자들처럼 연구해서 발표하고 있다.[xxx] 둘째는 최첨단 IT 기술과 정보화

시스템을 불교 전파에 접목시키고 있다. 불교계 안에서 포스트모더니즘에 대한 연구가 활발해지고 있고, 정보화 사회에서 멀티미디어 사용에 대한 불교 논문들이 줄줄이 발표되고 있다.[xxxi] 유덕산은 불교는 2500년의 역사를 통해서 우수하고 다양한 문화와 예술을 창조해 왔기 때문에, 정보화 시대가 주는 최첨단 과학 기술에 접목시킨다면 불교문화를 더 활짝 꽃 피울 수 있다고 역설한다.[xxxii] 그는 컴퓨터와 각종 멀티미디어를 적극적으로 활용해서 포교와 교육과 봉사와 신도 관리까지 전산화하여 관리할 수 있다고 역설한다.[xxxiii] 그는 정보화 사회는 단순히 사회적으로, 문화적으로, 과학적으로 발전해 가는 것이 아니라 상상하지 않았던 새로운 세계를 열어주기 때문에 보수적인 입장을 내려놓고 새로운 패러다임을 수용하는 열린 불교가 되어야 한다고 역설한다. 그는 새로운 과학기술에 적응하지 못하는 불교는 생명력을 잃게 된다고 결론 내렸다.[xxxiv] 셋째는 생활 불교를 통해서 매일 매일 불자들을 덧칠한다. 미얀마의 경우는 매일 매일 탁발승들이 집을 방문해서 음식을 얻고 그 집을 위해서 복을 빌어주고 간다. 생활 주변에 불탑들이 너무 많다. 불자들은 그냥 지나가지 않는다. 불탑을 향해서 합장 기도를 하고 떠난다. 새벽 4시부터 대형 확성기를 통해서 마을에 울려 퍼지는 승려들의 염불 소리를 듣고 일어난다. 하루 종일 불교 라디오 방송과 불교 TV 방송을 통해서 설법한다. 불교가 사람들을 가만히 놔두지 않고 매일 매일 '생활 불교'로 칠하고 그 위에 또 덧칠한다. 넷째는 불교 부흥을 위해 정부의 적극적인 지원과 타종교에 대한 정부의 강압적인 법적 통제가 강화되고 있다. 미얀마의 경우, 불교를 민족 종교로 만들려는 움직임까지 있다.

불교 선교전략

직접 전도 선교전략

승려들 중에는 엘리트들이 많다. 그렇다고 모든 승려가 엘리트는 아니다. 더욱이 일반 불자들은 엘리트 승려들처럼 불교의 교리에 목숨을 걸고 살지는 않는다. 대체적으로 복음을 전하는 사람들을 쉽게 거절하지 않는다. 불교 신자들은 대부분 착한 사람들이 많다. 그래서 일대일 전도가 가능하다. 먼저 가까운 친분을 쌓고, 복음을 하나하나 전하면 개종자를 얻을 수 있다. 그들이 원하는 것은 마음의 평안이고, 진실한 행복이고, 넘치는 축복이다. 그리고 최종적인 소망은 윤회를 통해서 다음 생애는 지금보다 더 나은 존재로 환생하기를 원한다. 그들의 그런 고민과 불안과 희망은 예수 그리스도 안에서 해결될 수 있음을 전해야 한다. 기독교에는 윤회가 없다. 예수 그리스도는 이 세상에서 주는 평안이 아니라 가장 특별한 평안을 주신다. 불교 신자들은 해탈의 길을 찾지만, 예수 그리스도가 영원한 생명의 길이 되신다. 이 진리를 알게 되면, 승려들도 개종을 한다. 그러므로 두려움 없이 불자들에게 복음을 전할 수 있는 기회가 주어지면 직접 복음을 선포해야 한다.

생활 전도 선교전략

전도와 선교는 말이 아니라 삶에서 시작되어야 한다. 특별히 불교권 사람들은 인과응보 사상 때문에 기본적으로 남에게 해를 끼치지 않고 착하게 살려는 본능이 있다. 그들 앞에서 크리스천들이 말만 잘하고, 말한 대로 살지 않는다면 불자들의 입장에서는 믿을 필요가 없는 기독교가 된다.

특별히 동남아시아 국가들은 서방 세계로부터 오랜 세월 동안 식민지 통치를 받았다. 그들은 기독교 우월주의로 힌두교와 불교를 무시했고, 힌두교도와 불교신자들을 무차별 탄압하였다. 그래서 지금도 기독교는 식민지 종교라는 인식을 가지고 있는 사람들이 많다. 예수 그리스도에 대한 그들의 잘못된 선입견과 기독교에 대한 고착화 된 잘못된 인식을 불자들이 바꿀 수 있도록 그들보다 크리스천들이 더 겸손하고, 더 헌신된 삶을 살아야 전도가 가능하게 된다.

내부자 선교전략

불교 공동체 안에서 자신이 크리스천이라는 것을 자신있게 밝히지 않고 사는 사람들이 있다. 전도를 하다보면, 어렸을 때 교회를 다녔다는 사람들을 종종 만나게 된다. 그들은 하나님께서 일찍이 심어놓은 선교 동역자들이 될 수 있다. 그들을 통해서 복음을 전하는 내부자 선교가 가능하다. 그러나 그들이 선교에 동참할 때까지 충분히 기다려줘야 한다. 불교 공동체 안에서 '배신자'로 낙인이 찍히면 많은 불이익을 당할 수 있기 때문이다. 그 불이익을 감수하면서까지 자신을 크리스천으로 드러낼 때까지 인내를 가지고 내부자의 결단을 기다려야 한다.

어린이와 청소년 선교전략

자식을 향한 부모의 마음은 동일하다. 현재 동남아시아에 있는 많은 국가들은 저개발국이다. 여러 가지 복잡한 정치 상황과 저조한 경제적 발전 때문에 대부분의 사람들이 공부를 하지 못하였다. 그래서 자녀들은 자신들 보다 나은 삶을 살 수 있도록 많은 공부를 할 수 있기를 원한다. 자녀들이 좋은 기술을 습득해서 훌륭한 전문인들이 되기를 소망한다. 그러나 가난한 부모들은 그 꿈을 이루기에는 너무 많은 한계를 느낀다. 그러므로 어린이와 청소년을 위한 영어 교육 프로그램과 청년들을 위한 기술 훈련 프로그램들을 개설하면 좋은 선교의 장이 될 수 있다.

기숙사 선교전략

농촌이나 오지 마을들은 교통이 매우 불편하다. 어린 학생들이 2시간 이상 걸어서 등하교를 한다. 그들을 위해 학교 가까운 곳에서 기숙사 선교를 시작하게 되면 복음을 전할 수 있는 통로를 확보하게 된다. 또한 농촌 청년들이 도시로 이동하고 있다. 그들에게 기숙사 시설을 제공할 수 있다면, 그곳에 제자 훈련 프로그램을 넣을 수 있다. 특별히 지방에 있는 교회 목회자들이 추천하는 신실한 청년들을 받는다면 그들을 선교요원으로 활용할 수 있다.

지역사회 개발 선교전략

대부분 저개발 국가들은 농경 사회이다. 공장은 상품을 만들고, 시골은 농사를 짓는다. 그런데 대부분 재래식 방식으로 농사를 짓는다. 선교사들이 과학 영농 기술을 전수하는 프로그램을 전개한다면, 선교를 위한 큰 교두보를 확보할 수 있다. 한국에는 과학 영농 기술자들이 많다. 은퇴한 분들이 자신들이 가지고 있는 노하우들을 선교지에 와서 기부하는 운동을 전개한다면 선교지에 큰 시너지를 일으킬 수 있다.

● 맺는 말

불교 선교가 쉽지 않다. 강성 불교 승려들의 영향력이 점점 핵폭탄이 되어가고 있다. 그들은 불교가 국교가 될 때까지 투쟁하려고 한다. 그들은 타종교의 선교활동을 방해하고 탄압한다. 거기에 불교 정부는 전폭적으로 불교를 지원한다. 불교 정부의 전폭적인 지지와 지원은 기독교 선교에는 큰 걸림돌이 된다. 또한 기독교선교는 엘리트 불교 승려들과 불교 정치인이란 큰 두 벽을 넘어야 한다. 그 벽을 뚫고 들어가서 일반 불자들을 만나게면 복음을 전할 수 있는 기회는 얼마든지 찾을 수 있다. 특별히 한국 선교사들에게 주어지는 기득권이 있다. 역사적으로 서방 세계의 지배를 받았기 때문에 서양인에 대한 거부감은 매우 강하다. 그러나 같은 동양인으로서 그들 국가에 해를 끼친 적이 없는 한국인이라면 무조건 좋아한다. 하나님께서 한국 선교사들에게 주신 은혜이다. 한국 선교사들이 준비해야 할 것은 불교 선교가 쉽지 않다는 데서 출발해야 한다는 것이다. 옛날처럼 산 속에서 목탁만 치고 있는 불교가 아니라는 점을 인식해야 한다. 불교대학에서 양육되어 파송되고 있는 불교 '선교사Missionary'들과의 대결에서도 밀리지 않을 만큼 준비를 하고 불교 선교를 시작해야 한다. 불교 승려들은 지금 기독교 교리를 연구하고 있다. 기독교인들까지 선교하겠다는 목표 때문이다. 한국 선교사들은 그 점을 간과하지 않아야 한다. 불교 선교를 위해서 더 많이 연구하고, 더 효율적인 선교전략들이 개발되도록 지혜를 모아야 한다.

5

PART

선교 프로그램에 따른
선교전략

한국세계선교협의회(KWMA)가 작성한 '2020 한국선교현황 보고'에 의하면, 2020년 기준 한국선교사들이 활동하고 있는 나라는 168개국이다. 그곳으로 22,259명이 파송되어 있다. 교단 파송 선교사, 선교단체 파송 선교사, 교회 파송 선교사, 자비량 선교사, 기타 선교사들이 파송 되어 사역하고 있다. 그들 중에는 독신 선교사, 부부 선교사, 단기 선교사, 장기 선교사, 은퇴 선교사들이 있다. 한국선교사들이 감당하고 있는 주된 선교 사역은 교회개척 사역, 신학교 사역, 교육 사역, 제자훈련 사역, 양육 사역, 상담 사역, 지역 개발 사역, 문화 사역, 스포츠 사역, 성경번역 사역, 문서 사역, 캠퍼스 사역, 장애인 사역, MK 사역, 방송 미디어 사역, 의료사역, NGO 사역 등등 다양하다. 그 방대한 사역들 중에서 대표적인 사역들을 위한 선교전략과 전술들을 보려고 한다.

남미 볼리비아 선교

Chapter 15

전방개척 선교

형제들아 더욱 힘써 너희 부르심과 택하심을 굳게 하라
너희가 이것을 행한즉 언제든지 실족하지 아니하리라
벤후 1:10

예수님의 지상명령 중에서 첫 번째 명령은 "가라Go!"였다. (마 28:18) 그 명령을 따라 지금도 선교사들은 땅 끝을 향하여 가고 있다. 그 땅 끝에서 복음을 전파하고, 그곳에 교회를 세운다. 교회 개척 선교는 멈출 수 없다. 구글Google에서 "Church Planting(교회개척)"을 검색하면 266,000개 웹사이트가 나온다. 아마존Amazon에서는 "교회 개척Church planting"에 관련된 책을 306권 판매하고 있다.¹ 교회 개척에 관한 관심이 그만큼 뜨겁다는 뜻이다. 그러나 어떤 선교지에서는 교회를 건축할 수 없다. 십자가도 세울 수 없다. 그런 곳에서의 선교를 '최전방개척' 선교라고 한다.

지금 그 최전방이 심상치 않다. 강대국으로부터 독립한 국가들은 민족주의를 앞세워 전통 종교를 부활시키고, 전통 문화의 재흥(再興) 운동을 일으키고 있다. 종교 간의 갈등은 더욱 심화되고 있다. 반개종법의 공포로 곳곳에서 충돌이 일어나고 있다. 테러와 쿠데타와 전쟁이 일어나 내일을 예측할 수 없다. 정치적 상황이 하루가 다르게 바뀌고 있다. 복음은 앞으로 가야 하는데, 앞에는 더 많은 걸림돌이 놓이고 있다. 그 어려운 최전방개척 선교를 한국 선교사들이 감당하고 있다. 그동안 세계 선교는 서구 선교사들이 주축이 되어 감당해왔다. 그러나 2006년부터 비서구선교사의 비율이 62.5%가 되었다.[ii] 그 비서구선교사들의 주축은 한국선교사들이다. 한국선교사들이 파송되어 있는 168개국 국가들 가운데는 이름만으로는 그 국가가 어디에 있는지 알 수 없을 정도로 땅 끝에 한국 선교사들이 나가 있다.

최전방은 어디인가?

내가 서 있는 곳이 최전방이 될 수도 있다. 내가 사는 곳이 땅 끝이 될 수도 있다. 그러나 예수의 복음을 단 한 번도 들어본 적이 없는 사람들이 사는 곳을 '최전방'이라고 규정하고 싶다. 자신들의 언어로 된 성경을 가지고 있지 않은 사람들이 사는 곳을 '최전방'이라고 규정하고 싶다. 세계 인구의 39.5%가 복음을 듣지 못한 미전도 종족이다.[iii] 기독교 인구가 2% 미만인 미전도 종족은 약 66,000개 종족이 있다. 그 종족들 가운데 약 3,800개 종족은 아직까지 선교사의 발길이 미치지 못했다. 그들을 개척 미전도 종족Unreached Unengaged People Groups이라고 지칭한다.[iv] 최전방 선교는 그런 미전도 종족들을 위한 선교를 말한다. 최전방개척 선교 지역은 크게 세 지역으로 나눈다. '부분적으로 제한된 지역Limited Access Area'이 있고, '창의적 접근 지역Creative Access Area'이 있고, '폐쇄 지역Closed Area/Restricted Access Area'이 있다.[v] 랄프 윈터는 1974년에 스위스 로잔에서 개최되었던 복음주의 선교대회에서 수천 개 미전도 종족에 대한 선교 전략에 대해서 강조하였다. 1989년 필리핀 마닐라 제2차 로잔대회에서 루이스 부쉬Luis Bush는 10/40 창을 제시하며 미전도 종족에 대한 복음화가 시급하다고 강조하였다.[vi] 10/40 창 안에는 이슬람교, 힌두교, 불교가 장악한 약 60개 국가가 있고, 약 20억 명이 복음을 듣지 못하고 있다. 그들을 위한 복음주의 선교 자원은 3%만 투입되어 있다고 보고하였다.[vii]

전방개척 선교에 필요한 준비

미전도 종족 선교는 다양한 경로를 통해서 선교사에게 들어온다. 선교 집회를 통해서, 기도편지를 통해서, 미디어 영상을 통해서, 지인의 소개를 통해서, 직접 방문했던 선교여행을 통해서 최전방 개척 선교에 대한 부르심을 받는다. 마크 테리Mark Terry는 전방개척 선교를 위해서 다음과 같은 준비가 선교사에게 필요하다고 말하였다.

1) 성령의 인도하심을 받는다.
2) 미전도 종족을 선정한다.
3) 선교전략 팀을 구성한다.
4) 미전도 종족을 위한 중보기도팀을 만든다.
5) 미전도 종족 선교를 감당할 선교사들을 모집한다.

6) 미전도 종족의 언어와 문화를 배운다.

7) 미전도 종족에 필요한 프로그램을 통해서 복음을 전한다.

8) 현지 지도자를 훈련한다.

9) 출구 전략을 실행한다.

10) 리더십 이양을 준비한다.

11) 자립교회로 세운다.[viii]

전방개척 선교를 위해서 많은 준비가 필요하다는 것을 느끼게 된다.

전방개척 선교 모델

예루살렘 초대교회 선교 모델

예루살렘 초대교회는 첫 번째 교회였다. 개척교회의 모델이 되기에 충분한 요건을 갖추고 있었다. 예루살렘 교회가 가지고 있었던 모델이 될 만한 것들을 보면 다음과 같다.

- 매일 모이는 공동체였다.
- 기도하는 공동체였다.
- 말씀이 뜨거운 공동체였다.
- 표적과 기사가 일어나는 공동체였다.
- 나눔이 넘치는 공동체였다.

- 제자 훈련이 기본인 공동체였다.
- 교회 성장이 아니라
  교회 개척이 우선인 공동체였다.
- 직분 중심이 아니라 은사 중심의 공동체였다.
- 고난을 영광으로 여기는 공동체였다.

지금도 모든 교회가 꿈꾸는 교회이다. 최전방에 세워지는 교회들은 그 '처음 교회'를 모델로 삼아야 한다.

톰 스테픈의 교회 개척 선교 모델

톰 스테픈Tom A. Steffen의 전방개척 선교 전략을 소개한다. 그는 New Tribes Mission 소속으로 필리핀에서 15년 동안 사역하였다. 그는 교회 개척 선교를 다섯 단계로 진행하였다. 주목할 점은 그는 처음부터 선교사의 '단계적 철수Phase-out'를 전제하고 교회 개척을 시작하였다. 그 다섯 단계5P 선교 전략은 다음과 같다.[ix]

(1) 사역 준비 단계 (Preparing)

– 도보 조사와 항공기 조사를 통해 최적의 선교 전략지 세 곳을 정한다.

– 나머지 후보 지역들은 현지교회가 성장해서 개척하는 몫으로 남겨놓는다.

– 세 곳의 교회 개척 사역을 위해 8년이란 사역의 기간을 정한다.

– 교회 개척에 필요한 후원 기도와 재정을 발굴한다.

(2) 예비 전도 단계 (Perceiving)

–사역지 안으로 이주한다.

–현지어를 배운다.

– 현지의 문화, 역사, 종교에 관한 자료를 수집, 연구, 분석한다.

– 현지인들이 선교사의 삶을 볼 수 있도록 모범적인 삶을 산다.

– 현지인의 필요를 찾아낸다.

– 마을 지도자들과 깊은 유대 관계를 맺는다.

(3) 전도 단계 (Presenting)

– 복음을 선포하며, 전도를 시작한다.

– 마을에 핵심 의사 결정권자들을 찾아내어 집중적으로 그들을 전도하여 교회설립에 대한 승인과 지원을 받을 수 있는 기초를 세운다.

– 성경 공부반을 개설한다.

(4) 전도 이후 단계 (Perfecting)

– 현지 교회 동역자와 신자들에게 전도의 시범을 보인다.

– 교회가 질적, 양적으로 성장하도록 말씀과 예배 사역에 집중한다.

– 현지어 성경과 찬송가를 배포한다.

– 현지 영적 지도자를 양성한다.

– 다양한 은사를 가진 스탭들로 목회 팀을 구성한다.

– 지역사회 봉사 프로그램을 개발한다.

– 8년 안에 자립교회로 성장하도록 격려한다.

(5) 철수 단계 (Parting)

– 선교사가 철수할 수 있는 준비를 한다.

– 선교사는 조언자가 되고, 현지인 지도자들이 교회를 주도적으로 이끈다.

– 아름다운 리더십 이양되도록 한다.

– 철수 이후에 선교사는 '거주 조언자'에서 '순회 조언자'로 전환한다.

– 선교지에서 철수한 '비거주' 선교사는 편지, 비디오 영상을 통해서 좋은 관계를 유지한다.

전방개척 선교전략

팀 선교전략

창의적 접근 지역에서 팀 선교는 매우 효율적인 선교전략이다. 상황이 어떻게 급변할지 모르는 지역이기 때문에 제한된 시간 안에 복음이 그 뿌리를 단단히 내리도록 해야 한다. 필자가 1993년에 필리핀에 있는 한 미국 선교부를 방문했던 적이 있었다. 그때 미국 선교사들의 팀 사역을 직접 볼 수 있었다. 교회 개척에 대한 최종 점검을 하는 회의였다. 한 교회를 개척하는데 네 개 팀이 조직이 되었다. ①개척교회 후보지 찾기 정탐 팀, ②후보지역에서 가장 먼저 시작해야만 하는 선교 프로그램 개발 팀, ③교회 개척에 필요한 선교비 재원 마련 팀, ④교회 건축팀이었다. 첫 번째 팀이 교회 개척 후보지를 위성사진을 보여주며 한 곳을 확정하였다. 그리고 왜 그곳에 교회를 개척해야 하는지 이유를 설명하였다. 두 번째 팀은 그 후보지 지역을 탐방하고 그곳에서 먼저 시작해야 하는 선교 프로그램으로 유치원 사역이라고 하였다. 지역 주민이 유치원 설립을 너무 고대하고 있기 때문에 유치원 사역을 잘 하게 되면 쉽게 교회 개척으로 이어지는 디딤돌 사역이 된다고 하였다. 세 번째 팀은 미국 선교부에서 지원될 수 있는 예산을 보고하였다. 네 번째 팀장은 미국에서 건축업을 했던 평신도 자원봉사자였다. 그는 유치원 설계도를 보여주며 설명하였다.

 그 회의를 참관하면서 첫 번째 가졌던 느낌은 "선교가 참 쉽다. 참 재밌다. 참 신난다."라는 것이었다. 1990년대 한국선교사들이 교회 개척 선교를 각개 전투식으로 했었다. 그런데 미국 선교사들의 팀 사역을 보면서 팀 선교의 중요성과 필요성을 배울 수 있었다. 팀 선교는 스트레스는 내려주고, 전문성은 높여주고, 짐은 덜어주는 전략이다. 그러나 톰 스테픈은 팀 사역에 장점만 있는 것은 아니라고 말한다. 장점은 사역의 균형을 잡아주고, 협력의 시너지가 극대화되고, 더 좋은 결정을 내릴 수 있게 해주지만, 단점은 선교사들 간에 이견이 발생하게 되면 갈등이 증폭되고, 우선순위를 결정하는 데도 의견의 불일치가 발생할 수 있고, 팀으로 사역으로 남을 의존하는 경향이 많아지고, 주축 팀원 외에 다른 사람은 배타적으로 대할 수 있고, 팀원이 많아지면 파벌이 생길 수 있다고 보았다.[x] 그런 단점을 보안하면서 창의적 접근 지역에서 팀 사역을 하게 된다면 큰 선교의 열매를 거둘 수 있다.

인터넷 선교전략

선교의 최전방 지역에는 직접적인 말씀 선포와 전도가 어려운 곳이 많다. 그런 곳이 더 많아질 전망이다. 그런 곳에 IT 관련 전문인 선교사들이 인터넷을 통해서 선교할 수 있는 시스템을 구축할 수 있다. 전문인 선교사들이기 때문에 단기로 1년 혹은 2년 동안 체류하면서 인터넷 선교를 위한 기반을 마련할 수 있다. 특별히 10/40 창에 있는 개발도상국들이 글로벌 경제 성장을 위해서 발 빠르게 인터넷 최첨단 기술의 도입을 환영하고 있다.[xi] 한국에는 약 5,000개가 넘는 기독교 사이트가 있다. 대부분 기독교 신자들을 위한 사이트들이다. 서장혁은 불신자를 위한 전도용 사이트가 더 많이 제작되어 운영되어야 한다고 제안한다. 또한 선교지 현지에서 현지어로 운영되는 기독교 사이트가 많아져야 한다고 제안한다.[xii] 한국의 최첨단 IT 기술력이 인터넷 선교와 접목되면 양질의 콘텐츠 개발을 통해서 선교지에서 유용한 인터넷 선교를 구축할 수 있다. 무슬림 국가들이 서방 세계로부터의 정보 유입이 되지 않도록 물리적인 장치인 노드Node시스템을 통해서 원천적으로 인터넷을 봉쇄하려고 하지만, 어떤 시스템이든지 틈이 있다.[xiii] 그들이 방어벽을 세우면 그 방어벽을 깨는 프로그램을 개발하면서 들어가면 된다. 창의적 접근 지역에서의 인터넷 선교는 다양한 선교적 접근 방법을 열어줄 것이다.

미전도 종족 입양 선교전략

한국세계선교협의회KWMA, 한국 미전도 종족 입양 운동본부와 함께 많은 교회들이 미전도 종족 입양 운동에 동참하고 있다. 미전도 종족을 입양한 교회는 그 종족을 위해서 필요한 선교적 지원을 책임진다. 교회의 선교적 역량을 결집해서 그 종족에게 복음이 전파되도록 기도하고, 그 종족과 지속적으로 접촉하고, 단기선교사를 파송하고, 장기 선교사를 파송해서 선교지에 교회를 설립하는 등 다양한 선교 프로그램이 진행되고 있다. '입양'이라는 선교 프로젝트를 통해서 성도들의 선교적 열정을 더 끌어올릴 수 있고, 미전도 종족들의 입장에서는 집중적인 관심과 지원을 받을 수 있다.

맺는 말 ●

영국 성공회『새 땅 개척하기』보고서 4장에서는 교회 개척을 이렇게 정의하였다. "교회 개척은 생명의 씨앗을 심는 일이다. 또한 그 씨앗이 뿌리내려 토착화 하고, 그 나무에서 그리스도의 제자를 빚어내는 일까지를 포함한다."라고 하였다.[xiv] 그처럼 교회를 개척한다는 것은 단순히 교회 건물을 세운다는 뜻이 아니다. 복음을 심는다는 뜻이다. 예수의 제자를 키워내는 일까지다. 종교적 탄압과 박해가 없이 나라에서 그런 일은 어렵지 않다. 그러나 창의적 접근 지역에서는 드러내고 복음을 전파하거나 교회를 세울 수 없다. 그렇다고 아무 것도 하지 않은 채 있을 수는 없다. 막으면 뚫고 나가는 방법을 찾아내야 한다. 묶으면 풀고 나아가는 방법을 찾아내야 한다. 땅 끝에 있는 구원 받아야 할 그들을 포기할 수 없기 때문이다.

필리핀 산족 방살란 마을의 아이들

Chapter 16

교육 선교

약한 자들에게 내가 약한 자와 같이 된 것은 약한 자들을 얻고자 함이요
내가 여러 사람에게 여러 모습이 된 것은 아무쪼록 몇 사람이라도 구원하고자 함이니
내가 복음을 위하여 모든 것을 행함은 복음에 참여하고자 함이라
고전 9:22-23

예수님의 3대 사역은 회당에서 가르치시고, 천국 복음을 전파하시고, 병자들을 고치시는 사역이었다. (마 9:35) '가르침'이 있었다는 것은 예수님께서 교육을 그만큼 중요하게 여기셨다는 뜻이다. 사복음서에서 예수님은 약 60번 '랍비Rabbi'로 불리었다. 니고데모는 예수님께 "하나님이 보내신 선생Rabbi"이라고 말하였다. (요 3:2) 예수님께서도 "너희가 나를 선생이라 또는 주라 하니 너희 말이 옳도다. 내가 그러하다."라고 말씀하셨다. 그래서 예수님은 회당에서 자주 말씀을 가르치셨다. (마 9:35, 막 6:6, 눅 4:15. 요 6:59) 이재완 박사는 "선교는 예수님을 주님

으로 고백하도록 하는 일이며, 교육은 그에 합당한 삶을 지도하는 일이다. 선교가 하나님의 자녀를 낳는 것이라면, 교육은 그 자녀가 성숙한 제자가 될 때까지 양육하는 일이다."라고 하였다.[1] 그러므로 선교와 교육은 불가분의 관계이다. 선교가 시작되는 곳에는 교육 선교가 함께 한다. 한국 초대교회 선교는 교육 선교로 시작하였다. 교육 선교하면 기독교 학교와 신학대학을 생각한다. 그러나 교육 선교는 더 큰 영역을 가지고 있다. 가정에서 이루어지는 기독교교육, 교회에서 이루어지는 기독교교육, 일반 기독교 학교에서 이루어지는 기독교교육까지 포함된다.

구약시대 신앙 교육

구약시대의 교사는 하나님 자신이셨다. 많은 사람들 중에 노아가 있었고, 아브라함과 여러 족장들이 있었고, 모세가 있었고, 사사들이 있었고, 왕들이 있었고, 선지자들이 있었다. 그들을 부르시고, 그들을 세우시고, 그들을 통해서 말씀하셨던 분은 여호와 하나님이셨다. 하나님은 모든 민족들 가운데서 오직 '이스라엘'이라는 한 국가의 하나님이 되고자 하셨던 것은 아니다. 이스라엘을 들어 '교육적 모델'로 세워 그들을 통해서 하나님의 언약과 구속적 사역을 모든 열방이 보고 여호와를 알도록 그리고 여호와께로 나아오도록 하시고자 그들을 먼저 택하셨던 것이다.[2] 유대인 혈통이 아니었던 이방 여인 룻이 다윗의 조모가 되게 하셨던 것도 우연히 아니었고, 니느웨 사람들이 회개하고 여호와께로 돌아왔을 때 그들의 죄를 용서해 주셨던 것도 우연한 일이 아니었다. 하나님은 이스라엘만의 하나님이 아니라, 이방인들에게도 하나님을 알만한 지혜를 주셨고, 그들이 하나님 앞으로 나아오면 하나님의 자녀가 될 수 있었다.

구약 성서에는 여호와께서 그의 백성을 가르치시겠다는 말씀이 계속해서 나온다. 출 4:15 "너는 그에게 말하고 그의 입에 할 말을 주라 내가 네 입과 그의 입에 함께 있어서 너희들이 행할 일을 가르치리라." 신 4:10 "네가 호렙 산에서 네 하나님 여호와 앞에 섰던 날에 여호와께서 내게 이르시기를 나에게 백성을 모으라 내가 그들에게 내 말을 들려주어 그들이 세상에 사는 날 동안 나를 경외함을 배우게 하며 그 자녀에게 가르치게 하리라." 신 6:7 "네 자녀에게 부지런히 가르치며 집에 앉았을 때에든지 길을 갈 때에든지 누워 있을 때에든지 일어날 때에든지 이 말씀을 강론할 것이며," 삼상 12:23 "나는 너희를 위하여 기도하기를 쉬는 죄를 여호와 앞에 결단코 범하지 아니하고 선하고 의로운 길을 너희에게 가르칠 것인즉" 미 4:2 "곧 많은 이방 사람들이 가며 이르기를 오라 우리가 여호와의 산에 올라가서 야곱의 하나님의 전에 이르자 그가 그의 도를 가지고 우리에게 가르치실 것이니라." 구약 성서에서 교육 선교의 꽃은 쉐마(The Shema: 신명기 6:4-9)이다. 하나님은 이스라엘 백성들에게 쉐마를 주시므로 가정에서부터 신앙교육이 실시되도록 그 근간을 마련해 주셨다. 가정과 밀착되었던 쉐마 교육은 지금까지 유대인의 가정에서 이어져 내려오고 있다.

신약 시대 신앙 교육

신약 시대 종교 교육은 회당에서 랍비를 통해서 이어졌다. 유대인들에게 '랍비'는 가장 명예로운 칭호였다. 랍비와 논쟁을 벌이거나, 랍비를 비난하는 것은 하나님에 대해 불평하는 죄로 여겼다.[*] 예수님은 자주 회당을 찾아 가셔서 말씀을 가르치셨다. 예수님께서 회당을 찾으셨던 것은 랍비들이 가르치는 것이 틀렸기 때문이었다. 예수님은 "너희는 이렇게 읽었으나 나는 너희에게 이렇게 말한다."라고 그들의 잘못된 가르침들을 바로 잡아주셨다. 또한 예수님의 가르침은 한 번도 들어본 적이 없는 새 언약의 말씀이었다. 예레미야는 이미 이스라엘 집과 유다 집이 '새 언약'을 맺게 될 것이라고 예언하였다. (렘 31:31) 예수님은 예언되었던 그 '새 언약'을 주셨다. (요 13:34) 예수님의 가르침에는 권세가 있었다. 사람들은 "다 놀라 서로 물어 이르되 이는 어찜이냐? 권위 있는 새 교훈이로다. (막 1:27)"라고 하였다. 예수님은 제자들에게 주신 지상 명령에서도 교육을 위임하셨다. "내가 너희에게 분부한 모든 것을 가르쳐 지키게 하라." (마 28:20) 사도들은 그 명령대로 가르치는 사역을 중단하지 않았다. 사도행전 5:42절은 "그들이 날마다 성전에 있든지 집에 있든지 예수는 그리스도라고 가르치기와 전도하기를 그치지 아니하니라."라고 하였다.

기독교 교육의 실제

가정에서의 기독교 교육

가정은 기독교교육의 장이다. 어린이들이 가장 오랫동안 머무는 곳이 가정이다. 잭 달스위크Jack O. Balswick는 가족은 단지 피로써 묶인 생물학적 혈연관계 그 이상이라고 하였다.[iv] 특별히 크리스천 가족은 하나님의 언약으로 맺어진 관계이다. 그러므로 부모는 훌륭한 성경 교사가 되어야 한다. 부모의 영적 성장이 아이들의 영적 성장에 지대한 영향을 미친다. 지혜로운 훈육은 자녀들에게 양약이 된다. 가정에서의 엄격한 기독교 교육은 아이들로 하여금 평생 바른 길을 걸어가게 한다. "아비들아, 너희 자녀를 노엽게 하지 말고, 오직 주의 교훈과 훈계로 양육하라. (엡 6:4)"라고 하셨다.

웨슬리의 어머니 수산나의 가정교육을 소개한다. 수산나Susanna Wesley는 19명의 자녀를 낳았다. 그 중 9명은 어려서 죽고 10명만 살아남았다. 존 웨슬리는 15번째 아이였다.[v] 수산나의 엄격한 가정교육은 존 웨슬리로 하여금 평생 엄격한 경건주의자로 살게 하였다. 수산나는 청교도 가정에서 자랐다. 어려서부터 검소한 생활을 익혔다. 수산나는 자녀들을 위해서 엄격한 교육방침을 정하였다.[vi]

- 한 살이 되면 회초리를 들었다.
- 소리 내어 우는 것을 금하였다. 순종교육을 위해서였다.
- 자녀가 말을 시작하면 일어날 때와 자기 전에 주기도문을 외우도록 하였다.
- 조금 성장하면 짧은 기도와 교리 문답과 성경 구절을 암송하게 하였다.

- 모든 일은 일과표대로 일어나고, 생활하고, 자도록 하였다.

- 큰 아이들은 동생들을 가르치도록 하였다.

- 가정예배와 식사 기도는 반드시 하게 하였다.

- 집안 하인에게도 경어를 쓰도록 하였다.

- 거짓말, 야비한 말은 절대로 허용하지 않았다.

- 헬라어, 히브리어, 라틴어를 아이들에게 직접 가르쳤다.

수산나의 자녀교육 핵심은 "의지를 꺾는 일Will-Breaking"이었다. 그것은 단순히 아이에게 자율권을 뺏는 교육이 아니라 아이들로 하여금 그들의 의지를 하나님의 뜻에 복종하고, 부모의 뜻에 순종하고, 성직자에게 순종하는 것을 어렸을 때부터 익히도록 하는데 그 목적이 있었다.[vii] 수산나는 학습을 깨닫지 못하는 자녀에게는 같은 것을 20번씩 반복해서 가르쳤다. 남편 사무엘 목사가 수산나에게 물었다. "당신은 왜 아이들에게 꼭 20번씩 암송을 하게 합니까?" 수산나가 말하였다. "19번은 부족하기 때문입니다."[viii] 16세기 가정교육과 21세기 가정교육의 방법은 같을 수가 없다. 그러나 동일한 것이 있다. 자녀들은 하나님이 주신 기업이고 선물이라는 것이다. (시 127:3) 그러므로 부모들이 가정에서 하나님의 말씀을 자녀들에게 엄중히 가르치고 전하는 것은 단지 16세기 때 부모들만 할 수 있었던 일은 아니다. 방법은 바꿀 수 있다. 그러나 가정에서의 기독교교육은 자녀들에 대한 부모의 책임이고, 그 자녀를 주신 하나님께 대한 의무이다.[ix]

교회의 기독교 교육

1800년 이전까지 교육은 모든 어린이들에게 공평하게 제공되지 않았다. 영국의 산업혁명으로 농촌 인구가 도시로 대거 이주하였다. 부모들은 집에서 멀리 떨어진 공장에서 일했고, 아이들도 노동 인구로 흡수되었다. 가난한 어린이들에게 공교육이 제공되지 않았던 것은 상류층의 방해가 있었기 때문이었다. 그들은 빈민가 아이들이 공평하게 교육을 받고 자신들을 치고 올라오면 사회 계급 체계가 붕괴 되지 않을까 두려워하였다.[x] 그러나 자선가들이 거리의 아이들을 위한 누더기 학교Ragged School를 세우고 빈민가 아이들을 가르치기 시작하였다. 미국에서는 1800년부터 교회 안에 주일학교가 생겼다. 그 주일학교는 학교에 다니지 못하는 빈민가 아이들과 교육을 거절당한 아프리카 흑인 어린이들을 위한 학교였다.[xi] 레이언 비처Lyman Beecher 목사의 주일학교 운동은 나중에 모든 교회에서 실시하게 되었다. 그리고 1830년대부터 모든 어린이들에게 공평한 공교육이 제공되었다. 그때부터 주일학교는 일반교육이 아니라 복음만 전하는 기독교교육으로 전환하였다.[xii] 한국도 구한말까지 양반 자녀들 위주로 공교육이 실시되었고, 천민 자녀들은 배움의 기회를 갖지 못했다. 그때 내한 선교사들이 학교를 열어 신분에 상관없이 배우고자 하는 열정만 있으면 누구에게든지 배움의 기회를 주었다. 그리고 한국도 모든 어린이들에게 공평한 공교육이 주어졌을 때, 교회는 기독교교육으로 전환하여 신앙교육에 전념하였다. 선교지에서의 교육선교는 공교육이 필요한 곳에서 공교육을, 기독교교육이 필요한 곳에서는 기독교교육을 실시할 수 있는 준비가 항상 되어 있어야 한다.

기독교학교에서의 기독교 교육

기독교 초등학교, 기독교 중고등학교, 기독교 대학 설립이 가능한 국가들이 있다. 특별히 신학교 설립까지 인가가 가능한 국가들이 있다. 그런 곳에서는 기독교 사립학교를 설립하고 공교육을 통해서 기독교교육을 실시하고, 기독교교육을 통해서 복음을 전하는 전략을 놓치지 않아야 한다. 설립한 기독교 학교들이 명문 학교로 명성을 얻게 되면 더 큰 복음의 열매를 기대할 수 있다.

제자도를 위한 기독교 교육

예수님은 두 가지 교육 프로그램을 가지고 계셨다. 첫 번째는 회당에서, 거리에서, 들에서 대중을 상대로 가르치셨던 공적인Public 교육이었다. 두 번째는 열 두 제자들만을 놓고 가르치셨던 사적인Private 교육이었다. 제자들을 위한 사적인 교육은 3년 동안 매일 실시되었던 교육이었다. 예수님은 제자들에게 자주 '제자도'에 대해서 말씀하셨다. "너희가 내 말에 거하면 참으로 내 제자가 되고, (요 8:31)" "너희가 서로 사랑하면 이로써 모든 사람이 너희가 내 제자인 줄 알리라. (요 13:35)" "너희가 열매를 많이 맺으면 내 아버지께서 영광을 받으실 것이요 너희는 내 제자가 되리라. (요 15:8)" 예수님의 교육 목적은 단순히 성경을 가르치는 것이 아니라 세상을 변화시킬 수 있는 제자를 양성하는 것이었다. 그래서 예수님은 제자들이 그들의 소유를 포기하고, 자기 자신을 부인하고, 주님이 주신 십자가를 지고, 주님이 주신 사명을 위해 그들의 목숨까지 드릴 수 있는 헌신자로 양육하셨다. 하나님의 영광을 위해 자신의 목숨까지 바칠 수 있는 예수의 제자를 배출시키는 것이 기독교교육의 최종 목표이다.

미국교회에서 나온 설문 조사 결과이다. 초등학교 때 주일학교에 다녔던 학생들이 중학교에 진학하게 되면 약 40%가 교회를 떠났다. 고등학교에 진학하게 되면 초등학교 때 주일학교를 다녔던 학생들의 90%가 교회를 떠났다. 남은 10%도 대학교에 진학했을 때 대부분 교회를 떠났다. 지금 미국교회에서 젊은이들을 볼 수 없는 이유이다.[xiii] 주일학교에 많은 학생들이 참석하고 있다는 것으로 안심할 때가 아니다. 주일학교에서 단순히 노아의 이야기, 모세의 이야기, 삼손의 이야기, 다윗의 이야기만 들려줄 때가 아니다. 주일학교 때부터 어린이들이 예수의 제자로 살아갈 수 있도록 제자도를 철저히 훈련시키는 기독교교육이 강화되어야 한다.

기독교 교육에 필요한 도구들

'주일학교 교육'하면 어린이들이 좋아할 수 있는 재미있는 프로그램들을 생각한다. 아이들의 흥미를 유발시킬 수 있는 다양한 놀이 콘텐츠를 생각한다. 그러나 그런 흥미위주 프로그램들이 지나치게 되면 어린이들을 제자 삼는 훈련에는 장애가 될 수 있다. 최첨단 과학 기기로 만들어진 디지털 교육 방법이 필요할 때도 있지만, 어린이들과 함께 무릎을 꿇고 기도하고, 금식 기도까지도 할 수 있는 아날로그 교육 방법이 필요할 때도 있다. 주일학교 교육이 어린이들의 일생을 이끌고 갈 수 있어야 한다. 그것을 위해서 필요한 것이 있다.

기독교 교육 철학

교육을 책임진 사람은 '교육 철학'이 반드시 정립되어 있어야 한다. 옛날부터 해왔기 때문에 하는 기독교교육이 되지 않아야 한다. 왜 해야만 하는지 그 이유와 목적과 목표를 분명히 정하는 기독교교육 철학이 분명해야 한다. 에스라와 느헤미야는 예루살렘으로 귀환한 유대인과 그들의 자녀들이 우상숭배자들인 이방인들과 결혼하지 않도록 단호하게 가르쳤다. 그들 자신이 '언약 백성'임을 잊지 않도록 교육하였다. 언약 백성은 언약 백성과만 결혼하여 '거룩한 자손'을 낳아야만 한다고 교육하였다.[xiv] 어느 날, 방백들이 에스라에게 와서 "그들(이교도)의 딸을 맞이하여 아내와 며느리로 삼아 거룩한 자손이 그 지방 사람들과 서로 섞이게 하는데 방백들과 고관들이 이 죄에 더욱 으뜸이 되었다."라고 보고하였다. (에스라 9:2) 그 말을 들은 에스라는 그 자리에서 일어나 자신의 속옷과 겉옷을 찢고, 머리털과 수염을 뜯으며 하나님께 그 패역한 백성을 대신해서 회개의 기도를 하였다. 에스라의 그런 행동은 글로 전하는 교육보다 더 강한 메시지를 유대인들에게 던져주었다. 기독교교육을 맡은 교사들은 에스라와 같은 믿음과 행동을 학생에게 보여줄 수 있어야 한다. 그것이 기독교 교육 철학이 되어야 한다. 기독교교육 철학에는 기본적으로 다음과 같은 핵심이 들어가야 한다.

- 기독교교육은 신본주의 사상 위에 세운다.
- 기독교교육은 인본주의와 진화론과 같은 비진리 사상은 배격한다.
- 기독교교육을 받는 데는 신분의 차별이 없다.
- 기독교교육은 평생 교육이다.
- 기독교교육은 사회와 국가를 리드할 수 있도록 성경적 역사관을 가르친다.
- 기독교교육은 종말론적인 세계관을 갖도록 한다.

기독교교육은 단순히 글을 깨우쳐주고, 진보한 신학문을 알려주고, 좋은 직업을 갖도록 가르쳐주는 일이 아니다. 기독교교육 철학은 어린이들이 성장해서 설령 일반 학교에서 인문, 수학, 생물, 물리, 과학을 공부할 때도 크리스천의 정체성을 잃지 않고, 기독교 신앙을 담대히 고백하고, 그 신앙을 지키고, 복음을 전할 수 있도록 교육하고 훈련시키는 것이다.

기독교 교육 원리

기독교교육은 성경의 지식을 가르치는 것이 아니라, 성경적 원리Biblical principle를 가르치는 것이다. 성경에 있는 믿음의 원리대로, 기도의 원리대로, 예배의 원리대로. 순종의 원리대로, 복종의 원리대로 제자들이 살아가도록 가르치는 것이 기독교교육의 원리이다. 예수님께서 제자들이 믿음대로 사는지 갈릴리 호수 한복판에서 시험하셨다. 베드로는 믿음으로 물 위를 걸었지만 믿음을 잃었을 때 물에 빠졌다. 그처럼 예수님은 현장교육을 통해서 제자들이 배운대로 실천하는지, 믿음대로 실행하는지 시험하셨다. 선교사는 성경에 있는 성경적 원리들을 깊이 연구하여 가르쳐야 한다. 유대인들은 자녀들에게 생선을 주지 않고, 생선 잡는 법을 가르친다고 했다. 살아가는 원리를 가친다는 말이다. 성경을 가르치는 것도 중요하지만, 성경대로 살아가도록 제자들을 훈련시키는 것이 기독교교육의 핵심이 되어야 한다.

기독교 교육 교재

선교지에는 현지어로 된 어린이용, 청소년용 공과 책이 턱없이 부족하다. 미국교재와 한국 교재를 사용할 수 있지만, 어떤 부분은 문화적 차이 때문에 사용할 수 없다. 교재 속에 있는 어떤 예화는 문화적인 거리감이 아니라 문화적인 거부감을 갖게 하는 것도 있다. 현지 교사들과 많은 토론을 통해서 현지 상황과 문화에 맞는 적합한 교재로 재편집을 해서 사용하는 것이 최선이다. 그 준비 과정은 학생들뿐만 아니라 새 교재를 만드는 현지 교사들의 자질을 향상되고, 영성을 더 깊게 해줄 수 있는 기회가 된다.

특히 성경 교재를 준비할 때, 성경이 주교재가 된다는 것을 원칙으로 세워야 한다. 간혹 이미지가 너무 강한 애니메이션을 부교재로 삽입해서 사용하게 되면 어린이들은 하나님의 말씀은 기억하지 못하고, 애니메이션 영상만 기억하게 된다. 그것은 성경의 메시지를 희석시킬 수 있다. 교육적 효과는 얻을 수 있지만, 학생들이 하나님의 말씀에 은혜를 받지 못한 채 돌아갈 수 있다. 기독교교육을 위해서 숙련된 교사도 필요하고, 좋은 교육 장비도 필요하고, 좋은 교재도 필요하지만 그 모든 것들이 성령의 사역을 제치고 앞으로 나아가 서지 않도록 해야 한다. 에드먼드 첸은 기독교교육의 핵심 커리큘럼을 다음과 같이 정리하였다.[xv]

1) **성경 신학** : 하나님은 누구신가?

2) **성경적 충성** : 내 삶의 주인은 누구인가?

3) **성경적 정체성** : 나는 누구인가?

4) **성경적 부르심** : 나는 무엇을 하도록 부름받았는가?

5) **성경적 가치** : 내 삶에서 무엇이 가장 중요한가?

6) **성경적 우선순위** : 내 삶에서 무엇이 가장 중요한가?

7) **성경적 권한 위임** : 그것을 계속 지켜나가려면 어떻게 해야 하는가?

8) **성경적 기초** : 나는 내 삶의 닻을 어디에 내려야만 하는가?

위기를 대비하는 기독교 교육

필자가 있는 필리핀의 경우 코로나 19로 인해 1년 6개월 이상 학교가 폐쇄되고, 교회의 대면 예배도 금지되었다. 어린이들의 경우에는 가정에 컴퓨터가 없고, 핸드폰이 없기 때문에 온라인 학습이나 온라인 예배가 불가능하다. 그래서 곧바로 시작했던 것이 문서 선교였다. 교회 소식지 「생명수: The Living Water」를 창간하고 매월 2회 집에 갇혀 있는 어린이와 청소년과 어른들에게 전하였다. 소식지 안에는 매회 어린이와 청소년들을 위한 페이지가 있었다. 선교지에는 그처럼 예상하지 않은 일들이 일어난다. 어떠한 위기 상황 속에서도 기독교교육은 중단될 수 없다는 사명감을 가지고 대안 프로그램과 시스템을 항상 준비하고 있어야 한다.

● 맺는 말

　허버트 캐인Herbert Kane은 "선교 없는 교회는 뿌리 없는 나무요, 교육 없는 선교는 열매 없는 뿌리와 같다."라고 하였다.[xvi] 학교 공교육은 연령에 제한이 있으나, 기독교교육은 연령의 제한이 없다. 평생 교육이다. 학교 공교육은 학교 안에서만 이루어지지만, 기독교교육은 가정에서, 교회에서, 직장에서, 들판에서, 산꼭대기에서, 바다 한 가운데서도 할 수 있고, 해야만 한다. 크리스천은 죽을 때까지 배운다, 죽을 때까지 가르친다. 그 사명을 가지고 살아야 한다. 교육은 씨를 심는 일이다. 금방 그 열매를 볼 수는 없다. 긴 인내와 사랑을 가지고 묵묵히 기다리는 것이 교육 선교이다. 학교 교육은 과정만 마치고 학교를 떠나면 끝이지만, 기독교교육은 '졸업'이 없다. 학교 교육은 '좋은 직업'을 갖게 해주는 교육이지만, 기독교교육은 '영원한 생명'을 얻게 해주는 교육이다. 어린이로부터 어른에 이르기까지 성경 원리대로 그들이 삶이 살아질 수 있도록 늘 성령의 인도하심 따라 가르쳐야 한다. 기독교교육 선교는 제자 삼는 선교이다.

미얀마 메얀청 한센인 마을에 있는 성도의 집

Chapter 17

전문인 선교

"Every Christian a missionary; every non-Christian a mission-field." (Winkie Pratney)
모든 기독교인은 선교사, 모든 비기독교인은 선교지
– 윙키 프랫니 –

선교사의 접근이 제한되고 있는 국가들이 늘어나고 있다. 그러한 변화에 대응하기 위해서 더 주목받고 있는 선교전략이 '전문인 선교'이다. 모든 학문이 세분화 되고 있다. 전문 기술 분야에서는 더 더욱 그렇다. 하나의 아이템 개발에도 전 세계 과학자들이 대거 투입되어 치열한 경쟁을 벌인다. 무기 개발, 우주 정복, 지구 기후 변화, 환경오염, 백신 개발 등등, 기초 과학 분야에서 최첨단 과학 분야까지 전문가의 영역은 그 끝이 보이지 않는다. 그러한 추세 속에서 전문인 선교사의 사역 현장도 더 넓게 열리고 있다.

전문인 선교사 정의

미국 전문인 선교협의회USAT는 전문인 선교사를 이렇게 정의하였다. "전문인선교사는 자신의 기술이나 전문성을 소유하고 타 문화권에 거주하면서 현지인을 예수의 제자로 삼는데 최우선을 두며, 가능한 곳에서는 교회를 개척하고, 그 교회를 중심으로 선교를 견고하게 하는 그리스도의 종이다." 김태연 박사는 전문인 선교를 '양 날개 선교'라고 말한다. 한 날개는 특수 분야에서 전문인으로서 사역하고, 다른 한 날개는 복음을 전하는 선교사로서 선교하는 일이다."

전문인 선교사 범위

전문인은 어떤 특정한 분야에 전문적인 지식과 기술 그리고 자격증을 갖춘 사람을 말한다. 목회자도 목회 분야에서는 전문가이기 때문에 목회자 역시 전문인이다. 그러나 김태연 박사는 전문인 선교라고 말할 때 그 전문인은 목사 혹은 의사를 가리키는 신분 혹은 직업이 아니라 기능적인 차원에서 이해해야 한다고 말한다. 즉 목회자는 목회에 관한 전문인이지만, 목회자의 기능은 강단에서 말씀을 선포하고 성례를 집례하고, 각종 종교예식을 인도하는 직무를 수행한다. 그래서 창의적 접근 지역에서 그런 활동은 극히 제한될 수밖에 없다. 그러나 의학 분야, 과학 분야, 교육 분야, 농업 분야에 전문인들은 자신의 전문 분야에서 직무를 수행한다. 그래서 전문가들은 선교지에서 환영을 받을 수 있다. 전문인 선교사 중에는 특별한 전문가들도 있다. 비록 국가 자격증은 없지만 평생 밭에서 호미 하나 가지고 밭을 일군 농부도 농사일에는 자타가 공인하는 전문가이다. 수십 년간 비닐하우스에서 식용재배를 해온 농부도 자타가 공인하는 전문가이다. 평생 축구만 했던 선수도 스포츠 분야에서는 전문가이다. 음악을 잘 하는 사람, 연극을 잘 하는 사람, 미술을 잘 하는 사람. 모두 전문가 선교사들이 될 수 있다. 그러므로 '전문인 선교'라고 말할 때 그 전문인은 목회자가 아닌 평신도 전문가를 가리키는 경우가 많다.

전문인 선교사 시대

강승삼 박사는 2030년에는 전문인 선교사와 목회자 선교사의 비율이 9:1이 될 수 있다고 하였다.[iii] 그만큼 목회자 선교사들이 들어갈 수 없는 국가들이 늘어날 것이라는 예측이다. 반대로 전문인 선교사 시대가 된다는 뜻이다. 사도 바울은 개척한 교회 안에 여러 직분자를 세웠다. 그러나 사도, 목회자, 장로, 집사, 평신도 간의 차별은 없었다. 그들은 교회 직분으로 선교하지 않고, 그들에게 주어진 성령의 은사에 따라 선교에 동참하였다. 예루살렘 교회에서 흩어지는 교회들이 되어 땅 끝으로 나아갈 때 사도들 보다는 평신도들의 수가 더 많았다. 그래서 핸드릭 크레이머Hendrik Kraemer는 평신도는 교회의 객체가 아니라 주체였다고 하였다. 아돌프 하르낙Adolf Harnack 또한 예루살렘 초대교회의 선교 주역은 사도들이 아니라 '비공식적인 선교사들' 즉 평신도들이었다고 말하였다.[iv] 세계 교회사에 평신도들이 끼친 역할은 지대하였다. 하비 콘Harvie Conn은 그럼에도 불구하고 평신들은 늘 '잊혀진 존재'였다고 말한다.[v] 17세기 모라비안 선교 운동과 19세기 미국에 일어났던 대각성운동The Great Awakening과 학생신앙운동Student Volunteer Movement: SVM으로 평신도 전문인 선교사들이 재평가를 받고 있다. 이제는 전문인 선교사 시대가 되었다.

전문인 선교사 유형

현재 국적을 초월해서 전 세계 기독교 선교사의 수는 약 15만 명이다.[vi] 아직도 복음을 듣지 못한 사람들이 40억 명이 남아 있다. 15만 명의 선교사가 맡을 수 있는 선교 대상이 아니다. 더 많은 선교사가 파송되어야 한다. 거기에 평신도 전문인 선교사의 헌신이 절대적으로 필요하다. 목회자 선교사가 할 수 있는 일이 있고, 전문인 선교사들이 할 수 있는 일이 따로 있다. 문맹 퇴치, 식량지원, 지역사회 개발, 교육 분야, 환경 문제, IT 분야, 의료, 스포츠 분야에서 전문인 선교사의 역할이 점점 확대되고 있다. 전문인 선교사의 유형은 다음과 같다.

1) **T-1 선교사**: 선교지에서 은퇴한 실버선교사

2) **T-2 선교사**: 선교지 안에서 직장 생활을 하면서 선교하는 선교사.

3) **T-3 선교사**: 선교지에서 개인 사업을 하면서 선교 현장에 많은 시간을 내주는 선교사

4) **T-4 선교사**: 평신도 전문인 선교사로서 교회와 선교단체에서 전적인 후원을 받고 선교지에서 전문 분야에 전적으로 봉사하는 선교사[vii]

전문인 선교사 장점

한국에는 2020년 현재 약 16,891개 직업이 있다. 다양한 전문가, 다양한 선교 콘텐츠를 창출해 낼 수 있다.[viii]

1) 전문인 선교사는 창의적 접근 지역으로 투입이 가능하다.

2) 전문인 선교사는 선교지에서 선교대상자들과 자연스럽게 접촉할 수 있다. 선교사에게 필요한 그들이 아니라 그들에게 필요한 선교사가 된다.

3) 전문인 선교사는 선교지 도착과 동시에 현장 투입이 가능하다.

4) 전문인 선교사는 현지인을 훈련하여 그들로 하여금 좋은 직업을 갖도록 해줄 수 있다. 좋은 직업과 좋은 직장이라는 채널을 통해서 장기간 좋은 인간관계를 만들 수 있다.

5) 전문인 선교사는 자신의 분야 안에서 전문 지식과 기술을 가르치기 때문에 학생들은 전문인 선교사의 실력과 능력을 신뢰하게 된다. 그 신뢰감은 전문인 선교사가 전하는 복음도 신뢰하게 된다.

6) 전문인 선교사와 학생은 선생과 제자 사이로 발전한다. 스승에게 복종하는 문화가 있는 선교지일 경우 복음을 더 쉽게 전할 수 있다.

7) 전문인 선교사는 신분의 보장을 받을 수 있다. 위기가 오면 현지인 제자들이 선교사를 보호해 줄 수 있다.

전문인 선교사 장비

깨어 있는 영성

전문인 선교사는 한 국가 혹은 한 지역에 선교사 혼자만 파송될 때가 있다. 고독과 외로움과 그리움과 싸워야 한다. 그 싸움에서 이기려면 영적인 장군이 되어야만 한다. 자신의 영성 관리를 철저히 해야만 한다는 뜻이다. 특별히 가족과 함께 선교지로 갈 경우에는 더욱 깨어 있는 영성이 필요하다. 배우자와 자녀들의 선교지 적응과 생활이 만만치 않다. 더 나아가 평신도 선교사도 선교지에서는 어김없이 영적 전쟁에 서게 된다. 예상치 않았던 문제들이 발생하고, 상상하지 않았던 핍박과 탄압을 받을 수 있다. 개인의 영성, 가족의 영성, 사역의 영성이 깨어있지 못하면 더욱 힘든 싸움이 된다. 그러므로 전문인 선교사는 하나님과의 영적 관계를 항상 유지하는 영성 훈련을 중단하지 않아야 한다. 선교사의 깨어 있는 영성은 그 어떤 선교 장비보다 능력 있는 영적 무기가 된다.

능통한 현지어

전문 분야에 필요한 전문 용도에도 능통해야 하지만, 영어 혹은 현지 언어에도 능통한 선교사가 되어야 한다. 전문인 선교사에게는 두 개의 선교지가 있다. 첫 번째 선교지는 선교사의 전문 분야가 있는 사역의 현장이다. 두 번째 선교지는 교회이다. 전문 사역을 통해서 전도된 사람들을 양육하기 위해서 소그룹 모임을 만들거나, 그들을 교회로 초대했을 경우 전문인 선교사는 능통한 영어 혹은 현지어로 하나님의 말씀을 전할 수 있어야 한다. 말씀을 증거하지 않는다면 전문인 선교사는 단지 전문 기술만 가르쳐주고 떠난 좋은 선생으로 남게 된다. 전문인 선교사는 하나님의 말씀을 전하기 위해서 보내심을 받은 그리스도의 대사이다. 그 부르심의 사명을 감당하기 위해서 능통한 언어 구사는 필수이다.

신학 교육

전문인 선교사를 파송하는 선교단체들이 많다. 한국기독교학생회IVF, MVPMission Venture Partnership선교회, 그루터기 선교회, 국경없는 의사회, 인터콥Inter-Coop, 대학생성경읽기선교회UBF, 대학생선교회CCC, 예수전도단YWAM, 한국전문인선교훈련원GPTI 등등. 그런 선교단체에서 파송 받은 전문인 선교사들은 소정의 선교사 훈련 과정을 필수적으로 받고 파송 된다. 그러나 파송 단체가 없이 갑자기 부르심을 받고 선교지로 들어간 전문인 선교사들도 있다. 훈련 없이 떠나게 되었다 할지라도 선교지에서 시간을 쪼개어 선교사 자신에게 필요한 훈련 프로그램을 찾아서 공부해야 한다. 특별히 선교신학, 선교정책, 선교전략, 선교전술에 대한 기초적인 학습은 놓치지 않아야 한다.

팀 선교

전문인 선교는 팀 선교로 가야 한다. 전문인 선교사를 파송한 선교단체들은 사역이 확장되면 곧바로 후원군, 지원군을 파송해서 팀 사역이 되도록 해야 한다. 또한 전문인 선교사들은 같은 분야에서 사역하는 다른 선교사들과 정보를 넓게 공유할 수 있는 네트워크를 가지고 있어야 한다. 파송된 국가 안에서 선교지를 확장해야 경우도 전략적인 확장이 될 수 있도록 먼저 온 선배 선교사들과의 공조 전략이 필요하다. 특별히 창의적 접근 지역 안에서의 전문인 선교는 갑작스런 국가 상황 변화로 인해 선교사가 철수해야만 하는 경우가 발생할 수 있다. 그런 위기 상황에 대비해서 주어진 시간 안에 효율적인 선교 결과를 창출해내기 위해서 단독 선교보다는 팀 선교를 나아가는 선교전략을 고려해 볼 필요가 있다.

다양한 선교 프로그램

선교지에 있다 보면 더 넓은 선교의 세계가 눈에 들어온다. 가지고 갔던 선교 프로그램보다 선교지 현지에 더 필요한 선교 프로그램들이 눈에 들어온다. 다양한 사람들, 다양한 상황들과 접하면서 자신이 전공한 분야를 넘어 선교사로서 감당해야만 하는 많은 일들이 나타나게 된다. 성령께서 인도하시고 허락하시는 일로 응답되면 그 부르심에 순종하고 선교 프로그램을 개발해서 사역을 펼쳐가야 한다. 선교사는 한 분야뿐만 아니라 다방면에 선교 전문가가 되어야 한다.

백업 플랜

자비량 선교사들은 자신의 전공을 살려서 선교하면서 선교지에서 사업을 운영하는 경우가 있다. 그런데 선교 현장과 사업 현장은 다르다. 선교 현장에서는 학생들을 만나고, 환자들을 만나지만, 사업 현장에서는 사업 경쟁자들을 만난다. 외국인 사업자로서 불이익을 당할 수 있고, 현지인들로부터 조직적인 공격을 받고 사업을 접어야만 하는 상황까지 갈 수도 있다. 선교는 선교이고, 사업은 사업이다. 사업의 실패가 선교의 실패로 이어지지 않도록 자비량 선교사들은 항상 백업 플랜을 가지고 있어야 한다. 선교사로 파송 받은 것이 사업 목적이 아니라 선교 목적이었기 때문이다.

반대로 선교사가 현지에서 운영했던 사업이 크게 성공하는 경우도 있다. 그럴 때 세속화에 빠지거나, 선교가 두 번째 일로 밀려나지 않도록 조심해야 한다. 선교 비즈니스를 해야지, 비즈니스 선교사가 되어서는 안 된다.

원격 시스템

전문인 선교사 신분이라도 안전 보장은 장담할 수 없다. 전문적인 지식 전달이 목적이 아니라, 그것을 통해서 기독교 복음을 전하는 일이 위법으로 간주되어 선교사 추방을 당할 수 있다. 그러므로 그런 사태를 대비하기 위해서 위험 지역에서 선교하는 전문인 사역자들은 개종자를 얻게 되면, 그들이 내부자 선교동역자로 활동할 수 있도록 훈련시켜야 한다. 선교사가 갑자기 철수하는 상황이 되어도 선교가 중단되지 않도록 비거주 선교사로 선교지 밖에서 선교동역자와 선교 프로그램들을 원격 조정할 수 있는 시스템을 구축할 필요가 있다. 훈련받은 현지인 제자들이 선교사가 없는 비상사태 속에서도 그들이 선교를 이어갈 수 있도록 선교사가 현지에 있는 동안 원격 시스템으로 가동하는 훈련을 미리 실시할 필요가 있다.

후원자 확보

전문인 선교사들과 자비량 선교사들이 선교지에서 겪는 어려움 중에 하나가 경제적인 부분이다. 특별히 교단 파송이나 유명 선교단체 파송이 아닌 개 교회 파송 혹은 독립 선교사들의 경제적 현실은 더 무겁고, 더 고통스럽다. 사역비, 기본 생활비, 자녀 교육비, 의료비 부분에서 늘 부족을 느낀다. 그 부족이 누적되면 선교지에 오래 정착하지 못하고 철수하는 경우도 있다. 이제 전문인 선교의 필요성은 누구나 공감한다. 그러나 전문인 선교사들이 마음껏 선교할 수 있도록 후원 부분은 아직도 미약하다. 전문인 선교사 자신이 자신의 사역을 잘 홍보하고 후원자들을 계속 늘려가는 경우도 있지만, 선교사의 개인적 성격으로 손을 내밀지 못하는 사람도 많다. 특별히 창의적 접근 지역에서 사역하는 선교사들은 이름도 알리지 못하고 비밀리에 사역한다. 신분 노출을 극히 조심하며 선교하는 선교사들은 더 더욱 경제적 어려움을 겪는다. 과거 한국교회는 과시형 선교 후원을 많이 하였다. 교회 건축, 학교 건축, 병원 건축, 선교 센터 건축과 같은 눈에 보이는 선교에 아낌없이 후원비를 보냈다. 이제는 눈을 돌려야 한다. 신분을 노출하지 못하고 지하Underground에서 선교하는 전문인 선교사들이 많아지고 있다. 그들은 교회를 건축할 수 없고, 기독교 학교도 건축할 수 없다. 그럼에도 불구하고 선교사들은 자신의 생명을 담보하고 무슬림 지역에서, 힌두교 지역에서, 미전도 종족 지역에서 선교하고 있다. 교육선교사들은 몇 십 년 후에 열매를 바라보고 선교한다. 이제 한국교회도, 후원자들도 '보이지 않는 선교'를 위해서 '보이지 않는 선교사'로 선교하는 선교사들에게 아낌없는 지원을 할 수 있어야 한다. 전문인 선교사들도 선교지 안에서는 자신을 드러내지 못하지만, 선교지 밖에서는 자신의 선교를 드러내고 기도와 물질 후원을 요청하는 후원 채널을 지혜롭게 넓혀가야 한다.

전문인 선교사들에게는 선교사로서의 인정과 격려가 필요하다. 목회자가 아니기 때문에, 평신도이기 때문에 '2등 선교사'로 취급 받아서는 안 된다. 선교는 직분으로 하는 것이 아니다. 본국에서의 보장된 미래와 안정된 직장과 높은 수입과 평안한 환경을 뒤로 하고 외로움과 고난과 핍박과 박해가 있는 땅 끝으로 가족을 데리고 나아간 소중한 선교사들이다. 그들은 선교사로서 합당한 인정을 받고, 위로를 받고, 격려를 받고, 칭찬을 받고, 존경을 받을 자격이 있다. 최근 미국이 파송한 선교사의 95%가 전문인 선교사들이다. 세상의 직업은 약 45,000개가 있다. 그들의 전문성을 선교에 활용한다면 놀라운 결과를 창출해 낼 수 있다.[ix] 한국의 선교단체들이 더 많은 전문인 선교사들을 파송할 계획이라는 보고는 매우 고무적이다. 전문인 자비량 선교사들의 헌신과 사역을 통해서 하나님의 나라가 더 확장 될 것을 믿는다.

아프리카 가나 최용순선교사와 가나 한센인들

Chapter 18

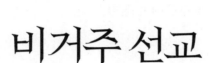

비거주 선교

믿음의 선한 싸움을 싸우라 영생을 취하라
이를 위하여 네가 부르심을 받았고 많은 증인 앞에서 선한 증언을 하였도다
딤전 6:12

랄프 윈터Ralph D. Winter가 1974년 로잔 대회에서 처음으로 미전도 부족에 대한 발표를 하였다. 그의 발표를 통해서 선교사들이 들어갈 수 없는 곳들이 많다는 것을 알게 되었다.[i] 그래서 1986년 미국 남침례교 해외선교부는 비거주선교분과를 신설하고 데이빗 개리슨David Garrison에게 그 책임을 맡겼다. 개리슨은 1989년 마닐라 로잔 제2차 대회에서 처음으로 비거주 선교에 대한 개념을 소개하였다.[ii] 게리슨은 비거주 선교 전략을 위해 여섯 가지 원칙을 정하였다.

첫째, 대상 지역과 부족에 관해 전문가가 되어야 한다.

둘째, 대상 부족의 언어를 유창하게 구사해야 한다.

셋째, 대상 부족의 복음화를 위해서 다양한 선교 전략을 개발하고, 세계 동역자들에게 그 부족의 복음화 필요성을 알려야 한다.

넷째, 대상 부족의 복음화 진전 과정을 자세히 기록하여 필요한 지원을 받기 위해서 선교 본부에 사역 과정을 정기적으로 보고해야 한다.

다섯째, 세계 복음화를 위해서 다른 선교 단체와 정보를 공유할 수 있도록 유기적인 연락망을 구축해야 한다.

여섯째, 다른 미전도 부족 복음화를 위해서 헌신한 비거주 선교사들과 상호 긴밀한 연락망을 구축해야 한다.[iii]

비거주 선교 유형

비거주 선교의 유형은 선교지 상황에 따라 다양하다. 첫째는 선교사가 공식적으로 들어간 적이 없는 선교지를 말한다. 둘째는 갑자기 선교사가 추방된 지역을 말한다. 북한에서 오랫동안 의료선교, 식량보급 선교, 구제선교, 기술선교 등을 감당했던 선교사들이 갑자기 투옥되거나 추방되어 선교가 중단되었다. 미얀마의 경우 군부 쿠데타로 인하여 선교사들의 선교가 갑자기 중단되었다. 텔레반이 장악한 아프가니스탄에서도, 나이지리아에서도, 시리아에서도, 여러 이슬람 국가에서 내란과 정치적 탄압과 무슬림들의 공격으로 갑자기 기독교 선교가 퇴출을 당한다. 해당 지역에서 선교했던 선교사들은 비거주 선교로 전환하여 새 선교지에서 지원한다. 셋째는 한 선교지에서 선교가 확장되면 비거주 선교로 전환하게 된다. 한 선교사가 여러 지역에 많은 교회를 건축하게 되면 한 교회에만 거주하지 못하고 비거주 선교사가 되어 교회를 돌보게 된다. 넷째는 문서 선교사와 전파 선교사이다. 선교사가 직접 투입될 수 없는 지역에 미전도 종족의 언어로 번역된 성경을 보내는 문서 선교와 방송 전파를 통해서 복음을 전파하는 전파 선교사들이 비거주 선교 유형에 속한다. 미래 선교 현장에는 더 다양한 비거주 선교 프로그램들이 필요하게 될 것이다.

비거주 선교 전략

입국이 불가능하고, 선교사의 거주가 불가능한 선교지 상황을 면밀히 조사해야 한다. 정확한 정보는 정확한 선교전략을 수립하는데 유용한 자료가 된다. 거주가 불가능한 이유가 정치적 불안정으로부터 온 상황인지, 종교적 탄압으로부터 온 상황인지, 선교가 자유로운 국가이지만 선교사의 선교 사역이 확장되어 비거주 선교로 전환된 상황인지 파악해야 한다. 주어진 상황에 따라서 가장 적합한 비거주 선교전략이 수립되어야 한다.

내부자 세우기 선교전략

비거주 선교는 선교지 안에서 사역할 수 있는 내부자의 동역이 반드시 필요하다. 그래서 비거주 선교는 처음 동역자의 역할이 매우 중요하다. 제일 먼저 신실하고 충성된 내부자 동역자를 찾아야 한다. 그 동역자를 찾는 일은 서둘러서는 안 된다. 예수님은 3년이란 긴 기간을 제자를 세우는 일에 사용하셨다. 비거주 선교는 '사역'을 세우기 전에 '사람'을 먼저 잘 세우는 일에 주력해야 한다. 동역자를 찾게 되면 그에게 작은 사역을 맡기고 지켜봐야 한다. 동역자의 신실성과 영적 리더십을 검증하지 않은 상태에서 처음부터 큰 사역을 맡기게 되면 예상치 못한 결과를 얻을 수 있다. 동역자를 잘못 세우게 되면 비거주 선교를 다시 설정하는데 상당한 시간이 필요하게 된다. 동역했던 사람과 불편한 관계로 끝나게 되면 그 지역에서 선교를 하지 못하게 되는 경우도 발생할 수 있다. 그러므로 신실한 동역자를 얻을 때까지 비거주 선교 프로그램이 서둘러서 전개되지 않도록 속도를 조절하는 전략이 필요하다.

단기 방문 선교전략

장기 체류 비자가 허락되지 않는 국가지만, 여행자 비자를 내주는 국가에서 비거주 선교사로 선교하는 선교지가 있다. 한 달 혹은 두 달간 여행자 비자로 체류하면서 선교하고, 가까운 이웃 나라로 빠져서 몇 개월 있다가 다시 선교지로 입국해서 선교하고 다시 나오는 비거주 선교이다. 그런 단기 선교는 하루하루가 소중하기 때문에 집중 프로그램을 가지고 입국해서 내부 동역자들을 집중 훈련시키고 나오는 선교전략이 필요하다. 본국에서 의료선교팀, 영어 교육 선교팀, 컴퓨터 선교팀, 첨단 영농 기술 보급 팀을 조직해서 선교지에서 단기 사역으로 비거주 선교를 지원할 수 있다.

미디어 선교전략

이제는 디지털 시대이다. 인터넷이 있으면 세계 어디에서도 무료 영상 통화가 가능하다. 1인 방송도 가능한 시대가 되었다.[iv] 그처럼 디지털 혁명은 사회 패러다임을 바꿔놓았다. 교육 현장에도 '칠판과 백묵'이라는 패러다임에서 각 교실에는 디지털 매체들이 설치되었다. 과거 프랑크푸르트 학파의 테오도르 아도르노Theodor W. Adorno, 1903-1969는 선교 현장에서의 미디어 사용에 대해서 매우 비판적이었다. 그는 미디어를 인간의 자유를 위협하는 도구로 보았고, 미디어는 '기계 신'이 되고, 청취자나 시청자는 수동적으로 반응만 해야 하는 '마법의 장치'라고 생각하였다.[v] 그러나 미디어 자체는 악마가 아니다. 그것을 어떻게 활용하느냐에 따라서 약이 되고, 독이 될 수 있다. 정보통신 기술의 발달은 미디어 활용을 통해서 더 풍성한 선교의 결과를 창출해 낼 수 있게 한다. 또한 미디어 선교는 다양한 '복음의 접촉점'을 창출해 낸다. 미디어 선교는 동 시간에 많은 화자(話者)들과의 소통을 가능하게 만들어 주어 원격 강의도 할 수 있다. 현지인들에게 원하는 메시지를 언제든지 영상을 통해서 전달 할 수 있고, 훈련 프로그램까지 진행할 수 있다. 미디어 선교는 지역과 정치와 종교의 장벽을 넘어갈 수 있다.[vi] 미디어 선교의 또 다른 장점은 학습자 중심의 교육을 적용시킬 수 있다는 점이다. 선교지에서 신학적 문제가 발생하게 되면, 현지인 동역자들이 언제든지 비거주 선교사와의 영상 통화를 통해서 문제들을 신속하게 해결할 수 있다. 비거주 선교사 또한 미디어를 통해서 선교지의 현지 상황을 수시로 점검할 수 있고, 필요한 정보를 수집해서 더 진보된 선교전략을 제시할 수 있다.[vii] 서장혁은 세상이 빛의 속도로 움직인다면 선교도 빛의 속도로 움직여야 한다고 주장한다.[viii] 그 빛의 속도 속에는 젊은 세대가 있다. 그처럼 미디어 선교는 많은 사람과의 접촉이 이루어지게 한다. 그러나 미디어 선교가 비거주 선교 전략에 반드시 필요한 절대성을 갖지는 않는다.

협력 선교전략

비거주 국가 안에는 다른 선교단체들이 있다. 각 선교단체들이 가지고 있는 선교 프로그램들도 다양하다. 그들이 가지고 있는 프로그램을 통해서 도움을 받을 수 있고, 비거주 선교사가 가지고 있는 프로그램으로 다른 선교사들에게 줄 수도 있다. 다른 선교단체와의 협력이 필요한 것은 백업 플랜 때문이다. 내부자 동역자의 신상에 변화가 생기게 되면 즉각 대처할 수 있는 백업 자원이 있어야 한다. 현지 동역자가 건강상의 문제로 선교를 더 이상 할 수 없는 경우도 있고, 비거주 선교사와 결별을 하고 독립하기를 원하는 경우도 발생할 수 있다. 긴급 상황이 발생하게 될 경우, 다른 선교단체로부터 다른 동역자를 추천받을 수 있는 백업 자원이 필요하기 때문에 사전에 다른 선교단체와의 교류는 반드시 열어놓아야 한다. 그러므로 선교사가 단기 일정으로 선교지를 방문했을 때, 자신의 선교지만 방문하고 올 것이 아니라, 다른 선교사들의 선교지도 방문해서 좋은 교제를 나눔으로 백업 자원을 받을 수 있는 관계를 형성해 놓아야 한다.

목회자 재교육 선교전략

비거주 선교사는 선교지에 있는 동역자에게 모든 맡기고 후원만 지원해 주는 관계로 가지 않아야 한다. 선교사는 비거주를 하더라도 영적 권위와 리더십을 유지해야 한다. 그러기 위해서 선교지를 방문할 때마다 현지인 동역자를 재교육하는 프로그램을 반드시 가지고 가야 한다. 또한 영상 통화를 통해서 정기적이며, 지속적인 목회자 훈련을 실시해야 한다.

사역자 초청 선교전략

비거주 국가에 있는 현지인 동역자가 해외 출국을 할 수 있다면, 그를 선교사 국가로 초청해서 그동안의 헌신을 격려하고, 그들에게 필요한 연장 교육과 훈련을 시킨 뒤에 귀임시키게 되면 선교사와의 신뢰 관계를 더욱 돈독이 할 수 있고, 선교 동역자들은 큰 배움과 도전을 가지고 돌아가 더 헌신적으로 비거주 선교를 담당해 줄 수 있다.

맺는 말 ●

세계는 점점 혼돈 속으로 빠져들고 있다. 선교사가 선교지에 거주하면서 선교할 수 있는 터전이 점점 좁아지고 있다. 이슬람교의 확장, 힌두교의 확장, 불교의 확장 정책과 맞물리고, 여러 정치적 돌발 상황까지 덮치면서 선교사들의 거주 선교가 위협을 받고 있다. 선교사 입국이 원천 봉쇄된 국가도 있고, 사역했던 선교사들이 추방을 당하고 갑작스럽게 비거주 선교로 전환하지 않으면 안 되는 선교지도 늘어날 수 있다. 여러 가지 경우의 수를 대비해서 비거주 선교전략에 대한 깊은 연구와 개발이 지속적으로 있어야 한다.

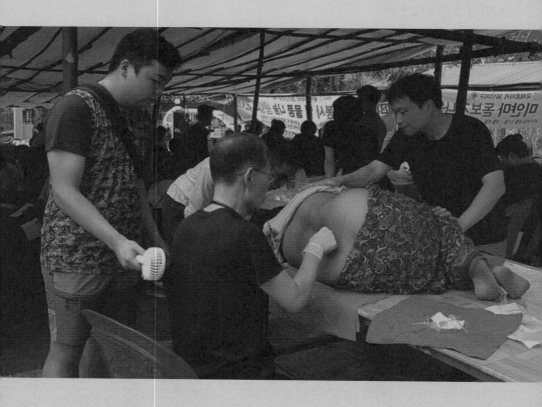

여수 애양병원 선교팀, 미얀마 메얀청 의료선교

Chapter 19

의료 선교

이 예수는 너희 건축자들의 버린 돌로서 집 모퉁이의 머릿돌이 되었느니라
다른 이로써는 구원을 받을 수 없나니 천하 사람 중에 구원을 받을 만한 다른 이름을
우리에게 주신 일이 없음이라 하였더라

행 4:11-12

　　　　　사람의 육체는 연약하다. 사고로 몸을 다치고, 질병으로
고통을 갖는다. 노인이 되면서 몸은 더욱 쇠약해진다. 그리고 죽음을 맞
이한다. 인생의 여정 속에 질병은 그렇게 늘 불편한 동반자이다. 그래서
사람이 있는 곳에는 항상 의사가 있다. 의사는 정성을 다해 환자들의 질
병을 치료해줌으로 생명의 은인이 된다. 그래서 의사는 항상 존경을 받는
다. 선교지에서 의료선교가 환영을 받는 이유이다.

의료선교의 장점

　의료선교가 선교지에서 푸대접을 받는 경우를 단 한 번도 본 적이 없다. 선교지에는 가난한 사람들이 많다. 그 사람들에게 가장 필요한 것은 충분한 양식과 좋은 약이다. 두 가지는 생명과 직결된다. 기아와 질병으로 죽어가는 어린이들과 노인들이 선교지에는 너무도 많다. 허버트 케인은 의료선교의 장점을 이렇게 말한다. "의료선교는 육신의 질병을 치료해 준다. 의료선교는 지역 주민의 편견을 없애는 동시에 선한 동기를 만들어 준다. 의료선교는 그리스도의 마음을 환자에게 나타내고 보여준다. 의료선교는 개종의 역사를 불러온다. 의료선교는 교회의 명성을 더해줌으로써 선교에 공헌한다."[i] 한국 기독교 선교 초기에서 내한 선교사들의 수는 1,058명이었다. 그 가운데 의료선교사는 263명이었다. 중국은 의료선교사가 10%였고, 인도는 9%였지만, 한국은 24%였다.[ii] 제1호 내한 선교사였던 호레이스 알렌Horace N. Allen은 의료선교사였다. 한국 기독교 선교가 의료선교를 통해서 복음의 문을 열었다는 뜻이다. 의료 선교를 통해서 도움을 받았던 사람들은 적이 되지 않는다. 가족이 된다. 그들에게 복음을 전해도 생명을 살려준 의사들이기 때문에 격노하지 않는다. 듣는다. 그래서 의료선교는 복음을 전하는 가장 확실하고 축복된 통로이다.

의료선교 전략

보건 위생 및 예방 홍보 선교전략

통계에 의하면 제3세계의 질병 중 80%는 청결유지, 깨끗한 식수 제공, 위생 상태 개선, 저렴한 예방 접종만 사전에 철저히 예방해줘도 큰 질병에 걸리지 않을 수 있다는 보고가 있다.[iii] 의사와 간호사가 아니라도, 선교사가 기본적인 보건 위생과 예방 홍보 프로그램을 통해서 지역 사회의 건강 지키기 캠페인을 이끌 수 있다.

보건 전도자 선교 전략

스탠 롤랜드Stan Rowland는 '지역사회보건 선교전략'을 개발하였다. 그는 개발도상국가에서 전 국민의 60% 내지 90%가 의사를 만날 수 없다는 사실에 충격을 받았다.[iv] 오지 마을에 있는 가난한 사람들의 건강관리는 전통적인 민간요법이 전부이다. 그래서 개발한 것이 지역사회보건Community Health Evangelism: CHE 선교전략이다. CHE 선교전략은 치료 지향적인 의료선교가 아니라 예방의학적인 측면으로 선교하는 전략이다. CHE 선교전략에는 약 600개 주제 강의가 있다. 보건 요원들을 직접 훈련하는 과정은 350개 과목이 있다.[v] 4개월 동안의 연수를 받으면 보건 전도자CHEs 자격증을 준다. 오지에서 온 훈련생들 중에 글을 읽고 쓰는 것이 어려운 사람들을 위해서는 17권으로 된 그림책 강의도 준비되어 있다. CHE 훈련을 받은 보건 전도자들은 가정 방문을 통해서 예방 의학과 건강 교육을 지도한다. 또한 홍역, 결핵, 디피티DPT, 소아마비 등의 예방 접종 프로그램을 지원한다. 현재 400개가 넘는 선교단체와 교회들이 학생들을 뽑아 CHE 훈련을 받게 해서 지역 사회 보건 선교를 책임지게 하고 있다. CHE 프로그램은 새로운 질병에 대한 업데이트 자료들이 보건 요원들에게 전달되기 때문에 최신 의료 정보를 지역 주민들이 받을 수 있다는 장점을 가지고 있다. 그런 최신 의학 정보들을 가지고 가정을 방문해서 설명하면 모든 사람들이 집중해서 듣는다. 그때 복음을 함께 전할 수 있고, 재방문을 통해서 결신자들을 얻을 수 있고, 성경공부와 제자 훈련까지 이어질 수 있다.[vi] CHE 선교전략은 현재 무슬림, 불교, 힌두교 권에서도 활발하게 사용되고 있다.[vii]

클리닉·병원 선교 전략

클리닉 선교는 한 명의 현지 전문의와 간호사와 소수의 보조 의료 인력이 필요하다. 3-5km 범위 안에 있는 주민 10,000명 정도를 돌볼 수 있다. 병원선교는 의료 장비와 전문 의료 기술을 지닌 의사와 간호사 등 전문 의료 인력이 필요하다. 입원실이 있어야 하고, 의료의 목표는 완치다. 주민 10만 명까지 돌볼 수 있다. 환자들과의 접촉은 재검진과 통원치료를 통해서 계속적으로 이어질 수 있고, 입원 환자인 경우 장기간 복음을 전할 수 있는 기회를 가질 수 있다.

오지 의료 선교전략

도시 의료선교와 오지 의료선교가 있다. 도시 의료선교는 구심력Centripetal force 방향으로 환자들이 의료팀이 있는 곳으로 찾아와서 진료를 받는다. 오지 의료선교는 원심력Centrifugal force 방향으로 의료팀이 환자들이 있는 곳으로 찾아가서 의료선교를 한다.[viii] 오지에는 환자 스스로 움직일 수 없고, 환자를 도시 병원으로 후송시킬 수 있는 수단이 없는 경우가 많다. 그런 오지에 의료팀이 복음을 들고 찾아간다는 것은 참으로 귀한 일이 된다. 오지 의료선교는 선교지 현지인 의료진으로 구성해서 하는 것이 가장 좋다.

단기 의료 선교전략

선교지에서 이루어지는 본국의 단기 의료선교는 특정 지역에서 하루 혹은 이틀 동안 진행되는 경우가 많다. 의료팀이 선교지에 오면 보통 3~4일 의료선교를 하게 되는데 한 장소에서만 할 수 없다. 의료선교를 받는 마을의 입장에서는 1년에 1회 의료선교를 받는 셈이다. 그러므로 그 1회 의료선교를 철저히 준비하지 않으면 '의료 선교'가 아니라 '의료 봉사'로 끝나게 된다. 사전에 의료 선교팀과 현지 교회와 긴밀한 대화와 준비가 필요하다.

(1) 의료 선교팀의 준비

- 국가와 지역을 정한다.
- 선교 대상 지역에 대한 정보를 수집한다.
- 의료 선교팀 모집과 팀을 구성한다.
- 의약품 리스트를 영어(English)로 준비한다.
- 의약품 중에 유통기한이 넘은 것은 절대 사용하지 않는다.
- 의약품 반입에 대한 해당 국가의 세관법령을 조사한다.
- 의약품 이송 방법(항공, 선박, 직접)에 대해서 점검한다.
- 의료선교를 선교비 후원회를 조직한다.
- 의료선교팀 훈련 프로그램을 갖는다. (선교지 문화 이해, 의료선교사의 사명)

(2) 선교지 현지의 준비

- 의료선교에 대한 정부의 허락이 필요한 국가는 미리 허가를 받아 놓는다.
- 현지인 통역사들을 각 진료과목마다 준비한다.
- 순서 번호표, 진료 희망 기록지, 의사 검진 및 처방 기록지를 준비한다.
- 약 봉지에 붙이는 스티커에는 약 이름과 복용법을 현지어로 준비한다.
- 현지어 성경과 전도지를 준비해 놓고 진료 후 원하는 사람에게 무료로 선물한다.
- 기다리는 동안에 전도할 수 있는 전도대를 준비해 놓는다.

(3) 후속 처리

- 진료 기록지는 1년 동안 보관한다.
- 상비약 외에 남은 약은 선교 현지에 두지 않고 회수한다.
- 의료선교를 통해서 받은 은혜들을 출판과 영상 메시지로 만들어 홍보함으로
  다음 의료선교에 더 많은 의료진들이 참여할 수 있도록 한다.

한국 초청 특별 수술 지원 선교전략

선교지 현지의 의료 장비 낙후로 인해 현지에서 수술이 불가능한 경우가 있다. 개안 수술, 심장병 수술과 같은 특별한 수술이 긴급하게 필요한 환자들을 한국으로 초청해서 수술을 받을 수 있도록 지원하는 선교 프로그램이 필요하다. 죽어가는 한 생명을 살리는 일은 한 마을을 살리는 선교로 이어질 수 있다.

현지인 의료진 단기 초청 의료 연수 선교전략

현지인 의사를 한국으로 초청해서 1개월 혹은 3개월 연수 프로그램을

통해서 최첨단 의술에 대한 정보를 얻게 하고, 실습을 통해서 새로운 의술을 터득할 수 있도록 돕는 프로그램이다. 현지인 의사가 본국으로 돌아간 이후에는 선교지에서 훌륭한 선교 동역자로 함께 동역할 수 있는 자원을 확보하게 된다.

맺는 말 •

기독교 의료선교는 단순히 의료 봉사가 아니다. 성경적 의료선교는 복음과 구원으로 이어질 수 있다. 예수님께 치료 받았던 환자들에 대해서 성경은 이렇게 말씀하고 있다. "그가 나음으로 예수를 믿으니라." 의료선교는 그처럼 구원과 깊은 연관성을 갖는다. 선교지에서의 '1일 의료선교'라도, 그 의료선교를 통해서 복음을 듣고, 구원을 받아 영육이 치료되고 회복되는 역사들이 일어난다. 김민철은 선교의료Missionary Medicine와 의료선교Medical Mission는 구분할 필요가 있다고 말한다. '선교의료'는 환자를 단순히 질병을 가진 환자로만 보지 않고, 그 질병을 왜 갖게 되었는지 영적 상태 혹은 죄의 문제까지 함께 보면서 기도와 말씀과 성령의 역사를 통해서 환자의 영육을 동시에 회복시키는 사역이라고 말한다. 반면 의료선교는 전문의가 자신이 전공한 질병에 관해서 의료적인 진료를 베푸는 사역을 가리킨다고 말한다.[ix] 그러므로 의료선교는 [선교의료]에 그 초점이 맞춰져야 한다.

미얀마 메얀청에 있는 한센인 요양소

Chapter 20

장애인 선교

"We are indeed the light of the world, but only if our switch is turned on." (John Hagee)
우리는 세상의 빛이다. 그러나 스위치가 켜져 있을 때 만이다.

− 존 하기 −

장애는 유전적인 원인으로 올 수 있고, 여러 질병과 사고로 장애를 입게 되는 경우도 있다. 전 세계에 장애인이 없는 나라는 없다. 그러나 장애 혹은 장애인에 대한 사회적 인식은 그 나라의 정치, 경제, 문화 수준 거기에 종교적인 해석에 따라 차이가 많다. 국가가 정치적으로, 경제적으로 안정이 되면 장애인에 대한 의료 지원과 복지 제도도 함께 개선된다. 사회가 성숙하게 되면 한 걸음 더 나아가 장애인의 인권에 대해서도 말한다. 그러나 10/40 창 안에 있는 대부분 국가들은 정치적으로 불안정하고, 경제적으로 저개발국이 많아 장애인에 대한 의료, 복지, 인권에 대한 이슈들은 관심 밖으로 밀려나 있다. 그처럼 사회적 약자가 되어 있는 장애인들을 위한 선교는 반드시 필요하다. 장애인 선교를 특수선교 분야에 넣는 경향이 있다. 장애인 선교는 특수선교가 아니다. 장애인들은 특별한 사람들이 아니기 때문이다. 장애인 선교를 '특수선교'에 넣는 그 자체가 선교 현장에서조차 장애인을 따로 떼어 소외시키는 일이 된다. 일반 사람 중에는 장애를 '비정상Abnormal'으로, 비장애를 '정상Normal'으로 생각하는 사람이 있다. 잘못된 생각이다. 장애인은 '비정상인'이 아니다. 장애인과 비장애인의 차이는 없다. '차이'를 만들어 내는 그 자체가 '차별'을 만들어 낸다.

성경에서 보는 장애인

구약 성경에서 장애(인)에 대한 표현 때문에 장애인에 대한 왜곡된 생각을 갖게 되었다.

1) 장애인들을 흠 있는 짐승처럼 취급하였다. 레위기는 제물 중에서 하나님께 드릴 수 있는 '흠 없는 제물'과 드릴 수 없는 '흠 있는 제물'로 구분하였다. 레위기 21:18-20절은 장애인들을 '흠 있는 것'으로 분류하였다. "누구든지 흠이 있는 자는 가까이하지 못할지니 곧 맹인이나, 다리 저는 자나, 코가 불완전한 자나, 지체가 더한 자나, 발 부러진 자나, 손 부러진 자나, 등 굽은 자나, 키가 못 자란 자나, 눈에 백막이 있는 자나, 습진이나 버짐이 있는 자나, 고환 상한 자니라."라고 하였다. 그런 규례 때문에 장애인들은 비장애인에게 가까이 접근할 수 없는 '부정한Unclean' 사람들로 여겼다.

2) 장애인을 비하하는 말들이 있었다. 삼하 5:6절이다. "네가 결코 이리로 들어오지 못하리라. 맹인과 다리 저는 자라도 너를 물리치리라." 여부스 사람들이 장애인을 들어 다윗을 모욕했던 말이었다. 사56:10절이다. "이스라엘의 파수꾼들은 맹인이요 다 무지하며 벙어리 개들이라 짖지도 못하며 다 꿈꾸는 자들이요 누워 있는 자들이요 잠자기를 좋아하는 자들이니" 하나님께서 몰지각한 목자들을 질타할 때 하신 말씀이었다.

3) 편협한 사회적 편견 때문이었다. 농경문화권에서 노동할 수 없는 장애인들은 '무능력자'로 취급되어 한 사회를 이루는 사회 구성 요원에서 제외시켰다. 그들은 비장애인들과 함께 갈 수 있는 시민이 될 수 없었다.

성경에 나타난 장애들을 보면, 태어날 때부터 장애를 가진 사람들이 있었다. 므비보셋처럼 사람의 실수로 인해 장애인이 된 사람도 있었다. 모든 장애가 죄의 결과로 혹은 하나님의 심판으로 비롯되지는 않았다. 오민수는 성경에 나타난 질병이나 장애를 해석할 때 병 혹은 장애 자체에 대한 원인학적인Medical etiology 접근보다는 결과론적인 맥락에서 하나님께서 그 질병과 장애를 통해서 무엇을 말씀하시고자 하시는지 성경 시대의 사회적 혹은 문화적 테두리 안에서 해석할 필요가 있다고 말한다.'

세계사에서 보는 장애인

드보라 마크Deborah Marks는 중세 시대에 장애인들은 미신적인 개념 때문에 박해를 받았고, 장애는 신의 심판의 결과이며, 죄의 벌로 믿었기 때문에 장애인 학대는 교회에서도 승인되었다고 하였다." 그러나 칼빈은 어려움에 처한 사람들, 불행을 당한 사람들, 사회적 약자들에 대해서 교회가 적극적으로 나서서 도와야 한다는 교회의 책임에 대해서 자주 언급하였다.[iii] 장애를 죄의 결과로 보는 것은 인과응보 사상도 있다. 불교는 이 세상에서의 고통이나 장애는 전생에 죄 때문이라고 믿는다. '장애는 곧 죄다.'라는 사상은 무서운 결과를 가지고 왔다. 스파르타의 리쿠르구스Lycurgus, BC 800에는 장애인과 노약자는 산 중에 버릴 것을 명시했고, 로마인들은 장애인을 강물에 던져 익사시켰다.[iv] 1939년 아돌프 히틀러Adolf Hitler는 정신 장애인을 '살만한 가치가 없는 생명'으로 규정하고 안락사를 명하였다. 그 결과 약 25만 명의 장애인들이 1939년부터 1941년까지 조직적으로 살해되었다.[v] 1953년까지 클레멘스 벤다Clemens Benda는 정신지체 아동기관의 의료담당자는 장애 진단을 위해서 정신지체 아동을 상대로 실험하였다.[vi] 과거 미국은 장애인들의 강제 불임을 합법화시켰다. 인디애나 주를 시발로 24개 주가 그 법령을 제정하였다. 1927년 미국 대법원은 정신지체 장애인의 강제 불임 조치가 정당하다는 판결을 내렸다.[vii] 세계사에서 장애인들은 그처럼 인권이 없는 존재로 취급을 당해 왔다.

장애인 선교의 정당성

장애인의 범위를 정하는 일은 모호하다. 누가 장애인인가? 현대 사회는 신체적인 장애뿐만 아니라 정신적인 장애, 사회적인 장애, 영적인 장애까지 포함하여 '장애'라는 단어를 광범위하게 사용하고 있다. 그러나 선교현장에서 감당하는 장애인 선교는 신체적 장애를 입은 이들로 한정한다. 2012년 기준 세계 인구는 약 70억 명이다. 그들 중에 10억 5천만 명 (15%)이 장애인이다. 그 장애인 가운데 80%가 개발도상국에 있다.[viii] 그들은 정부로부터 의료와 복지 지원을 제대로 받지 못한 채 소외된 그룹으로 살아가고 있다. 장애인은 사람들에게서 큰 도움을 원하지 않는다. 장애인들은 사람들이 자신들을 온전한 한 인격체로 인정해주고, 존중해 주기를 원한다. 장애인은 특별한 사람이 아니다. 그들은 우리의 형제이고 자매이고, 가족이고, 이웃이다. 그들에게 복음을 전하는 것은 특별한 일이 아니라 정당한 일이다.

예수님의 장애인 사역

성경에서 한 구절만을 보고 장애인에 대한 잘못된 결론을 내리지 않아야 한다. 레위기 21:18-20절은 장애인을 폄하한 것처럼 들린다. "누구든지 흠이 있는 자는 가까이하지 못할지니 곧 맹인이나, 다리 저는 자나, 코가 불완전한 자나, 지체가 더한 자나, 발 부러진 자나, 손 부러진 자나, 등 굽은 자나, 키가 못 자란 자나, 눈에 백막이 있는 자나, 습진이나 버짐이 있는 자나, 고환 상한 자니라." 그 말씀만 보고 하나님은 모든 장애인을 싫어하신다고 결론내리지 않아야 한다. 같은 성경 레위기 19:14절은 "너는 귀먹은 자를 저주하지 말며, 맹인 앞에 장애물을 놓지 말고, 네 하나님을 경외하라. 나는 여호와이니라."라고 하셨다. 하나님께서 장애인 편에 서 계시고, 장애인을 변호해주셨던 것을 볼 수 있다. 이삭은 말년에 시각장애인이 되었고, 야곱은 얍복강에서 천사에 의해서 환도 뼈가 위골되어 신체 장애인이 되었다. 그 장애들은 죄와 상관이 없는 것들이었다. 장애를 무조건 죄의 결과로 보는 것은 잘못된 것이다.

예수님께서 공생애 3년 동안 많은 장애인들을 치료해주시고, 그들에게 새 삶과 하나님의 자녀가 되는 구원을 선포해 주셨다. 그것이 성경의 답이다. 한센병 환자들은 거의 장애인이 되었다. 유대 사회는 한센병은 하나님으로부터 받은 저주로 인식하였다. 그래서 그들은 성 안에서 살 수 없었다. 성전에도 들어갈 수 없었다. 그들은 영원히 저주받은 자로 분류되었다. 그런데 예수님께서 그 한센병 환자들에게 친히 손을 내밀어 만져주시며 한센병을 고쳐주시고, 하나님의 자녀가 되었음을 선포해 주셨다. 구약의 하나님과 대치되는 예수님의 독자적인 행동이 아니었다. 예수님은 하나님께서 허락하시지 않는 일은 하시지 않으셨다. 예수님께서 하신 일은 곧 하나님께서 하신 일이었다. 그러므로 장애인에 대한 하나님의 생각은 처음부터 끝까지 동일하셨다. 장애인도 귀한 하나님의 자녀이다. 그래서 예수님은 '죄인의 그룹'으로 취급되어 성 밖에 있던 장애인들을 성 안으로, 성전 안으로, 공동체 안으로 돌려보내주셨다. 장애인 선교는 거기에서 시작해야 한다.

장애인 선교신학 정립

장애에 대한 신학적 정립

 선교사는 장애와 장애인에 대한 성경적, 신학적 견해를 확고하게 정립해야 한다. 장애에 대한 확고한 신학적 정립이 없으면, 장애인을 단지 도와줘야 할 대상, 불쌍히 여겨줘야 할 대상으로만 보게 된다. 장애인은 비장애인들로부터 값싼 동정과 자비와 물질적인 후원을 원하지 않는다. 성경은 모든 인간은 하나님의 형상대로 창조되었다고 선언한다. 여기에서 '하나님의 형상'에 대한 신학적인 주석은 피하려고 한다. 그러나 기본적인 이해는 '하나님의 형상대로'는 하나님의 모습만을 나타내지 않는다는 것이다. '하나님의 형상'이란 인간이 하나님과 교제할 수 있는 존재로 창조되었다는 의미가 있다. 인간의 본능 속에는 하나님을 두려워하는 중심이 있다는 의미이다. 인간은 하나님을 닮고자 하는 열망이 있다는 의미이다. 그 모든 인간들 속에는 장애인도 있다. 즉 장애인도 하나님의 형상대로 창조되었다는 뜻이다. 그렇다면 장애인 속에 계시는 하나님도 장애인이신가? 아니다. 장애인에 대한 예수님의 재해석은 장애인의 가치를 새롭게 볼 수 있는 시금석이 되었다. 날 때부터 맹인이었던 사람을 예수님께 데리고 와서 그 사람이 맹인이 된 것이 누구의 죄로 인한 것이냐고 물었다. (요 9:1-11) 예수님은 그의 부모의 죄도 아니고, 그의 죄도 아니고, 하나님께서 그를 통해서 하시고자 하시는 일을 나타내기 위하여 그가 맹인이 된 것이라고 말씀하시고 그를 고쳐주셨다. 장애는 죄의 결과도 아니었고, 장애는 하나님의 저주도 아니었고, 장애는 하나님의 영광을 드러내는 통로였다. 그것은 모든 장애인이 들어야 할 복음이다.

장애인 선교 선교전략

장애인 초청 선교전략

김종인교수는 장애인 세미나, 장애인가족을 위한 가족치료상담, 장애인과 함께 하는 캠프 프로그램들을 추천한다.[ix] 장애인과 함께 하는 잔치를 마련하고 장애인 친구들을 초정하는 프로그램이다. 대부분 장애인들은 혼자 오지 못한다. 가족들이 장애인을 데리고 온다. 좋은 프로그램, 좋은 음식, 행복을 더해주는 선물은 장애인들에게 큰 기쁨을 주게 되고, 가족들에게 복음을 전할 수 있는 기회를 갖게 한다.

의료기기 지원 선교전략

저개발국에는 장애인을 위한 재활 장비와 보조 의료 장비가 절대 부족하다. 있어도 다양하지 않고, 모델이 오래되어 무겁다. 가벼운 신소재로 개발된 새로운 장비들이 후원된다면 지역 사회에도 좋은 소문으로 이어질 수 있다. 한국 장애인들이 장비를 업그레이드 하면서 나오는 중고 장비들을 기증받아 전달하는 프로그램도 필요하다.

장애인 기술 교육 선교전략

장애 등급에 따라 장애인들이 손수 제작할 수 있는 다양한 제품을 만들 수 있다면 그 기술을 전수시켜주는 프로그램이 필요하다. 장애인들에게 "나도 할 수 있다"는 자신감을 줄 수 있는 프로그램들이 될 것이다. 기술이 축적되면, 장애인 노동 인력이 생기고, 장애인들이 함께 일하는 일터도 생기고, 그 공동체는 장애인 교회로 발전할 수 있다. 한국은 의무적으로 장애인을 고용해야 하는 정책이 있다. 국가 지자체 공공기관은 3.4%, 민간 기업은 3.1%의 일자리를 장애인들에게 제공해야 한다.[*] 다른 나라에도 그런 정책이 실행되도록 선교사가 도울 수 있는 일을 찾아야 한다.

인터넷 선교전략

여러 가지 생활환경에서 외출 할 수 없는 장애인들이 있다. 인터넷과 전화기 데이터 사용이 가능한 환경에 있는 장애인들과 화상 통화를 통해서 소통하는 채널을 열 수 있다. 무료로 화상 통화가 가능한 앱App을 통해서 장애인들과 동시에 대화 할 수도 있다. 서로의 안부를 묻고, 기도의 제목을 나누고, 함께 기도하고, 그들에게 말씀을 선포할 수 있고, 영상을 통해서 장애인 예배까지 드릴 수 있다.

장애인 전문인 양성 선교전략

장애인 선교는 전문인 선교이다. 시각장애인들에게는 점자 서적과 점자 성경 보급이 필요하고, 청각장애인들을 위해서 수화통역사가 필요하고, 지체장애인들에게는 여러 종류의 재활 기구, 보청기, 휠체어, 맞춤형 교정 신발 등이 필요하고, 발달장애인들과 지적장애인들을 위해서는 좋은 프로그램들이 필요하다. 그러나 장애인들에게 가장 필요한 것은 그들의 마음을 알아주고, 보듬어주고, 응원해 줄 수 있는 장애인 전문 사역자가 필요하다. 저개발국에 있는 장애인들은 정부로부터 그런 지원을 받지 못하고 있다. 장애인이 안전하게 보행할 수 있는 거리 정비는 기대하지도 않는다. 전동휠체어 무상 지원도 기대하지 않는다. 저개발국에 있는 대부분의 장애인들은 작은 방에 방치된 채로 살아간다. 장애인 선교는 물량적으로, 물질적으로 후원할 수 있는 준비가 완료되었을 때 시작할 수 있는 선교가 아니다. 장애인에게 필요한 것은 그들을 골방에서 꺼내주는 일이다. 장애인들과 함께 야외를 산책하는 것만으로도 장애인들에게는 행복한 응원이 된다. 장애인 선교는 돈으로 하는 것이 아니라 마음으로 하고, 사랑으로 품는 일이다.

● 맺는 말

세계 인구 중에서 약 15%가 장애인이다. 세계 인구 78억 중에서 장애인이 11억 7천만 명이 된다는 뜻이다. 그 많은 장애인들이 저개발국에만 있는 것이 아니다. 미국의 장애인 인구는 4,900만 명이다. 그들 가운데 20대, 30대 청년 장애인들이 약 500만 명이다.[xi] 한국에 있는 장애인은 2020년 기준 약 263만 명이다.[xii]

각 나라에 있는 장애인들은 축복의 통로가 될 수 있다. 이슬람교, 힌두교, 불교, 공산권, 미전도 종족 안에도 많은 장애인들이 있다. 장애인 선교를 감당하는 선교사들에게는 모든 나라가 의료선교 만큼이나 개방적이다. 장애인을 돌봐줘야 하는데, 그들에게는 전문 지식이나 경험이나 다양한 프로그램이 없기 때문이다. 또한 장애인을 위한 의료기기 보급이 낮은 상황에서 한국 선교사들을 통해서 그런 장비를 지원받게 된다면 장애인 선교는 대환영을 받을 수 있다. 선교지에서도 재활프로그램, 훈련프로그램, 직업 기술 프로그램, 장애인 공동체 건립 등등 좋은 프로젝트들이 순차적으로 개발될 수 있다. 보청기 보급, 첨단 기술을 통해서 신소재로 제작한 3D 의수족 보급, 전동휠체어 보급 등 활발한 장애인 지원 선교가 가능하다. 그러나 장애인은 그것이 전부가 아니다. 재정적인 지원이 가능하지 않아도 장애인들과 함께 해주는 동행만으로 훌륭한 장애인 선교가 될 수 있다. 장애인들이 원하는 것은 관심이고, 소통이고, 응원이기 때문이다. 그들은 많은 것을 요구하지 않는다. 장애인들은 비장애인들보다 복음에 향해서 더 열린 마음을 가지고 있다. 그들도 복음을 들어야 하고, 구원을 받아야 할 하나님의 자녀들이다. 선교사가 할 수 있는 범위 안에서 장애인들의 목소리가 되어 사회와 정부를 향해 장애인을 위한 의료 혜택과 복지 지원과 인권 회복을 외치는 장애인의 목소리가 되어주고, 그들의 가장 가까운 친구들이 되어줘야 한다.

1997년 양한갑선교사 가족, MK들이 된 아이들

Chapter 21

MK선교

주께서 이르시되 가라 이 사람은 내 이름을 이방인과 임금들과
이스라엘 자손들에게 전하기 위하여 택한 나의 그릇이라
행 9:10

MK^{Missionary Kid}는 선교사 자녀들을 가리킨다. MK 중에는 TCK^{Third Culture Kid}들이 있다. 제3의 문화 자녀란 뜻이다. 제1문화는 선교사 출신 국가 문화이고, 제2문화는 선교사가 체류하는 국가 문화이고, 제3문화는 제1문화와 제2문화 사이에 있는 자녀를 가리킨다.[|] 대부분의 한국 선교사 자녀들이 TCL에 해당한다. 간혹 MCK^{Multiple Culture Kid} 학생도 있다. 출신 국가를 떠나 한 나라가 아니라 3개 이상의 여러 나라로 이주하면서 언어와 문화가 다른 국가에서 자라는 자녀들을 말한다. 드문 예이지만 갑작스런 추방 명령으로 인해서, 혹은 특수한 목적으로 3개국 이상 여

러 나라에서 선교하는 선교사 자녀들이 MCK 학생들이다. MK들은 대부분 20대, 30대 부모를 따라서 선교지로 이주한다. MK들의 평균 연령은 3살부터 10살 미만이 대부분이다. 선교지에서 태어나는 MK들도 있다.

MK 사역을 위해서 많은 교회와 선교단체들이 후원하고 동역한다. 한국세계선교협의회KWMA 2020년 보고에 의하면 2020년 기준으로 전 세계로 파송된 한국 선교사는 168개국에 총 22,259명이며, MK 숫자는 20,286명이다. 그 MK 중에서 취학 전 아동은 9.1%, 초등학생은 16.4%, 중고등학생은 19.1%, 대학생은 23.1%, 직장인 MK는 32.4%이다. 대학생과 직장인 MK들을 독립한 MK로 분류한다면, 부모와 함께 선교지에 있는 MK들은 44.6%로써 약 9,047명이 된다.[*] 그러나 그 숫자에 들어가지 않은 MK들도 선교 현장에는 많다. 독립선교사 혹은 자비량 선교사로 선교하는 사람들이 많기 때문이다. 그 선교사들은 한국세계선교협의회 혹은 선교사 단체에 가입하지 않고 활동하는 사람들이 있기 때문에, KWMA의 MK 집계 숫자에서 제외될 수 있다.

부모를 따라서 땅 끝으로 나가 있는 리틀 선교사Little Missionary들을 위한 MK 선교는 절실하다. MK 선교가 중요한 이유는 MK들의 교육 문제 때문에 부모들이 선교를 중단하고 철수하는 경우가 생각보다 높기 때문이다. 1996년도 통계에 의하면 선교사들이 도중에 선교를 포기하는 원인 중 13%가 자녀 교육 문제였다.[*] 그러므로 MK 선교를 후원하는 일은 선교사들의 선교를 후원하는 일이고, 더욱 힘 있게 하는 일이다. 한국교회와 선교단체들은 앞으로 더 많은 선교사를 파송하게 될 것이다. 그 만큼 MK 숫자도 늘어난다는 말이다. 현재 많은 곳에서 MK들을 위한 초청 캠프, 기숙사 제공, 장학금 후원 등 다양한 프로그램들을 제공해주고 있다. 그러나 MK 인구가 상승하는 현실에서 좀 더 효율적이고 조직적인 MK 선교 프로그램과 선교 전략이 준비되어야 한다.

MK를 위한 학교들

선교지에서 MK들이 다니는 학교들은 대략 다음과 같다.

가정 학교 (Home schooling)

선교지에서 자녀들을 위한 학교를 찾지 못해 가정에서 홈스쿨링 교재로 부모들이 자녀들을 직접 교육한다. 선교지가 무슬림권, 불교권, 힌두교권일 경우 선교사 자녀들이 그 나라공립학교하게 되면 타종교 교리를 주입하는 교육 환경을 이겨내기 힘들기 때문이다. 홈스쿨링의 단점은 같은 또래 아이들과 함께 할 수 있는 기회가 없어 사회성이 떨어질 수 있다는 점이다. 또한 가정이라는 울타리 안에만 있다는 강박감이 아이들에게 스트레스로 작용할 수 있다. 또 다른 문제는 홈스쿨링 교재를 부모가 얼마만큼 소화하고 자녀들을 지도하느냐이다. 부모의 학습 능력이 낮게 되면 자녀들의 학습 동기부여 결여와 학습 저하 부족으로 나쁜 영향을 미칠 수 있고, 더 나아가 부모와 자녀들 사이에 불만이 커질 수 있다.[iv] 대안은 홈스쿨링을 하는 선교사 가정들이 함께 모여 부족한 부분들을 서로 채워가며 공동 홈스쿨링을 운영하는 방법이다.

기숙사 학교 (MK Boarding School)

선교사들이 멀리 있는 지방 소도시나 더 깊은 오지에서 사역할 경우, 자녀들을 대도시에 있는 기숙사 학교에 보내는 경우가 있다. 특별히 소도시나 오지에서 사역하는 선교사들은 자녀들의 신변 안전이 보장된 학교가 필요하다. 또한 선교지에 따라 자녀들이 다닐 수 있는 학교가 없을 때 기숙사 학교는 대안이 될 수 있다. 학교 규모는 작지만 안전한 환경에서 공부할 수 있고, 교사 선교사들의 특별한 보살핌을 받을 수 있다. 그러나 부모들과 오랫동안 헤어져 있어야 한다는 점이 아쉽다.'

방송 통신 학교 (Satellite School)

교육 방송을 통해서 공부하는 방법이다. 교육 방송을 선별하여, 좋은 커리큘럼을 짜고, 전문 강사들로부터 수업을 받을 수 있다. 단점은 방송 콘텐츠들은 일방통행 식 교육이라는 점이다. 학생들은 질문 없이 듣기만 해야 한다. 학생은 단지 학습 정보를 입력만 해야만 하는 수업을 받게 된다. 질문이 없는 주입식 교육은 학생들의 창의성 개발에 한계를 가지고 있다." 방송 통신 학교를 통해서만 공부할 수 있는 환경이라면 MK들과 쌍방 대화가 가능한 생방송 온라인 수업을 제공해줄 수 있는 특별한 선교 단체나 선교 프로그램이 필요하다.

현지인 학교 (Local National School)

많은 MK들이 선교지의 현지 학교에서 공부한다. 필리핀의 경우 90% 이상의 과목을 현지어인 타갈록으로 가르치는 공립학교가 있고, 90% 이상의 과목을 영어로 가르치는 사립학교가 있다. 현지인 학교의 단점은 교육 커리큘럼이 전인 교육을 위해서는 불충분하다는 점이다. 예를 들어 미술, 음악, 과학 분야의 과목이 없거나 부족하다. 아이들의 잠재력을 키워주는 기회와 시간이 제공되지 않는다. 그런 예능 학습은 과외 지도를 통해서 채워져야 한다. 또 하나의 단점은 교육의 질이다. 현지인 학교는 대부분 과밀 학급이다. 한 교사에게 주어진 학생 수가 너무 많고, 수업 시간도 평균 학습 시간보다 짧다. 그런 외부적인 요인들뿐만 아니라 MK들의 학습 열망이 충족되지 못할 때가 많다. 장점은 현지인 학교에서 공부하게 되면 다양한 현지 문화를 더 깊이 경험하게 되어 문화 사역자가 될 수 있고, 그 선교지 사회에서 중요한 역할을 감당할 수 있는 리더가 될 수 있다.

한국 기독교학교 (Korean Mission School)

한국교회와 선교단체들과 선교사들이 연합해서 선교지에 한국 기독교학교를 설립한다. 한국의 문화와 정서가 있기 때문에 익숙한 환경에서 공부할 수 있다. 한국인의 정체성 확립에도 큰 도움이 된다. 한국 교육 커리큘럼을 가지고 교육하기 때문에 졸업 후에 한국으로 진학이 쉽다. 단점은 타문화권 속에 살면서 한국 문화권을 떠나지 못해 다중언어 습득과 국제적 감각을 다양성 있게 경험할 수 없다는 점이다.

MK 학교

선교지에서 말하는 MK학교는 대부분 서양선교사들이 세운 학교를 말한다. 첫 MK 학교는 1881년에 허드슨 테일러가 중국 Chefoo에 세운 The Chefoo School이었다. 그 이후에 약 80개국에 약 140개 MK 학교가 세워졌다. 대표적인 MK 학교는 Alliance Academy (Ecuador), Black Forest Academy (Germany), Dalat School (Malaysia), Faith Academy (Philippines), Kunming International Academy (China), Morrison Christian Academy (Taiwan), Hope International School (Cambodia), Hebron School (India), Pan American Christian Academy (Brazil), Rift Valley Academy (Kenya), Tien Shan International School (Kazakhstan), and Tambo School(Bolivia)이다.[vii] MK 학교의 장점은 교사들이 대부분 교

사 선교사들로 구성이 되어 있고, 학생들 또한 선교사 자녀들이라는 점이다. 그래서 매주 예배를 드리고, 매일 영성 훈련이 가능하다는 점이 장점이다. MK 학교에서는 다국적 선교사 자녀들을 만나기 때문에 다양한 문화 경험을 통해서 세계관을 넓힐 수 있다. 단점은 대부분의 MK학교들이 미국 커리큘럼으로 수업한다. 고등학교를 졸업한 후에 미국으로 진학하는 학생들은 큰 문제가 되지 않지만, 선교지에 있는 대학이나, 한국에 있는 대학으로 진학하는 학생들은 다소의 어려움을 겪는다.

국제 학교 (International School)

나라마다 상류층 자녀들을 위한 국제 학교가 있다. 대부분 그 나라에서 최고 명문 사립학교들이다. 단점은 학비가 매우 비싸다는 점이고, 비기독교적인 환경에서 공부해야 한다는 점이다.[viii] MK들이 국제학교에서 공부하는 경우도 있다. 그렇게 할 수밖에 없는 상황이 선교지에 있을 수 있기 때문에 부모의 결정을 쉽게 평가할 수는 없다.

기독교 대안학교

선교사들이 선교지에서 자녀들을 위한 적합한 학교를 찾지 못할 경우, 한국에 있는 기독교 대안학교로 자녀들을 보내는 경우가 있다. 글로벌선진학교 (문경), 두레국제학교 (동두천), 중앙기독교학교 (수원), 쉐마기독교학교 (양주), 꿈꾸는 음악학교 (대구), 지구촌고등학교 (부산) 등등 많은 기독교대안학교들이 있다.

2013년도 자료이지만 문상철은 17,675명의 MK 가운데 현지 학교에서 공부하는 학생은 35.9%이고, 국제학교에서 공부하는 학생은 28.6%이고, 한국학교에서 공부하는 학생은 14.6%이고, 홈스쿨링으로 공부하는 학생은 9.0%이고, MK학교에서 공부하는 학생은 8.9%이고, 한국이나 다른 나라에서 공부하는 학생은 3.0%라고 했다. 선교지 현지 학교가 1/3, 국제학교가 1/3을 차지하고 있다.[ix] 한국기독교학교와 MK학교에 학생 수가 적은 것은 그 학교들이 선교지에 많지 않기 때문이다.

다양한 상황 속에 있는 MK들

한 때 한국에 유학 붐이 일어났을 때 MK에 대한 오해가 있었다. MK들이 부모덕으로 일찍부터 외국에서 영어로 공부하는 '금수저'들이 되었다는 오해였다. 그러나 선교지의 현실은 그렇지 않다. MK들이 168개국에 있다는 숫자만 보아도 알 수 있다. 그 안에는 선진국 선교지도 있고, 좋은 환경에서 공부할 수 있는 선교지도 있다. 그러나 대부분의 MK들은 열악한 국가에 있다. 많은 MK들이 정치적으로, 종교적으로, 경제적으로, 문화적으로, 인종적으로 충돌하는 소용돌이 속에서 힘겹게 버티고 있다. MK들은 어렸을 때부터 이별을 배우며 자란다. 아낌없이 사랑해 주었던 할아버지와 할머니와의 이별, 친구들과의 이별, 정든 학교와의 이별을 경험한다. 선교지에 도착해서는 갑자기 오지로 떠나는 부모와 다시 이별을 경험한다. 그 아픔이 채 아물기도 전에 MK들은 훌쩍 자라 진학으로 인해 부모와 다시 이별해야 한다. 그런 이별의 아픔들을 이기지 못하는 MK들 중에는 정서적 불안정, 불만, 우울증, 분노, 반항, 가출로 폭발하기도 한다. 'MK'라는 단어조차 증오하고, 기독교를 부정하기까지 한다.

MK들은 집이 없다. 고향이 없다. 친구가 없다. 그들에게는 둥지만 있다. 한곳에 오래 머물지 못하고, 철새처럼 부모의 이동에 따라서 MK들은 1년에도 몇 번씩 보따리를 싸서 새 둥지로 날아간다. MK 맏이들은 일찍부터 어린 가장이 된다. 선교로 바쁜 부모를 대신해서 문화 충격으로 힘들어 하는 동생들의 유일한 상담자가 되기도 한다. 그처럼 MK들은 어렸을 때부터 혼자 일어나는 생존 본능에 의지해서 자라간다. MK들은 혼자 잘 이해하고, 혼자 잘 놀고, 혼자 잘 참고, 혼자 잘 삼키고, 혼자 잘 해결하고, 혼자 잘 일어나는 오뚝이 DNA를 가지고 있다. 그럼에도 불구하고 MK들의 내면에는 항상 외로움과 그리움으로 채워져 있다. 어떤 MK들은 선교지에서는 총성이 울려 퍼지는 무서운 전쟁을 경험한다. 창의적 접근 지역에서는 신분을 감추고 위장 신분으로 선교하는 부모와 함께 MK들 역시 어린 전사(戰士)들이 되어 견딘다. 그런 환경에서 자란 MK들은 '금수저'가 아니라, 미래 선교를 위해서 하나님께서 친히 예비해놓으신 '그리스도의 대사'들이다.

사춘기 MK들의 고민

MK들이 정신적으로, 영적으로 다 강한 것만은 아니다. MK들도 사춘기가 있고, 갈등이 있다. 작은 일에도 넘어지고, 작은 유혹에도 흔들린다. 대부분의 MK들은 사춘기라는 무서운 홍역을 타문화권에서 겪는다. 사춘기는 단순히 환경에 예민한 세대가 아니다. 그들이 대학에서 무슨 과목을 전공해야 할지, 그들의 삶을 어떻게 하나님께 드려야 할지, 그들의 미래를 어떻게 결정해야 할지 매우 중요한 시기를 선교지에서 맞이하게 된다. MK 선교는 MK들에게 좋은 선물을 보내주고, 선교 캠프에 초대해 주고, 독립하는 MK들에게 기숙사를 제공해 주고, 진학하는 MK들에게 장학금을 후원해 주는 일도 필요하지만, MK들의 고민과 아픔을 함께 해주는 일은 더 더욱 중요하다.

MK들은 아픔을 가진 세대이다. 그런데 그 아픔을 아프다고 말하지 못하는 세대이다. 부모의 기대를 너무도 잘 알고 있기 때문이다. MK들은 성적에 대한 고민과 걱정이 많다. 영어 하나만 정복하는 일도 힘든데, 영어로 수학을 공부해야 하고, 영어로 과학과 물리를 공부해야 한다. 다중언어 습득에 재능이 있는 학생이 있는가 하면, 해도 해도 진전이 없는 MK들도 있다. 부모들은 학교에 가면 자연히 영어를 잘 하게 될 것이라고 믿는다. 그러나 대화 영어Conversational English와 학습 영어Academic vocabulary는 다르다. 복도 영어와 교실 영어는 다르다. 교실 수업을 따라잡지 못하는 MK들은 좌절과 자책감에 빠진다. 부모의 기대는 점점 커지고, MK들은 자신의 뒤처짐 때문에 미래에 대한 두려움과 공포를 경험한다.

MK들은 부모처럼 선교사들이 아니다. 그런데 선교사처럼 살아야 한다. 옷을 자유롭게 입고 싶어도, "선교사 아들, 딸이 그렇게 입으면 안 돼!"하는 소리에 다시 무겁고 칙칙한 옷으로 갈아입어야 한다. 최신형 핸드폰도 갖고 싶다. 그런데 눈치를 봐야 한다. 화장도 하고 싶고, 이성 교제도 하고 싶다. 그런데 "다른 아이들은 돼도, MK 너는 안 돼!"라는 말 때문에 작은 통속에 자신을 다시 가두고 살아간다. 그것은 경건한 삶이 아니라 통제된 감옥 안의 삶이다. 그런 통제는 MK들로 하여금 부모 앞에서 입을 굳게 닫게 하고, 부모와의 소통을 거절하게 만든다. MK 선교는 타이밍이 중요하다. 치유와 회복을 받아야 할 그 시간을 놓치게 되면 MK들은 폭탄이 될 수 있다. 갑자기 폭력적인 폭언과 행동도 서슴치 않게 된다. "아빠는 선교사이지만, 나는 선교사가 아닙니다."라고 38선을 긋고 높은 담을 뛰어 넘어 멀리 도망갈 수 있다. 회복이 점점 멀어진다. 그러므로 MK 선교는 선교단체에서 프로그램으로 시작하는 일이 아니다. MK 선교는 가정에서 부모로부터 시작되어야 한다. 부모가 MK 선교에서 제일 첫 번째 교사가 되어야 한다.

MK의 가치

MK들은 어렸을 때부터 타문화권에서 적응 훈련을 받는다. 적응에는 두 가지 측면에서 이루어진다. 하나는 순응이고, 다른 하나는 대응이다. MK들은 타문화권에서 주어지는 외로움과 고난에 대해서 어떻게 수용해야 하는지 마음과 몸으로 익히는 [순응 훈련]을 받는다. 또한 최악의 악조건 속에서도 선교적 사명을 가지고 장벽을 뚫고 나아가는 부모들을 지켜보면서 외부적 공격에 대해서 어떻게 대처하는지 [대응 훈련]을 받는다. 그 훈련의 가치는 계산할 수가 없다. 그래서 그런 훈련을 받은 MK들은 일반 병사가 아니라 장교들이 된다. MK들은 어려서부터 영적 전투의 장에서 문화적응, 언어 적응, 영적 싸움을 실전을 통해서 경험하기 때문에 MK들이 선교사로 헌신하게 되면 별도의 선교사 훈련이 필요 없다. 그들은 가나안으로 보내졌던 열 두 정탐꾼처럼 선교지를 자세히 아는 특수 요원들이다. 선교지로 파송되면 곧바로 현장 투입이 가능한 최상의 선교 요원들이다. MK의 가치는 값을 매길 수 없는Priceless 무한한 가치를 가지고 있다.

MK를 위한 선교 전략

MK 출신들을 차세대 리더로 활용해야 한다. 2012년 12월 KRIM 설문 조사에 의하면 MK들의 85%가 선교사 부모들을 존경한다고 답하였다. 그러나 MK 자신들이 선교사가 된 경우는 2.3%였다.[*] 그 이유를 파악해 볼 필요가 있다. MK들이 자신들의 가치를 제대로 평가 받지 못했기 때문일 수 있다. MK들이 선교사로 헌신할 수 있는 채널이 부족하기 때문일 수도 있다. MK들을 위한 후원 조직이 너무 미흡하기 때문일 수도 있다. 그런 점들을 개선하고 보안한다면 MK 출신 선교사들을 더 많은 선교 현장으로 파송할 수 있다.

MK를 위한 프로그램

교단과 교회와 선교단체들은 MK들을 위한 많은 프로그램들을 가지고 있다. 그러나 그 대상을 폭넓게 개방할 필요가 있다. 교단은 교단 파송선교사 가정을 중심으로, 파송교회는 파송한 선교사 가정을 중심으로, 선교단체들은 파송한 가정들 중심으로 MK 선교를 할 수 있다. 그러나 자비량 선교사로 나아가 사역하는 선교사 자녀들은 그 프로그램들로부터 소외되어 있다. 그들은 교단과 교회와 선교단체의 네트워크에 잡히지 않는 사각지대에 있다. '우리' 선교사만 챙겨주는 MK 선교를 넘어 하나님의 부르심을 받고 땅 끝으로 나간 모든 평신도 선교사들의 MK들까지 챙겨주는 MK 선교가 되어야 한다. 세계 168개국에 있는 모든 MK들을 품을 수 있는 사회관계망서비스SNS 사이트를 개설해서 MK 자신들 스스로 그 사이트의 운영자들이 되어 서로를 위로하고, 격려하고, 비전을 나누는 대화의 장이 마련되어야 한다. 각국의 MK들이 제작한 다양한 영상들을 업로드해서 MK들 스스로 자신들의 선교지를 소개하고, 자신의 이야기를 알리고, 자신의 고민을 나누고, 같은 또래 MK친구들로부터 위로와 격려와 도움을 받을 수 있는 사이트들이 개발되어야 한다. MK들이 제작한 영상들을 모아 콘테스트를 열어 입상한 MK들에게는 소정의 장학금을 전달하는 프로그램도 필요하다. 묻혀 있고, 숨어 있는 많은 MK들을 대화의 장으로 초대하는 다양한 MK 프로그램들이 필요하다.

MK 한국학교 설립

　서구교회들의 후원에 경보음이 울리고 있다. 선교 후원이 극감하고 있다. 서구 선교사들이 본국으로 돌아가는 '선교사 탈락'이 증가하고 있다. MK 학교들의 운영에도 빨간 불이 들어오고 있다. 그래서 MK 학교들 가운데는 학교 운영이 어려워 국제 학교International School로의 전환을 모색하기도 한다. 교사 선교사들의 감소로 교사 수급도 예전과 다르다. 반면 한국선교사들의 수는 점점 증가하고 있다. 현지인을 위한 기독교 학교 사역도 필요하지만, 선교사 자녀들을 위한 한국 MK 학교 설립도 무거운 사명감을 갖고 시작해야 한다. 특별히 무슬림권, 불교권, 힌두권에서 선교하는 선교사들은 자녀들을 위한 학교를 찾지 못하고 있다. 국제학교는 비싼 교육비 때문에 엄두도 낼 수 없다. 서구 선교사들이 세운 MK학교들은 서서히 문을 닫거나 국제 학교로 전환하고 있다. 현지인 학교로 MK들을 보내는 일은 더욱 더 힘들어 지고 있다. 한국교회가 한국MK학교 설립의 필요성에 대해서 깊은 인식과 관심과 후원이 일어나야 한다.

MK 장기 선교사 파송

　MK 출신들이 선교사로 헌신한다면 선교지는 훌륭한 인적 자원을 확보하게 된다. 선교지에 있는 타문화권 환경에 신속히 적응할 수 있는 능력을 겸비한 재원들이기 때문이다. 그러므로 MK 출신들이 선교지로 파송이 될 수 있도록 그 가는 길을 열어주는 '다리Bridge'가 필요하다. MK Korea, mKainos, mKommit, WMK, MK Nest, MK Connection, BEAM과 같은 선교단체들이 MK 출신 선교사 파송을 위한 멘토링과 코칭과 후원과 기타 지원에 힘쓰고 있다. 그러나 더 많은 다리가 필요하다. 대부분 MK들은 대학과 대학원 과정을 외국에서 마쳤다. 목회자가 된

MK들은 목사 안수도 외국에서 받는 경우가 많다. 그래서 한국교회와 맺어질 수 있는 연결 다리가 매우 제한적이다. 그것이 MK들이 갖고 있는 한계가 되기도 한다. MK 선교단체들이 검증하여 추천한 MK 출신들을 영입하여 그들이 가진 달란트와 소명에 따라 선교지로 파송할 수 있는 시스템이 구축되어야 한다.

MK 단기 선교사 파송

MK 출신들은 대부분 전문인specialist이 되어 있다. 그들은 나름대로 자신의 전문 분야에서 성공한 인물들이다. 그러나 그들의 가슴 한 구석에는 선교에 대한 거룩한 부담감을 가지고 산다. 전담Full time 선교사로 헌신할 수는 없지만, 단기Short term 선교를 위해서라면 그들의 시간에서 1주일 혹은 2주 정도는 굵게 잘라내서 봉사해 줄 수 있다. 단기선교사가 필요한 선교현장들을 확보해서 필요한 MK 인력을 1주일 혹은 2주일 단기선교사로 파송할 수 있는 선교단체들이 많아져야 한다.

맺는 말 ●

10/40 창에 있는 나라들에서 인구가 폭발하고 있다. 필리핀의 경우만 보아도 14세 미만의 어린이들만 필리핀 전체 인구 중에서 32.4%(3,500만 명)를 차지한다.[xi] Louis Bush는 크리스천의 86%가 4-14세에 예수님을 만났다는 통계를 제시하였다. 15-30세까지는 10%, 30세 이후에는 4%였다.[xii] 세계 인구의 1/3이 15세 이하 어린이다. 그 가운데 85%가

10/40 창 저개발국에 있다. 인도의 경우, 15세 이하 어린이 인구가 1/5
인데 그 수가 3억 명에 가깝다. 그러나 예수님을 만난 어린이는 겨우 700
만 명이다. 그들은 영양실조, 질병, 학대, 노동 착취에 시달리고, 배움의
기회까지 박탈당한 아이들이다. 그 땅에는 빵이 없어 죽어가는 어린이들
보다, 복음을 듣지 못하고 죽어가는 어린이들이 더 많다. 그 어린이들을
구원할 선교사가 절실히 필요하다. 현재 선교지 현장에서 선교하는 대부
분의 선교사들은 나이가 많다. 베테랑 선교사들이지만 그들은 이미 나이
많은 노인 선교사들이 되었다. 아이들은 형 같고, 오빠 같은 젊은 선교사
를 좋아한다. MK 출신 선교사들이 최선이다.

　서양선교사 자녀들 중에서 30%가 선교사로 헌신한다. 그러나 한국선교
사 자녀들은 2%이다.[xiii] 세계 미래 선교를 책임질 선교사들이 한국 선교사
들이라면, MK 출신 선교사들도 더 많이 파송되어야 한다. MK들 또한 알
아야 한다. 그들은 부모를 따라 선교지로 끌려갔던 것이 아니라 하나님께
서 그들도 선교지로 불러내셨다는 것을 믿어야 한다. MK들은 하나님께
서 일찍부터 준비해 두신 그리스도의 대사들이다. MK들은 세계 어디에
떨어트려도 그 곳에서 살아남을 수 있는 세계 최고의 시민이다. MK들은
외로운 땅, 척박한 환경에서도 혼자 이겨내는 자생 능력이 뛰어난 능력자
들이다. 환란과 핍박의 땅에서 혼자서 겪어야만 했던 아픔은 컸지만, 오
히려 그 아픔을 통해서 더 강인한 그리스도의 군사로 거듭난 장군들이다.
MK들은 다중 문화, 다중 언어, 다중 사회, 다중 인종이 모인 곳에 던져져
도 짧은 시간 안에 그 문화를 흡수하고, 그들을 이끌고 나아가는 모세와
같은 영적 리더십을 가지고 사람들이다. MK들은 낯선 것을 두려워하지

않는다. MK들은 헌신을 고민하는데 많은 시간을 쓰지 않는다. MK들은 좋은 친구를 찾는 일보다, 모든 이들에게 좋은 친구가 되어주는 일에 더 익숙한 사람들이다. MK들이 한 번 헌신하면 그 헌신은 변함이 없다.

그러므로 MK들은 자신의 정체성을 국적에서 찾지 않아야 한다. 한국인 이라는 정체성도 중요하지만, 그 보다 더 위에 있는 정체성Identity을 찾아 야 한다. MK는 단순히 선교사 자녀MK가 아니라 'Master's Kid'이다. 어느 선교사의 자녀가 아니라 '그 분의 자녀'이다. 부모가 선교사가 되어서 함 께 갔던 것이 아니었다. 억지로 끌려갔던 땅이 아니었다. 다니엘, 사드락, 메삭, 아벳느고, 에스더, 에스라, 느헤미야를 보라. 그들은 바벨론으로 끌 려간 포로들이었지만, 그들은 '포로'라는 정체성으로 살지 않았다. 그들은 자신들의 목숨을 내놓아할 위기 속에서도 'King's Kid'라는 정체성, 자긍 심, 자부심을 가지고 살았다. 부모들이 MK들에게 의견을 묻지 않고 선교 지로 데리고 갔던 것도 사실이다. 그러나 그 자체가 하나님의 주권적 계 획이었음을 MK들은 알아야 한다. 모세는 자신의 의지와 상관없이 갈대 상자에 담겨 나일강으로 흘러서 내려갔다. 모세는 버려진 것이 아니었다. 갈대상자 안에는 아기 모세만 있었던 것이 아니라 하나님께서 모세를 통 해서 이루실 원대한 계획도 그 안에 함께 들어 있었다. MK들은 갈대상자 안에 있었던 바로 그 모세와 같다. 그러므로 MK들은 자신이 MK가 되었 다는 것에 대해서 자랑스럽게 여기고, 영광스럽게 여기고, 자신들에게 부 여된 소명을 담대히 그리고 끝까지 감당할 수 있어야 한다. 168개국으로 보내진 갈대 상자들. 하나님은 정하신 때가 되면, 그 아이들을 꺼내어 에 스겔의 골짜기의 마른 뼈들처럼 하나님의 군대가 되게 하실 것이다. 그들 이 MK들이다.

6
PART

성령의 능력과
선교사의 영성

선교사의 길은 좁은 길이다. 선교사의 길은 십자가의 길이다. 선교는 선교지에 있는 사람들과의 싸움이 아니라 보이지 않는 사탄과의 싸움이고, 자기와의 싸움이다. 선교지는 선교사가 많은 프로그램을 펼쳐가는 화려한 공연장이 아니다. 선교지는 한 영혼을 놓고 사탄과 겨루는 살벌한 격전지이다. 그래서 선교는 선교사의 업적을 쌓는 일이 아니라, 한 영혼을 구원하기 위해서 싸우는 마지막 전투이다. 그 영적 전투를 위해 필요한 것은 성령의 역사하심과 선교사의 영성이다. 사도들이 보여준 성경적 모델이다. 선교는 성령의 사역이다. 그러므로 선교가 성령의 사역이 되도록 하는 것은 선교사의 깨어있는 영성이 있을 때만 가능하다.

1907년 평양대부흥회, 평양 장대현교회를 중심으로 일어났던 대부흥운동

Chapter 22

그리고 성령

"Prayer is the mighty engine that is to move the missionary work." (A. B. Simpson)
기도는 선교를 이끌고 나아가는 강력한 엔진이다.
– 에이 비 심프슨 –

선교는 아름답다. 선교는 사람이 하는 일이 아니기 때문에 더욱 아름답다. 선교사는 자신에게 맡겨진 선교를 위해서 나름대로 선교신학을 정립하고, 선교정책을 세우고, 선교전략을 세우고, 선교전술을 연구한다. 대충할 수 없는 일이 선교이기 때문이다. 그렇다고 선교는 해 간다고, 배워간다고, 경험이 하나 둘 쌓아간다고 잘 할 수 있는 일은 더 더욱 아니다. 선교는 성령께서 이끌어 가시는 그 분의 사역이시기 때문이다. 선교사는 날마다 많은 것을 준비한다. 그러나 모든 준비를 마치고 가장 마지막에 해야만 하는 말이 하나 있다. "그리고 성령"이다. 성령의 인증, 성령의 허락, 성령의 기름 부으심이 없으면 선교는 시작될 수 없고, 시작되어서도 안 된다. 선교지 한 복판에 서게 되면 모든 선교사들이 동일하게 느끼고 공감하는 사실이다. 성령께서 선행적으로 움직여 주시지 않으면 선교사는 아무 것도 할 수 없다. 선교는 선교비가 든든히 뒷받침되고, 기발한 선교 프로그램이 많다고 해서 언제든지 할 수 있는 일이 아니다. 선교사의 가슴에 뜨거운 열정이 있다고 해도, 그것이 선교사에게 자신감이 되고, 든든한 자원이 될 수는 없다. 시작에서 마지막까지, 처음부터 끝까지 오직 성령 충만함으로 나아가야 한다.

알렌 티퍼트Alan Tippett는 그의 책 [솔로몬 아일랜드]에서 '힘의 충돌'Power Encounter란 용어를 처음으로 소개하였다. '힘의 충돌'이란 원주민들이 신성시한 종교적 숭배물이 선교사에 의해서 무용지물이 되거나, 오랫동안 금기로 지켜졌던 종교적 토템이 무너지게 되는 경우를 말한다고 하였다.[1] 선교사가 선교지에 등장하기 전에 사탄은 그 선교사로 인하여 무슨 일이 일어날 것인지를 미리 안다. 선교는 성령의 능력이 선포되는 일이기 때문이다. 그래서 사탄은 선교사의 등장으로 자신의 마지막 시간이 가까이 다가왔음을 직감한다.

필자에게 축복으로 주셨던 하나님의 선교 이야기를 나누고자 한다. 1990년 1월에 필리핀 선교사가 되었다. 그때 선교대상을 놓고 1주일 금식기도를 가졌다. 기도 중에 세 개의 선교대상을 주셨다. 교회가 없는 땅, 젊은이들이 넘치는 땅, 필리핀 공산당이 있는 땅으로 가라고 하셨다. 당시에 소련이 붕괴되어 소련으로 많은 한국 선교사들이 들어가던 때였다. 필리핀에도 무장한 공산주의자들이 있었다. 하나님께서 그들의 영혼을 필자에게 맡겨주셨다는 확신을 가졌다. 금식기도를 마치고, 배낭을 메고 그 세 가지 선교대상이 있는 곳을 찾아 나섰다. 마을에 들어가면 그 세 가지가 있는지 물었다. "교회가 있습니까? 젊은이들이 많습니까? NPA(필리핀인민군)가 있습니까?" 그 세 가지 가운데 한 가지만 없어도 다음 마을로 이동하였다. 2개월 후에 그 땅을 찾았다. 그런데 마닐라로부터 까마득하게 먼 곳이었다. 차를 타고 16시간이 걸리는 땅이었다. 비포장 산악 도로를 타고 해발 2,500미터까지 가야만 했던 고산지대였다. 3,000년 전부터 사람들이 주거했다는 그 고산에는 약 100만 명이 살고 있었다. 고랭지 채소를 재배하는 곳이어서 젊은이들이 넘쳤다. 큰 길에서 벗어나 2시간 정도 깊은 산으로 들어가면 교회가 없는 부락들이 많았고, 거기에서 조금만 더 들어가면 필리핀 공산당 필리핀인민군NPA의 기지가 있었다. 마닐라로부터 너무 먼 땅이었지만, 하나님께서 주신 선교지로 믿고, 어린 아이들을 마닐라에 두고, 아내와 함께 그 고산으로 올라가 로오Lo-O라고 하는 곳에 정착하게 되었다. 마닐라에서부터 현지 동역자를 데리고 갔던 것이 아니었다. 아내와 필자 단 둘만 올라갔다. 하나님께서 동역자를 보내주시리라 믿었다. 그러나 쉽지 않았다. 몇 개월이 지났지만 아무도 만날 수가 없었다. 그런데 어느 날 세 자매들이 찾아왔다. 그들은 놀라운 말을 하였다. "우리가 모여 기도할 때 성령께서 말씀하셨습니다. 한국에서 온 선교사들에게 가서 그들을 도우라고 하셨습니다. 그래서 왔습니다."라고 하였다. 하나님께서 보내주신 사람들이었다. 그때부터 그들은 필자의 신실한 동역자들이 되었고, 30년이 지난 지금까지 그들은 그 땅을 지켜주고 있다. 그들에게 필자가 로오Lo-O까지 올라오게 된 이유를 말해주었다. 그들은 필자의 말을 듣고 필리핀 공산당NPA이 있고, 교회가 없는 마을로 인도하였다.

첫 번째 마을은 방살란Bangsalan이었다. 족장의 이름은 모레노Ama Moreno
였다. 그는 날마다 산신령에게 제물을 받치는 제사장이기도 하였다. 그는
강인한 족장으로, 완고한 제사장으로 마을을 크리스천들의 침입으로부터
지켜왔다. 그동안 크리스천들이 그의 마을을 방문해서 몇 차례 복음을 전
하려고 하였지만 모레노의 강력한 저항으로 다 쫓겨났다고 하였다. 그런
데 나중에 모레노로부터 놀라운 간증을 듣게 되었다. 필자가 방살란에 도
착하기 전날 밤에 꿈을 꾸었는데 꿈속에 하얀 옷을 입을 사람이 나타나
내일 크리스천들이 마을로 들어오게 되는데 그들을 따뜻하게 영접하라
고 했다는 것이었다. 그래서 모레노는 필자의 방문을 하루 전 날 미리 알
고 있었기 때문에 환영은 해주지 않았지만 필자의 방문을 거절하지는 않
았다고 하였다. 나중에 방살란을 다시 방문했을 때 "예수님이 누구이신지
아십니까?"라고 물었다. 방살란 사람들의 대답은 "우리 마을에는 그런 이
름을 가진 사람은 없습니다."라고 하였다. 필리핀 사람들 중에는 "헤수스
Hesus"라는 이름을 가진 사람들이 많다. 예수Jesus를 필리핀 식으로 부르는
이름이었다. 그처럼 예수님에 대해서 들어 본 적이 없는 사람들이었다.
예수님도 모르는 사람들이 아브라함을 알 리가 없었고, 모세를 알 리가
없었다. 그들에게 성경책을 줘도 글을 몰라 읽을 수도 없었다. 예수님을
믿게 하는 방법은 그들의 눈으로 하나님의 살아계심을 볼 수 있게 한다면
쉽게 복음을 받아 드릴 수 있을 것이라고 생각하였다. 그래서 족장 모레
노씨에게 그의 마을을 위해서 방살란에서 30일 동안 금식 기도를 하겠다
고 하였다. 마침 한 가족이 아랫마을로 이사를 내려가 그 집이 비어 있었
다. 산족들이 사는 전통 이고롯Igorot 초가집이었다.

방살란은 해발 2,800미터 고지에 전깃불도 없는 마을이었다. 족장 모레노 집으로부터 약 20미터 떨어진 집에서 30일 금식기도를 시작하였다. 저녁마다 모임을 갖고 사람들을 초대하였다. 산 사람들은 해가 떨어지면 아무 일도 하지 않았다. 아니 할 수가 없었다. 전기가 없는 마을이라 매일 저녁 호롱불을 켜고 집회를 하였다. 성경에 대한 지식이 전혀 없었던 사람들이었기 때문에, 간증 중심으로 살아계신 하나님에 대해서 증거 하였다. 오래 전에 필자의 아내가 위암 판정을 받았을 때, 필자가 수원 칠보산 기도원에서 40일 금식기도를 드렸던 적이 있었다. 그때 하나님께서 기적을 통해서 아내에게 새 생명을 주셨는데, 그 이야기를 펼쳐놓았다. 그들이 지켜보는 눈앞에서 필자가 30일 금식기도를 하고 있었기 때문에, 전에 40일 금식 기도를 했었다는 말을 의심하지 않고 믿어주었다. 놀라운 일은 집회 첫날부터 족장 모레노가 참석을 해주었다. 그는 고개를 푸욱 숙이고 있었지만, 말씀 하나 하나를 놓치지 않고 듣고 있다는 것을 느낄 수 있었다. 방살란 사람들이 지켜보는 가운데 30일 금식기도를 마쳤다. 30일 동안 있었던 수많은 기적의 이야기를 여기에 다 기록할 수 없다. 금식을 마치는 날, 하나님께서 큰 선물을 주셨다. 족장 모레노가 예수님을 영접하고 싶다고 하였다. 30일 동안 매일 저녁 복음을 들었던 결실이었다.

한 달 후에 기쁜 소식을 받았다. 족장 모레노가 자신의 땅을 교회부지로 기증하겠다는 소식이었다. 변호사 사무실을 통해서 명의이전에 대한 모든 절차를 마쳤다. 그런데 며칠 후에 충격적인 일이 벌어졌다. 새벽에 누군가가 선교 센터 문이 부서지도록 두드렸다. 문을 열고 보니 방살란으로부터 내려온 청년이었다. "목사님, 큰 일 났습니다. 족장 모레노씨가 죽어가고 있습니다. 도와주세요." 필자는 방살란으로 올라가는 길로 뛰었다. 아직 해가 열리지 않아 논두렁길은 어둠 속에 깊이 가라 앉아 있었다. 잠시 후에 멀리서 청년들이 긴 들것에 모레노를 넣고 내려오는 모습이 들어왔다. "모레노씨, 저 Joshua입니다. 제 목소리가 들리세요." 모레노는 이미 의식이 없었다. 그를 차에 태우고 즉시 사양안Sayangan 도립병원으로 후송했다. 길이 비포장이라 모레노의 몸이 위 아래로 튀었지만 다른 방법이 없었다. 병원에 도착하자마자 모레노는 곧바로 응급실에서 산소 공급을 받았다. 오후에 검진 결과가 나왔다. 의사의 설명은 이랬다. "모레노씨는 15년 동안 제 폐결핵 환자였습니다. 매달 병원에 와서 한 달분 약을 받아갔는데, 지난 몇 달 동안 오지 않아서 돌아가신 줄 알았습니다. 그런데 안타깝게도 오늘 검진 결과는 희망이 없습니다. 오늘 밤이 마지막이 될 것 같습니다."라고 하였다. 필자는 병원 복도에 앉아서 하나님께 간절히 기도하였다. "하나님, 그가 예수님을 영접하고 그리스도인이 되었고, 교회를 짓도록 땅도 기부했는데, 방살란 선교를 위해서 그가 조금 더 필요합니다. 살려주십시오."라고 애원하였다. 하나님께서 그 기도를 응답해주셨다. 저녁 늦게 모레노의 의식이 돌아왔다. 그는 무의식 속에서 이상한 꿈 이야기를 하였다. "내 주위에 많은 뼈들이 있었습니다. 그런데 내 뒤에서 누군가가 말하기를 '그 뼈들을 다 치우라.'라고 했습니다. 그리고 꿈을 깼습니다."라고 하였다. 그 꿈 해석은 어렵지가 않았다. 모레노 집에는 산신령 카부니안Kabunian에게 수 십 년 동안 제물로 바쳤던 수많은 짐승의 뼈들이 보관되어 있었기 때문이었다.

필자는 모레노에게 꿈에서 말씀하신 분은 하나님이시니 그 말씀대로 집에 있는 모든 짐승의 뼈들을 다 제거하자고 했다. 그는 완강히 거절하였다. 그 뼈들을 치우게 되면 산신령 카부니안으로부터 큰 재앙을 받게 될 것이라고 두려워하였다. 그가 알아들을 때까지 천천히 설명하였다. 지금 결단하지 않으면 의사가 말한 대로 오늘 밤에 죽는다고 으름장을 놓았다. 그는 단순한 사람이었다. 그 협박이 통했는지 한 시간 후에 허락해 주었다. 내친 김에 제물을 바쳤던 제단까지 허물어 버리겠다고 하였다. 모레노는 절대 안 된다고 하였다. 뼈들은 자신의 것이지만, 제단은 조상 대대로 내려오는 곳이라고 했다. 그 제단을 허물 수 있는 권한이 자신에게는 없다고 했다. 특별히 제단을 허물고 나쁜 일이 마을에 일어나게 되면 마을 사람들이 선교사를 죽일 수도 있다고 이제는 그가 선교사를 위협했다. 필자는 죽고 사는 것은 하나님께서 결정하시는 일이라고 말하고, 현재 족장이며, 제사장인 그가 결단할 수 있는 일이 아니냐고 설득하였다. 결국 몇 시간의 설득 끝에 그는 제단까지 허물어도 좋다는 허락을 받아냈다.

다음 날, 아내와 동역자 자매들과 함께 방살란으로 향하였다. 마을 사람들을 불러 모았다. 그리고 아마 모레노의 결정을 전하였다. 마을 사람들이 제단까지 제거하겠다는 말에 웅성거리기 시작하였다. 그 일이 마을 전체 회의로 넘어가면 제단을 허무는 일은 불가능한 일이 될 수 있다고 판단했다. 그래서 한 사람씩 두 어깨를 불끈 붙잡고 힘 있게 누르면서 물었다. "족장 아마 모레노씨가 어제 나에게 제단을 헐어도 좋다는 허락을 했는데, 당신 생각은 어떻습니까? 동의하시지요?" 그들은 필자의 위협적인 목소리에 작은 목소리로 "알아서 하세요."라고 하였다. 그 다음 사람에게 똑같은 질문을 던졌다. 첫 번째 사람처럼 같은 대답을 주었다. 결국 모두로부터 동의를 받아냈다. 지체하지 않고, 청년들을 시켜서 제단을 헐어버렸다. 그렇게 해서 수백 년 동안 내려왔던 카부니안의 제단이 무너지게 되었다. 그리고 모레노 집으로 가서 짐승의 뼈들을 긁어모았다. 모레노 손자들이 할아버지가 숨겨놓은 비밀 장소까지 알려주었다. 천장, 벽, 부엌, 창고, 침대 밑, 항아리들 속에서 뼈들이 쏟아졌다. 몇 가마니를 들어냈다. 마을 뒤편에서 뼈들을 태웠다. 그때 놀라운 일이 일어났다. 마을 사람들이 스스로 자신들의 집에 있던 뼈들을 모아서 가지고 나왔다. 그동안 모레노는 제물의 뼈들을 부적으로 집집마다 주었기 때문이었다. 그렇게 성령께서 방살란을 성결케 하시고 계셨다. 모아진 뼈들이 타기 시작했다. 거대한 불꽃이 하늘로 올라갔다. 불 꽃 속에서 짐승의 뼈들이 터지기 시작했다. 그 소리는 마치 수류탄이 폭발하는 소리처럼 대단하였다. 그 웅장한 소리가 메아리가 되어 온 산 산을 휘감고 다시 돌아왔다. 승리의 트럼펫 소리와 같았다. 불꽃 앞에서 하나님께 감사의 기도와 찬양을 드렸다. 그때 사람들이 필자를 불렀다. 마을 한복판으로 가보니, 마을 사람들이 가슴에 항아리들을 들고 일렬로 서 있었다. 그들이 믿었던 카부니안은 농사의 신이었는데, 오늘 그 제단을 헐고, 카부니안 신에게 바쳤던 제물의 뼈까지 다 태워버렸으니 이제는 선교사가 믿는 신에게 기도해서 자신의 쌀 단지에서 곡식이 떨어지지 않도록 축복해달라는 것이었다. 누가 시켜서 한 일이 아니었다. 그런 마음을 그들에게 주셨던 분은 성령이셨다. 필자는 기쁜 마음으로 예수 그리스도의 이름으로 마을 사람들이 가지고 나온 쌀 단지 하나 하나 위에 손을 얹고 축복 기도를 해주었다.

다음 날, 사양안 도립병원으로 갔다. 병원 복도에서 한 간호사를 만났다. 그녀는 필자를 알아보고, 자신도 크리스천이라고 소개하면서 "기적이 일어났습니다. 모레노씨의 폐가 깨끗하게 치료되었습니다."라고 하였다. 그 간호사는 필자를 의사에게로 인도하였다. 의사는 어제 오후부터 갑자기 모레노의 호흡이 정상적으로 돌아와서 혹시나 하여 엑스레이 촬영을 했는데 믿을 수 없는 일이 일어났다고 하였다. 폐의 기능이 정상인 처럼 돌아왔다고 했다. 그래서 아침에 2차 엑스레이 검사와 혈액 검사를 했는데 깨끗하게 나왔다고 하였다. 의사는 "기적입니다. 퇴원해도 좋습니다."라고 하였다. 모레노는 약 처방도 받지 않고 걸어서 퇴원하였다. 그리고 의식을 잃고 들것에 실려 왔던 그 가파른 산길을 스스로 걸어서 힘차게 올라갔다. 필자는 지금도 방살란에 도착해서 마을 사람들에게 말했던 모레노씨의 말을 생생하게 기억하고 있다. "나는 죽었었습니다. 그런데 하나님께서 다시 살려주셨습니다. 나는 하나님을 믿으면서도 카부니안을 두려워했습니다. 그러나 이제 저와 제 가족은 오직 한 분, 오직 하나님만 믿기로 했습니다. 여러분의 종교는 여러분이 결정하십시오."라고 하였다. 그러자 모든 마을 사람들이 "저희도 족장님과 함께 오직 하나님만을 믿겠습니다."라고 하였다. 그래서 몇 개월 후에 모든 방살란 사람들이 한 날에 세례를 받게 되었습니다. 1992년 10월에 필리핀 방살란에서 있었던 일이었다.

그 기적이 있은 후, 방살란교회가 건축되었다. 헌당식 때 모든 마을 사람들이 교회 마당에서 춤을 추웠다. 산신령 마을이 성령의 마을이 되었다. 그런데 1년 후에 슬픈 소식이 방살란으로부터 내려왔다. 모레노의 임종이 임박했으니 와서 마지막 기도를 해달라는 소식이었다. 그 날은 주일이었다. 로오에도 교회가 개척되어 설교를 하기로 되어 있었지만, 그 소식을 듣고 방살란교회를 향해서 곧바로 떠났다. 가파른 산길을 타고 올라갔다. 로오에서 방살란까지는 걸어서 약 2시간이 걸리는 산길이었다. 도착해서 보니 마을 사람들이 장례식 준비를 하고 있었다. 마을의 큰 마당에는 큰 솥들이 걸려있었고, 장례식 음식들이 끓고 있었다. 교회 옆에는 모레노가 묻힐 시멘트로 만든 무덤이 만들어져 있었다. 모레노가 누워있는 집으로 갔다. 그는 죽은 사람처럼 반드시 누워있었다. 숨소리도 없었다. 이미 죽은 줄로 알았다. 그러나 숨이 희미하게 붙어 있었다. 그러나 필자를 알아보지는 못했다. 가족들과 마을 사람들이 보는 앞에서 그의 머리에 손을 얹고 영원한 안식에 들어가도록 임종기도를 해주었다. 그리고 모레노만 집에 남겨두고 모두 교회로 이동하였다. 주일예배를 드리기 위해서였다. 필자가 강단에서 설교를 시작할 때였다. 잠시 후에 교회 창문으로 한 사람이 교회를 향해서 걸어오는 모습이 들어왔다. 모레노씨였다. 필자는 순간 그의 이름을 크게 불렀다. 모든 성도들이 일어나 교회 창문을 열고 그를 바라보았다. 누워있어야 할 사람이 걸어서 교회로 오고 있었다. 사람들이 뛰어나가 그의 손을 붙잡고 교회 안으로 안내하였다. 죽었던 모레노씨가 다시 살아났던 것이다. 모두들 하나님께 영광을 돌리며 눈물을 흘렸다. 모레노는 강단에 서서 이렇게 간증하였다. "목사님의 목소리가 멀리서 들렸습니다. 처음에는 희미하게 들렸지만, 점점 목사님의 기도 목소리가 똑똑하게 들렸습니다. 여러분이 제 방에서 나가는 것도 알았지만 일어날 수가 없었습니다. 그런데 갑자기 제 몸에 힘이 생겼고 일어날 수 있었습니다."라고 했다. 모두들 박수를 쳤다. 예배 후에 그를 위해서 준비했던 장례식 음식은 부활절 음식이 되었다. 그 날은 1994년 4월

▲ 카부니안 제단을 제거하기 위해 제단 앞으로 나왔던 방살란 사람들

▲ 방살란 사람들이 자진해서 가지고 나왔던 짐승의 뼈들

▲ 부활절 주일에 다시 일어나 자신의 무덤 앞에 선 모레노

3일. 부활절 주일이었다. 글도 읽을 수 없는 산(山) 사람들이었다. 그런데 그들이 성령께서 마을을 성결케 하시는 체험을 직접 했고, 모레노의 폐결핵은 기적으로 치료되었고, 부활절 주일에는 죽었던 사람이 다시 살아나는 것을 보면서 살아계신 하나님을 더욱 신뢰하게 되었고, 부활이 무엇인지 그들 눈으로 똑똑 볼 수 있도록 성령께서 역사해 주셨다.

필자가 "그리고 성령"을 외치는 이유이다. 선교사가 할 수 있는 일이 많다. 선교사가 준비하는 일도 많다. 선교사가 감당하는 선교 프로그램들도 많다. 그러나 그 모든 것 위에 하나를 더해야 한다. "그리고 성령"이다. 선교는 성령으로 시작해서 성령으로 마쳐지는 일이 되어야 한다.

사마리아 여인에게는 다섯 남편이 있었다. 이호 목사는 1907년 평양대부흥을 그 사마리아 여인에 비유하였다. "남편 다섯을 둔 파란만장했던 여인에게 진정한 남편이 없었듯이, 우리 민족이 무교, 불교, 선교, 유교, 동학을 거쳤다가 드디어 평양대부흥을 통해서 주리고 목말랐던 한국인의 영혼에 하나님께서 하나님의 영을 부어주셨다."라고 하였다.[ ] 평양을 살리기 위해, 한국을 살리기 위해, 한국인을 살리기 위해 평양대부흥회를 배설하시고, 그 위에 하나님의 영을 부어주셨다고 본 것이다. 평양대부흥도 "그리고 성령"이었다. 인본주의로 나아가면 사람이 하는 선교가 된다. 신본주의로 나아가면 성령이 하시는 선교가 된다. 어찌 그 성령의 기름 부으심이 평양부흥회 위에만 있었겠는가? 이미 이 세대는 마지막 어둠의 전쟁터 안에 들어 와 있다. 어둠의 세력들과 싸워야 하는데 무엇을 가지고 나아가야 할까? "그리고 성령이다." 전쟁은 하나님께 속한 것이기 때문이다. 선교는 처음부터 마지막까지 성령의 사역이다. 성령의 지시를 무시하고, 성령의 능력을 의지하지 않고, 성령의 인도하심에 복종하지 않고, 선교사 개인의 실력과 경험과 기술과 프로그램만을 가지고 나아간다면 그 결과에 대해서는 여기에서 논할 필요가 없다. 선교사가 모든 것을 완벽하게 준비하였다 할지라도 선교사가 마지막으로 해야만 하는 말은 "그리고 성령"이다.

방기창 서경조 양전백
한석진 이기풍 길선쥬 송인서

평양신학교 1회 졸업생 7인. 이기풍 목사는 제주도로 파송된 제1호 선교사였다.

Chapter 23

그리고 영성

복음으로 말미암아 내가 죄인과 같이 매이는 데까지 고난을 받았으나
하나님의 말씀은 매이지 아니하니라
딤후 2:9

선교사의 어깨에 많은 짐이 더해진다. 선교 프로그램들로
인한 짐도 무겁지만, 다른 짐들이 선교사의 어깨를 힘들게 한다. 건강 문
제, 자녀 문제, 부부 문제, 후원 문제, 동료선교사와의 갈등 문제, 파송 단
체와의 불화 문제가 생긴다. 거기에 문화 적응 실패, 언어 극복의 한계,
과중한 업무, 리더십의 문제, 독신 여선교사로서의 한계, 소명감 저하, 선
교에 대한 실망, 선교 결과에 대한 불만족, 중대한 사건 발생 등등이 선
교사의 발목을 잡는다. 그 무거운 일들을 해결하지 못하면 선교사는 결국
철수를 생각하기 시작한다. 물론 철수가 다 실패는 아니다. 재충전한 후

에 재 헌신 할 수도 있다. 다른 도전으로 나아가는 기회가 될 수도 있다.

폴 맥코간은 선교사의 중도탈락을 선교사 개인의 문제로만 취급하고 방관하면 안 된다고 조언한다. 중도탈락의 원인을 분석해서 풀어야 할 문제들은 해결하고, 그 원인들이 재발하지 않도록 방지책들을 마련해야 한다. 본국으로부터 위로의 편지가 오고, 선교 업무의 축소와 휴가와 안식년이 주어지면 도움이 될 때가 있다.[ ] 그러나 가장 중요한 것은 선교사 자신이다. 일을 축소하고 안식년을 가져도 좀처럼 선교에 대한 열정이 올라오지 않을 때가 있다. 그래서 선교사에게는 날마다 하나님과 동행하는 뿌리 깊은 영성 생활이 있어야 한다. 선교사의 영성은 진실해야 하고, 신실해야 한다. 사람들에게 보여주기 위한 겉치레 영성이거나, 위선으로 포장된 영성이라면 선교사는 더 처참하게 무너질 수 있다. 선교사에게 필요한 것은 버티는 힘이 아니라, 깨어나는 영성이다. 영성이 힘이고 능력이다. 찰스 쿡Charles Cook은 "선교사들이 중도에 탈락하는 가장 큰 요인은 영성의 힘을 잃어버렸기 때문이다."라고 하였다.[ ]

다양한 선교 프로그램들을 능숙하게 다루는 정교한 기술이 선교사에게 있을지라도, 다른 선교사들이 근접할 수 없을 만큼 선교지에서의 경험과 경력이 화려할지라도, 막대한 선교비가 지원되어 하고 싶은 선교는 무엇이든지 다 할 수 있을지라도 선교사에게 영성이 없으면 그 모든 것은 무익한 것들이 된다. 사람의 눈은 속일 수 있지만, 하나님까지 속일 수는 없다. 사람에게 박수 받는 선교가 아니라 하나님으로부터 인정받는 선교가 되어야 한다. 선교비가 부족한 선교사는 선교비만 넉넉히 후원된다면 자신도 누구 못지않게 멋진 선교를 할 수 있다고 생각할지 모른다. 아니다. 평신도 선교사는 목사 안수를 받아야 사람들에게 '선교사' 인정을 제대로 받을 수 있다고 생각해서 뒤늦게 속성 과정을 밟고 목사 안수증을 가지고 선교지로 돌아오는 선교사도 있다. 그것도 아니다. 선교지에 있는 현지인들은 선교사의 많은 선교비를 확인하고, 갑자기 높아진 직분을 보고 따라가지 않는다. 현지인들은 선교사의 삶을 보고 선교사를 따라간다. 영성이 답이라는 말이다. 영성에는 크게 두 방향이 있다. 수직적 영성과 수평적 영성이다. 수평적 영성은 주위 사람들과 함께 하는 영성이고, 수직적 영성은 골방에 들어가 하나님과 대면하는 영성이다. 골방의 영성이 선교사의 선교를 죽이기도 하고 살리기도 한다. 영성이란 단어를 몇 줄로 정의할 수는 없다. 영성이 커버하는 범위가 너무 넓기 때문이다. 영성의 한계를 정하는 일도 쉽지 않다. 그러나 선교사에게 필요한 기본 영성 네 가지가 있다. 말씀 영성, 기도 영성, 예배 영성, 전도 영성이다.

말씀 영성

선교사는 하나님의 말씀을 전달하기 위해서 부르심을 받은 메신저이다. 선교사는 여러 선교 프로그램들을 인도하고, 여러 봉사 활동을 지휘한다. 그 일들을 하는 목적은 하나이다. 그 일들을 통해서 하나님의 말씀을 전달하기 위함이다. 그러므로 선교사가 전하는 하나님의 말씀은 항상 새롭고, 항상 뜨거워야 한다. 하나님으로부터 방금 전에 받은 말씀을 전해야 한다. 선교사가 옛날에 했던 설교를 다시 꺼내서 사용할 수는 있다. 이 교회에서 했던 설교를 저 교회에 가서 할 수도 있다. 그러나 어제의 말씀을 오늘의 말씀으로 바꿔서 전하는 것은 신자들에게 찬밥을 먹이는 것과 같다. 선교사가 남의 설교를 베껴서 설교하는 것은 신자들에게 동냥밥을 먹이는 것과 같다. 어제의 믿음과 오늘의 믿음이 다르다. 믿음은 성장하기 때문이다. 어제의 영성과 오늘의 영성이 다르다. 영성도 날마다 성장하기 때문이다. 그러므로 어제의 영성을 가지고 오늘의 말씀을 전하지 않아야 한다. 오늘 말씀은 오늘의 영성으로 전달해야 한다. 그것이 말씀 영성의 핵심이다.

말씀 영성은 영적 씨름과 같다. 마음에서 샛별이 뜰 때까지 씨름 하듯이 말씀을 읽어야 한다. 말씀이 말씀을 해석해 주실 때까지 읽어야 한다. 신비주의를 경험하라는 말이 아니다. 전에 알고 있던 말씀과 오늘 읽으면서 받았던 말씀이 부딪히면 선교사의 가슴에서는 불꽃이 일어난다. 인쇄된 말씀이 아니라 그 말씀들이 살아서 일어난다. 그래서 말씀을 읽다가 눈물을 펑펑 흘린다. 내가 성경을 해석하는 것이 아니라, 성경이 나를 해석해준다. 내가 안고 있는 문제가 무엇인지 알게 하고, 그 문제를 풀 수 있는 답을 찾아준다. 그래서 그 말씀 때문에 춤추게 되고, 은혜의 바다에서 헤엄치게 한다. 그것이 말씀 영성의 절정이다. 선교사는 그 말씀의 절정을 듬뿍듬뿍 퍼서 신자들에게 줘야 그 말씀이 생명을 살리는 하나님의 말씀이 된다.

그 말씀 영성을 위해서 성경을 아날로그 방식으로 읽으라고 조언하고 싶다. 요즘은 핸드폰에 저장한 성경으로 읽는 경우가 많다. 많은 사람이 교회에 갈 때도 손에 성경책을 들고 가지 않는다. 주머니에 핸드폰만 챙겨서 간다. 디지털 성경은 성경책을 가지고 갈 수 없는 상황이 되었을 때 응급용으로 사용할 수는 있다. 말씀 영성을 위한 성경 읽기는 성경책으로 읽어야 한다. 성경책에 줄을 굵게 치고 색을 입히면서 그 말씀을 마음에 두 번, 세 번 새기면서 읽어야 한다. 말씀 영성은 읽은 자를 깨트려서 정결케 한다. 성결케 한다. 거룩하게 한다. 말씀 영성이 타오르면 선교를 포기하고 싶었던 선교사의 선교도 다시 일어나게 하고, 다시 불타게 하고, 다시 앞을 향해서 나아가게 한다.

기도 영성

천둥 번개가 치면 조금 후에 장대비가 쏟아진다. 그런데 선교지에 천둥 번개가 쳐도 선교사가 기도의 무릎을 꿇지 않는다면 큰 일이다. 그것은 배짱이 아니라 불신앙이다. 기도는 하나님을 전적으로 의지한다는 고백이다. 선교사를 파송하신 분은 하나님이시다. 선교사가 자신을 파송하신 그 하나님을 신뢰하지 않고, 의지하지 않는다면 그것은 배신이다. 선교지에는 새벽기도회가 없다. 철야기도회가 없다. 기도원이 없다. 그래서 새벽기도회에서 기도의 훈련을 받은 선교사에게는, 철야기도회에서 기도의 훈련을 받은 선교사에게는, 기도원에서 기도의 훈련을 받은 사람에게는 한 가지 약점이 있다. 그것은 교회로 가서 새벽기도회에 엎드리지 못하면, 철야기도회에 엎드리지 못하면, 기도원으로 올라가 바위에 엎드리지 못하면 기도가 되지 않는다고 말한다. 그것은 기도의 영성이 아니라 기도의 습관이다. 어디로 가야만 기도가 뜨겁게 터진다고 생각하는 것은 착각이다. 조지 뮬러Greorge Muller, 1805-1898는 영국 브리스톨Bristol에 5개 고아원을 설립하고 10만 명의 고아들을 돌보았다. 50,000번 기도 응답을 받은 목사로 잘 알려져 있다. 사람들은 그가 받았다는 그 50,000번의 기도 응답에 주목한다. 도대체 어떤 기도 제목들이었나를 찾아보는 사람도 있다. 그리고 기도 응답을 몇 개 받았나 그 숫자를 세어보는 사람도 있다. 우리가 주목해야 하는 것은 50,000번의 기도 응답이 아니다. 50,000가지 문제를 통해서 일하셨던 하나님을 볼 수 있어야 한다. 조지 뮬러도 기도하는 자신의 모습이 아니라, 기도를 응답하시는 살아계신 하나님을 사람들에게 보여주고 싶었다고 고백하였다.[iii] 그가 어떤 기도 영성을 가지고 살았는지 볼 수 있는 대목이다.

필자는 미얀마에서도 한센선교를 감당하고 있다. 미얀마 서북쪽 산악지대에 친 주Chin State가 있다. 2,000미터가 넘는 고산지대에 약 50만 명의 친족이 거주하고 있다. 122년 전, 1899년에 미국 선교사 아서 칼슨Arthur Carson이 아내 로우라Laura와 함께 친Chin에 도착하였다. 당시 친 사람들은 정령숭배자들이었고, 반 나체족이었다. 그곳에서 칼슨은 말씀을 선포하고, 교회를 세우고, 신학교를 세웠다. 그들에게 문자가 없음을 알고 영문 알파벳으로 문자를 만들어주었다. 그 문자로 친Ching 성경이 번역되었다. 열심히 전도해서 많은 개종자를 얻었다. 그런데 깊은 병에 걸려 회복하지 못하고 선교를 시작한 지 10년 만에 별세하고 말았다.[iv] 죽기 전에 그를 파송했던 미국 침례교 선교부 앞으로 편지 한 장이 도착했다. 몸이 점점 쇠약해지고 있으니 기도를 부탁한다는 칼슨의 편지였다. 미국교회는 미국으로 와서 치료 받으라고 권하였다. 그러나 칼슨은 이렇게 답장하였다. "아닙니다. 저는 고향이 아니라 본향으로 가겠습니다. 이 민족이 하나님의 자녀들이 될 때까지 마지막까지 이 땅을 지킬 것입니다." 그의 말대로 칼슨의 몸은 친Chin의 도청이 있는 하카Hakha 언덕에 묻혔다. 그래서 칼슨 선교사가 묻힌 그 하카를 꼭 방문하고 싶었다. 그러나 미얀마 정부는 외국인에게는 그 친 주Chin State를 57년 동안 개방하지 않고 있었다.

하나님의 은혜로 이민국으로부터 특별 허가증을 받아 2014년 5월에 친주를 방문하게 되었다. 미얀마 수도 양곤Yangon에서 하카Hakha까지는 이틀이 걸리는 먼 거리였다. 국내선 비행기를 타고 칼레이미오Kalay Myo에서 내려서, 다시 2,000미터 하카까지 10시간 이상 낡은 차를 타고 비포장도로를 타고 올라가야만 하였다. 하카는 성지와 같았다. 친Chin 주에 사는 50만 명 가운데 90%가 크리스천이었기 때문이었다. 그들은 칼슨의 열매들이었다. 하카에서 칼슨의 무덤을 찾는 일은 어렵지 않았다. 그런데 그의 무덤은 외국인의 출입이 엄격히 통제된 곳이었다. 철조망이 세 겹으로 쳐 있었고, 하나하나에는 무거운 자물쇠가 걸려 있었다. 관리자에게 1분만 보고 나오겠다고 통사정했지만 소용이 없었다. 마침 동행했던 하카 목회자가 마지막으로 설득해서 열쇠를 받아왔다. 기적이었다. 단 5분이라는 시간이 주어졌다. 첫 번째, 두 번째 철조망을 열고, 마지막 세 번째 자물쇠를 열려고 할 때 무덤 안쪽으로부터 흘러나오는 이상한 소리를 듣게 되었다. 마지막 자물쇠를 열고 조용히 다가갔다. 깨진 유리창 틈으로 두 할머니가 무릎을 꿇고 기도하고 있는 모습이 들어왔다. 하카 목사에게 그들이 누구며, 왜 무덤 안에서 기도를 하고 있느냐고 물었다. 그는 "하카 어머니들입니다. 칼슨 선교사님이 이곳에 묻히신 그날부터 지금까지 110년 동안 하카의 어머니들이 돌아가면서 미얀마의 복음화를 위해서 기도해오고 있습니다."라고 하였다. 110년 동안 하카의 어머니들이 선교사의 무덤에서 기도의 불을 꺼트리지 않고 이어오고 있다는 것이었다. 그 기도의 현장을 직접 보게 되었다. 문을 열고 들어가자 두 어머니가 기도를 중단하였다. 무덤 안에는 8개의 무덤이 있었다. 한 중앙에 칼슨 선교사, 그리고 좌우로 최초의 원주민 친Chin 목사, 칼슨 이후에 왔던 선교사들의 무덤들이 함께 있었다. 110년 동안 선교사의 무덤에서 기도해오고 있는 하카의 어머니들은 그 기도를 과연 누구에게서 배웠을까 생각해 보았다. 칼슨 선교사였다. "고향이 아니라 본향으로 가겠다."고 했던 선교사의 믿음과 그의 기도 영성이 없었다면 그 기도의 불씨는 꺼져도 벌써 꺼졌을 것이다. 땅을 파면 흙이 나오지만, 하늘을 파면 불이 나온다. 기도는 하늘을 파는 일이다. 기도의 영성은 "기도할 줄 아는 사람"을 만들어내지 않는다. "기도 가운데 있는 기도꾼"을 만들어 낸다. 기도는 내게 필요한 것을 달라고 칭얼거리는 소리가 아니다. 기도는 하나님의 생각을 내 안에 채우는 일이다. 그래서 선교사에게 기도 영성은 생명줄이다.

예배 영성

  신약성경에서 '예배worship'는 그리스도인의 삶 전체를 포괄하는 단어였다. 예배는 그리스도인의 삶이었고, 그리스도인의 삶은 곧 예배였다. 그런데 '예전liturgy'이 생기면서 예배가 1시간 혹은 2시간짜리 '일work'이 되었다. 현대인은 그처럼 예배worship를 '일work'로 여기고 드린다.' 초대교회 예배는 온 세상을 구원하신 하나님께 날마다 모여 떡을 떼며, 찬양과 경배를 드렸다. 가톨릭교회와 동방교회 예배는 성찬과 예전이 지나치게 강조되었고, 말씀은 약화되었다. 종교개혁 교회들의 예배는 말씀이 지나치게 강조되었고, 예전은 약화되었다. 근대교회 예배는 계몽주의 영향을 받아 성경 지식을 전하는 경향으로 흘렀고, 현대교회 예배는 하나

▲ 칼슨 선교사 무덤 입구

▲ 칼슨선교사와 선교사들의 무덤

▲ 선교사들의 무덤 안에서 기도하는 하카의 어머니들

님 중심이 아니라 구도자 중심의 예배 형식으로 발전하였다.[vi] 이제는 인터넷 예배, 온라인예배, 사이버 교회 예배까지 등장하게 되었다. 과연 진정한 예배 영성은 어디에서 찾을 수 있을까?

2014년 미얀마 친Chin 주 하카Hakha를 처음 방문한 이후에 하카에서 자주 부흥집회를 인도하게 되었다. 2015년 2월에는 금란감리교회 찬양팀과 함께 하카에서 찬양콘서트를 갖게 되었다. 오랫동안 기도로 준비하였다. 그런데 콘서트 몇 시간 전에 하카 정부로부터 통지서가 날아왔다. 하카 시내에 붙였던 찬양콘서트 포스터들도 이미 다 제거된 후였다. 사전에 하카정부의 허락을 받지 않은 불법집회이기 때문에 강행할 경우 모두 체포하겠다는 통지서였다. 그 콘서트를 위해서 수개월 동안 준비하고, 서울에서 양곤으로, 양곤에서 하카까지 이틀 동안 고생하면서 올라왔던 찬양팀이었다. 선교사로서 결단을 해야만 했다. 금란교회 찬양팀을 불러 모았다. "그동안 여러분은 예배에서 많은 찬양을 인도해 왔습니다. 그러나 목숨을 걸고 찬양을 해본적은 없었을 것입니다. 오늘이 그날입니다. 나는 이 찬양콘서트를 강행하기로 결정했습니다. 찬양을 하다가 우리는 체포될 수도 있습니다. 그러나 하나님께 드리려고 했던 예배를, 찬양을 포기하고 이 산에서 내려갈 수는 없습니다. 여러분은 어떻게 하시겠습니까?" 금란 찬양팀은 조금의 주저함도 없이 찬양콘서트를 하겠다고 하였다. 모두 무릎을 꿇고 기도를 시작하였다. 금란청년들의 기도는 천장을 찢고 하늘로 올라갔다. 시간이 되자 수 백 명의 청년들이 들어왔다. 시작을 하려고 하는데, 뒤쪽으로 하카 경찰들이 들어와 일렬로 정렬하기 시작하였다. 긴장감이 감돌았다.

찬양콘서트는 시작이 되었다. 그때 상상하지 않았던 일들이 일어났다. 무대 위로 올라갔던 금란청년들이 찬양을 이어가지 못할 정도로 울기 시작하였다. 두려움의 눈물이 아니었다. 성령이 그들 위에 임하셨기 때문이었다. 하카 청년들도 무릎을 꿇고 울기 시작하였다. 찬양의 콘서트가 눈물의 콘서트가 되었다. 더 놀라운 일이 일어났다. 뒤에 서있던 하카 경찰들이 갑자기 사라져 버렸다. 나중에 알게 된 일이었다. 콘서트가 시작하자마자 예고도 없이 미얀마 대통령 테인세인Thein Sein이 헬기를 타고 하카 상공으로 내리고 있었던 것이다. 그래서 하카 정부는 대통령이 내려오는 곳으로 모둔 군경을 총 집결하라고 명령을 하달했던 것이었다. 그래서 찬양콘서트는 경찰 없이, 체포 없이 성령 충만한 집회로 끝나게 되었다. 목숨을 걸고 예배와 찬양을 강행할 때 하나님은 하늘을 지나가던 미얀마 대통령을 붙잡아 하카 상공으로 내리게 했던 것이다. 2015년 2월에 미얀마 하카에서 일어난 일이었다.

예배 영성이란 목숨을 건 헌신을 말한다. 사드락, 메삭, 아벳느고가 그랬고, 다니엘이 그랬고, 바울과 실라가 그랬다. 주일예배 한 번 드리고, 크리스천으로서 할 일work을 다 했다고 생각한다면 거기에 예배 영성은 없다. 선교사는 주일예배 때 강단 위에서 말씀만 선포하는 설교자로 살지 않아야 한다. 하루하루 신실한 예배자로 살아가는 본을 보여야 한다. 예배는 내 자신을 하나님의 임재 앞으로 이끌고 나아가는 거룩한 삶을 말한다. 예배는 주가 내 안에, 내가 주 안에 거하도록 하는 영성을 말한다. 하나님은 오늘도 신령한 예배를 기뻐하시고, 그 예배를 드릴 수 있는 신령한 예배자를 찾으신다. 그러므로 예배가 삶이 되어야 한다.

▲ 눈물의 찬양콘서트

▲ 눈물의 찬양콘서트

▲ 금란교회 찬양팀과 함께 했던 하카 찬양콘서트

전도 영성

예수님은 전도하셨다. (막 3:13-14) 예수님은 전도대를 파송하셨다. (마 10장) 예수님은 추수할 일꾼을 보내 달라 기도하라고 하셨다. (마 9:37-38) 예수님은 제자들에게 세상 끝까지 가서 "내 증인"이 되라고 하셨다. (행 1:8) 그러므로 선교사의 머릿속에는 항상 "영혼 구원"이라는 슬로건이 깊이 박혀 있어야 한다. 첫째도 영혼구원, 둘째도 영혼구원, 셋째도 영혼구원이다. 필리핀에 종교 법인을 설립할 때 법인 이사 중에 글랜 마이파Glenn Maypa목사가 있었다. 마닐라에 있는 부촌(富村)들 중에 마카티 시티Makati City가 있다. 그곳에 위치한 Word for the World교회 담임목사였다. 15년 전 당시에 출석교인이 5,000명이 된 대형교회였다. 그런데 어느 날 그의 교회사무실에서 그를 만났을 때 필자에게 이상한 말을 하였다. 곧 교회를 사임할 생각이라고 하였다. 사임 이유가 충격적이었다. 이미 구원받은 신자들에게 말씀을 전하는 일보다, 아직도 구원받지 못한 이들에게 복음을 전하는 '거리의 전도자'로 살고 싶기 때문이라고 하였다. 글랜은 말한 대로 6개월 후에 교회를 사임하고 거리의 전도자가 되었다. 그는 자유인이 되었다. 구두 대신에 운동화를 신고, 양복 대신에 허름한 티셔츠를 입고, 성령이 내어주는 길로 흘러가면서 복음을 전하였다. 필자가 섬기는 교회에도 자주 와서 복음을 전해 주었다. 한센병원에 있는 한센 환자들에게도 주저함 없이 다가가 머리에 손을 얹고 기도를 해주었다. 그는 한 교회의 목사가 아니라 모든 이의 목자가 되었다. 그의 전도 메시지는 항상 같았다. "주 예수를 믿으라. 그리하면 너와 네 집이 구원을 얻으리라."였다. 그는 마지막까지 거리의 전도자로 멋진 질주를 마치고, 2021년 8월 코로나로 인해 하나님의 부르심을 받았다.

전도는 전도자의 말이 아니라 전도자의 삶을 통해서 전해질 때 가장 강력한 전도 메시지가 된다. 글랜목사가 보여줬던 전도자의 삶이 그것이었다. 싱가포르에서 제자훈련을 통해서 교회를 크게 성장시킨 에드먼드 챈 Edmund Chan은 '삶대삶'Life-on-Life을 통해 전도를 해야 한다고 강조하였다.[vii] 선교사의 발걸음에는 언제든지 전도자의 삶이 묻어나야 한다. 아직도 복음을 듣지 못하고 죽어가는 미전도 부족들이 선교사들을 기다리고 있다. 미전도 부족 선교가 크리스천들에게 주어진 마지막 사명이라면 그 사명을 가지고 땅 끝으로 가야 한다. 그들이 선교사들이다. 그러므로 선교사는 정체된 곳에 머물러 있을 수가 없다. 계속 움직여야 한다. 계속 가야 한다. 더 멀리 가야 한다. 성령께서 흘려주는 대로 어디든지 가야 한다. 가서 죽어가는 영혼들에게 하나님의 메시지를 전해야 한다. 존 웨슬리는 교회 안에서 설교하는 것 보다 기독교에 대해서 부정적인 생각을 가진 사람들이 있는 곳으로 가서 설교하였다. 산업혁명으로 세속화되는 사람들이 있는 곳으로 가서 복음을 전하였다. 고향을 떠나 도시로 이주해서 오직 돈만 벌겠다는 이들이 있는 곳으로 가서 전도하였다. 수많은 사람을 구원하였다.[viii] 무디D. L. Moody, 빌리 그래함Billy Graham의 생애가 보여주었던 삶은 모두 그런 전도자의 삶이었다. 선교사에게서 전도 영성이 죽으면 더 이상 선교사가 아니다. 전도하지 않는 선교사는 단지 교회를 관리하고, 현지인 목회자에게 월급을 주는 경영자일 뿐이다. 전도가 없는 선교는 이미 불꽃이 꺼진 사화산(死火山)이다. 선교사는 앉으나 서나 '영혼 구원'을 생각하면서 전도 사역에 항상 부지런해야 한다. 영혼 구원을 위해 죽도록 충성하는 것이 전도 영성이다.

  선교사가 감당하는 일들이 무겁다. 그래서 예수님은 무거운 짐 진 자들을 초대하셨다. 그 짐을 가볍게 해주시기 위해서였다. 그 '가벼움'은 일거리 몇 개를 빼주시겠다는 뜻이 아니다. 그 무거운 무게가 '짐'으로 느껴지지 않도록 해주시겠다는 뜻이다. 그래서 사도 바울은 담대히 선포하였다. "내게 능력주시는 자 안에서 내가 모든 것을 할 수 있느니라. (빌 4:13)" 그 고백은 깊은 영성에서 나온 말이었다. 말씀 영성, 기도 영성, 예배 영성, 전도 영성이 답이다. 그래서 선교사가 선교신학, 선교정책, 선교전략, 선교전술을 위해서 많은 시간을 투자해서 준비해야 하지만 거기에서 멈추지 않아야 한다. "그리고 성령, 그리고 영성"까지 가야 한다. 선교는 사람의 일이 아니다. 선교는 예수님이 명하시고, 성령께서 행하시고, 하나님께서 거두시는 일이다. 참된 영성은 내가 하나님을 위해서 무엇을 할 수 있을까를 고민하게 하지 않는다. 참된 영성은 하나님께서 나를 어떻게 쓰실까를 항상 기대하게 한다. 그것은 작은 차이 같지만, 그 결과는 전혀 다르다. '나'에게서 출발하는 일과 '하나님'으로부터 출발하는 일은 결코 같을 수가 없다. ≪삼국지≫에 나오는 한자 성어 중에 '진인사대천명(盡人事待天命)'이 있다. "자신이 할 수 있는 일을 다 한 후에 하늘의 뜻을 기다린다."는 뜻이다. 사람이 일을 다 한 후에 하나님이 그 나머지 일들을 하시게 하는 것은 기독교의 영성이 아니다. 기독교 영성은 처음부터 끝까지 하나님이 하시도록 하나님만을 의지하고 가는 영성이다. 주가 내 안에, 내가 주안에 거하는 삶이 기독교 영성이다. (요 6:56) 나는 죽고, 그리스도가 내 안에서 사시는 삶이 기독교 영성이다. (갈 2:20) 선교사의 영성이 늘 깨어 있지 못하면 그 선교사의 선교는 사탄의 먹잇감 밖에 되지 못한다. 선교사의 영성이 살아야 선교가 산다.

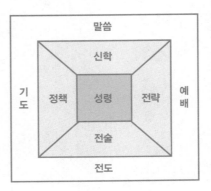

PART

제언

선교에 완성은 없다. 선교는 예수 그리스도께서 다시 오시는 그 날에 비로소 그 임무를 다하고 멈추게 될 것이다. 그때까지 선교사는 영적 전투 속에서 치열한 싸움을 계속 해야 한다. 그리스도의 대사들은 지혜를 모으고, 슬기를 모아 주님께서 주신 지상명령이란 대업을 완수하기 위해서 끝까지 최선을 다해야 한다. 시대에 따라, 상황에 따라 더 나은 선교전략을 세우고 죽어가는 영혼을 낚는 어부들이 되어야 한다. '더 나은' 선교 전략을 위해 많은 제언들이 제시된다. 이 장에서는 필자의 제언을 실었다.

내한 선교사들이 잠들어 있는 양화진 외국인 선교사 묘원

Chapter 24

제언

그들이 어린 양과 더불어 싸우려니와
어린 양은 만주의 주시요 만왕의 왕이시므로 그들을 이기실 터이요
또 그와 함께 있는 자들 곧 부르심을 받고 택하심을 받은 진실한 자들도 이기리라

계 17:14

알리스터 맥그래스Alister McGrath는 "서구 개신교 교파들에게 미래가 있는가?"라고 의미심장한 질문을 던졌다. 그는 '침체'가 아니라 '퇴조'라는 말로 서구 기독교의 미래를 어둡게 보았다.[1] 현재 서구에서 부흥하는 교회들은 복음주의 갱신 운동과 은사주의 갱신 운동에 참여하는 교회들이다. 전통적인 교단 즉 성공회, 감리교, 장로교는 성장을 멈춘 것이 아니라 퇴보하고 있다고 말한다. 같은 질문을 한국교회에게 해 본다. "한국 교회에 미래가 있는가?" 평양대부흥으로 한국 강산에 성령의 불이 떨어졌다. 그런데 그 회개 운동과 복음에 대한 열정은 지금 한국교회에는

없다. 교회의 쇠퇴 원인으로 시대가 변한 외부적인 요인도 있지만, 교회 내부에서 일어나고 있는 교권싸움과 영적 나태함과 부패와 타락이 그 주요 원인이 되기도 한다. 알리스터는 미래를 바꾸려한다면 현재부터 바꾸어야 한다고 말한다.[ii]

교회 밖에 있는 세계를 보자. 지금 세계는 거대한 '힘의 이동' 속에 있다.[iii] 과거에는 미국과 유럽이 세계를 주도했다. 그런데 그 '힘의 축'이 중국과 인도로 이동하고 있다.[iv] 경제학자들은 중국과 인도가 세계를 이끌고 가는 아시아 시대가 올 것이라는 예고로 신조어 '친디아Chindia'를 만들어 냈다. 'BRICs'이라는 용어도 만들었다. 브라질, 러시아, 인도, 중국 시대가 온다는 뜻이다. 'Next-11'이란 용어도 만들었다. 'BRICs' 이후에는 방글라데시, 이집트, 인도네시아, 이란, 한국, 멕시코, 나이지리아, 파키스탄, 필리핀, 터키, 베트남이 세계를 움직이는 그 다음 타어거들이 될 것이라는 예고하고 있다. 그 나라들 가운데는 지금 우리가 쉽게 생각하는 '가난한 나라'들이 들어 있다. 세계가 변해도 무섭게 뒤바뀔 것이라는 예고이다.[v] 인도는 10년 안에 이탈리아, 프랑스, 영국을 제치고 세계 5위 경제대국이 될 것이라고 전망한다.[vi] 그 '신흥 시장'을 이끌고 나아갈 나라들을 선교적인 측면에서 보면 이슬람교, 힌두교, 가톨릭 그리고 공산 국가들이 주도하게 된다는 말이다. 그러한 힘의 이동은 30억 명의 중산층 사람들을 불안에 빠트린다. 미래에 대한 불확실성 때문이다.[vii] 40억 명의 사회 빈곤층BOP: Bottom of the Pyramid들을 공포에 빠트린다.

이미 '힘의 이동'이 시작된 이 세대에서 기독교 선교는 무엇을 준비해야 하는가? 지금은 화성으로 우주선을 보내는 시대이지만, 조만간에는 인간이 화성을 다녀오는 시대가 올 것이다. 선교지 상황도 변화가 예고된다. 세계 종교 구도에도 새로운 힘의 방정식이 생기고 있다. 이슬람교가 이미 세계 종교 1위가 되었다. 힌두교도 턱 밑까지 올라오고 있다. 그들의 공격적인 선교 전략에서 힘의 이동을 느낀다. 이슬람교와 힌두교의 다산(多産) 전략은 세계 정복을 앞당기고 있다. 인구의 변화는 지구촌 권력과 종교 구도까지 바꾸고 있다.[viii] 그러한 시대 변화에 부응하여 한국 기독교 선교가 걸어가야 할 길에 대해서 제언을 하고자 한다.

선교 뒤돌아보기

선교사는 날마다 자신의 선교를 뒤돌아볼 필요가 있다. 프로그램을 따라서 정신없이 앞만 보고 가다보면 실수를 연발하게 된다. 선교신학이 분명하지 못해 이상한 메시지를 전할 때도 있다. 선교정책, 선교전략, 선교전술의 부재로 선교를 전략적으로 이끌지 못할 때도 있다. 선교지의 문화를 제대로 이해하지 못해 현지인에게 깊은 상처를 줄 때도 있다. 잘못된 리더십으로 선교했던 점, 선교사의 영성이 부족했던 점, 협력선교가 부족했던 점, 후원교회와 후원자들과의 소통이 부족했던 점들을 뒤돌아보면서 보안해 가야 한다. 잘 했던 일은 더 잘할 수 있는 일이 될 수 있도록 선교사의 영성과 능력을 늘 업그레이드해야 한다.

또 다른 부르심을 위한 준비

선교사로 헌신했던 동기는 다양하다. 확실한 부르심을 받고 헌신한 사람이 있다. 다른 선교사들의 삶을 보고 감동을 받고 헌신한 사람도 있다. 몇 년 만 봉사한다고 시작했던 일인데 선교지에서 부르심을 받고 장기 선교사로 헌신한 사람도 있다. 한국에서 하는 일이 분명치 않아 나도 한번 선교에 도전해볼까 하는 마음으로 시작했던 사람도 있다. 안정된 직장에서 열심히 일하고 있는데 갑자기 "가라!"하시는 명령을 받고 헌신한 선교사들도 있다. 그런데 하나님의 부르심은 한 번으로 끝나지 않는다. 바울은 다메섹 도상에서 예수님으로부터 부르심을 받았다. 그런데 바울은 드로아Troas에서 성령으로부터 두 번째 부르심을 받고 마게도냐 선교를 하게 되었다. 부르심 속에 또 다른 부르심이 주어진다. 선교사는 또 다른 부르심에도 민감해야 한다. 선교가 무엇인지 모르고 선교지로 갔다 할지라도 괜찮다. 선교사로서 충분한 준비도, 훈련도 없이 선교지로 갔다 할지라도 괜찮다. 두 번째 부르심, 세 번째 부르심에는 더 잘 준비된 선교사로 헌신하면 된다.

장기전을 대비하는 준비

한국인은 "빨리빨리 문화"에 익숙해 있다. 그러나 선교는 속도전이 아니다. 파송 단체와 후원 교회들은 선교사를 파송한 이후에 "빠른 열매"를 선교사에게 요구하지 않아야 한다. 후원자들에게 필요한 것은 '기대'가 아니라 '기도'이다. 그리고 '기다림'이다. 선교는 장기전이다. 특별히 창의적 접근 지역에서의 선교는 그 열매를 수확하는데 몇 년이 걸릴지 모른다.

사과 하나에도 약 700종류의 품종이 있다고 한다. 계속 개량종이 나와서 첫 수확기도 점점 앞당겨지고 있지만, 보통 일반 사과는 묘목을 심고 10년 후에 첫 수확을 한다. 그런데 그 첫 수확을 앞두고 태풍으로 사과 꽃들이 다 낙화(落花)할 때도 있다. 선교의 현장에서도 일어나는 일이다. 10년 동안 숨죽이며 선교했는데 갑자기 추방 명령을 받는 선교사들도 있다. 미얀마 제1호 선교사 아도니람 저드슨Adoniram Judson은 선교 6년 만에 첫 개종자를 얻었고, 인도 선교사 윌리엄 캐리William Carey는 7년 만에 첫 결신자를 얻었다. 한 영혼을 얻는 일이 그처럼 어렵다. 그러므로 선교사도, 후원자도 서두르지 않아야 한다. 장기전이 될 수 있다는 가정 하에 준비를 철저히 하며 나아가야 한다.

신학 공부하기

파이프 오르간으로 예배하는 교회, 사도신경을 꼭 암송하는 교회, 검정 가운을 입고 설교하는 목회자, 강단 뒤에 걸린 무거운 십자가, 십일조를 강조하는 교회, 장로, 권사 선거로 멍든 교회, 교단의 교리를 지나치게 강조하는 교회. 현대인들은 그런 교회들을 향해서 손사래를 친다. 교회를 당장 개혁하라고 외친다. 그래서 교단과 교파를 떠나 독립교회Independent church로 창립하는 교회들이 미국과 선교지에서 늘어나고 있다. 그 교회들 중에는 '이머징 교회Emerging Church' 혹은 '이머전트 교회Emergent church'가 있다. '이머징'이란 뜻은 '포스트모더니즘 시대에 맞는 새롭게 떠오르는 교회'라는 뜻이다. 뜻은 멋있다. 그러나 그들이 갖고 있는 신학에는 비성서적인 부분들이 들어 있다. 그들은 성경의 무오와 영감을 부정한다. 성경대로 살라고 강요하는 것은 크리스천들을 율법주의로 묶으려는 처사라고 비판한다. 그들은 성경이 진리가 될 수 없고, 절대 진리도 될 수 없다고 말한다. 성경에서 말하는 예수의 복음, 십자가, 천국, 지옥, 심판이 진리라고 말하는 것은 다른 종교를 무시하는 일이라고 주장한다. 그런 단어들 대신에 '관용, 이해, 사랑, 용서, 회복, 치유, 봉사, 섬김, 하나됨'이란 단어들을 더 선호한다. 그런 이머징교회들이 무거움을 거부하는 젊은 세대에게 환영을 받고 있다. 한국에도 이머징교회들이 늘어나고 있다. 신학을 전공하지 않은 평신도 선교사들이 신학적 검증 없이 "이것 좋은데, 이것 괜찮은데"하는 식으로 이머징교회를 선교지에 이식해서는 안 된다. 헤셀그레이브David J. Hesselgrave는 "이머전트 교회 운동은 하나님에 관한 지식을 선교에 검증되지 않고 개인적인 지식에 부차적인 것으로 만듦으로써 성경적 선교의 근본적인 기초를 위협하고 있다."고 말하였다.[ix] 선교지에는 새로운 교회가 필요한 것이 아니다. "주는 그리스도시오, 살아계신 하나님의 아들이십니다."라는 고백 위에 세워지는 성경적 교회가 필요할 뿐이다. 그러므로 평신도 선교사들은 신학에 관하여 궁금한 것이 있으면 목회자와 선배 선교사들에게 조언을 구해야 한다. 또한 시간을 쪼개어 신학 전체가 아니라 선교신학만이라도 꼼꼼히 공부하기를 조언한다.

한국형 선교 모델 정립

똑같은 선지자로 부름을 받았더라도, 예레미야가 전한 메시지가 다르고, 이사야가 전한 메시지가 다르고, 에스겔이 전한 메시지가 다르고, 다니엘이 전한 메시지가 다르다. 마찬가지로 유럽 선교사들에게 주신 메시지가 다르고, 미국 선교사들에게 주신 메시지가 다르고, 한국 선교사들에게 주신 메시지가 다르다. 2030년도에 이르면 한국 선교사 10만 명 시대가 올 수 있다고 말한다. 그렇게 되면 한국은 선교사 파송 세계 1위 국가가 된다. 명예로운 일이지만 그 만큼 책임도 무거워진다. 세계 선교를 이끌고 가야 하기 때문이다. 세계 선교를 주도해 갈 한국 선교사들이 세계 선교 현장에 어떤 선교 모델을 제시할 수 있을까? 독일 복음주의 신학자 패터 바이어하우스Peter Beyerhaus는 건강한 한국 교회의 특징을 여섯 가지로 정리하였다. ①성경 중심적이다. ②기도하는 삶이다. ③부흥 운동이다. ④희생적인 봉사이다. ⑤전도하는 힘이다. ⑥순교로 이어가는 전통이다.[x]

한국 선교사들에게는 남다른 뜨거움이 있다. 환란과 핍박을 두려워하지 않는 담대함이 있다. 오직 하나님만 믿고 나아가는 믿음이 강하다. 한국 교회와 한국선교사들이 갖고 있는 그 장점들을 한국인의 감성에 두지 않고, 선교 신학적으로 잘 정립해야 한다. 폴 히버트P. Hiebert는 자신학화Self-theologzing로 자신들의 문화에 적합한 신학을 세워야 한다고 하였다.[xi] 한국 선교사들에 의해서 한국 자신학화 작업이 진행되고 있는 것은 매우 고무적인 일이다. 이제는 한국교회의 선교신학도 학문적으로 잘 정립 되어 국제 선교 학회에 많은 자료들을 등재해야 한다. '사이언스'와 같은 과학 잡지에 새로운 분야의 새 연구 결과가 등재되면, 그것이 새로운 표본이 되고, 표준이 되어 많은 과학자들이 더 나은 것으로 발전시켜 나아간다. 한국교회가 세계 선교무대에 22세기 세계선교를 이끌고 가는 새로운 모델을 제시할 수 있도록 세계적인 선교 신학자들이 나와야 한다.

한국 선교사 아카이브(Archive) 설립

'아카이브'는 역사적 가치가 있는 기록물을 말한다. 그래서 아카이브 기록관에는 영구히 보존될 가치가 있는 자료들이 선별Collection되어 저장된다. 매티 노블Mattie W. Noble은 1892년에 한국에 도착했다. 노블 선교사는 42년 동안 한국에서 사역했다. 노블은 42년 동안 선교일지 형식으로 한국 생활과 자신의 선교를 자세히 기록했다. 그녀의 기록이 한국기독교역사연구소에서 영인본으로 1986년에 출판됐다.[xii] 그녀의 기록을 통해서 보면 1900년대 한국 초대 교회의 역사적 사실들을 자세히 들여다 볼 수 있다. 평양대부흥 운동, 주일학교 선교, 삼일운동 등등. 굵직한 사건들뿐만 아니라, 교회 통계, 교회 주보, 미국공관으로부터 받았던 주요 전문들, 당시 신문 기사 스크랩들, 선교사의 내면세계, 선교사의 고뇌와 고달픈 생활들까지 생동감 있게 기록했다.[xiii] 특별히 노블은 여성 사역자들, 전도 부인들의 이름과 그들이 감당했던 사역들을 매우 자세하게 기록해 놓았다. 노블의 기록이 없었다면 전도 부인들이 얼마나 놀라운 사역을 했었는지 아무도 알 수 없었다.[xiv] 그처럼 선교사의 기록은 선교의 역사가 된다. 그러므로 선교사는 선교 역사를 반드시 기록해야 한다. 그것은 선교사의 행적을 알리 위한 목적이 아니라, 하나님께서 행하신 일들을 세상에 알리기 위한 목적이다.

국내외 선교사들의 기록물이 소장되어 있는 곳은 숭실대학교 한국 기독교 박물관, 양화진 문화원, 한국기독교역사박물관, 한국기독교역사연구소, 뉴욕공공도서관, 미국북장로회 아카이브, 프린스톤신학교 도서관 아카이브, 드루대학교 도서관 아카이브 등등이다.[xv] 아쉬운 점은 교단 선교사, 선교단체 선교사들의 선교 사역과 보고서들은 파송 기관에 의해서 선교사 역사박물관에 잘 보관이 될 수 있지만, 자비량 선교사와 독립 선교사들의 선교 사역은 주목을 받지 못한 채 역사적 기록에서 누락되고 있다. 그들을 통해서도 행하셨던 하나님의 놀라운 역사들이 흩어지고 사장되지 않도록 해야 한다. 소중한 선교 역사들이 매장되지 않도록 체계적인 수집과 검증을 통해서 작은 선교사의 이야기도 한국 선교 역사를 빛낼 수 있는 소중한 자료로 보존되어야 한다. 그런 자료들을 수집하고, 보존할 수 있는 새로운 수집 방법과 보존 방법들이 모색되고, 관련기관들이 설립될 수 있기를 기대해 본다.

선교회 조직 개편

교단과 선교단체들의 선교정책은 나름대로 정립이 잘 되어 있다. 그러나 개 교회의 선교정책 부분은 아직도 미흡한 부분이 많다. 개 교회 선교는 담임목회자의 비전과 목회자가 주도하는 선교 구도 속에서 진행될 때가 많다. 개 교회 안에 선교위원회가 조직되어 있지만 대부분 담임목회자가 가진 비전을 수행하고 지원하는 업무로만 채워지는 경우도 많다. 그래서 개 교회 선교위원회는 선교비를 집합해서 선교지로 보내는 일과 선교사로부터 선교보고서를 받아 교우들에게 전달하는 일과 교회 안에서 단기 선교팀을 조직해서 선교지로 파송하는 일이 주 업무가 된다. 이제 개 교회도 조직을 개편할 필요가 있다. 해외 선교에 전문성을 갖춘 선교부로 거듭나야 한다. 교회도 독자적인 선교신학과 선교정책과 선교전략과 선교전술을 정립하고, 세계 선교의 동향을 연구하고, 선교위원회 위원들과 선교전략회의를 자주 개최하고, 교회 안에서 훌륭한 선교 전략가를 초대해서 전문적인 선교 코칭을 받을 필요가 있다. 신자는 선교비만 내고, 선교는 목회자 혹은 선교위원회가 알아서 하는 패턴은 이제는 개선되어야 한다. 선교적 교회Missional church는 선교하는 교회가 아니다. 모든 성도들을 선교사가 되도록 하는 교회이다. 단기 선교팀을 모집하는 교회가 아니라, 모든 신자를 단기선교사로 파송할 수 있는 교회로 선교 시스템이 전환되는 변화가 필요하다.

선교 프로젝트 중심의 후원

선교사의 선교보고 형식에 있어서 외국 선교사와 한국 선교사 사이에는 약간의 차이가 있다. 외국선교사들은 데이터 중심으로 선교 프로젝트의 필요성을 강조하면서 후원을 요청한다. 한국 선교사들은 데이터 보다는 간증 중심으로 선교보고를 하고 후원을 요청한다. 그래서 외국선교사들의 선교보고서에는 많은 데이터 자료와 미래 청사진이 첨부된다. 한국선교사들은 뜨거운 가슴만 제출하면 된다. 외국 후원자들은 선교사가 제출한 데이터들을 면밀히 검토한 후에 선교 프로젝트에 대한 후원을 결정한다. 한국후원자들은 감동을 받으면 후원하지만, 특별한 감동이 없으면 등을 돌린다. 그래서 한국 선교사들은 후원을 얻기 위해서 숫자를 속이고, 감동이 넘치도록 간증으로 각색하려는 유혹을 이기지 못한다. 선교 후원은 선교사 중심이 아니라 선교 프로젝트 중심으로 이루어져야 한다. 선교사가 떠나도 선교는 계속 되어야 하기 때문이다. 아는 선교사에게 후원비를 보내는 것이 아니라, 해야만 하는 선교 프로젝트에 후원을 보내야 한다.

선교 파트너십 강화

롭 브린좁슨Rob Brynjolfson은 선교 협력을 두 부분으로 나눴다. 스폰서십Sponsorship과 파트너십Partnership이다.[xvi] 스폰서십은 기부 형태를 가지며 1회, 2회 간헐적으로 후원한다. 파트너십은 선교 프로그램에 직접 참여하는 형태를 가진다. 파트너십은 간헐적이 아니라 지속적인 후원과 동참으로 함께 한다. 스폰서십은 부과된 후원을 지원하지만, 파트너십은 선교사의 비전을 공유하며 동역한다. 한국교회의 선교 협력 형태는 파트너십보다는 스폰서십에 더 큰 무게가 실려 있다. 이제는 선교비만 내는 스폰서십 선교 후원에서, 선교에 직접 동참하는 파트터십 후원 형태로 전환할 필요가 있다.

한국 이민교회 안에도 엄청난 선교사 자원이 있다. 미국과 캐나다에 있는 이민교회들은 주로 남미 선교에 주력하고 있다. 프랑스와 캐나다 몬트리올에 있는 한인교회들은 주로 아프리카 불어권 선교에 주력하고 있다. 전 세계 국가들 가운데 45개국이 불어를 사용하고 있다. 그러나 불어권 선교지에서 선교하는 선교사는 약 200여 명 뿐이다.[xvii] 특별히 아프리카에서 선교하고 있는 선교사들 중에 불어권 나라에서 선교하는 사람은 전체 선교사들 가운데 7% 미만이다.[xviii] 한국 교회들도 이민교회와 연합해서 불어권 지역으로 파송할 수 있는 한인 2세, 3세 선교사들을 후원할 수 있어야 한다. 한인 2세, 3세 선교사들 역시 한국 1세 선교사들의 요청이 있을 때 언제든지 동역할 수 있는 선교 파트너십이 구축되어야 한다. 세계한인 선교사대회가 미주에서만 열릴 것이 아니라, 한국에서도 열리고, 불어권 프랑스에서도 열리고, 몬트리올에서도 개최되어 많은 한인 2세, 3세, 4세들이 세계 선교에 동원되는 다리bridge를 만들어가야 한다.

산업혁명	시기	주요 내용
1차 산업 혁명	18세기	증기기관 기반의 기계화 혁명
2차 산업 혁명	19-20세기	전기에너지 기반의 대량생산 혁명
3차 산업 혁명	20세기 후반	컴퓨터와 인터넷 기반의 지식정보 혁명
4차 산업 혁명	21세기	빅데이터, AI, 로봇공학, 사물인터넷, 무인항공기, 3D프린팅, 클라우드, 블렉체인, 비트코인, 나노 기술 등의 정보기술 기반의 초 연결 혁명
5차 산업 혁명	21세기 후반	초지능화, 초인지화, 초생명화, 초생물화, 사물인터넷, 창조융합지식, 나노 기술 확대, 비료 없이 야채 300배 이상 수확, 알약 하나로 음식 해결, 인공고막, 인공 눈

제 5차 산업 혁명 시대를 대비하는 선교

지금은 4차 산업혁명 시대이다. 이미 5차 산업혁명의 일부분까지 공유되고 있다.

5차 산업혁명의 도래는 과학이 종교가 될 수 있는 시대의 시작이다. 유발 하라리Yuval Harari는 인지혁명, 농업혁명, 과학혁명을 통해서 인간이 신으로 진화하는 미래가 오고 있다고 말하였다.[xix] 케빈 켈리Kevin Kelly는 미래 스마트 세계를 '테크늄Technium 세계'라는 개념으로 설명하였다. 최첨단 과학 기술들이 융합되는 세계이지만, 테크늄은 생물체처럼 로봇과 같은 전자 기기들이 자율적으로 진화하게 된다는 뜻이다. 그 테크늄 세계에서는 '사피엔스Sapiens'라는 지적 설계자가 존재한다고 말한다.[xx] 2021년 2월 1일 미얀마 군부가 쿠데타를 일으켰다. 미얀마 저항 시민들이 전국에서 일어났다. 그 시민군을 지휘했던 정부는 없었다. 그런데 그들을 지휘했던 '얼굴 없는 정부'가 있었다. 바로 핸드폰이었다. 미얀마 시민군은 핸드폰을 통해서 전해지는 상황들을 모니터링하며 대처하였다. 그 핸드폰이 '사피엔스'이다. SF 영화에 나오던 일들이 현실에서 시작된 것이다. 미래 젊은 이들은 국가가 정해주는 길로 가지 않고, 사피엔스가 제시해주는 길로 갈 것이다. 크리스천들도 성경 말씀 대신에 사피엔스의 지시를 받고 행동하게 될지도 모른다.

클라우스 슈밥Klaus Schwab은 비트(정보)를 이용해서 아톰(물질)을 만드는 시대가 되었다고 말한다. 즉 컴퓨터를 통해서 하고 싶은 것을 다하고, 만들고 싶은 것은 컴퓨터가 다 만들어 주는 시대라는 뜻이다.[xxi] 3D 프린터로 인체의 기관과 조직을 만들어 대체한다. 다른 사람의 조직을 가지고 심장이식이나, 신장이식이나, 간이식을 할 필요가 더 이상 없게 된다.[xxii] '사물인터넷Internet of Things: IoT'을 통해서 스마트 홈, 스마트 농장, 스마트 공장, 자율주행 자동차, 스마트 시티 등이 건설된다.[xxiii] 와이파이WiFi 시대가 지나고, 와이파이보다 100배 빠른 라이파이LiFi시대가 온다.[xxiv] AI 인공지능 개발로 로봇이 인간을 대신해서 작업하는 단계를 넘어, 인간과 함께 협업하고, 로봇이 인간을 가르치게 된다. 기계와 인간이 하나가 되는 트랜스휴머니즘Transhumanism 사회가 되는 것이다.[xxv] 교육 패러다임도 바뀐다. 전통적인 교육 시스템은 'A'학점에서 시작한다. 뭔가 틀리면 거기서부터 점수를 깎으면서 내려간다. 그러나 게임의 세계에는 반대로 '0'점에서부터 시작해서 올라간다. 전통적 점수 채점 방법은 학생들에게 패배감을 주지만, 게임의 방식은 학생들에게 흥분과 정복감을 느끼게 해준다. 미래 학교는 학교에 등교해서 정해진 과목을 의무적으로 듣지 않는다. 자신이 원하는 공부를 골라서 하게 된다. 스탠퍼드 대학에서 컴퓨터 강의를 듣고, 와튼 스쿨에서 창업 강의를 듣고, 브랜다이스 대학에서 윤리학 강의를 듣고, 에든버러 대학에서 문학 강의를 듣는다.[xxvi] 현재 칸 아카데미Khan Academy는 2006년부터 온라인으로 65개 언어로 5,000개 강의를 무료로 제공하고 있다. 매일 400개 강좌가 진행되고 있다. 어린이(2-8세)용 무료 교육 자료도 넘친다.[xxvii] 정치 로봇이 의회 정치를 소멸시킬 것이다. 현재 국회의원들은 국회 안으로 들어가기만 하면 당파 싸움을 하고 거짓말만 하는 집단으로 전락해 버린다. 정치인은 최대 혐오집단이 된다. 그러나 정치 로봇은 정보를 정확히 파악하고, 증거를 분석하고, 의사 결정을 위한 최선의 정책을 제시한다.[xxviii] 시민들은 그런 정치 로봇을 더 신뢰하게 될 것이다. 국가는 시스템(정치 로봇)이 운영하고, 대통령은 상징적인 역할로서만 존재하게 될 것이다.[xxix]

지금은 웹 2.0 시대이다. 네트워크Virtural Network을 통해서 일한다. 그러나 웹 3.0 시대가 시작되면 인터넷은 새로운 파워를 갖게 될 것이다. 웹 2.0이 수많은 데이터를 책상에 앉아서 받을 수 있도록 해준다면, 웹 3.0는 그 많은 데이터를 스스로 분석해서 최선의 결론까지 내놓는다.[xxx] 예를 들어 "내가 이슬람교를 믿으면 좋겠니? 힌두교를 믿으면 좋겠니? 기독교를 믿으면 좋겠니?"라고 컴퓨터에게 질문하면, 컴퓨터는 그 질문을 하는 사람의 개인 정보를 이미 가지고 있기 때문에 이슬람교, 힌두교, 기독교의 핵심 교리를 분석해서 질문한 주인에게 최선의 종교를 선택해서 추천하게 된다. 물론 웹 3.0의 분석은 진리를 기반으로 한 분석이 아니라, 정치적으로,

사회적으로, 경제적으로, 사교적으로 그 질문을 한 사람에게 최대 이윤을 창출해 줄 수 있는 계산을 끝낸 후에 맞춤형 대답을 제시할 것이다. 그러나 중요한 점은 최첨단 AI 슈퍼컴퓨터를 신뢰하는 세대들은 컴퓨터가 제시하는 그 종교를 선택하게 될지도 모른다는 것이다. 전문가들은 그들을 '사이버 시민'이라고 말한다.ˣˣˣⁱ 666 적그리스도는 웹 3.0시대, 웹 4.0시대를 통해서 전 세계에 흩어져 있는 「사이버 시민」을 쉽게 통제하고, 그들을 다스리게 될 것이다. 이러한 미래 세계는 SF 영화 속에서나 나오는 이야기가 아니고, 미친 한 과학자의 상상에서 나오는 웃기는 이야기가 아니다. 인간이 만든 로봇이 인간을 뜯어 고치고, 인간 사회를 파괴할 수 있는 시대가 오고 있다. 초정보화 시대, 초간편 사회, 최첨단 IT 사회로 개인의 삶에, 세계 경제에, 세계 정치에, 우주 산업에 막대한 파장을 가지고 올 것이다.

제4차 산업혁명과 제5차 산업혁명이 가지고 올 영적 도전은 무엇일까? 초개인주의가 될 것이다. 개인의 자유가 모든 가치의 기준이 될 것이다. 사회규범도, 윤리의 규범도 무시될 것이다. 동성결혼 혹은 종교다원주의에 관한 논쟁도 더 이상 사회적 이슈가 되지 못할 것이다. 그것은 개인의 자유로 선택한 일로 당연히 받아들여지게 될 것이기 때문이다. 절대 기준이 없어지는 시대가 될 것이다. 타락한 문화도 '자유'라는 단어로 모두 포용하는 초문화 사회가 될 것이다. 그러므로 기독교 선교가 집중해야 하는 세대는 어린이와 청소년들이다. 그들을 적그리스도의 농락에서 지켜내야 한다. 어린이와 청소년들이 분별력을 잃고 초지능화Hyper-Intelligent 정보를 제공해주는 과학을 숭배하지 않도록 해야 한다. 선교지에 100개, 500개, 1,000개 교회를 짓고 자축할 때가 아니다. 그런 과시형 선교는 이제 멈춰야 한다. 지금 어린이와 청소년 선교를 놓치면 다음 세대의 미래는 없다. 제4차 산업혁명, 제5차 산업혁명은 미래 선교를 감당하는 선교사들에게는 큰 도전이 된다. 그 무서운 도전 앞에서 선교의 방향성을 재정립하는 새로운 선교전략들이 모색되어야 한다.

클라우스 슈밥은 그의 저서 「위대한 리셋」에서 코로나-19 팬데믹이 세상을 완전히 바꿔놓았다고 전제하고, 가까운 미래에 다시 지구를 덮칠 더 큰 재앙을 극복하기 위해서는 지체 없이 '위대한 리셋'을 해야 한다고 강조했다. 코로나를 극복하기 위한 백신과 치료법 등이 세계적으로 공유되었고, 국제적 협력의 중요성이 더 확실하게 부각되었다고 강조한 슈밥은 그 위기를 기회로 삼아 사회적으로, 경제적으로, 기술적으로, 환경적으로, 정치적으로 세계 정부들이 하나가 되어 대응하는 '위대한 리셋'이 절대 필요하다고 역설했다. 그러나 선교사들이 준비해야 하는 선교전략은 그 '위대한 리셋' 안에서 함께 가는 모색이 아니라, 그 '위대한 리셋'을 향해 대항하고 싸우는 더 강력한 선교전략을 모색해야 한다. 4차 산업과 5차 산업이 몰고 올 그 '위대한 리셋'은 반기독교인 성향으로 흘러갈 것이 분명하기 때문이다.

아름다운 선교사 퇴장 준비

1970년대에 "선교사는 집으로 돌아가라. Missionary, Go Home!"는 말이 나왔다.[xxxii] 1971년 낙필Emerito P. Nacpil은 "선교는 원하지만, 선교사는 원하지 않는다."는 글을 게재해서 아시아와 아프리카에서 서구 선교사들이 퇴출당하고 있는 사례들을 알렸다. 그러나 그는 그것으로 선교가 끝나는 것이 아니라, 아시아인 선교사들에 의해서 새로운 선교의 시작이 될 것이라고 말하였다.[xxxiii] 선교사의 퇴출은 서구 선교사들에 대한 반감 때문에 생긴 것이었기에 한국 선교사들이 그 다음 바통을 이어 받아 세계 선교를 감당하게 될 것이라는 분석이었다. 그러나 그것은 1970년대 분석이다. 지금 선교지에서 일어나는 선교사 퇴출은 피부색 때문이 아니다. 첫째는 선교지의 교회들이 선교사의 도움 없이 스스로 일어설 수 있는 단계까지 성장했기 때문이다. 둘째는 민족주의의 팽창 때문이다. 외국인의 도움 없이 자국민이 스스로 하겠다는 민족주의 자긍심이 일어나고 있다. 셋째는 이슬람교, 힌두교, 불교의 방어 전략과 공격적 전략이 선교사 퇴출을 가속화시키고 있기 때문이다. 그러한 다변적인 상황에서 한국 선교사 역시 '선교사 퇴장'이라는 압박을 느끼고 있다. 선교를 어떻게 시작할 것인가도 중요하지만, 선교를 어떻게 마감할 것인가도 중요하다. '갑자기' 부르심을 받고 선교를 시작했던 것처럼, '갑자기' 선교를 마치게 되는 참변을 당할 수 있다. 그러므로 선교사는 마음 한 구석에 언제든지 퇴출당할 수 있다는 전제를 가지고 아름다운 리더십 이양과 의미 있는 퇴장을 할 수 있도록 대비하고 준비하면서 선교해야 한다.

선교 전문가 되기

선교사는 파송된 국가에 대해서는 최고의 선교 전문가, 최고의 선교 전략가가 되어야 한다. 그 나라에 관한 데이터는 가장 정확한 것으로 수집해 있어야 하고, 수집된 정보를 전문가답게 분석하고, 그 분석된 자료를 토대로 현지에 적용 가능하고 가장 효과적인 선교전략을 수립하고, 누구나 쉽게 참여하고 동역 할 수 있는 선교 전술을 고안해 내야 한다. 그러한 선교정보, 선교전략, 선교전술은 다음 후배 선교사들에게 귀중한 플랫폼Platform이 될 수 있다. 리빙스턴은 그의 발걸음이 닿는 곳마다 선교지도 Mission map를 만들었다. 그래서 아프리카로 가는 후배 선교사들은 리빙스턴이 그린 선교 지도를 따라서 갔다. 리빙스턴의 지도가 엉터리 지도였다면 선교사들은 아프리카 원주민들에게 끔찍한 죽임을 당했을 것이다. 선임선교사들이 그 나라에 관하여 남기는 선교 자료는 그처럼 중요하다. 선교사들이 선교 전문가가 되어야만 하는 이유이다. 그러므로 선교사는 연구를 중단하지 않아야 한다. 선교 전문가가 되는 것은 자신의 선교를 위함도 있지만, 그 나라의 복음화를 위해서 파송되어 오는 모든 후배 선교사들을 위함도 된다.

선교사 아내들에 대한 배려

부부 선교사는 가족과 함께 선교지로 간다. 한국 선교사들의 경우 아내를 따라서 선교지로 가는 남편보다는 남편을 따라 선교지로 가는 아내들이 더 많다. 파송을 받을 때 부부는 동일하게 '선교사' 직분을 받고 떠난다. 개인적인 능력에 따라서 선교 현장에서 남편과 함께 사역을 감당하는 아내 선교사도 있지만, 집에서 아내의 역할만 감당하는 사람들도 있다. 교회와 후원자들은 그 역할까지 소중한 선교의 부분으로 받아줘야 한다. 그 이상의 일을 선교사 아내들에게 요구하지 않아야 한다. 선교사 아내들에게는 선교지 적응을 위해 더 많은 시간이 필요할 때가 있다. 그들에게는 사랑하는 가족과 친구들을 떠난 일이 여전히 슬프고, 다른 문화와 환경에 적응은 안 되고, 자녀들의 교육 문제는 여전히 무거운 숙제이고, 외로움으로 우울하고, 넉넉하지 못한 살림은 선교사 아내들을 편하게 숨 쉬지 못하게 한다.[xxxiv] 그런 선교사 아내들의 모습을 보면서 믿음이 없는, 사명감이 없는 선교사로 평가절하하지 않아야 한다. 만약 선교사 아내들에게 '선택'이라는 것이 주어진다면, 그들은 주저하지 않고 "당장 친정으로 돌아가기"를 선택할 것이다. 그러므로 선교지에서 선교사와 함께 있어주는 것만으로도 그 아내들은 이미 1등 선교사들이다. 선교사 가족에게 필요한 것은 후원이 아니다. 격려이다. 아파도 아프다고 말하지 못하고, 힘들어도 힘들다 말하지 못하고, 그만하고 싶어도 그 말조차 꺼낼 수 없는 사람들이 선교사 아내들이다. 집에서 빨래하고, 밥 짓고, 청소하고, 아이들을 돌보고, 아이들의 학습을 지도해주고, 시간을 쪼개어 현지어를 공부하고, 남편의 좋은 조력자가 되기 위해서 선교지에서 함께 뛰고, 집으로 돌아오면 녹초가 되어버리는 아내들도 있다. 그렇게 1년, 3년, 5년을 지나가다 보면 선교사의 아내들도 자신의 일을 찾아 가며 베테랑 선교사들이 되어간다. 그때까지 기다려주는 이해와 배려가 필요하다.

언제나 하나 되는 연합

마이클 그리휘스Michael Griffiths는 북미에 약 800개 선교단체가 있다고 하였다. 그들 중에서 일본으로 선교사를 파송한 단체는 약 140개였는데, 일본에 세워진 기독교 교파는 190개가 되었다고 하였다. 선교사들이 하나 되지 못하였다는 결과이다. 열 두 사도들이 초대교회를 이끌었지만 그들은 여러 파벌의 교회를 세우지 않고 '한' 교회 안에 있었다.[xxxv] 선교지에서는 교파 간, 선교단체 간, 선교사 간에 경쟁이 없어야 한다. 연합과 동역은 삼위일체 하나님의 속성에 근거한다.[xxxvi] 각 교단과 각 선교단체와 각 선교사는 나름대로 어떤 사역에 대한 전문성을 가지고 있다. 그 사역들이 '하나님의 영광을 위하여'라는 공통분모 속에서 하나가 된다면 한 사람이 선교할 때보다 더 큰 일들을 해낼 수 있다. 윌리엄 테일러는 말 한 마리가 끌 수 있는 마차의 무게는 4톤이지만, 말 두 마리가 함께 끌면 22톤까지 끌 수 있다고 하였다. 교회(목회자 선교사)와 선교단체(평신도 선교사)가 연합하여 선교를 함께 끌고 나아갈 때 생기는 시너지는 각각 일할 때보다 몇 배의 결과를 얻을 수 있다는 말이다.[xxxvii] 랄프 윈터도 교회(모달리티: Modality)와 선교단체(소달리티: Sodality)는 경쟁 상대가 아니라 연합해야만 하는 선교의 동반자라고 강조하였다.[xxxviii] 교리적인 면에서 동역이 불가능한 경우도 있다. 그러나 연합이 가능한 부분이 있다면, 그 동역을 제한하지 않아야 한다. 특별히 선교가 제한되어 있는 창의적 접근 지역에서의 선교 동역은 절대적으로 필요하다. 하나님의 나라를 위해서 자신들의 주장을 내려놓고, 교회와 선교단체들이 하나가 되고, 서구 선교사와 비서구 선교사들도 하나가 되는 아름다운 동역이 이루어져야 한다.[xxxix] 루이스 부시Luis Bush는 선교에서의 파트너십partnership은 서로의 목표에 도달하기 위해 상호 보완적인 강점과 자원을 공유함으로써 합의된 기대치를 끌어올리는 일이라고 정의하였다.[xl] 선교지에서는 경쟁이 아니라 언제나 하나가 되는 연합이 있어야 한다.

세계화에 대한 성경적 대응

세계화는 국가 간의 상호 의존성을 높이면서 국경을 넘어 지구촌 사람들을 한 가족으로 인식하게 한다. 세계화는 경제적인 측면에서 자사의 상품을 국제 자유 경쟁 시장에 내놓아 세계적인 상품이 되게 한다. 더 나아가 다국적 기업을 세우기도 한다. 이민 정책이 폭넓게 열리면서 단일 민족이 점점 사라지고 다문화 가정이 급성장하고 있다. 지금 지구촌의 모습이다. 문화적 측면에서도 각 나라마다 자신들의 전통 문화를 보존하고 있지만, K-pop과 같은 대중문화는 그런 문화의 벽을 뚫고 세계적인 문화로 자리매김을 하며 세계 젊은이들을 흡수하고 있다. 그처럼 국가와 기업과 문화는 거대한 세계화 물결을 타야 공존할 수 있다. 그러나 기독교 선교는 그런 세계화 흐름에 편승할 필요가 없다. 세계화의 흐름을 보면서 대응 차원에서 선교전략을 수립할 수는 있으나 세계화 흐름에 편승해서 선교지 현장에까지 세계화의 물결을 끌어당길 필요는 없다. 세계화 속에는 포스트모더니즘 문화와 종교다원주의와 같은 세속화된 사상이 들어있기 때문이다. 알렉스 아라우조Alex Araujo는 "세계화는 세속적이고 상실된 인간성이 만들어 낸 전략이기 때문에 교회는 세계화에 적응하는 방법을 배울 필요가 없다."고 단호하게 말한다.[xli] 그는 기독교 선교는 세계화의 물결에 붙잡혀 있는 사람들에게 복음을 전하는 것이 그 사명이라고 강조한다. 바울은 "이 세대를 본받지 말라."고 권고한다. (롬 12:2) 세계화의 물결을 타고 세계 속으로 들어가 세계와 함께 가는 일체(一體)를 이루는 것이 선교 목적이나 선교 전략이 될 수 없다. 오히려 기독교 선교는 그런 세계화에 역주행해야 한다. 베드로의 선교에서 볼 수 있듯이 그는 세상으로 나아가 담대히 복음을 외쳤고, 세상은 그를 감당하지 못했다. (행 4:16, 히 11:38)

필자가 섬기는 필리핀 한센마을에 사는 사람들은 대부분 가난하다. 필리핀 문화 가운데 하나는 아무리 가난해도 생일잔치는 꼭 해준다. 그런데 생일 선물로 부모가 자녀에게 꼭 해주고 싶은 것이 있고, 아이들이 꼭 받고 싶은 선물이 하나 있다. 부모는 아이의 생일 파티를 맥도날드에서 해주고 싶어 하고, 아이는 나이키 신발을 생일 선물로 받기를 소원한다. 그런데 부모도 그것을 해주지 못해서 미안해하고, 아이는 그것을 받지 못해서 슬퍼한다. 가난한 필리핀 한센 마을에도 '맥도날드'라는, '나이키'라는 세계화 물결이 덮쳐서 사람들을 불행하게 만든다. 세계화는 그처럼 '문화적 침략자'가 되어 없어도 되는 것들을 없어서 불행하다는 느낌을 갖게 만든다. 선교사의 역할은 부모가 해주지 못하는 파티를 할 수 있도록 재정적으로 후원하는 일이 아니다. 아이에게 나이키 신발을 사주는 일도 아니다. 파티가 없어도 감사하고, 신발이 없어도 기뻐할 수 있는, 그런 세계화 물결을 향해서 역주행하는 올바른 세계관을 갖도록 심어주는 것이 선교사가 할 일이다.

● 나가는 말

손자가 장난감 레고Lego 블록을 가지고 한참 동안 무엇인가를 만들고 있었다. "무엇이냐?"라고 물었다. 손자는 자동차라고 대답하였다. 그런데 이리 저리 봐도 필자의 눈에는 도무지 자동차로 보이지 않았다. 이 책에서 필자가 한 일이 그런 일은 아닐까 두렵다. "선교는 이렇게 준비해야 한다."고 내놓은 이 작업이 다른 이들에게는 이해할 수 없는 괴상한 모양의 자동차로 비춰질 수 있다. 그래서 이 책은 미완성 페이지로 접으려고 한다. 필자도 다 하지 못했던 일들을 이 책에 담았다. 욥의 고백으로 이 책을 닫으려고 한다. "무지한 말로 이치를 가리는 자가 누구니이까? 내가 스스로 깨달을 수 없는 일을 말하였고, 스스로 알 수 없고 헤아리기 어려운 일을 말하였나이다." (욥 42:3)

한 가지 작은 소망이 있다면, '갑자기' 선교사로 부르심을 받은 후배들에게 작은 도움이 되었다면 하나님께서 부족한 종에게 이 책을 쓰게 하신 이유가 될 것이다. 필자는 한국교회와 선교단체들 그리고 전문인 선교사들, 자비량 선교사들이 이룩한 그 소중한 선교사역들 위에 '평가'라는 잣대를 올려놓으려고 하지 않았다. 선교사는 선교지에 교회를 몇 개 세웠느냐, 몇 명을 전도했느냐로 평가 받을 수는 없다. 그가 하나님의 부르심을 위해서, 선교를 위해서, 한 영혼을 구원하기 위해서 얼마나 많이 울었는지 그가 흘린 눈물로 평가를 받아야 한다. 얼마나 많은 땀을 흘렸는지 그 땀의 양으로 평가를 받아야 한다. 초대교회 이후부터 지금까지 기독교 선교는 중단된 적이 없었다. 순교자의 피가 뿌려진 곳에서는 더 큰 복음의 꽃이 피었다. 한국에 복음을 심어준 내한 선교사들이 걸어갔던 그 사랑과 헌신의 길을 우리는 감히 따라 갈 수가 없다. 필자가 부러워하는 것은 그들의 찬란했던 선교 업적이 아니었다. 선교지에 그들의 푸른 젊음을 내어주고, 그들의 마지막 생명까지 내어주고, 조선 땅에 그들의 몸을 누이게 했던 그들의 그 큰 사랑, 그 큰 헌신이 너무도 부러웠다. 한국 선교사들에게는 그처럼 훌륭한 선배 선교사들이 있었다. 그것은 축복이었고, 영광이었다. 그들의 발자국을 따르는 선교사들이 되었으면 한다.

세계 선교를 위한 선교 전략과 전술은 계속 발전되어야 한다. 선교신학과 선교정책에는 큰 변동이 없겠지만, 선교전략과 선교전술은 각국의 정치적, 종교적 상황에 따라 바뀔 것이다. 세계는 종교전쟁 속으로 들어가게 될 것이다. 타종교들은 자신들의 세력을 더 확장시키고, 강화시키기 위해서 혈안이 될 것이다. 더 다양해지고, 더 복잡해지는 사회와 타락한 사상들 때문에 교회는 더 많은 교파로 분열할 수도 있다. 선교사는 그러한 변화에 민감해야 한다. 특별히 다가오는 제5차 산업혁명 시대의 도전을 어떻게 방어하고, 대응하고, 극복해야 할 지, 우리의 아이들과 청소년들을 어떻게 지키고, 그들을 차세대 영적 리더로, 진리의 파수꾼으로 세워야 할지 다양한 선교정책과 선교전략과 선교전술을 위한 선교 포럼 forum들이 계속 되어야 한다.

그러나 가장 중요한 선교의 무기는 '그리고 성령'이다. '그리고 영성'이다. 하나님의 능력이 역사되도록 하는 것은 선교 프로그램이 아니다. 성령의 역사하심과 선교사의 영성에 달려 있다. 선교의 주체가 하나님이시기 때문이다. 하나님의 관심은 첫째도 영혼구원, 둘째도 영혼구원, 셋째도 영혼구원이다. 선교사의 외침은 첫째도 오직 예수, 둘째도 오직 예수, 셋째도 오직 예수이다. 선교는 영적 전투이다. 그러므로 '좋은' 선교사, '친절한' 선교사가 되는 것보다 '잘 싸우는' 선교사, '끝까지 싸우는' 선교사가 되어야 한다. 순교 앞에서도 선교를 포기하지 않는 용사가 되어야 한다. 예수님께서 세상으로 보내셨던 제자들이 보여주었던 삶이었다. 제자들의 선교는 전투로 시작했고, 장렬한 죽음으로 끝냈다. 예수님의 제자들이 보여준 선교사의 삶은 고난을 피해가는 삶이 아니라, 고난 중에도 끝까지 예수의 증인으로 살았던 삶이었다.

미얀마 하카 언덕에 묻힌 칼슨 선교사의 이야기로 마치려고 한다. 그의 선교 기간은 단 10년이었다. 그러나 그의 무덤 안에서 하카의 어머니들은 110년이 지난 지금까지 기도의 불씨를 끄지 않고 기도해오고 있다. 그것은 친Chin 크리스천들이 칼슨 선교사를 110년 전에 하카에 왔던 한 선교사로만 기억하고 있지 않았다는 증거이다. 미얀마를 사랑했고, 미얀마 복음화를 위해서 일생을 바쳤던 칼슨의 헌신과 기도가 지금도 하카의 어머니들의 가슴과 가슴을 이어서 내려가고 있다. 선교사의 삶이 그래야 한다. 그러나 선교는 어느 한 선교사의 이야기가 아니다. 그들을 땅 끝으로 보내셔서 그런 위대한 일들을 하게 하신 하나님 아버지의 이야기이다. 선교는 하나님께서 시작하셨고, 예수님이 명하셨고, 성령님이 인도해 가시는 그분들의 거룩한 일이다. 그 거룩한 일을 위해서 부르심을 받고 순종한 모든 선교사들에게는 생명의 면류관, 영광의 면류관이 예비 되어 있을 것이다.

"

나는 선한 싸움을 싸우고 나의 달려갈 길을 마치고 믿음을 지켰으니
이제 후로는 나를 위하여 의의 면류관이 예비되었으므로
주 곧 의로우신 재판장이 그 날에 내게 주실 것이며
내게만 아니라 주의 나타나심을 사모하는 모든 자에게도니라

디모데후서 4장 7-8절

부록 : 참고도서

참고 도서

Part 1 | Chapter 1

i   Leslie Lyall. "Missionary strategy in the twentieth century," http://asq.kr/xeyEBT

ii   Herbert Kane. 세계 선교 역사. 기독교문서선교회, 2004, 79쪽

iii   앞의 책, 82쪽

iv   앞의 책, 78쪽

v   앞의 책, 93쪽

vi   앞의 책, 82~83쪽

vii   앞의 책, 98-100쪽

viii   Biblical training. Lesson 4, http://asq.kr/zH05XTka

ix   Craig Van Gelder. 선교적 교회론의 동향과 발전, 기독교문서선교회, 2015, 54~55쪽

x   류대영, 초기 미국 선교사 연구. 한국기독교역사연구소, 2001, 36-37쪽

xi   미국선교의 선교운동. http://asq.kr/XT43

xii   박영환, 네트워크 선교역사, 성광문화사, 2019, 362쪽

xiii   박영환, 앞의 책, 386쪽

xiv   박용민, 차트 선교학, 기독교문서선교회, 2007, 47쪽

xv   종교개혁이후 19세기 에큐메니칼 운동, http://asq.kr/YITIV

xvi   Lesslie Newbigin. 삼위일체적 선교, 바울, 2015, 37쪽

xvii   김은수, 현대 선교의 흐름과 주제, 대한기독교서회, 2018, 23쪽

xviii   김은수, 앞의 책, 36쪽

xix   김은수, 앞의 책, 37쪽

xx   강희창. "에큐메니칼 선교신학의 패러다임 변화에 대한 연구." 장신논단, 22집, 2004, 118쪽

xxi   Lesslie Newbigin. 앞의 책, 37쪽

xxii   김은수, 앞의 책, 125쪽

xxiii   김은수, 앞의 책, 129쪽

xxiv   웁살라총회에서 나이로비 총회까지 나타난 선교신학에 대한 비판, http://asq.kr/Xwj7c

xxv   앞의 글

xxvi   앞의 글

xxvii   김은수, 앞의 책, 215쪽

xxviii 강희창. 앞의 글, 120쪽

xxix   WCC의 선교 모라토리움 반작용으로 탄생한 로잔언약. http://asq.kr/ARiBF

xxx   Samuel Escobar. "복음주의 선교학: 세계의 전환기의 미래에 대한 응시." 『21세기 글로벌 선교학』 기독교문서선교회, 2004, 192쪽

xxxi   WCC 나이로비 총회서 드디어 교회 밖 구원 가능성 제기, http://asq.kr/xiN3k

xxxii   Yusufu Turaki. "아프리카로부터의 복음주의 선교: 장점과 단점들." 『21세기 글로벌 선교학』 기독교문서선교회, 2004, 467쪽

xxxiii 김은수, 앞의 책, 373쪽

xxxiv   한국교회 신학의 흐름과 전망, http://asq.kr/yaV6MDH

xxxv   박영호, 현대 에큐메니칼 운동과 사회 선교. 개혁주의신학사, 2010, 366쪽

xxxvi   류대영, 앞의 책, 16쪽

Part 1 | Chapter 2

i   안승오, 제4 선교신학, 기독교문서선교회, 2016, 7쪽

ii   이동주, WCC 선교신학 연구, 선교신학연구소, 2013, 9쪽

iii   박영호, 현대 에큐메니칼 운동과 사회 선교, 개혁주의신학사, 2010, 343쪽

iv   안승오, 제4 선교신학, 90쪽

v   이동주. WCC 선교신학 연구. 10쪽

vi   조종남, "로잔운동의 역사와 신학," 선교햇불, 2013, 81쪽

vii   안승오, "에큐메니칼 선교의 선교 개념에 관한 연구" 장신논단, 제40집, 2011, 367쪽

viii   조종남, 앞의 글, 80쪽

ix   박영환. 세계 선교학 개론, 성광문화사, 2018, 41-42쪽

x   J. Verkuyl, Contemporary Missiology, trans. & ed. by Dale Cooper (Grand Rapid. Michigan: William B. Eedermans Publishing Company, 1988), 이훈구, 「선교 신학의 성경적 재구성」 31쪽. 재인용)

xi   안승오, 현대선교 신학, 예영커뮤니케이션, 2010, 22쪽

xii   조종남, 앞의 글, 80쪽

xiii   신경규, "통전적 관점에서 본 두 선교신학의 합치성 모색," 선교와 신학 29집, 2012, 202쪽

xiv   안승오, 앞의 글, 380쪽

xv   WCC의 혼합주의 영성 연구, http://asq.kr/YTkG

xvi   이동주. WCC 선교신학 연구, 12쪽

xvii   조종남, 앞의 글, 230쪽

xviii   조종남, 앞의 글, 231쪽

xix   Craig Van Gelder. 선교적 교회론의 동향과 발전, 기독교문서선교회, 2015, 262쪽

xx   안승오, 현대 선교 신학. 188쪽

xxi   안승오, 현대 선교 신학, 177쪽

xxii   이동주. "WCC의 혼합주의 영성 연구" 57쪽

xxiii   이동주. WCC 선교신학 연구, 90쪽

xxiv   Craig Van Gelder. 앞의 책, 65쪽

xxv   Craig Van Gelder. 앞의 책, 194-195쪽

xxvi   Craig Van Gelder. 앞의 책, 70쪽

xxvii   이재원, 복음주의 선교신학과 에큐메니칼 선교 신학의 비교연구, 협성대학교 신학석사논문, 2003, 43쪽

xxviii   안승오, 현대 선교신학, 105쪽

xxix   조종남, 앞의 글, 101쪽

xxx   신경규, 앞의 글, 207쪽

xxxi   조종남, 앞의 글, 94쪽

xxxii   이재원, 앞의 책, 44쪽

xxxiii   이동주, WCC의 혼합주의 영성 연구, http://asq.kr/YTkG

xxxiv   이동주, 앞의 글

xxxv   이동주, 앞의 글

xxxvi   김학관. 개혁주의 선교학. 킹덤북스, 2015, 40-43쪽

xxxvii   칼빈주의 5대 교리와 알미니안 5대 교리의 비교. http://asq.kr/qR4cm

Part 1 | Chapter 2

xxxviii   김학관. 앞의 책, 275쪽

xxxix   박영호, 앞의 책, 342쪽

xl   김학관. 앞의 책, 277쪽

xli   김학관. 앞의 책, 279쪽

xlii   김학관. 앞의 책, 282쪽

xliii   Justo L. Gonzales. Christian Thought Reisited: Three Types of Theology. (Maryknoll, N.Y.: Orbis Books,

xliv   1999), 김영동. "한국장로교 선교 100년: 장로교단의 선교신학 비교 연구." 장신논단. Vol. 44. No.2. 109. 재인용)
       김영동, "공적선교신학 형성의 모색과 방향," 장신논단. 제46-2집 (2014). 314. 안승오, 제4 선교신학, 164쪽, 재인용.)

xlv   안승오, 제4 선교신학. 224쪽

xlvi   안승오, 앞의 책 213쪽

xlvii   데이빗 보쉬, 세계를 향한 증거, 267. 안승오, 266쪽, 재인용)

xlviii   박영환, 네트워크 선교역사, 493쪽

xlix   Craig Van Gelder. 앞의 책, 85쪽

Part 1 | Chapter 4

i   Mark Terry. 선교전략총론, 기독교문서선교회, 2015, 66쪽

ii   Mark Terry, 앞의 책, 48족

iii   맥킨지 보고서. http://asq.kr/YbWx8

iv   홍승철. 글로벌 리더를 향하여. LG화학, 2005, 6쪽

v   맥킨지, 앞의 책, 6쪽

vi   최원진. "4차 산업혁명 시대 선교의 방향성과 선교사의 역할." 복음과실천 63권, 2019, 233쪽

vii   Paul Hiebert, "The Flaw of the Excluded Middle" in Missiology: An International Review, Vol. 10.
      No. 1, January, 1982. pp. 35-47, 김성태. 세계선교전략사. 생명의 말씀사, 1994, 331쪽, 재인용)

viii   Peter Wagner, The Third Wave of the Holy Spirit, pp. 30-35. 김성태. 세계선교전략사. 331쪽, 재인용

ix   김성태, 앞의 책, 333쪽

x   김성태, 앞의 책, 301쪽

xi   David Hasselgrave and Edward Rommen. Contexturalization; Gleanings, Methods and Models (Grand
     Rapids: Baker, 1989), 200. Robert L. Plummer. 『바울의 선교 방법들』, 기독교문서선교회, 2016, 314쪽, 재인용

xii   Peter Schwartz. 『미래를 읽는 기술』, 비즈니스북스, 2005, 11쪽

xiii   Peter Schwartz. 앞의 책, 17쪽

xiv   Peter Schwartz. 앞의 책, 35쪽

xv   김동철⊠서영우. 경영전략 수립 방법론, 시그마인사이트컴, 2011, 70쪽

xvi   "선교전략과 Marketing Paradigm." http://asq.kr/zEDhFM

xvii   Mark Terry. 앞의 책, 71쪽

Part 1 | Chapter 5

   니시베 겐지/기타 겐이치로. 한 권으로 끝내는 축구 전술 70, 한스미디어, 2014, 6쪽

ii   니시베 겐지, 앞의 책, 120쪽

iii   Samuel Escobar. "세기의 전환기에서 본 글로벌 시나리오." 『21세기 글로벌 선교학』 기독교문서선교회, 2004, 64쪽.

Part 2 | Chapter 6

i   이명현, 구약에 나타난 선교사상 연구, 장로회신학대학교 대학원 석사논문, 2008, 8쪽

ii   Richard R. De Ridder, Discipling the Nations, Baker Book House, 1971, 20쪽

iii   김은수, 구약성경과 선교, 생명나무, 2017, 15쪽

iv   이명현, 앞의 책, 61쪽

v   김은수, 앞의 책, 222쪽

vi   김은수, 앞의 책, 182쪽

vii   박영환. 세계선교학개론, 성광문화사, 2018, 69쪽

viii   배희숙, "구약에 나타난 디아스포라 선교," 선교와 신학 (16), 2005, 15쪽

Part 2 | Chapter 7

i   Stanley H. Skreslet, Picturing Christian Witness, William B. Eerdmans Publishing, 2006, 2쪽

ii   장훈태. 초대교회 선교, 솔로몬, 1996, 96-97쪽

iii   Mark Terry. "바울과 토착 선교" 『바울의 선교 방법들』 255쪽

iv   David J. Hesselgrave, "바울의 선교전략," 『바울의 선교 방법들』 202쪽

v   David J. Hesselgrave, 앞의 책, 204쪽

vi   "사도바울의 종말론 재림 신앙의 선교원리." http://asq.kr/Ya6pxC

vii   Kevin W. Mannoia. Church Planting. Clements Publishing, 2005, 39쪽

viii   Mark Terry. "바울과 토착 선교" 『바울의 선교 방법들』 260쪽

ix   장훈태, 앞의 책, 180쪽

x   Mark Terry. 앞의 책, 258쪽

xi   Roland Allen. 바울의 선교방법론, 베다니, 1998, 32쪽

xii   앞의 책, 156-173쪽

xiii   앞의 책, 34쪽

xiv   Ed Stetzer. "바울의 교회 개척" 『바울의 선교 방법들』 293쪽

xv   Roland Allen. 앞의 책, 69쪽

xvi   Paul Hiebert, Phenomenology and Institutions of Folk Religions, Syllabus (Pasadena:Fuller
Theological Seminary, 1986), pp. 32-33. 김성태. 세계선교전략사. 28쪽. 재인용)

Part 3 | Chapter 8

i	모라비안 교도. http://asq.kr/7FGGG
ii	양현표. "모라비안 교회의 선교와 그 전략," 『신학지남 (85)』, 2018, 171쪽
iii	Mark Terry. 앞의 책, 162쪽
iv	양현표. 앞의 책, 177쪽
v	Mark Terry. 앞의 책, 164쪽
vi	김동선, 초기 개신교 선교사들, 한들출판사, 2001, 51쪽
vii	앞의 책, 33쪽
viii	앞의 책, 25쪽
ix	앞의 책, 39쪽
x	앞의 책, 44쪽
xi	앞의 책, 44쪽
xii	앞의 책, 46쪽
xiii	앞의 책, 36쪽
xiv	앞의 책, 44쪽
xv	앞의 책, 45쪽
xvi	앞의 책, 33쪽
xvii	앞의 책, 34쪽
xviii	앞의 책, 40쪽
xix	앞의 책, 38쪽
xx	키워드로 보는 아도니람 저드신과 미얀마 선교역사. http://asq.kr/zpgD42
xxi	앞의 글
xxii	에로망가섬 식인부족의 자손. http://asq.kr/ZuthCMs
xxiii	리빙스턴 선교사. http://asq.kr/yjpbme
xxiv	Mark Terry. 선교전략 총론, 196쪽
xxv	노윤식, 사도적 선교 실천가 허드슨 테일러, 『초기기독교선교사』, 한들출판사, 2001, 83쪽
xxvi	Mark Terry. 앞의 책, 173-174쪽
xxvii	Kenneth Latourette. A History of the Expansion of Christianity. (Grand Rapids: Zondervan. 1970. p. 329. Mark Terry. 선교전략총론. 118쪽. 재인용)
xxviii	Mark Terry. 앞의 책, 118쪽
xxix	노윤식, 앞의 책, 108쪽
xxx	앞의 책, 98쪽
xxxi	앞의 책, 112쪽
xxxii	허드슨 테일러의 비전선언문 9가지. http://asq.kr/yp7WdR
xxxiii	Elisabeth Elliot. 에이미 카마이클, 복있는사람, 2004, 247쪽
xxxiv	앞의 책, 248쪽
xxxv	앞의 책, 553쪽
xxxvi	Stanley Jones. 인도의 길을 걷고 있는 예수. 인크리스토, 2016, 19쪽
xxxvii	앞의 책, 397쪽
xxxviii	앞의 책, 205쪽
xxxix	앞의 책, 39쪽
xl	앞의 책, 396쪽

Part 3 | Chapter 9

i   김재현, 한반도에 심겨진 복음의 씨앗, 한국고등신학연구원, 2014, 5쪽

ii   백종구, 한국 초기 개신교 선교 운동과 선교신학, 한국교회사학연구원, 2002, 33쪽

iii   백종구, 앞의 책, 109쪽

iv   앞의 책, 20쪽

v   앞의 책, 22쪽

vi   앞의 책, 65쪽

vii   김대인, 숨겨진 한국교회사, 한들, 2001, 30쪽

viii   김대인, 앞의 책, 32쪽

ix   "최초의 개신교 선교사는 독일인 칼 귀츨라프입니다." http://asq.kr/ycxpG

x   (John Ross, 만주선교 방법론, 순교자의 소리, 2019, 16)

xi   앞의 책, 10쪽

xii   "고려문은 한국의 기독교 역사가 시작되는 곳." http://asq.kr/YqSW71

xiii   김대인, 앞의 책, 134쪽

xiv   백종구, 앞의 책, 66쪽

xv   존 로스, http://asq.kr/Xusz

xvi   김대인, 앞의 책, 35쪽

xvii   박용규, "로버트 토마스 선교사, 역사적 평가:토마스, 그는 순교자가 아닌가?" 신학지남 제83권, 3집, 2016, 58쪽

xviii   김수진, 한국초기 선교사들의 이야기, 한국장로교출판사, 2004, 16쪽

xix   앞의 책, 16쪽

xx   박용규, 앞의 책, 110쪽

xxi   앞의 책, 49쪽

xxii   앞의 책, 50-52쪽

xxiii   앞의 책, 47쪽

xxiv   앞의 책, 26쪽

xxv   김대인, 앞의 책, 172쪽

xxvi   앞의 책, 173-174쪽

xxvii   앞의 책, 174쪽

xxviii   앞의 책, 51쪽

xxix   유관지. "황해남도: 거기 소래교회가 있었다." 기독교사상, 708호, 2017, 161쪽

xxx   김재현, 44쪽

xxxi   앞의 책, 61-66쪽

xxxii   김진형, 124-125쪽

xxxiii   앞의 책, 61쪽

xxxiv   김재현, 56-57쪽

xxxv   앞의 책, 59쪽

xxxvi   안희열. 말콤 펜윅. 하기서원, 2019, 40쪽

xxxvii   앞의 책, 40쪽

xxxviii   앞의 책, 160쪽

xxxix   앞의 책, 51쪽

xl   앞의 책, 63쪽

xli   앞의 책, 207쪽

xlii   앞의 책, 174쪽

xliii   앞의 책, 209쪽

xliv   차신정, 한국 개신교 초기 그리스도를 나눈 의료선교사. 컴인, 2013, 67쪽

xlv   백종구, 앞의 책, 2쪽

xlvi   앞의 책, 3쪽

xlvii   류대영. 초기 미국선교사 연구. 한국기독교역사연구소. 2001, 48쪽

xlviii   백종구. 앞의 책, 71쪽

xlix   Richard H. Baird. 배위량 박사의 한국 선교. 쿰란출판사, 2004, 172-173쪽

l   김진형, 앞의 책, 280-281쪽

li   Malcolm C. Fenwick. 찌그러진 통에 불과할지라도, 한국고등신학연구원, 2016, 194쪽

lii   "말콤 C. 펜윅의 북방선교" http://asq.kr/xlpby

liii   김재현. 앞의 책, 113쪽

liv   앞의 책, 79쪽

lv   김진형. 278쪽

lvi   앞의 책, 282쪽

lvii   앞의 책, 283쪽

lviii   김대인. 앞의 책. 249-251쪽

lix   Richard H. Baird. 앞의 책, 171쪽

lx   앞의 책, 185쪽

lxi   앞의 책, 186쪽

lxii   앞의 책, 187쪽

lxiii   앞의 책, 188쪽

lxiv   앞의 책, 189쪽

lxv   앞의 책, 190쪽

lxvi   앞의 책, 197쪽

lxvii   앞의 책, 203쪽

lxviii   앞의 책, 237쪽

lxix   앞의 책, 240쪽

lxx   백종구. 149쪽

lxxi   Richard H. Baird. 앞의 책, 118쪽

lxxii   김진형. 앞의 책. 227쪽

lxxiii   앞의 책, 186쪽

lxxiv   앞의 책, 187쪽

lxxv   고원용, 세계 선교 정책과 그 전략. 한국장로교출판사, 2009, 128쪽

lxxvi   김재현. 앞의 책, 6쪽

lxxvii   평양외국인학교. http://asq.kr/ZezVX

lxxviii   김진형. 앞의 책, 241쪽

lxxix   김재현. 앞의 책, 222쪽

lxxx   김진형. 앞의 책, 77쪽

lxxxi   백종구. 앞의 책. 76-77쪽

lxxxii   김재현. 앞의 책. 222쪽

lxxxiii 김진형. 앞의 책. 22쪽

lxxxiv   김재현. 앞의 책. 12쪽

lxxxv   Richard H. Baird. 앞의 책, 58쪽

lxxxvi   김재현. 앞의 책, 21쪽

lxxxvii 김진형. 앞의 책, 41쪽

lxxxviii 백종구. 앞의 책, 18쪽

lxxxix   류대영. 앞의 책, 256쪽

xc   김진형. 앞의 책, 180쪽

xci   백종구. 앞의 책, 168쪽

xcii   앞의 책. 170쪽

xciii   앞의 책, 171쪽

xciv   김진형. 앞의 책, 189쪽

xcv   앞의 책. 30쪽

xcvi   류대영. 앞의 책, 105쪽

xcvii   고원용, 앞의 책 121쪽

xcviii   김진형. 앞의 책, 82쪽

xcix   앞의 책, 149쪽

c   앞의 책, 225쪽

ci   앞의 책, 48쪽

cii   앞의 책, 52쪽

ciii   로제타 셔우드 홀. http://asq.kr/zR3EVG

civ   김진형. 앞의 책, 154쪽

cv   김재현. 앞의 책, 164쪽

cvi   앞의 책, 21쪽

cvii   안종철, 미국선교사와 한미관계, 한국기독교역사연구소, 2010, 48쪽

cviii   앞의 책, 68쪽

cix   앞의 책, 70쪽

cx   앞의 책, 72쪽

cxi   앞의 책, 75쪽

cxii   앞의 책, 89쪽

cxiii   앞의 책, 92쪽

cxiv   앞의 책, 78쪽

cxv   앞의 책, 182쪽

cxvi   앞의 책, 208쪽

cxvii   앞의 책, 289쪽

cxviii   Lesslie Newbigin. 삼위일체적 선교. 바울, 2015, 49쪽

cxix   차종순, "언더우드의 성공의 배경에 대한 고찰" 『초기 개신교 선교사들』 151쪽

cxx   앞의 책, 153쪽

Part 4 | Chapter 10

i	Ralph D. Winter. 비서구 선교운동사. 예수전도단, 2012, 21쪽
ii	리서치게이트, http://asq.kr/Z9I6
iii	안승오, 제4 선교신학, 기독교문서선교회, 2016, 7쪽
iv	유해석. 우리 곁에 다가온, 이슬람. 생명의 말씀사, 2009, 17쪽
v	"이슬람이란?" http://asq.kr/WtqaB
vi	이동주, 이슬람의 왜곡된 진리, 기독교문서선교회, 2017, 250쪽
vii	김요한, 무슬림 가운데 오신 예수. 인사이더스, 2008, 162쪽
viii	정경호. "바울 선교의 관점에서 이슬람 팽창에 대한 한국교회의 선교적 대응." 『복음과 선교. 제10집』, 2008, 114쪽
ix	이동주, 앞의 책, 172쪽
x	한국기독교 범교단 이슬람대책위원회, 이슬람을 경계하라. 2010, 56쪽
xi	Sam Solomon. 이슬람은 왜 이주하는가. 도움북스, 2019, 27-31쪽
xii	Herbert Kane, 『세계 선교 역사』, 기독교문서선교회, 2007, 157쪽
xiii	앞의 책, 156쪽
xiv	박미애, 코란의 이싸와 복음 전도, 기독교문서선교회, 2017, 64쪽
xv	이동주, 앞의 책, 61쪽
xvi	박미애. 앞의 책, 87쪽
xvii	앞의 책, 55쪽
xviii	이동주, 앞의 책, 66쪽
xix	박미애, 앞의 책, 164쪽
xx	이동주, 앞의 책, 83쪽
xxi	앞의 책, 83쪽
xxii	김은미. "할랄 식품을 둘러싼 국내외 시장 현황," 식품과학과 산업, 6월, 2015, 13쪽
xxiii	Sam Schlorff. 무슬림 사역의 선교학적 모델. 바울, 2012, 26쪽
xxiv	앞의 책, 89쪽
xxv	앞의 책, 26쪽
xxvi	이동주. 앞의 책, 111쪽
xxvii	김은미. 앞의 글, 19쪽
xxviii	장훈태. 최근 이슬람의 상황과 선교의 이슈. 대서, 2011, 382쪽
xxix	앞의 책, 393쪽
xxx	앞의 책, 382쪽
xxxi	앞의 책, 392쪽
xxxii	앞의 책, 396쪽
xxxiii	Sam Solomon. 앞의 책, 91쪽
xxxiv	앞의 책, 84쪽
xxxv	앞의 책, 75쪽
xxxvi	앞의 책, 11쪽
xxxvii	전재옥. 아시아의 무슬림 공동체. 예영커뮤니케이션, 1998, 25쪽
xxxviii	"대한민국의 이슬람교" http://asq.kr/YD2q8
xxxix	이동주. 앞의 책, 101쪽
xl	소윤정. 기독교와 이슬람. 기독교문서선교회, 2017, 16쪽
xli	이희수. 이슬람. 청아출판사, 2001, 179-186쪽

xlii 앞의 책, 207-212쪽

xliii 앞의 책, 351쪽

xliv 앞의 책, 353쪽

xlv 앞의 책, 359쪽

xlvi 앞의 책, 363쪽

xlvii 김상복, "추천사" 『이슬람의 왜곡된 진리』. 기독교문서선교회, 2017 6쪽

xlviii 이동주, 앞의 책, 143쪽

xlix 김상복, 앞의 글, 5쪽

l 유해석, 우리 곁에 다가온 이슬람. 생명의 말씀사, 2009, 113쪽

li 한국외국어대학교/융합인재대학. http://asq.kr/xwlsB

lii Sam Schlorff. 앞의 책, 36쪽

liii 앞의 책, 53쪽

liv 앞의 책, 59쪽

lv 앞의 책, 64쪽

lvi 앞의 책, 66쪽

lvii Sam Solomon. 앞의 책, 14쪽

lviii 앞의 책, 62쪽

lix Sam Schlorff. 앞의 책, 99-100쪽

lx 앞의 책, 109쪽

lxi 앞의 책, 300쪽

lxii Raed Abdul Masih. "아랍 관점에서 본 선교적 기여들." 『21세기 글로벌 선교학』. 기독교문서선교회, 2004, 603쪽

lxiii 앞의 책, 602쪽

lxiv 한인세계선교사회. 한국 선교의 반성과 혁신. 예영B&P, 2015, 295쪽

lxv 앞의 책, 305쪽

lxvi 앞의 책, 308쪽

lxvii Phil Parshall. 무슬림 전도의 새로운 방향. 예루살렘, 2003, 50쪽

lxviii 앞의 책, 201쪽

lxix 앞의 책, 116쪽

lxx Charles Kraft. "Psychological stress factors among Muslims". In conference on media culture. p.144.
샘 쉴로르트. 재인용. 166쪽

lxxi 김요한, 앞의 책, 351쪽

lxxii 앞의 책, 356쪽

lxxiii 오선택. "키르기즈스탄 무슬림 미전도 지역 전도를 위한 CP훈련" 2016 FMB 보고르 전략회의 자료집. 2016. 33쪽

lxxiv 곽문창. "인도 무슬림의 이해와 선교 현황" 2016 FMB 보고르 전략회의 자료집. 2016, 96쪽

lxxv 오선택. 앞의 책, 34쪽

lxxvi 앞의 책, 34쪽

lxxvii 앞의 책, 40쪽

lxxviii 문승호. "터키 무슬림 전도의 장애 요소와 효과적인 전도전략" 2016 FMB 보고르 전략회의 자료집. 2016, 57쪽

lxxix 하영광. "인도네시아 무슬림 선교전략" 2016 FMB 보고르 전략회의 자료집. 2016, 121쪽

lxxx 길선희. 인도네시아 화교를 통한 인도네시아 선교 전략 연구. 서울신학대학 대학원 석사논문, 2007, 52쪽

lxxxi Kevin Greeson. 낙타전도법, 요단출판사, 2009, 26쪽

lxxxii 앞의 책, 51쪽

lxxxiii 이동주. 앞의 책, 250쪽

lxxxiv 박미애. 앞의 책, 200쪽

lxxxv 앞의 책, 230쪽

lxxxvi 앞의 책, 203쪽

lxxxvii 이현모, "무슬림 속에서의 예수 운동에 대한 최근 논쟁들의 분석과 평가." 복음과 실천 제57집, 2016, 1쪽

lxxxviii 정승현. "C1-C6 스펙트럼과 내부자운동에 관한 비평적 이해와 선교적 함의 모색." 『아랍과 이슬람 세계』, 중동아프리카연구소, 2018, 152쪽

lxxxix 앞의 책, 159쪽

xc 이동주, 앞의 책, 286쪽

xci 소윤정, 앞의 책, 272쪽

xcii 이동주, 앞의 택, 243쪽

xciii Sam Schlorff. 앞의 책, 28쪽

xciv 앞의 책, 173쪽

xcv Ralph Winter. 앞의 책, 216쪽

xcvi "4개의 키워드로 본 서남아 무슬림 선교" http://upma21.com/main/?p=5453

xcvii Robert E. Webber. 예배학. 기독교문서선교회, 2012, 19쪽

xcviii Sam Schlorff. 앞의 책, 191쪽

xcix 유해석, 앞의 책, 91쪽

c Sam Schlorff. 앞의 책, 305쪽

Part 4 | Chapter 11

i 윤춘식. 로마 가톨릭교회 세계관 이해와 중 남미 선교전략. 쿰란출판사, 2008, 137쪽

ii "교황 프란치스코께 묻는다." http://asq.kr/yHyVUT

iii Gregg Allison. 개신교와 가톨릭, 무엇이 같고 무엇이 다른가? 부흥과개혁사, 2017, 107쪽

iv 가톨릭의 구원관, http://asq.kr/y1GZ7

v 윤춘식. 앞의 책, 131쪽

vi 앞의 책, 131쪽

vii Gregg Allison. 앞의 책, 142쪽

viii 양창삼, 세계 종교와 기독교. 한국학술정보, 2008, 324쪽

ix Henri J. Nouwen. 뜨거운 마음으로. 분도출판사, 2019, 94쪽

x 윤춘식. 앞의 책, 141쪽

xi "예수 없이도 구원 받는다는 로마가톨릭교회." http://asq.kr/y2QhEx

xii Gregg Allison. 앞의 책, 36쪽

xiii 앞의 책, 55쪽

xiv 양창삼, 앞의 책, 326쪽

xv "종교개혁자들은 왜 오직 성경을 주장했는가?" http://asq.kr/yf9TeE

xvi 윤춘식. 앞의 책, 161-163쪽

xvii Gregg Allison. 앞의 책, 113-115쪽

xviii 서창원. "동방정교회와 한국신학과의 만남," 『신학과 세계 (74)』 2012, 102쪽

xix Gregg Allison. 앞의 책, 122쪽

xx 윤춘식. 앞의 책, 144쪽

xxi	앞의 책, 145쪽
xxii	앞의 책, 146쪽
xxiii	앞의 책, 152쪽
xxiv	Gregg Allison. 앞의 책, 161쪽
xxv	양창삼, 앞의 책, 311쪽
xxvi	윤춘식. 앞의 책, 136쪽
xxvii	양창삼, 앞의 책, 312쪽
xxviii	Gregg Allison. 앞의 책, 131쪽
xxix	앞의 책, 133쪽
xxx	양창삼, 앞의 책, 328쪽
xxxi	Sonia M. Zaide. 필리핀, 잠언, 1996, 97쪽
xxxii	앞의 책, 101쪽
xxxiii	앞의 책, 113쪽
xxxiv	한동대학교 국제지역연구소. "현대 멕시코 가톨릭의 혼합주의 분석과 선교전략. 선교지역연구보고서 제3권 2호, 2008, 505쪽
xxxv	Norberto Saracco. "남미의 선교와 선교학." 『21세기 글로벌 선교학』 기독교문서선교회, 2004, 610쪽
xxxvi	전석재, 21세기 세계선교전략, 대서, 2010, 125쪽
xxxvii	앞의 책, 125쪽
xxxviii	교도권". 가톨릭 사전. http://asq.kr/YnPjcPI
xxxix	한국세계선교사회. "선교지에서 바람직한 신학교 사역", 『한국선교의 반성과 혁신』, 예영B&P, 2015, 154쪽
xl	"가톨릭 국가 브라질은 옛말. 10여년 후 개신교에 추월 전망" http://asq.kr/Zsn87W
xli	강성철. "선교지에서 바람직한 신학교 사역", 『한국선교의 반성과 혁신』, 예영B&P, 2015, 153쪽
xlii	Philippines Demographics Profile. http://asq.kr/XOnXQ9
xliii	Gregg Allison. 앞의 책, 172쪽
xliv	앞의 책, 168쪽

Part 4 | Chapter 12

i	Boyee Issac, The Ecclesiastical History of Eusebius Pamphilus (Graand Rapids:Baker, 1984), pp. 43-47. 김성태. 세계선교전략사. 재인용, 48쪽
ii	"가톨릭과 한 형제 동방 정교회는?" http://asq.kr/zjRFr
iii	임희모. "동방정교회의 에큐메니칼 선교신학." 『선교와 신학 (4)』, 1999, 175쪽
iv	남정우, 동방정교회, 쿰란출판사, 1997, 90쪽
v	Daniel Clendenin. 동방정교회 신학. 은성, 1997, 135쪽
vi	Robert Webber. 예배학. 기독교문선선교회, 2012, 93쪽
vii	앞의 책, 95쪽
viii	앞의 책, 98쪽
ix	남정우. 앞의 책, 77쪽
x	앞의 책, 81쪽
xi	앞의 책, 83쪽
xii	서창원. "동방정교회와 한국신학과의 만남," 『신학과 세계 (74)』, 2012, 105쪽

xiii	앞의 책, 115쪽
xiv	Daniel Clendenin. 앞의 책, 98쪽
xv	앞의 책, 99쪽
xvi	앞의 책, 100쪽
xvii	앞의 책, 107쪽
xviii	앞의 책, 102쪽
xix	앞의 책, 104쪽
xx	권영훈. "동방정교회와 이콘," 『아세아연구 (58)』. 2015. 292쪽
xxi	서창훈. 앞의 책, 110쪽
xxii	신동혁. "현대 러시아인의 종교성: 정교도의 종교성을 중심으로" 러시아연구 제24권 제1호. 2014. 179쪽
xxiii	Daniel Clendenin. 앞의 책, 111쪽
xxiv	앞의 책, 112쪽
xxv	앞의 책, 284쪽
xxvi	앞의 책, 290쪽
xxvii	서창훈. 앞의 책, 118쪽
xxviii	Carnegie Calian. 경계를 뛰어 넘는 신학. 대한기독교서회, 2002, 296쪽
xxix	앞의 책, 112쪽
xxx	앞의 책, 115쪽
xxxi	Carnegie Calian. 앞의 책, 116쪽
xxxii	앞의 책, 116쪽
xxxiii	앞의 책, 117쪽
xxxiv	소기범. 개혁주의 영성의 특징, 칼빈을 중심으로. 장로회신학대학 대학원 석사논문. 1997, 11쪽
xxxv	Carnegie Calian. 앞의 책, 111쪽
xxxvi	임희모. 앞의 책, 183쪽
xxxvii	앞의 책, 185쪽
xxxviii	앞의 책, 187쪽
xxxix	앞의 책, 195쪽
xl	신동혁. "현대 러시아에서 정교회의 사회적 역할" 슬라브연구 2027권 3호, 2012, 100쪽
xli	앞의 책, 105쪽
xlii	앞의 책, 119쪽
xliii	앞의 책, 117쪽
xliv	앞의 책, 121쪽
xlv	신동혁. "현대 러시아에서 교회와 정치: 러시아 정교회의 '루스끼 미르 개념'을 중심으로" 중소연구 제38권 제2호. 2014. 276쪽)
xlvi	"러시아 반선교법 실시한 지 1년, 개신교 선교 적색불 켜져" http://asq.kr/PD7Fd
xlvii	신동혁. "현대 러시아인의 종교성: 정교도의 종교성을 중심으로" 러시아연구 제24권 제1호. 2014. 174-176쪽
xlviii	앞의 글, 178쪽

Part 4 | Chapter 13

i	이은구. 힌두교의 이해, 세창출판사, 2000, 16쪽
ii	앞의 책, 18쪽

iii	양창삼, 세계종교와 기독교. 한국학술정보. 2008, 60쪽
iv	김은수. 비교종교학 개론. 대한기독교서회, 2006, 282쪽
v	양창삼, 앞의 책, 61쪽
vi	Stanley Jones. 『인도의 길을 걷고 있는 예수』 경기:인크리스토. 2016. 100쪽
vii	진기영. 인도선교의 이해, 기독교문서선교회. 2015. 70쪽
viii	양창삼, 앞의 책, 62쪽
ix	이은구, 앞의 책, 195쪽
x	이길용. 이야기 세계 종교, 한국방송통신대학교출판문화원. 2015. 187쪽
xi	양창삼, 앞의 책, 56쪽
xii	앞의 책, 59쪽
xiii	전호진. 종교다원주의와 타종교 선교전략, 개혁주의신행협회. 1993, 161쪽
xiv	양창삼, 앞의 책, 57쪽
xv	이길용. 앞의 책, 189쪽
xvi	진기영. 앞의 책, 112쪽
xvii	앞의 책, 112-122쪽
xviii	Stanley Jones. 앞의 책, 323쪽
xix	진기영. 앞의 책, 79쪽
xx	양창삼, 앞의 책, 65쪽
xxi	Dorothy Wilson. 비거주 선교사.좋은씨앗. 2007. 61쪽
xxii	양창삼, 앞의 책, 76쪽
xxiii	인도 여성의 사띠 개념, http://asq.kr/YPdCpII
xxiv	진기영. 앞의 책, 139쪽
xxv	앞의 책, 172쪽
xxvi	우병수. 인도의 힌두 문화권에 대한 선교 전략. 한신대학교 대학원 석사논문. 1997. 26쪽
xxvii	우병수. 앞의 책, 28쪽
xxviii	앞의 책, 29쪽
xxix	앞의 책, 30쪽
xxx	진기영. 앞의 책, 176-183쪽
xxxi	"세계 선교의 문을 연 윌리엄 캐리." http://asq.kr/z9DGBog
xxxii	Richard Howell. "인도에서의 힌두교 선교운동과 기독교 선교." 기독교문서선교회. 2004, 699쪽
xxxiii	진기영. 앞의 책, 190쪽
xxxiv	앞의 책, 203쪽
xxxv	Stanley Jones. 앞의 책, 47쪽
xxxvi	앞의 책, 352쪽
xxxvii	"인도 힌두교도 비율 80% 아래로 첫 감소" http://asq.kr/YM2NZs
xxxviii	"인도 힌두정당 출현 이후 기독교 박해 심각" http://asq.kr/XtOmU5
xxxix	백숙경, "인도 새생명선교교회 총회 뉴스레터" 9월호, 2020.
xl	진기영. 앞의 책, 72쪽
xli	"인도 힌두정당 출현 이후 기독교 박해 심각" http://asq.kr/XtOmU5
xlii	진기영. 앞의 책, 24쪽
xliii	"뉴에이지 음악." http://asq.kr/Sphom1
xliv	진기영. 인도선교의 이해 II, 38-42쪽
xlv	"인도의 카스트, 바르나, 자티" http://asq.kr/yDqfo
xlvi	이윤식. "힌두권 지역에서의 교회개척." 『한국 선교의 반성과 혁신』 2015, 111쪽

xlvii   진기영. 인도선교의 이해, 313쪽

xlviii   앞의 책, 45쪽

xlix   앞의 책, 44쪽

l   앞의 책, 27쪽

li   앞의 책, 34쪽

lii   앞의 책, 49쪽

liii   K. Rajendran. "인도의 복음주의적 선교학."『21세기 글로벌 선교학』529쪽

liv   이윤식. 앞의 책, 111쪽

lv   진기영, 앞의 책, 192쪽

lvi   이은구, 앞의 책, 5쪽

lvii   진기영, 앞의 책, 295-305쪽

lviii   진기영, 인도선교의 이해 II, 184쪽

lix   앞의 책, 195쪽

lx   앞의 책, 197쪽

lxi   앞의 책, 197쪽

lxii   우병수, 앞의 책, 66-67쪽

lxiii   앞의 책, 67쪽

lxiv   최원진. "4차 산업혁명 시대 선교의 방향성과 선교사의 역할." 복음과 실천 63권. 2019, 232

lxv   "인도, 기독교 인구 7천만으로 급증" http://asq.kr/z4MVw

Part 4 | Chapter 14

i   "불교" http://asq.kr/xSb9vOM

ii   김홍구, 동남아불교사, 인북스. 2018, 24쪽

iii   전호진, 종교다원주의와 타종교 선교 전략. 서울:개혁주의신행협회. 1993, 207쪽

iv   이동주. 아시아 종교와 기독교, 독교문서선교회. 1998, 27쪽

v   양창삼, 세계종교와 기독교. 한국학술정보. 2008, 92쪽

vi   류무상. 성서적 입장에서 본 유교, 불교 그리고 서양철학. 심산출판사. 2004, 195쪽

vii   김은수. 비교종교학 개론. 대한기독교서회. 2006, 138쪽

viii   "인과응보의 네 가지 법칙" http://asq.kr/pHnyg

ix   김은수. 앞의 책, 145쪽

x   류무상. 앞의 책, 196쪽

xi   앞의 책, 196쪽

xii   김은수. 앞의 책, 141쪽

xiii   류무상. 앞의 책, 199쪽

xiv   앞의 책, 198쪽

xv   앞의 책, 199쪽

xvi   조준호, 미얀마 불교의 역사와 현황,『동남아불교사』인북스. 2018,99쪽

xvii   앞의 책, 99쪽

xviii   앞의 책, 114쪽

xix   김재성, 태국과 미얀마 불교의 교학 체계와 수행 체계,『동남아불교사』. 인북스. 2018, 34쪽

xx	조준호. 앞의 책, 126쪽
xxi	김재성, 앞의 책, 35쪽
xxii	앞의 책, 48쪽
xxiii	앞의 책, 45쪽
xxiv	조준호. 앞의 책, 127쪽
xxv	**International Theravada Buddhist Missionary University.** http://asq.kr/lyFD8
xxvi	조준호. 앞의 책, 119쪽
xxvii	앞의 책, 119쪽
xxviii	앞의 책, 121쪽
xxix	Terry Muck. 기독교와 타종교 선교, 기독교문서선교회. 2018, 11쪽
xxx	한국불교연구원, 『불교연구』 1997, 101-110쪽
xxxi	앞의 책, 283-340쪽
xxxii	유덕산, "불교에서 정보화 사회론의 수용 문제." 한국불교연구원. 1997, 335쪽
xxxiii	유덕산, 앞의 책, 340쪽
xxxiv	앞의 책, 341쪽

Part 4 | Chapter 15

i	한국세계선교협의회. 2020 한국선교현황 보고, 2020
i	Rodney Harrison. Spin-off Churches. B&H Publishing Group. 2008. 7쪽
ii	강승삼. 세계화와 현대선교전략. 4쪽
iii	앞의 책, 5쪽
iv	Mark Terry. 『선교전략 총론』 기독교문서선교회. 2015, 233쪽
v	서장혁, 인터넷이여, 선교로 부흥하라. 예영커뮤니케이션. 2007, 301쪽
vi	Mark Terry. 앞의 책, 235쪽
vii	앞의 책, 235쪽
viii	앞의 책, 237쪽
ix	Tom Steffen. 타문화권 교회개척. 토기장이. 2012, 46쪽
x	앞의 책, 132쪽
xi	서장혁, 앞의 책, 304쪽
xii	앞의 책, 277쪽
xiii	앞의 책, 280쪽
xiv	Church of England's Mission and Public Affaires Council. 선교형 교회. 2016, 83쪽

Part 5 | Chapter 16

i	이재완. 교회와 선교교육. 기독교문서선교회. 2009, 14쪽
ii	이재완. 앞의 책, 88쪽
iii	Benton Eavey. 기독교교육 원리. 기독교문서선교회. 1984, 24쪽
iv	Jack Balswick & Judith Balswick, The Family (Grand Rapids: B.B.H., 1990), p. 20. 윤춘식. 현대교회와 선교교육.

재인용, 218쪽

v   장종철. 존 웨슬리의 교육신학. 감리교신학대학출판부. 1997, 212쪽

vi   안흥국. 요한웨슬레. 대한기독교서회. 1993, 34쪽

vii   장종철. 앞의 책, 221쪽

viii   안흥국. 앞의 책, 36쪽

ix   윤춘식. 232쪽

x   Scottue May, 하나님을 경험하는 어린이로. 창지사. 2010, 141쪽

xi   Scottue May, 앞의 책, 144쪽

xii   앞의 책, 144쪽

xiii   Edmund Chan. 의도적으로 제자 훈련하는 교회. 국제제자훈련원. 2017, 71쪽

xiv   Scottue May. 52-53쪽

xv   Edmund Chan. 앞의 책, 159쪽

xvi   허버트 캐인, 『기독교 선교 이해』 13-14. 이재완, 교회와 선교교육. 재인용, 139쪽

Part 5 | Chapter 17

i   민요섭. "전문인 선교사에 대한 몇가지 질문과 대답", HOPE 76호. 1998. 유소영. 한국인 전문인 선교사 중 여성 전문인 인력에 대한 연구. 재인용, 15쪽

ii   김태연. 전문인선교사로 살아라. 치유. 2003, 19쪽

iii   강승삼. 15쪽

iv   김성욱. 하나님 나라의 백성과 선교. 기독교문서선교회. 1998. 12. 유소영. 한국인 전문인 선교사 중 여성 전문인 인력에 대한 연구. 재인용, 7쪽

v   유소영. 한국인 전문인 선교사 중 여성 전문인 인력에 대한 연구. 총신대학교 대학원 석사논문. 2000. 7쪽

vi   윤승범. "전문인과 선교 전략" 변화하는 선교 전략. 기독교문서선교회. 2015, 170쪽

vii   남후수, 미래의 세계 선교 전략. 프리칭아카데미. 2008, 100-102쪽

viii   "직업 종류 8년간 5236개 늘어, 총 1만 6891개" http://asq.kr/xsTrYpA

ix   이수환, 전문인 선교론, 한국학술정보. 2011, 36쪽

Part 5 | Chapter 17

i   김성태. 세계선교전략사. 생명의 말씀사. 1994, 171쪽

ii   조귀삼. 전략이 있는 선교. 세계로미디어. 2014, 135쪽

iii   David Garrison. 비거주선교사. 생명의 말씀사. 1994, 27쪽

iv   강숙희, 인터넷과 수업, 교육과학사. 2001, 15쪽

v   최인식, 미디어와 신학, 신학과 선교. Vol. 27. 2002, 376쪽

vi   최원경. "이제는 인터넷 선교다" 기독교사상. 509권. 2001, 255쪽

vii   강숙희, 앞의 책, 20

viii   서장혁, 인터넷이여, 선교로 부흥하라. 서울:예영커뮤니케이션. 2007, 291쪽

Part 5 | Chapter 19

i   조귀삼, 전략이 있는 선교. 경기:세계로미디어. 2014, 346-347쪽

ii   서원석, 의료선 개념의 역사적 발달 과정, 『의료선교학』 연세대학교출판부. 2004, 35쪽

iii   Stan Rowland. 21세기 세계선교의 새로운 패러다임, 이레닷컴. 2003, 15쪽

iv   Stan Rowland, 앞의 책, 12쪽

v   앞의 책, 14쪽

vi   앞의 책, 26-27쪽

vii   앞의 책, 18쪽

viii 심재두, "의료선교의 고찰과 새로운 변화," 『의료선교학』 연세대학교출판부. 2004, 65쪽

ix   김민철, "의료선의 기본적 개념," 『의료선교학』 연세대학교출판부. 2004, 69쪽

Part 5 | Chapter 20

i   오민수, "구약성경의 장애 스펙트럼과 그 이해의 범주들," 『장애인 사역의 신학적 의의』 세계밀알. 2018, 120쪽

ii   이상명, "바울의 공동체 사상과 장애인 신학," 『장애인 사역의 신학적 의의』 세계밀알. 2018, 25쪽

iii   이재서, "존 칼빈이 이해하는 장애." 『장애인 사역의 신학적 의의』 세계밀알. 2018, 324쪽

iv   강원호. "교회와 장애인 선교" 월간고신 2000. 4쪽

v   안교성, "현대사에 나타난 장애인의 삶과 신학." 『장애인 사역의 신학적 의의』 세계밀알. 2018, 297쪽

vi   안교성. 앞의 책, 303쪽

vii   앞의 책, 300쪽

viii 이상명. 앞의 책, 7쪽

ix   "21세기 장애인 선교의 새로운 패러다임." http://asq.kr/XBN9bSk

x   "2020 장애인 통계." http://asq.kr/ruZNU

xi   "Why accessibility?" http://asq.kr/Z97TUo

xii   "국내 전체 장애인 중 발달장애인 비율 10% 육박." http://asq.kr/ruZNU

Part 5 | Chapter 21

i   정민영, "선교사 자녀교육과 한국 선교의 장래" 『한국 선교사 자녀 핸드북』 17쪽

ii   한국선교협의회, "2020 한국선교현황 보고" 2020

iii   David Pollock. "선교사 자녀와 탈락" 『잃어버리기에는 너무 소중한 사람들』 죠이선교회출판부. 1999, 287쪽.

iv   Alister Mcgrath, 『기독교의 미래』 좋은씨앗. 2005, 282쪽

v   Alister Mcgrath, 앞의 책, 281쪽

vi   앞의 책, 283쪽

vii   앞의 책, 279쪽

viii 앞의 책, 285쪽

ix   "Missions from Korea 2014: Missionary children" http://asq.kr/XfKnrA)

x   정성헌. "차세대선교 자원으로서의 MK 동력화" 『한국 선교의 반성과 혁신』 예영B&P. 2015, 537쪽

xi   Philippines Demographics Profile. http://asq.kr/XOnXQ9

xii   김삼성. "차세대 선교동원과 4/14 운동" 『한국선교의 반성과 혁신』. 예영B&P. 2015, 509쪽

xiii   김삼성. 앞의 책, 517쪽

Part 6 | Chapter 22

i   Alan R. Tippett, Solmon Islands Christianity, (London: Lutterworth Press, 1967) 김성태. 세계선교전략사. 재인용, 27쪽

ii   이호, 평양대부흥. 거대넷. 2017. 13쪽.

Part 6 | Chapter 23

i   Paul McKaughan. "선교사 중도탈락: 문제 규명" 『잃어버리기에는 너무 소중한 사람들』. 죠이선교회출판부. 1999, 34쪽

ii   구성모, "선교사의 훈련과 파송 실태와 제언: 영성을 중심으로," 복음과 선교. 제53집. 2021, 10쪽

iii   George Muller. 기도의 재조명, 가나북스, 2021, 9쪽

iv   Arthur & Laura Carson. http://asq.kr/z13Xw)

v   William H. Willimon. 예배가 목회다. 새세대. 2017, 59쪽

vi   Robert E. Webber. 예배학. 기독교문서선교회. 2012, 111-112쪽

vii   Edmund Chan. 의도적으로 제자 훈련하는 교회. 국제제자훈련원. 2017, 33쪽

viii   George G. Hunter. 소통하는 전도. 기독교문서선교회. 2018, 147쪽

Part 7 | Chapter 23

i   Alister McGrath. 기독교의 미래, 좋은씨앗. 2005, 142쪽

ii   Alister McGrath. 앞의 책, 143쪽

iii   매일경제 세계지식포럼 사무국. 힘의 이동, 매경출판. 2007, 9쪽

iv   앞의 책, 31쪽

v   앞의 책, 41쪽

vi   앞의 책, 67쪽

vii   앞의 책, 84쪽

viii   앞의 책, 199쪽

ix   David Hesselgrave. "바울의 선교전략", 『바울의 선교 방법들』 기독교문서선교회. 2016, 222쪽

x   Peter Beyerhaus. "영적 공동체로서의 교회와 교회의 세속화 위험", 『WCC 선교신학 연구』 선교신학연구소. 2013, 186-193쪽

xi   박영환, 핵심선교학개론, 바울. 2003, 30쪽

xii   조선혜. "노블 부신의 선교활동과 사회관계망" 『한국 기독교와 역사』. 제39호. 2013, 35쪽

xiii   앞의 책, 36쪽

xiv   앞의 책, 50-52쪽

xv 장윤금. "우리나라 초기 외국인 선교사 자료의 디지털 아카이브 구축 필요성 연구 (1800-1910)" 『정보관리학회지 제30권 제4호』. 2013. 272쪽

xvi Rob Brynjolfson. "신테제에서 시너지로" 『21세기 글로벌 선교학』. 기독교문서선교회. 2004. 819쪽

xvii "불어권선교회 소개." http://asq.kr/yoWROYc7

xviii "몬트리올 불어권 아프리카 선교대회" http://asq.kr/3EFnG

xix 김명자, 산업혁명으로 세계사를 읽다. 까치글방. 2019, 25쪽

xx 앞의 책, 569쪽

xxi Klaus Schwab. 4차 산업혁명의 충격. 흐름출판. 2016, 42쪽

xxii 박영숙. 세계 미래보고서 2055. 비즈니스북스. 2017, 41쪽

xxiii Klaus Schwab. 앞의 책, 56쪽

xxiv 박영숙. 앞의 책, 30쪽

xxv 앞의 책, 123쪽

xxvi 앞의 책, 204쪽

xxvii 앞의 책, 207쪽

xxviii 앞의 책, 134쪽

xxix 앞의 책, 24쪽

xxx 매일경제 세계지식포럼 사무국. 앞의 책, 167쪽

xxxi 앞의 책, 169쪽

xxxii 이동주, WCC 선교신학 연구, 선교신학연구소. 2013, 112쪽

xxxiii 김은수, 해외선교정책과 현황, 생명나무. 2011, 90쪽

xxxiv Tom Steffen. Encountering missionary life and work, Baker Academic. 2008, 256쪽

xxxv William D. Taylor, Kingdom partnerships for synergy in Mission. viii, William Carey Library, 1994, 서문 viii 쪽

xxxvi 앞의 책, 237쪽

xxxvii 앞의 책, 238쪽

xxxviii Ralph Winter. 『비서구 선교 운동사』. 예수전도단. 2012, 266-267쪽

xxxix William D. Taylor, 앞의 책, 239쪽

xl (Luis Bush. Partnering in ministry: The direction of world evangelism. (p.46) (Downers Grove, IL: InterVarsity Press), 1990. William Talyor 재인용. 4쪽

xli Alex Araujo. "세계화와 복음 전도" 『21세기 글로벌 선교학』. 기독교문서선교회. 2004, 115쪽

갑자기 선교사를 위한, 선교 핸드북

초판 1쇄 발행   2022년 4월 7일

저자   양한갑
발행인   이호
디자인   강해진
교정   김창대
펴낸곳   자유인의 숲
주소   서울특별시 동작구 상도동 474-11 2층
도서문의   010-8901-2920, 010-4279-6500

등록번호   제 2022 - 01 호
ISBN   979-11-90664-06-6